全国高校社会主义经济理论与实践研讨会丛书

社会主义经济理论研究集萃（2019）

砥砺奋进的中国经济
——庆祝新中国成立70周年

卫兴华 洪银兴 逄锦聚 黄泰岩 等著

DILI FENJIN DE ZHONGGUO JINGJI

中国财经出版传媒集团
经济科学出版社
Economic Science Press

图书在版编目（CIP）数据

社会主义经济理论研究集萃.2019：砥砺奋进的中国经济/卫兴华等著.—北京：经济科学出版社，2019.12
（全国高校社会主义经济理论与实践研讨会丛书）
ISBN 978-7-5218-1134-6

Ⅰ.①社⋯　Ⅱ.①卫⋯　Ⅲ.①社会主义经济-研究-中国　Ⅳ.①F120.2

中国版本图书馆 CIP 数据核字（2019）第288166号

责任编辑：宋　涛
责任校对：杨　海
责任印制：李　鹏　范　艳

社会主义经济理论研究集萃（2019）
砥砺奋进的中国经济
——庆祝新中国成立70周年

卫兴华　洪银兴　逄锦聚　黄泰岩　等著
经济科学出版社出版、发行　新华书店经销
社址：北京市海淀区阜成路甲28号　邮编：100142
总编部电话：010-88191217　发行部电话：010-88191522
网址：www.esp.com.cn
电子邮件：esp@esp.com.cn
天猫网店：经济科学出版社旗舰店
网址：http：//jjkxcbs.tmall.com
北京季蜂印刷有限公司印装
710×1000　16开　29.75印张　500000字
2020年6月第1版　2020年6月第1次印刷
ISBN 978-7-5218-1134-6　定价：95.00元
（图书出现印装问题，本社负责调换。电话：010-88191510）
（版权所有　侵权必究　打击盗版　举报热线：010-88191661
QQ：2242791300　营销中心电话：010-88191537
电子邮箱：dbts@esp.com.cn）

总　序

全国高校社会主义经济理论与实践研讨会是在原国家教委的倡导下于1985年组织创办的，由北京大学、中国人民大学、南开大学、复旦大学、武汉大学、吉林大学、厦门大学、西南财经大学等8所部直属大学的老一辈经济学大师组成领导小组。宋涛、胡代光、滕维藻、蒋学模、谭崇台、关梦觉、刘诗白、吴宣恭、卫兴华、谷书堂、陶大镛、张维达、陈征等前辈先后担任领导小组成员，中国人民大学宋涛先生担任领导小组组长，卫兴华先生兼任秘书长。

在教育部的正确领导和大力支持下，全国高校社会主义经济理论与实践研讨会经历了33个春秋，在风雨中坚持不懈，举办了32次大型研讨会并出版了32部论文集，影响不断扩大，经久不衰，参会者热情日益高涨。其中一个重要原因是研讨会的强大凝聚力。凝聚力的基础就是马克思主义经济学及其理论创新。这个研讨会是高校从事马克思主义政治经济学教学与研究的教师的思想聚会和精神大餐。每次研讨会都有老一辈经济学家的坚强领导和掌舵，有举办单位的周密组织，有各个高校的积极支持，有所有参会者，特别是青年经济学者们的踊跃参与和智慧奉献。每次会议的研讨都有明确的议题，议题能够紧扣时代脉搏，理论联系实际，参会者主要通过论文评审方式选出，再加特邀代表，会议气氛百花齐放、自主和谐，从而保证了每次会议都能取得可喜成果，大家都有收获。三十多年来，参加会议的许多代表是年年积极参加，还有一批批年轻同志的不断加入。这个会议培养出了一批坚持马克思主义、理论联系实际的经济学专家，为各个高校坚持以中国化、时代化的马克思主义经济学进课堂、进教材、进学生头脑做出了重大贡献。参加会议的一批批年轻人在学术界崭露头角进入了学术和行政的重要岗位。所有这些表明，我们这个研讨会已经办出了品质、品牌，具有生命力、吸引力。

从2007年第21次会议开始，领导小组进行了新老交替。经多方征求意见，包括原领导小组成员的意见，并向教育部有关领导汇报和获得同意，确定了研讨会领导小组成员的调整，决定新的领导小组继续主要由原来8所大学推选年轻代表组成，由南京大学洪银兴教授担任组长，其他成员有林岗、黄泰岩、刘伟、逄锦聚、庄宗明、刘灿、简新华、李慧中、谢地等教授，黄泰岩教授兼任秘书长，张宇、黄桂田、张二震三位教授任副秘书长。2010年，研讨会领导小组增补北京师范大学李晓西教授为领导小组成员。2016年，研讨会领导小组增补北京师范大学赖德胜教授任副秘书长。2018年李慧中教授因退休，由张晖明教授接任。从第21次年会开始，会务组织和具体的工作安排则由新领导小组协商处理。但是老一辈经济学家继续在为研讨会掌舵，新一届领导小组成员决心秉承传统，守正创新，增强活力，不仅要把老一辈经济学家开创的事业继承下来，还要越办越好，发扬光大。特别是在出现多个全国性经济学论坛和年会的背景下，更要以自身的特色，特别是以坚持马克思主义中国化、开拓当代中国马克思主义经济学新境界为特色增强凝聚力和吸引力。

伴随着我国改革发展的历史进程，我国高校经济学界以马克思主义政治经济学的基本理论和方法为指导，积极借鉴现代西方经济学的有益成果，深入研究我国改革开放和发展转型中的重大理论和实践问题，为建立中国特色社会主义经济理论体系做出了重要贡献。其中包括：社会主义初级阶段理论、社会主义基本经济制度理论、中国经济运行理论、中国经济发展理论、对外开放理论，等等。这些都是马克思主义经济学中国化、时代化的创新性理论成果。

马克思主义经济学的中国化、时代化，是我们理论创新的方向。中国马克思主义经济学的研究，一定要面向中国改革、转型和发展的伟大实践，在实践的基础上推进理论创新。马克思主义经济学的本质特征之一就是其开放性，我们既要吸收发达国家的发展生产力的先进经验，又要吸收西方经济学中的科学成分。对于马克思主义经济学理论，不仅要解决坚持

总　序

问题，更要解决好发展问题。马克思主义经济学的与时俱进，也就是马克思主义经济学在中国特色社会主义的实践中发展，在吸取各种经济学流派的积极成果中发展。

为进一步推进中国特色社会主义政治经济学的理论创新，全国高校社会主义经济理论与实践研讨会领导小组决定自2016年开始设立"兴华优秀论文奖"。卫兴华教授作为"人民教育家"国家荣誉称号获得者、中国杰出的马克思主义经济学家和研讨会的主要创办者、组织者，特将其所获得的第四届吴玉章人文社会科学终身成就奖的100万元奖金全部捐赠出来作为"兴华优秀论文奖"的奖励基金。设立"兴华优秀论文奖"的目的是激励学者们为创新发展中国特色社会主义政治经济学创作出更为厚重的精品力作，助力培养造就出一大批马克思主义经济理论家特别是中青年经济理论家。

在编辑本书时，"人民教育家"国家荣誉称号获得者卫兴华教授驾鹤仙逝，我们感到无比悲痛，这是中国经济学界的重大损失，更是全国高校社会主义经济理论与实践研讨会的重大损失。我们要继承他的精神，继续推进中国经济学的理论创新。本书的出版，也是对他的一种纪念。

过去每年的研讨会都要出版一本包括所有会议论文概要的文集。从2007年的第21次年会起出版的会议文集不再是全部论文的概要，而是经评审组专家评审，在大会入选的论文中选择部分切合年会主题的代表性论文结集由经济科学出版社出版。陈亮做了文集编辑的基础工作，文集最后由黄泰岩定稿。我们希望每年出版的文集能够代表当年马克思主义经济学中国化、时代化研究的高端水平，努力为推进当代中国马克思主义经济学的理论创新，科学回答坚持和发展什么样的中国特色社会主义、怎样坚持和发展中国特色社会主义的重大理论和实际问题，增强理论自信、道路自信、制度自信、文化自信，培养造就一大批当代中国马克思主义理论家特别是中青年理论家做出应有的贡献。

全国高校社会主义经济理论与实践研讨会领导小组

目录

开幕词 …………………………………………… 逄锦聚（1）
闭幕词 …………………………………………… 洪银兴（4）

第一篇　中国特色社会主义政治经济学的传承与创新

中国特色社会主义政治经济学的主线和逻辑起点 ………… 卫兴华（13）
方法论的格式化与社会主义政治经济学的发展境遇
　　——新中国70年政治经济学发展的
　　　回顾与展望 …………………………… 张晖明　任瑞敏（18）
论中国特色社会主义政治经济学中"需要"和
　"需求"的关系 ……………………………………… 刘凤义（33）

第二篇　中国特色社会主义基本经济制度的坚持与完善

坚持和完善社会主义基本经济制度　推动经济高质量
　发展 …………………………………………………… 黄泰岩（53）
农村土地产权制度改革的理论逻辑与实践经验：
　新中国70年 ………………………………………… 刘　灿（58）
论中国特色社会主义开放型经济体制改革的
　理论来源 ……………………………………… 卢　江　张　晨（82）
"国进民进"：中国所有制结构演进的历时性
　特征 …………………………………… 盖凯程　周永昇　刘　璐（94）

高质量发展视阈下金融资源配置效率对民营经济创新转型的
    影响分析 ······················· 易小丽（115）

第三篇　中国经济的改革与发展

关于要素市场化配置改革 ··················· 洪银兴（133）
经济增长目标、保增长压力与要素市场扭曲 ····· 赵新宇　郑国强（148）
中国70年来的经济增长与波动 ············· 赵　倩　沈坤荣（171）
新时代中国金融改革的道路和方向选择 ········· 范从来　彭明生（186）
高速经济增长会自动消减贫困吗？
    ——新中国成立70年取得的减贫效果评价 ······ 孙咏梅　秦　蒙（214）
缩小收入分配差距视阈下的精准扶贫、精准脱贫及其
    可持续性研究 ·············· 刘建华　蔡　强　姜丽媛　李　昕（232）
人类命运共同体与国际体系的和平变革 ········· 孙景宇　魏雅璇（245）

第四篇　中国产业结构的优化与升级

新时代我国现代化产业体系构建的工业化逻辑及其
    实现路径 ························ 任保平　张　倩（259）
产业结构合理性的判断标准
    ——基于各国发展经验的视角 ················ 张培丽（270）
高技术产业集聚对我国经济高质量发展
    影响研究 ························ 黄繁华　郭卫军（290）

第五篇　中国区域经济的协调与发展

新中国成立70年来中国共产党区域发展思想的历史
    演进与实践经验 ························ 陈伟雄（319）
创新型城市试点提升城市创新水平了吗？ ········ 李　政　杨思莹（334）

目 录

不同测度方法下城镇化对能源消费的影响研究
　　——基于中介效应模型 ………………………… 谢　地　李梓旗（356）
东北经济的结构、体制关键障碍与突破路径 ……………… 和　军（374）
外部性、行政区划改革与企业污染排放
　　——基于"撤县设区"政策的实证研究 …………… 陈诗一　金　浩（393）
经济集聚与环境污染的交互影响
　　——来自长江经济带的实证 ………… 李雪松　汪成鹏　曹婉吟（426）

附录一：第 33 次会议（2019）入选论文目录 ………………………（459）
附录二：第四届"兴华优秀论文奖"（2019）获奖名单 ……………（466）

开 幕 词

逄锦聚[*]

各位领导，各位专家学者，老师们，同学们！

在举国欢庆新中国成立 70 周年的日子里，来自全国近百所高校的近 200 名专家学者聚集南开大学举行第 33 次社会主义经济理论与实践研讨会，教育部全国高校经济学专业教学指导委员会全体会议也同时召开。我首先代表与会全体同志，向伟大的祖国、伟大的人民致敬！对新中国成立 70 年表示热烈地祝贺！代表会议领导小组和会议承办单位向与会的天津市、南开大学的领导和代表们、媒体朋友们表示热烈欢迎！

本次研讨会的主要议题是：以习近平新时代中国特色社会主义思想为指导，学习贯彻习近平国庆重要讲话精神，进一步深刻总结阐释新中国 70 年历史性变革中所蕴藏的内在逻辑和规律，深入探讨历史性成就背后的中国特色社会主义道路、理论、制度、文化优势；同时对中国特色社会主义经济发展理论，中国特色社会主义基本经济制度的进一步发展和完善，推进高质量发展和中国特色社会主义政治经济学的学科体系、学术体系和话语体系的构建等重大课题进行深入讨论，为建成社会主义现代化强国、实现中华民族伟大复兴贡献中国经济学的智慧和力量。

新中国 70 年，全中国人民勇于探索、不断实践，发愤图强、艰苦创业，创造了举世瞩目的奇迹。我国经济规模不断扩大，综合国力与日俱增，对世界经济增长的贡献大幅提升，国际地位和影响力显著增强。按不变价计算，2018 年国内生产总值比 1952 年增长 175 倍，年均增长 8.1%；人均国民总收入达到 9 732 美元，高于世界中等收入国家平均水平。70 年弹指一挥间，但中国人民靠自己的艰苦奋斗，大踏步走在了时代前列，中华民族迎来了从站起来、富起来到强起来的伟大飞跃，迎来了实现伟大复兴的光明前景。

---

[*] 逄锦聚，南开大学讲席教授。

70年取得伟大成就的经验有很多，但归根结底是坚持了中国共产党的领导，坚持了人民的主体地位，坚持了中国特色社会主义制度，开辟并坚持发展了中国特色社会主义道路。实践充分证明，中国共产党的领导是中国特色社会主义的最本质特征，中国人民是创造人间奇迹的根本力量，中国特色社会主义制度是民族复兴的根本保证，中国特色社会主义道路是指引中国人民实现社会主义现代化、创造美好生活的必由之路。

在70年国庆大会上，习近平总书记发表了重要讲话，总结了70年奋斗的光辉历程、伟大成就和宝贵经验，发出了不忘初心，牢记使命，继续把我们的人民共和国巩固好、发展好，继续为实现"两个一百年"奋斗目标、实现中华民族伟大复兴而努力奋斗的号召。经济学是中国特色社会主义哲学社会科学的重要学科，经济学工作者担负培养社会主义建设者和接班人、贡献科学理论、提供政策咨询的重大使命。为完成光荣使命，我们要更加坚定地坚持以马克思主义政治经济学基本原理为指导；坚持人民的主体地位，不断满足人民对美好生活的向往；坚持中国特色社会主义道路，充分阐释和发挥中国特色社会主义的制度优势；坚持改革开放，吸收世界一切有益的经济学成果，推动共建人类命运共同体，促进世界经济的健康发展。我们有足够的底气和自信，以科学的理论凝聚全中国人民的智慧和力量，就一定能够克服在走向伟大复兴进程中可能遇到的各种风险挑战、矛盾问题，夺取更加伟大的胜利。

本次研讨会的召开恰逢南开大学建校百年华诞。南开大学是举世闻名的大学，是从毛泽东到习近平几代党和国家领导人都视察过、给予高度评价和寄予厚望的大学。南开大学的经济学科是近代中国第一个招收培养经济学硕士研究生的学科，第一所建立高校经济研究机构的学科，新中国成立以来特别是改革开放以来，是一直与兄弟院校一起走在全国前列的学科。1985年老一代经济学家宋涛、卫兴华、滕维藻、谷书堂、胡代光、关梦觉、谭崇台、蒋学模、刘诗白、张维达、吴宣恭等聚集南开，发起召开全国高校社会主义经济理论与实践研讨会，由此使南开大学成为全国高校社会主义经济理论与实践研讨会的发祥地。我代表大会向南开大学的领导、老师和同学表示热烈祝贺！

这次会议有一个特别的喜讯是，在70周年国庆前夕，研讨会的创始人之一、中国人民大学卫兴华教授荣获国家授予的"人民教育家"荣誉称号。卫兴华教授几十年如一日，忠诚于党和人民的教育事业，忠诚于马克思主义政治经济学的教育事业，与宋涛等老一代经济学家一起，培养了数

开 幕 词

以万计的国家栋梁，创造了在国内外具有重要影响的经济学理论成果，为国家社会主义建设事业、为改革开放、民族复兴做出了彪炳史册的贡献。卫兴华教授获此殊荣，是党、国家、人民对他作为教师辉煌一生的肯定，也是对马克思主义政治经济学教育教学和理论研究的肯定！这一次大会特别安排了专项议题，学习弘扬卫兴华教授的崇高精神，让我们向卫兴华教授表示崇高敬意和热烈的祝贺！

各位领导，各位专家学者，老师们，同学们！当今世界正在经历百年未有之大变局，全面建设社会主义现代化强国，实现中华民族伟大复兴正处于关键时期。让我们站在新时代的潮头，按照党的十九大确定的方向，向着建成社会主义现代化强国实现中华民族伟大复兴的伟大目标，着力加强中国特色、世界一流的经济学科建设，着力培养社会主义建设者和接班人，着力加强现代化建设进程中提出的重大理论问题和实践问题的科学研究，为中国强盛，人民幸福，为世界和平发展做出经济学人的贡献！

我相信，在大家的共同努力下，研讨会一定能够取得圆满成功！

闭 幕 词

洪银兴[*]

各位专家、各位代表、老师们、同学们：

经过两天严肃、热烈的研讨，全国高校社会主义经济理论与实践研讨会第33次年会即将闭幕。34年前，全国高校社会主义经济理论与实践研讨会第一次会议在南开大学召开，34年后，在新中国诞生70周年、南开大学百年华诞之际，研讨会又在南开召开，有着特别的意义。正如天津市委常委、宣传部长陈浙闽教授在开幕式上的讲话中指出的，一个理论研讨会，坚持34年，举办33届年会，很不容易。我们感恩宋涛、吴宣恭、刘诗白、卫兴华等老一辈经济学家创建了这个平台。我们这个研讨会是高校中从事马克思主义政治经济学及其中国化研究的学者为主体志同道合集合在一起，以每次研讨当下的重大改革发展问题为导向，以马克思主义经济学为基本立场，百家争鸣，集思广益，不仅为建设中国特色社会主义政治经济学做出了重大贡献，而且为我国推进各个时期的改革发展做出了重大理论和政策贡献。

这次研讨会专门设立了一个环节，庆祝卫兴华教授荣获"人民教育家"国家荣誉称号，颁发了本届"兴华优秀论文奖"。洪银兴教授专题介绍了卫兴华教授的学术思想、教学理念和治学精神。卫兴华教授获颁国家荣誉称号，这是对从事马克思主义政治经济学教学和研究学者的极大鼓励，也是对马克思主义政治经济学中国化成果的充分肯定。本次研讨会专门安排这项庆祝活动，希望对卫兴华的学术思想和精神发扬光大，代代传承。

两天来，研讨会围绕中国特色社会主义政治经济学主题，采取主旨发言、大会发言、自由发言、分论坛讨论等多种形式，就"新中国70年经济发展的理论研究""中国特色社会主义基本经济制度的完善和发展""中国经济高质量发展研究""中国特色社会主义政治经济学研究"等当

---

[*] 洪银兴，南京大学文科资深教授。

前经济界和理论界普遍关心的重要论题充分研讨，本次大会发言的有39人，分论坛发言55人，共有94人作会议发言，与会专家学者各抒己见，提出了不少真知灼见。

一、关于新中国70年经济发展的理论研究

2019年恰逢新中国成立70周年，我们这次研讨会的主题之一就是"新中国70年经济发展理论研究"，围绕这一主题，与会学者们进行了热烈探讨。主要集中在三个方面：

一是新中国经济增长与经济发展问题。有的学者利用现代经济学方法对新中国成立以来的经济波动进行周期划分，认为新中国70年共经历了10轮完整周期，目前正处于第11轮周期中；有的学者基于对新中国70年经济发展理论的逻辑思考，提出必须建构中国特色社会主义经济发展理论；有的学者基于新中国70年经济增长史实研究，认为我国宏观经济运行已成功实现由改革开放之前的古典型周期到改革开放之后的增长型周期的转变。此外，还有一些学者对新中国经济增长阶段划分、经济波动等进行了研究，提出了新见解。

二是农业农村农民发展问题。有的学者对新中国农地制度、农地产权制度进行了深入研究，提出尊重农民主体地位是我国农地制度变迁绩效不断提高的重要原因；有的学者研究了我国农村居民收入变化问题，认为是制度变迁以及制度红利导致了农民收入的提高。有的学者对新中国70年农村集体经济进行了研究，提出应探索农村集体经济的多种实现形式。有的学者总结了新中国70年农村经济发展的逻辑规律，提出三农发展、乡村振兴必须要尊重和维护农民的根本利益、清晰界定产权。有的学者对农村集体土地制度的流转问题进行了深入的讨论。

三是区域经济发展问题。有的学者结合新中国区域发展政策历史演进和新时代中国区域发展所面临的现实挑战，提出未来中国区域发展政策应坚持绿色崛起、共同富裕、合作分工、开放新局面四个方向；有的学者基于对新中国70年中国共产党区域发展思想的研究，认为中国区域发展理论和实践丰富和发展了马克思主义的区域发展观。

此外，与会学者们还就新中国70年历程中的金融发展与金融风险防范、城乡协调发展、贫困问题以及东北老工业基地振兴等问题进行了研讨，提出了真知灼见。

二、关于中国特色社会主义基本经济制度的完善和发展

对基本经济制度的探索，是新中国社会主义建设70年特别是改革开

放40多年的一条主线。公有制为主体、多种所有制经济共同发展的基本经济制度是我国改革开放创造经济奇迹的根本保证。

与会专家学者们围绕基本经济制度的形成和发展、所有制变革、"国进和民进"、农村集体经济发展、农村土地制度产权等问题展开热烈讨论，提出了一些有价值的观点。大家认为，基本经济制度的完善和发展是马克思主义所有制中国化的创造性发展，是我们党对社会主义市场经济条件下公有制为主体和发展非公有制经济二者关系认识上的重大突破，是中国特色社会主义政治经济学的重大理论成果。

有学者强调指出，国有经济和国有企业是中国特色社会主义的鲜明特点。要毫不动摇地做大做强国有经济和国有企业，这是保证经济发展的社会主义方向，保障国民经济稳定健康发展，保障社会公平正义的大课题。也有学者运用现代分析方法做了实证分析，发现，在一些情况下，国有股的比例减少能够显著提高国有企业的创新水平。

一些学者指出，改革开放以来，我国非公有制经济的地位由"补充"上升到"重要组成部分"，对非公有制经济的发展由"方针政策"上升到"基本经济制度"，非公有制经济与公有制为主体的关系在"共同发展"的基础上共同构成社会主义初级阶段基本经济制度。党的十五大在对公有制经济含义和公有制实现形式有了新的认识基础上，确立了我国社会主义初级阶段基本经济制度。党的十六大提出"两个毫不动摇"，把"正确处理公有制为主体和促进非公有制经济发展的关系"作为首要关系确定下来。这是我国经济体制改革中一个带有根本性、全局性的重大问题。

有学者强调指出，党的十八大以来，我们党围绕坚持和完善基本经济制度，在理论和实践上实现了一系列创新。党的十八届三中全会《中共中央关于全面深化改革若干重大问题的决定》（以下简称《决定》），在"两个毫不动摇"的基础上提出"两个都是"。就是要坚持公有制主体地位，做强做优做大国有企业和国有资本，发挥国有经济主导作用；就是要鼓励、支持、引导非公有制经济发展，构建"亲""清"新型政商关系，促进非公有制经济健康发展。《决定》还提出混合所有制经济是基本经济制度的重要实现形式，这就深化了坚持和完善基本经济制度的认识，丰富了基本经济制度内涵。

大家一致认为，党的十九大提出，我国社会主要矛盾已经转化为人民日益增长的美好生活需要和不平衡不充分的发展之间的矛盾。我们必须继续坚持和完善社会主义基本经济制度，推动经济转型升级、高质量发展和高水平开放,推进新时代中国特色社会主义从"富起来"到"强起来"的飞跃。

三、关于中国经济高质量发展研究

高质量发展研讨围绕"创新、协调、绿色、开放、共享"新发展理念问题进行了深入的讨论,主要观点如下:

一是中国经济增长新动能与创新发展问题。有学者提出新动能是在制度保障的前提下使得生产率收益及其分配实现循环积累的新驱动力,要求实现全要素生产率提升、产业结构优化和企业效率提高,新旧动能转换路径设计应以习近平新时代中国特色社会主义经济思想为指导,将制度与结构两大因素引入推动高质量发展动能系统。有学者提出了新科技革命在很大程度上提升了政府在资源配置中精准的调控能力。在现代化产业体系构建上,有学者提出了需要发挥现代信息技术对产业发展的渗透作用,加快战略性新兴产业的发展,推动消费升级。

二是在区域协调发展问题上,有学者进一步指出,城市群是带动区域经济发展的重要载体,西部地区城市群未成熟的原因主要是产业分工协作水平较低。有学者对城市群协调发展,提出了形态和知识多中心空间结构能够提高城市群内部知识合作效率,丰富知识创新多样性,对中小城市空间溢出效应更为明显,有助于城市群协调发展。

三是在绿色发展方面,有学者梳理了中国 70 年生态环境建设历程,指出中国绿色发展正处于取得阶段性成效的关键期、攻坚期,正逐步成为全球生态文明建设和可持续发展的参与者、贡献者和引领者。有学者从行政管理体制角度分析,揭示了撤县设区的行政区划调整政策并不能保证企业减少污染排放,企业污染减排效应与企业到市政府距离呈现 U 型关系。有学者针对长江经济带地区的研究,解释了经济发展不平衡对环境污染影响呈现倒 U 型关系。有学者研究发现针对资源密集型地区的环境管制与资源诅咒程度呈现倒 U 型关系。

四是在开放问题讨论中,有学者指出,随着中国对外开放的国际经贸环境的变化、国际市场体系的变迁和国际投资贸易规则的争夺,使得中国开放型经济模式面临新的转变。第一代开放是单向的,引进来为主,搞开发区,实行出口导向开发模式。第二代开放是从单向开放转向开放的多元平衡,包括内外需平衡、进出口平衡、引进来走出去平衡、引资和引智的平衡等。要从市场型开放转向制度型开放,边界内措施规制融合:标准一体化、竞争一体化、规制一体化、营商环境的国际化和法制化等。自贸区就是制度型开放的试验田，因而学者们对自由贸易区建设都进行了深入的讨论。

有学者梳理了中国特色社会主义开放型经济体制改革的理论来源，指出中国开放型经济发展取得成就的关键在于借鉴和创新了比较优势理论，形成了对外开放和独立自主相结合的内外联动机制。学者们围绕"一带一路"倡议进行了热烈的讨论，对"一带一路"倡议提出了联动发展的思路。有学者根据中国在全球化发展中的崛起和一带一路建设，提出了与西方国家的市场主导型全球化不同的概念，提出发展主导型全球化的理念。针对"一带一路"倡议有学者进一步指出，中国"一带一路"实践进程需要进行理论层面的深入研究，在学理上形成支持，在实践上指导未来发展。

五是在共享发展方面，有学者指出，当前科技革命存在引发大量失业的风险，指出要扩大中小服务业发展，发挥服务业吸纳大量从制造业转移出来的劳动力，呼吁在一系列新科技应用密集地区设立就业定点调查制度，及时监测就业动态变化，为政策提供及时的决策依据。针对精准扶贫、精准脱贫，有学者指出，这既是收入分配问题，也是社会保障和民生改善问题，还是中国经济社会建设的宝贵经验和中国共产党人对世界减贫事业的重大贡献。有学者进一步指出，农村劳动力转移通过人力资本投资能够显著促进农村减贫，其中教育的中介效应最为显著。有学者针对深度贫困地区的致贫原因进行了剖析，指出了扶贫中产生的新问题，提出了在当前扶贫工作做好的同时，要注重扶贫长效机制建设，培育特色产业，加强资产建设，提升人力资本，实现高质量脱贫。

有学者提出中国转向高质量发展的能力基础建设问题。人才基础，即人口红利转向人才红利；技术基础，即从后发优势转向自主创新；制度基础，即渐进式增量改革转向制度性改革；需求基础，即从主要依靠国际市场转向国内超大规模市场。还要特别重视国家治理体系和治理能力的现代化的建设。

四、关于中国特色社会主义政治经济学研究

中国特色社会主义政治经济学重大问题研究是本次研讨会的重要议题之一。有学者强调，中国特色社会主义政治经济学理论创新，必须重视问题导向和实践导向，在方法论上有所创新。通过问题导向才能发现问题。实践导向，从实践出发才能抽象出理论。西方经济学理论可以学习借鉴，但切不可照抄照搬。运用两个导向对70年的实践和历程进行总结和提炼，有助于纠正对70年历程的理论误读，引领理论创新，提炼出标识性概念，

闭 幕 词

并引导国际学术界展开深入研究。

有学者对中国特色社会主义政治经济学创新发展的阶段提出了自己的看法，强调重视研究社会主义政治经济学史。从历史角度看，中国特色社会主义政治经济学创新发展的历程可以划分为初步探索、正式提出、重要突破和全面丰富四个阶段。

在讨论中，有学者对中国特色社会主义政治经济学的性质做了深入分析。马克思主义经典作家所讲社会主义政治经济学是共产主义第一阶段的政治经济学，我们今天所讲的中国特色社会主义政治经济学不是马克思主义经典作家所讲的社会主义政治经济学，而是从资本主义向共产主义第一阶段过渡的政治经济学。中国特色社会主义政治经济学的逻辑主线，是构建中国特色社会主义政治经济学的关键，有学者建议分别以生产力、生产关系、上层建筑作为主线，从新时代特点出发，把政治和经济的关系作为中国特色社会主义政治经济学的逻辑主线，从学理属性、本质属性、民族属性和时代属性等方面研究中国特色社会主义政治经济学的科学属性。

有学者指出，要高度重视中国经济学和中国经济学的教育问题。解决好为谁服务的方向问题，反对全盘西化，提倡"土货化"。经济学研究的目的是知中国，服务中国。在指导思想上，要解决好建设什么样的经济学问题。发展中国经济学，办中国经济学教育，要以马克思主义政治经济学基本原理与习近平新时代中国特色社会主义理论为指导。正确处理中国经济学与吸收西方经济学的主与次的问题，对西方经济学的理论与方法，要认真学习借鉴，但要从中国的实际出发，不能以西方经济学作为评判的标准。

在大会即将闭幕之际，我们要感谢吉林大学经济学院为本次年会提供了论文评审的帮助。向本次年会的承办单位——中国特色社会主义建设协同创新中心和南开大学经济学院表示衷心感谢。这次年会，南开大学经济学院全体师生员工精心筹备，为研讨会的顺利进行提供了大量的周到的后勤保障服务。特别要感谢大会的 100 名同学志愿者。同学们细致周到的服务使得老师们倍感温暖，为你们点赞！谢谢你们！

我们要感谢参会的各位嘉宾与代表和你们所在的学校。各位长期以来对研讨会的关心与热情支持，是我们办好研讨会的重要动力。

研讨会领导小组已经同意浙江大学承办 2020 年年会的申请。期待明年在美丽的西子湖畔相会！

第一篇

中国特色社会主义政治经济学的传承与创新

中国特色社会主义政治经济学的主线和逻辑起点

卫兴华*

结合实现全体人民共同富裕和生产力快速发展两个方面，中国特色社会主义政治经济学的主线可以表述为：通过快速发展生产力逐步实现共同富裕。借鉴马克思在《资本论》中研究资本主义经济所确立的逻辑起点，现阶段中国特色社会主义政治经济学的逻辑起点应是社会主义初级阶段的基本经济制度。

习近平同志一贯重视马克思主义政治经济学的学习和运用，做出了"要坚持中国特色社会主义政治经济学的重大原则""不断完善中国特色社会主义政治经济学理论体系，推进充分体现中国特色、中国风格、中国气派的经济学科建设"等重大论断。近年来，我国经济学界热烈讨论中国特色社会主义政治经济学的主线和逻辑起点问题。这是因为，只有明确了主线和逻辑起点，才能真正构建起中国特色社会主义政治经济学理论体系。

一、中国特色社会主义政治经济学的主线

科学社会主义政治经济学和中国特色社会主义政治经济学的主线应该是统一的。从已经发表的论著来看，有的认为主线是社会主义市场经济；有的认为主线是发展生产力；有的认为我国公有制和非公有制并存，应以两种不同性质的生产关系既共同发展又相互矛盾为主线；有的认为应以生产力和生产关系的相互作用为主线；还有的认为应以政府和市场的关系为

---

* 卫兴华，中国人民大学荣誉一级教授。

主线；等等。在这个问题上各抒己见，进行探索，一方面表明中国特色社会主义政治经济学处在探索构建过程中；另一方面表明我国马克思主义经济学界高度重视中国特色社会主义政治经济学的创新与发展。

其实，科学社会主义已经提出政治经济学的主线，这条主线也应贯彻于中国特色社会主义政治经济学之中。这条主线是以往任何社会都不存在、只存在于社会主义和共产主义社会的，那就是马克思主义一再强调的全体人民共同富裕。马克思在《1857—1858年经济学手稿》中提出：在未来的新社会制度中，"社会生产力的发展将如此迅速""生产将以所有的人富裕为目的"。列宁也讲：社会主义要使"所有劳动者过最美好、最幸福的生活。只有社会主义才能实现这一点。而且我们知道，社会主义一定会实现这一点，而马克思主义的全部困难和它的全部力量也就在于了解这个真理"。

生产力落后的国家建设社会主义，首先要让劳动人民过上温饱不愁的生活，达到小康水平。进而要让全体人民共同富裕，包括生存资料、发展资料和享受资料都能充分满足需要。共同富裕是个相对概念，可以有不同层次。列宁用"最美好、最幸福的生活"来表述，意指高层次的共同富裕。

共同富裕既表明社会主义发展应达到人民群众所需要的美好生活水平，又表明社会主义要消灭剥削、消除两极分化，实现分配公平。原始社会实行公有制，没有阶级剥削和奴役现象，但生产力极端落后，没有共同富裕。从奴隶社会、封建社会到资本主义社会，生产力不断发展，社会财富随之增加，发达资本主义国家的生产率达到了相当高的程度，但存在剥削制度和贫富两极分化，不可能实现共同富裕。只有在社会主义和共产主义社会才能实现共同富裕，让人民过上最美好、最幸福的生活。

全体人民共同富裕不是轻而易举就能实现的，要以生产力的快速发展为前提。所以，马克思主义经典作家把快速发展生产力和实现共同富裕连在一起，作为建设社会主义必须抓好的两大环节。《共产党宣言》指出：无产阶级取得政权以后，要"尽可能快地增加生产力的总量"，以提高人民的生活水平。如前所述，马克思在《1857—1858年经济学手稿》中同样强调社会主义要快速发展生产力，以使每个劳动者过上富裕的生活。只有通过快速发展生产力，使全体人民走向共同富裕，才能充分显示社会主义的优越性，使社会主义有巨大的吸引力；才能充分证明马克思主义不仅能够解释世界，而且具有改造世界的强大真理力量。

由此，结合实现全体人民共同富裕和生产力快速发展两个方面，中国特色社会主义政治经济学的主线可以表述为：通过快速发展生产力逐步实现共同富裕。

从科学社会主义的理论逻辑看，通过快速发展生产力逐步实现共同富裕，是科学社会主义的本质规定。我们常讲，发展社会主义经济，要坚持公有制为主体、按劳分配为主体。但是，为什么要搞公有制和按劳分配？如果不与建设社会主义的初衷和根本目的相联系，就会说不清楚。马克思主义致力于社会主义事业，其初衷是要让劳动人民摆脱受剥削受压迫的境地，成为社会的主人，过上有尊严的富足的生活，获得自由而全面的发展。所以，通过快速发展生产力逐步实现共同富裕，是实现社会主义初衷和根本目的的唯一途径。实行公有制是逐步实现共同富裕的制度保障。公有制、按劳分配都是服从于社会主义本质规定的，都是围绕"通过快速发展生产力逐步实现共同富裕"这一主线运行的。

从中国社会主义发展的历史逻辑看，通过快速发展生产力逐步实现共同富裕，是中国特色社会主义经济社会发展的主线。遵循这一主线，发展就会取得成功；偏离这一主线，发展就会遭受挫折。新中国成立后，我国重视生产力的发展和人民生活水平的提高，实施并提前完成了第一个五年计划。但后来受"左"的思想影响，实行以阶级斗争为纲，搞"一大二公"的公有制，使社会主义经济建设遭受挫折，人民生活长期得不到明显改善。改革开放以来，党中央提出社会主义的本质是解放生产力，发展生产力，消灭剥削，消除两极分化，最终达到共同富裕。这坚持和发展了马克思关于社会主义的本质规定。我们遵循社会主义本质规定，致力于通过快速发展生产力逐步实现共同富裕，并将其具体化为坚持公有制为主体、多种所有制经济共同发展的社会主义初级阶段基本经济制度，提出以人民为中心的发展思想和决胜全面建成小康社会、实现共同富裕的发展路径。改革开放40多年来，我国社会生产力、综合国力和人民生活水平得到大幅提高，创造了中国奇迹。

二、中国特色社会主义政治经济学的逻辑起点

关于中国特色社会主义政治经济学的逻辑起点，学界也有不同主张。笔者认为，应借鉴马克思在《资本论》中研究资本主义经济所确立的逻辑

起点。从表面上看,《资本论》是从研究商品开始的,似乎商品就是资本主义政治经济学的逻辑起点。但应看到,商品生产与流通早在奴隶社会就存在,并在以后的社会制度中不断发展。商品、商品生产、商品流通都是中性的,不具有特殊的社会属性。它既不决定也不影响任何社会经济制度的本质规定。因此,商品不能成为资本主义政治经济学的逻辑起点。马克思也一再批评庸俗经济学家用商品市场关系来说明资本主义生产关系,以此掩盖资本主义本质关系。

马克思确立资本主义政治经济学的体系结构时,提出了两个不同层次的逻辑起点。

一个是宏观层次的逻辑起点。马克思在《政治经济学批判》导言中专设一节讲"政治经济学的方法",指出,资本主义政治经济学研究不能从人口开始,也不能从劳动开始。"从地租开始,从土地所有制开始,似乎是再自然不过的了……但是,这是最错误不过的了。在一切社会形式中都有一种一定的生产决定其他一切生产的地位和影响,因而它的关系也决定其他一切关系的地位和影响。这是一种普照的光,它掩盖了一切其他色彩,改变着它们的特点。"研究任何社会经济制度,都要确定在该社会起主导作用的"普照的光"。封建社会"普照的光"是土地所有制和地租。资本主义社会"普照的光"是具有资本主义私有制性质的工业资本。远在资本主义社会以前的社会制度中就存在商业资本、借贷资本,但不构成资本主义。正是工业资本的产生和发展,推动形成资本主义私有制,才形成了资本主义。因此,《资本论》第一卷研究工业资本的生产过程,第二卷研究工业资本的流通过程。在具有资本主义私有制性质的工业资本这一"普照的光"主导下,商业资本、借贷资本、土地所有制及其经营方式都具有资本主义性质,但它们都从属于工业资本,放在《资本论》第三卷中研究。

另一个是从单个资本主义企业即微观层次研究资本主义政治经济学的逻辑起点。这是从《资本论》第一卷第四章开始的。这一章研究了作为资本主义生产关系基础的所有制关系以及资本与雇用劳动的关系,它说明:非劳动者占有的货币成为资本,劳动者成为为资本服务的雇用劳动者。正是资本与雇佣劳动的关系决定了所有制的资本主义性质。先有这种生产关系的形成,才有资本主义直接生产过程的关系以及由此决定的分配关系和交换关系。因此,《资本论》第一卷第四章论述的内容,是资本主义生产关系体系"入口处"的前期关系。

科学社会主义政治经济学和中国特色社会主义政治经济学的"普照的光"是一致的，即以生产资料公有制为基础、为主体。这在我国宪法中主要体现为两条规定：一条是"中华人民共和国的社会主义经济制度的基础是生产资料的社会主义公有制"，这是对科学社会主义的坚持与继承；另一条是"国家在社会主义初级阶段，坚持公有制为主体、多种所有制经济共同发展的基本经济制度"，这是对科学社会主义的发展与创新。可以说，公有制和公有制为主体是现阶段中国特色社会主义的"普照的光"，现阶段中国特色社会主义政治经济学的逻辑起点应是社会主义初级阶段的基本经济制度。

一种经济形式的社会性质是由其内部的生产关系决定的。国有经济即社会主义全民所有制经济，是我国国民经济中的主导力量。我国国有经济的社会主义性质应表现为，企业职工以主人翁的身份与属于全民的生产资料相结合。这就是说，社会主义公有制要体现在生产资料与劳动力相结合的社会主义生产方式上，具体表现为职工拥有知情权、话语权、参与权、选举权等。

应当注意的是，把社会主义初级阶段的基本经济制度作为现阶段中国特色社会主义政治经济学的逻辑起点，并不意味着一定要把它放在相关论著的第一章。这方面论著的第一章或导论，要讲中国特色社会主义政治经济学的对象与方法，讲生产力与生产关系及其相互关系的基本原理，讲生产、分配、交换、消费的关系等。

方法论的格式化与社会主义政治经济学的发展境遇

——新中国 70 年政治经济学发展的回顾与展望

张晖明 任瑞敏[*]

一、问题的提出

对于一门学科的构建与发展,首先需要知道它的本质"是什么",其次需要"怎样认识"才能实现它"之所是"。前者是认识论的范畴,后者是方法论的范畴。方法论(Methodology)具有重要作用:为逻辑体系的构建提供科学知识和应遵循的规则;判定理论能否发现社会活动和经济理论的因果联系;随时代进化而产生新的研究纲领和具体研究方法。新中国成立 70 年,对社会主义政治经济学的研究主要在于回答前者,而对于后者的研究较少,其根源在于自苏联范式以来的格式化的方法论传统。

政治经济学的方法论缘起于马克思在蒲鲁东的批判中所确立的历史唯物主义。但他并没有对历史唯物主义"是什么"下过明确的定义,这也为其以后的发展创新留下了空间。但历史唯物主义中的"历史"包含有"辩证法"。马克思对"历史"的认识来源于黑格尔。后者认为"历史"是一个在经验的检验和更高程度的批判中不断趋向真理的反思之链,而推动"历史"向前发展的这种反思进程是遵循某种规律的,它基本上沿着"正题→反题→合题"的路径前进,这个规律就是辩证法。马克思的功绩在于让"历史"在实践活动而不是在思维(反思)中生成,从而将黑格

---

[*] 张晖明,复旦大学经济学院教授;任瑞敏,复旦大学经济学院博士后研究员。

尔的辩证法"倒转"过来。因此,在马克思那里,历史唯物主义的展开是以辩证法为工具的,两者是统一的。

苏联学者对历史唯物主义本身进行了第一次讨论。当时苏联学界出现了一股为将理论达到实证主义的科学水平,而消除或弱化历史唯物主义中辩证思想的思潮。① 普列汉诺夫为突出辩证法的重要性,使用"辩证唯物主义"一词阐释马克思主义哲学。根据杨耕教授的研究,"辩证唯物主义"在内涵与思想上并没有脱离历史唯物主义。普列汉诺夫认为马克思和恩格斯的唯物主义在本质上是辩证的,所以他称之为辩证唯物主义。② 列宁继承了普列汉诺夫的观点,并进一步认为辩证唯物主义包括四个方面:哲学唯物主义、辩证法、唯物主义历史观、阶级斗争理论。③ "辩证唯物主义"一词与"历史唯物主义"逐渐成为并列的两个词汇,形成了体系。这既是对马克思主义思想的传承,也是一次术语上的创新。

斯大林进一步将历史唯物主义和辩证唯物主义进行了定义和"模块化分工"④:辩证唯物主义解释自然现象,历史唯物主义解释社会现象。这样就把方法论格式化、简单化了。事实上,无论历史唯物主义还是辩证唯物主义,只是侧重的维度不同,内在的逻辑和思辨理路是相通的,但斯大林的"分工"却将它们打造为封闭和排他的哲学体系。在马克思那里,历史唯物主义方法论之所以超越了古典经济学的自然科学方法论,就在于它能够揭示历史发展的动态,从而赋予理论以进化性。但斯大林的简单分工则使方法论丢失了这种特性,也丢掉了历史唯物主义的开放性、批判性和包容性传统,失去了吸收世界上一切优秀文化成果的可能。尤其是批判性的缺失,抽离了经济学的灵魂——理性,因为理性的内核正是批判。在经济学中,理性是理论体系的逻辑预设,主要从两个方面撑起和规制着经济学体系:理论假设和理性主义方法(分析工具和分析方法)⑤。

---

① 如伯恩斯坦从根本上否定马克思的唯物辩证法原理,考茨基把马克思主义发展为类似于达尔文的进化论学说,本质上是一种自然科学的技术思维。
②③ 杨耕:《论辩证唯物主义、历史唯物主义、实践唯物主义的内涵——基于概念史的考察与审视》,载于《南京大学学报》2016年第2期。
④ (它所以叫作)辩证唯物主义,是因为它对自然界现象的看法、它研究自然界现象的方法、它认识这些现象的方法是辩证的,而它对自然界现象的解释、它对自然界现象的了解、它的理论是唯物主义的;历史唯物主义就是把辩证唯物主义的原理推广去研究社会生活,把辩证唯物主义的原理应用到社会生活现象,应用于研究社会,应用于研究社会历史。摘自斯大林:《列宁主义问题》,人民出版社1964年版,第629页。
⑤ 韦森:《经济学中的理性主义》,载于《学术月刊》2006年第8期。

然而，作为"苏联模式"的缔造者，理论界和政治界的最高权威，斯大林的观点决定了当时的理论和学术走向，他的明确定义和"分工"终结了对方法论本身的探讨，最终成为格式化的方法论。它产生了两个后果：一是不能产生新的研究纲领；二是不能内生出适合需要的具体研究方法。本文旨在以新中国成立70年，社会发展过程中三次不同的时代背景为基础，揭示格式化的方法论由于不能随时代发展而产生新的研究纲领和研究方法，使政治经济学的理论与实践产生了疏离，从而为中国特色社会主义政治经济学的体系构建提供批判性借鉴。

二、格式化方法论的承继与具体研究方法的创新（1949~1977年）

新中国成立后，随着社会主义改造任务的完成，我国确立了社会主义经济制度，进入社会主义建设时期。面对一个新的社会形态，亟须新的理论指导。作为社会主义阵营的成员，相同的社会制度和类似的经济基础，使得我国对苏联的经验模式具有天然的亲近性。加之当时的国际形势以及我国"一边倒"的政策，苏联的社会主义建设经验对我国有很大影响。毛泽东尤其重视苏联政治经济学理论的研究，引进了《苏联社会主义经济问题》和《政治经济学教科书》，号召党内干部重点学习与探讨。比如1958年，在郑州会议上，同参会同志共同学习《苏联社会主义经济问题》。1959年，与陈伯达、胡绳、邓力群、田家英等在杭州组成了学习小组，一起研读苏联的《政治经济学教科书》。毛泽东认真研读了苏联的政治经济学教科书，做了大量批注。据不完全统计，"对""赞成""同意"等肯定性评价的有64处。"不对""不正确""不赞成""不同意""不对头""有问题""不好这么讲""不能这样讲"等否定性的评价共30多处。[①] 由此可以看出，毛泽东对于苏联的理论成果有透彻的认识，并不是全盘接受，这种批判性为以后的创新打下了基础。

毛泽东对于苏联政治经济学的整体架构与一般性方法论（历史唯物主义与辩证唯物主义）是肯定的，包括研究对象（生产关系）、研究内容

---

① 钱路波：《毛泽东对中国社会主义政治经济学的分析方法论》，载于《黑龙江社会科学》2017年第1期。

(以生产资料公有制为基础的计划经济)、研究任务(揭示经济运行的规律)和理论主线(劳动价值论)、分配原则(按劳分配)等。他对苏联政治经济学的批判重点在于具体的研究方法,"不能说这本书完全没有马克思主义,因为书中有许多观点是马克思主义的;也不能说完全是马克思主义的,因为书中有许多观点是离开马克思主义的。特别是写法不好,不从生产力和生产关系的矛盾、经济基础和上层建筑的矛盾出发,来研究问题,不从历史的叙述和分析自然得出结论,而是从规律出发,进行演绎。……教科书对问题不是从分析入手,总是从规律、原则、定义出发,这是马克思主义从来反对的方法。"① 在毛泽东看来,社会主义政治经济学的苏联范式之所以存在许多原则性错误,是因为"这本教科书就没有运用这样一贯的、完整的世界观和方法论(对立统一)来分析事物。"②

毛泽东针对苏联范式的问题根源,从三个大的方面指出政治经济学研究应遵循的表述方法:一是强调辩证法的重要作用,重视矛盾分析法和对立统一原则。毛泽东曾说过:"世界上没有不能分析的事物,只是:一、情况不同;二、性质不同。许多基本范畴,特别是对立统一的法则,对各种事物都是适用的。这样来研究问题、看问题,就有了一贯的完整的世界观和方法论。"他用辩证法分析了社会主义经济由于存在平衡与不平衡的矛盾,因而具有波浪式发展的特征。他认为事物的发展总是不平衡的,在各方面、各部门、各个部门的各个环节都存在。苏联教科书之所以存在诸多问题,就是缺乏辩证法,没有哲学思维。二是坚持唯物史观,注重理论与实践相融合。"政治经济学的研究对象主要是生产关系,但是,政治经济学和唯物史观难得分家。"他批评苏联教科书的写法不好,没有说服力是因为缺乏实践性,"是一些只写文章、没有实际经验的书生写的",但是做实际工作的人"没有概括能力,不善于运用概念、逻辑这一套东西。"因此,需要理论与实践相结合,在历史的发展过程中揭示经济学的运行规律。三是阶级分析法。这是矛盾分析法的延伸。毛泽东曾说过:"这本书(苏联的《政治经济学教科书》)的基本缺点……不承认他们国内还有阶级斗争,还有社会主义和资本主义的斗争,不敢像我们这样

---

① 毛泽东:《读苏联〈政治经济学教科书〉的谈话》,载于《毛泽东文集》第8卷,人民出版社1999年版,第138~139页。
② 毛泽东:《读苏联〈政治经济学教科书〉的谈话》,载于《毛泽东文集》第8卷,人民出版社1999年版。

大讲阶级斗争，大讲正确处理人民内部的矛盾。"他还区分了两类性质不同的社会主义矛盾：一类是先进的社会制度与落后的生产力之间的矛盾；另一类是社会主义和资本主义两条道路的矛盾，无产阶级和资产阶级两个阶级的矛盾。前者是人民内部的矛盾。

毛泽东为我国政治经济学的研究与创新打下了重要基础。正是在对苏联教科书写作方法的批判上，毛泽东带领学界形成了自己的政治经济学编写方法，运用对立统一的辩证法思考问题，运用矛盾分析法研究问题。矛盾分析法成为我国政治经济学研究的重要方法，如老一辈马克思主义政治经济学家蒋学模曾说过："不研究矛盾着的对立面的斗争及统一的发展过程，便不能揭示事物发展的内在本质联系。"并提出从人民内部矛盾和社会主义社会的矛盾入手重构政治经济学社会主义部分的体系，改进教学科学工作。① 其次是坚持用发展的眼光看问题。在读苏联政治经济学教科书时，毛泽东曾多次提出老祖宗的理论既要坚持又要发展，"从实际出发而不是从概念出发。"在这种思想的引领下，国内学者开始突破苏联范式，重构社会主义政治经济学，如于光远对社会主义政治经济学的体系框架、研究对象、中心问题、发展规律和按劳分配等提出新的见解。还有孙冶方、薛暮桥、骆耕漠等都结合毛泽东提出的方法，对社会主义政治经济学进行了再认识。

在毛泽东的带领下，20 世纪 50 年代中后期出现了第一次社会主义经济理论研究的高潮，编写中国版的社会主义政治经济学教科书成为学者的努力方向。② 于光远、孙冶方、薛暮桥都着手编写社会主义政治经济学。到 1960 年，13 个省编写了 14 个版本的教科书。③ 最后确定以蒋学模与姚耐、雍文远和苏绍智主编的两本教材。这两本教材增加了我国的"生产资料所有制的社会主义改造"，详细介绍了社会主义三大改造的经验。即使在文革期间，毛泽东也没有放弃对政治经济学的研究，曾组织编写政治经济学教科书，但由于历史原因，这些著作没有推行开来。

从新中国成立到文革结束，我国对政治经济学的研究做了重大探索，尤其是研究方法的创新具有重要意义。然而，需要注意的是，"政治经济

---

① 王立胜：《中国特色社会主义政治经济学理论体系构建的历史演进》，载于《经济纵横》2017 年第 12 期。

②③ 张晖明、刘刚：《紧扣中国实践经验的经济学理论创新典范：蒋学模〈政治经济学教材〉与当代中国政治经济学》，载于《世界经济文汇》2018 年第 3 期。

学"作为一门学科是随着现代性的兴起,经济关系主导社会秩序而出现的一门科学。长期以来,我国处于自给自足的农业经济状态,资本主义经济发展不充分,没有形成现代经济所需要的社会制度和经济秩序,很难在思想来源和理论认知上对具有相同基础又有一定实践经历的苏联范式进行质的超越。在方法论上,我国的政治经济学承接了苏联范式的核心:格式化的一般性方法论。斯大林对历史唯物主义的法典化,抽去了它的批判性、开放性和进化性,成为一种僵化的教条,阻碍了进化的可能。因为方法论是建构逻辑体系和完善理论内容的基础,其自身的革新往往意味着新的研究领域的产生,是经济理论发展完善的标志,也是推动经济科学进步的动力。

这种法典化的方法论在经济体系中的反映就是科学体系的建构缺乏原则,难以从经验的感性材料中抽象提炼出经济概念和经济范畴,只能用具体的经验材料(如超工业化、农业集体化等)来说明经济关系,成为一种没有科学内容的概念体系。用整体主义方法研究"物"(社会主义)的运行原理,缺少微观基础。虽然这种方法在计划经济条件下问题不大,但这种研究传统和思维惯性在缺乏方法论引领的作用下,很难在变化了的环境中自动实现研究的转向。

三、方法论的固化与政治经济学的"宏大叙事"(1978~1992年)

1978年,十一届三中全会的召开启动了中国的现代化,围绕"什么是社会主义""怎样建设社会主义",本着"解放思想,实事求是"的优良传统,中央提出"以经济建设为中心",将党和国家的工作重点转到经济建设上来。"怎样建设社会主义"、对计划与市场关系的再思考以及建立社会主义市场经济的尝试,实践本身已打开了新的研究领域,呼唤方法论引领新的研究纲领。因为,从计划转变为市场首先是经济主体从整体到个体的转换,意味着经济运行机制的改变:在计划经济条件下,个体是被抽离的,经济运行只考虑"物"的整体流转,按照"生产—流通—再生产体系"的研究方法是具有科学性的。但在市场经济条件下,一个个具有不同方向矢量的原子式个体是经济运行的基础,他们的主观偏好和行为选择对于市场运行效率具有决定性作用,那么对微观个体的研究就成为决定经济理论是否有效,能否对未来进行预测的基础。然而,由于自苏联以来格式化的方法论,使其成为具有高度的权威和不容置疑性而成为一个不能批判的概念。因此,学界对方法论的进化是无意识的,从而难以发挥方法论在理论发展中的作用。

虽然理论界对此尚无意识,但实践领域已开始了探索。主要表现在:首先,赋予企业和个人等微观经济单位以主体性地位,给予一定的自主权。改革开放的一个重要举措是改革僵化的经济管理体制,将扩大企业的经营自主权作为一项重大决定,突出利润对企业的意义,提出了"利润是衡量企业经营好坏的根本标准"的口号,还原了现代经济制度框架内企业的本质。在国家、企业与职工之间的关系上,也体现了利润在利益分配上的主导性,比如扩大企业利润留成,将利润与生产资金、职工工资和福利挂钩,真正体现了按劳分配、多劳多得。企业从过去以国家利益为核心,转变为以企业利益为核心,构建了新型的国家与企业关系。

其次,价格体系的市场化。企业以追求利润为目标,意味着商品生产要遵循成本最小化和利润最大化的理性选择,遵循等价交换的原则,让价格成为调节生产、交换和分配关系的"看不见的手"。改革原来的国家定价体系,建立由供需决定的市场价格体系,这是在实践的试错过程中逐步完成的。为探索价格机制改革,先实行了"价格双轨制",国家定价与市场定价并存。由于计划内的国家定价较低而市场上由于产品稀缺而价格较高,巨大的利差滋生了大量利用行政权力牟取利益的"倒爷",凸显了改革进程中权力和货币、政府与市场的张力。为了抑制官倒,真正树立价格的调节作用,实行了价格并轨的尝试,即"物价闯关"。虽然以失败告终,但却是对价格机制进行改革的重要尝试,明确了市场化改革的方向。

最后,利用财政和金融等现代化手段调控经济,释放了资本的逐利本性,还原了资本的生产要素功能。政府不再直接参与企业的生产、经营、分配,而是利用现代化的经济手段——财政和金融进行间接调控,打造现代化的政府与企业关系。在财政上的改革有:一是中央和地方"分灶吃饭",地方除缴足中央的收入部分,余下的可自收自支,以提高地方政府的自主权和积极性;二是"利改税"。在改革前,企业投资由国家包揽,所得利润也全部上缴国家,由国家进行再分配。"利改税"则是国家不再负责企业投资,企业独立经营、自负盈亏,只对政府承担纳税责任,不再上缴全部利润。从金融上来看,主要也有两个方面:一是"拨改贷",改变过去财政投资经济的做法,由银行贷款、企业付息,重新赋予了资本的

第一篇　中国特色社会主义政治经济学的传承与创新

价格功能和精算功能，使利率成为影响投资的重要因素；二是积极利用外资，通过对外发行金融债券，引进国外的资本。从实践来看，由于经济发展不成熟，缺乏现代化的财政金融认知和技术，使得利用财政和金融手段调控经济也带来诸多问题，但它的意义在于导向了政企分开的现代经济，扭转了原来"政治挂帅"的局面。

与实践领域的大胆探索不同，理论界由于缺少方法论对现实状况的敏感性，依然延续了改革开放前的研究传统。以矛盾分析法为研究方法，坚持理论与实践相结合。主要以我国的经济实践为基础，研究社会主义的经济规律，如生产关系适应生产力规律、社会主义基本经济规律、国民经济有计划发展规律、社会主义制度下的价值规律、按劳分配规律、社会主义物质利益规律、社会主义再生产规律、经济管理和对外经济关系等①。也有学者从另一个角度进行研究，着眼于社会主义社会的内部矛盾，把社会主义生产关系当作过程来研究。重点内容包括社会主义建设、社会主义改造、社会主义经济制度、调节方式和管理体制、经济社会发展等②。虽然着眼点不同，但在研究方法上都采用了矛盾分析法。我国社会主义经济理论的教材体系设计也逐步走向与此类似的体系框架。③

由教育部组织编写的《政治经济学》在结构安排上沿用了苏联的模式，分为上册（资本主义部分）和下册（社会主义部分）。当时在学界具有代表性的政治经济学教材是"南方本"和"北方本"："南方本"是由南方十六所大学联合编写，体系安排是：社会主义生产过程—社会主义流通过程—社会主义消费过程—社会主义经济运动总过程。"北方本"由北方十三所高校联合编写，体系安排是：社会主义生产过程—社会主义流通过程—社会主义再生产过程—不发达的社会主义阶段的阶级斗争。随着改革开放的推进，政治经济学的教材也不断增多，很多高校都开始编写政治经济学教材。在内容上逐步地增加了企业、资金的流动、货币流通、对外经济关系等内容。

总体而言，虽然在经济实践领域进行的是赋予个人与企业以主体性，释放微观主体的逐利本能以提高经济效率的尝试。但理论界依然将社会主

---

① 于光远：《中国社会主义经济问题》，人民出版社1979年版。
② 薛暮桥：《中国社会主义经济问题研究》，人民出版社1980年版。
③ 王立胜：《中国特色社会主义政治经济学理论体系构建的历史演进》，载于《经济纵横》2017年第12期。

义看成是一个整体，用整体性方法研究"物"（如生产与再生产）的运行原理与规律，停留在生产力与生产关系、上层建筑、社会意识等形而上的层面，缺少微观基础而成为一种"宏大叙事"，从而没有回应来自实践层面的需求。因为市场功能的发挥是货币和资本取代计划命令指导生产和消费，企业行为是利润最大化，消费者的行为是效用最大化，企业行为和消费者行为会受到偏好、收入、相关产品等众多因素的影响，因而需要更为微观具体的剖析；市场存在诸多不确定性，企业要实现利润最大化，需要对未来有较为精确的预测。由此派生出对具体研究工具的需求。而矛盾分析法虽然在研究整体经济运行时具有科学意义，但却无法满足微观领域的精确化需要。尤其是随着经济活动的复杂化和分工的细化，用整体主义方法分析微观领域的问题会因为缺少实际内容而成为一种思辨的形而上学体系。由此导致理论与实践的第一次疏离。

四、政治经济学的内容"增减"式创新与方法论的反思（1992~2015年）

1992年，我国确立了社会主义市场经济体制，这不仅意味着经济模式由政府主导的计划经济向供需决定的市场经济转变，更重要的是自新中国成立以来由行政权力决定资源配置和社会运行机制的局面，新增加了资本的作用。资本和权力成为新社会秩序的两大主导因素。改革的本质就是要理顺资本和权力的关系，自社会主义市场经济体制确立以来到十八届三中全会，是权力不断向资本让步的过程。从党的十五大"使市场在国家宏观调控下对资源配置起基础性作用"，党的十六大提出"在更大程度上发挥市场在资源配置中的基础性作用"，党的十七大提出"从制度上更好发挥市场在资源配置中的基础性作用"，到十八届三中全会提出"建设统一开放、竞争有序的市场体系，是使市场在资源配置中起决定性作用的基础"。表明市场在运行中的功能性地位不断提升，也是我国经济模式日益现代化的表征。

这一时期是西方经济学的大力引进和传播时期。西方经济学植根于市场经济的土壤，且已形成了较为成熟的体系，很快就在改革开放的环境中成为主流。它主要从三个方面扭转了我国的经济学研究格局：一是理论体系。改革开放初期，西方经济思想被以正面的形象引入中国，尤其是新古典综合经济学注重机制分析,有一套适合经济核算的体系,很快上升为经济学的主导。此外还有倡导市场自发秩序的奥地利学派、强调制度作用的制度经济学等。二是研究队伍。随着中国对外开放的力度增大,国内外的学术交流更加紧密。尤其是国家为吸引国外高层次人才回国的人才战略,"海归"大多在引进单位居于要职,在全国重点高校的经济学院的院长中,几乎都有海外教育经历。这导致西方经济学的思维习惯和研究方法迅速发展开来。三是从研究资料来看,大量西方经济学的参考资料被传入中国,从经济思想史到最新前沿动态都被翻译引介到中国。如商务印书馆的"汉译世界学术名著",中国人民大学的"经济科学译丛""金融学译丛",北京大学出版社的"经济学精选教材译丛",还推出一批英文影印版的原版教材。在课堂上,很多重点高校都使用了原版的英文教材。这些极大地丰富了经济学人的学习用书与参考资料,扩大了研究视野,也使得中国的经济学在思维模式上逐渐"西化"。

随着西方经济思想和思维习惯的传播,西方经济学方法论的相关思想也逐渐被引进过来,如约翰·穆勒的《逻辑体系》、门格尔的《经济学方法论探究》、施穆勒的《国民经济学大纲》。经济科学出版社还出版了"经济学方法论译丛",介绍西方经济学方法论的前沿问题。国内老一辈政治经济学家吴易风教授曾对西方经济学的方法论进行了解读,对方法论在理论体系中的意义进行了阐明,但遗憾的是未联系到政治经济学。韦德·汉兹、马克·布劳格、库恩、波普尔、拉卡托斯、费耶阿本德等方法论领域的代表人及著作也被引进中国,丰富和扩大了研究者的视野,带动了国内学者对经济学方法论的认识、反思与研究。围绕"什么是"经济学,"怎样研究"经济学,产生了大量方法论的研究成果。如汪丁丁、林毅夫、刘永佶、贾根良等都有对方法论的研究。

政治经济学在西方经济学的冲击中对方法论进行了反思。主要是从文本解读的角度来阐明政治经济学的方法论是什么,如在一般性方法论上肯定唯物史观在马克思主义政治经济学中的地位,认为唯物辩证法是马克思主义经济学方法论的本质。在具体方法论上,一般认为包括:具体与抽象统一的方法(科学抽象法);研究方法与叙述方法的统一,将研究对象区分为两种层次,即现象层次和本质层次;历史与逻辑统一的方法;分析与综合统一的方法;归纳和演绎统一的方法等。学界对一般性方法论和具体方法论的分层认识具有重要意义,因为一般性方法论具有"形而上"的特征,它的依据是哲学,具有稳定性。具体研究方法是"形而下"的,是问题研究所需要的具体方法，它的依据是从事实践工作的经济学家的日常事务。但学界的这种分层不是来源于现实的实践需要，而是一种从概念到概念的文本解读，缺少批判性。而批判性恰恰是历史唯物主义方法论的特性，也是其本身所内含的本质要求。也就是说并没有打开方法论本身这个"黑箱"，是在对概念先验的框定中展开的一种"应该是"的价值判断，缺少对"是"的科学性认识，因此对政治经济学方法论的认识与反思并没有对政治经济学的理论体系发展产生推动作用。

这一时期的政治经济学也开始反思理论体系的构建，但主要源于西方经济学的冲击所导致的困惑，并不是基于方法论创新的自发效应。如学界围绕经济学的研究对象、与西方经济学的关系、具体的研究内容进行了讨论。在研究对象上基本表现为从马克思的文本出发，寻找政治经济学的研究对象。有两大不同观点：一是坚持原有的生产关系不变；二是认为政治经济学的研究对象应该是生产方式。在与西方经济学的关系上，大多主张吸收借鉴西方经济学的合理成分。在具体的研究内容上，根据不同时期的经济热点进行研究，如国有企业改革、所有制问题、城镇化、中国道路、中国模式、供给侧、新常态等，代表了不同时期的热点问题。总体而言，学界对于政治经济学的反思，并没有联系到方法论本身。事实上，对于政治经济学而言，科学的考察对象必须着眼于社会环境的本质。实践领域发生的变化必然会产生新的问题域，产生新的矛盾体，进而需要新的研究方法。这本身需要方法论的进化，即从采用什么样的研究方法和分析工具来研究新的问题、考查与过去理论的关系，从而将新情况纳入到理论体系当中。但方法论的格式化，使其难以发挥在理论体系上的规则性作用，使得新问题是嵌入而不是内生于理论体系，只能在研究内容上进行"增减"：增加了与市场经济有关的内容，减掉了与计划经济有关的内容；增加了对"热点"的研究，减掉了对"过时"的研究。

从教材体系来看，由十六所大学共同编写的教育部"十五"规划教材《政治经济学》，在内容上已不再有"资本主义部分"与"社会主义部分"之分，而是将其融合在历史发展的过程当中进行阐述。整个体系分为六个部分：社会生产过程、社会经济制度、微观经济运行、社会经济发展、宏观经济运行、国际经济关系，体现了在开放的经济条件下，理论研究对经济实践变化的回应。由此可以看出，政治经济学的创新是现实推动内容的变革，是在保持研究对象、研究方法不变的前提下，对研究内容的"增减"。这种嵌入式的理论发展难以自然派生出适合需要的具体研究方法，以探求和证明理论的正确性。此外，随着市场经济的推进和西方思想的传入，政治经济学界为保持理论的纯洁性，号召坚持马克思的辩证唯物主义和历史唯物主义。坚持马克思主义方法论的大方向是正确的，也是必要的，但忽略了在坚持一般性方法论的前提下，要推动具体研究方法创新，以充实微观基础，使理论更加具有科学性、指导性和预测性。

五、展望：中国特色社会主义政治经济学的构建需要重视方法论的基础

习近平总书记在2015年提出"要立足我国国情和我国发展实践，揭示新特点新规律，提炼和总结我国经济发展实践的规律性成果，把实践经验上升为系统化的经济学说，不断开拓当代中国马克思主义政治经济学新境界。"① 并提出"要坚持中国特色社会主义政治经济学的重大原则"。这具有极大的时代意义。那么如何将我国成功的经济实践转化为理论体系呢？这离不开方法论的作用。马克思在《资本论》第一版序言中曾说过："分析经济形式，既不能用显微镜，也不能用化学试剂。二者都必须用抽象力来代替。"② 就我国而言，新中国成立70年，我国有了极为丰富的社会实践，要将其上升到理论需要抽象力，但抽象需要遵循一定的方法。目前，在实践的基础上已经形成了能够反映我国经济特色的概念（如社会主义市场经济、市场与政府、按劳分配、共同富裕、新常态、供给侧、新发展理念等），概念之间的相互关系与逻辑推演需要注意两个问题：一是清晰的范畴；二是合理的表达方法。

（一）明确范畴：防止"教条主义"和"拿来主义"

目前在学界存在一种极端的"教条主义"思潮。张雄教授将其描述为"用'新瓶装旧酒'的方式阐发当代中国马克思主义政治经济学的思想原理及方法，……集体无意识地复制传统政治经济学的公理和观点，把现货

---

① 2015年11月23日，习近平总书记在中共中央政治局就马克思主义政治经济学基本原理和方法论进行第二十八次集体学习时的讲话。新华社2015年11月23日电。

② 马克思：《资本论》第一卷，人民出版社2004年版，第8页。

的政治经济学应对的改革实践的质料，生硬地塞进教条主义的分析框架中。"① 从实践发展来看，政治经济学的苏联范式是当时苏联社会主义经济活动的理论反映，具有历史的合理性。我国在 20 世纪 50 年代，模仿苏联范式建构的政治经济学是基于我国计划经济模式下的社会实践，也具有很大的科学性和合理性。但在进入新时代的今天，经济学的实践基础已发生了变化。在经济模式上，市场在资源配置中发挥决定性作用；在发展模式上，实行创新驱动发展战略；在发展理念上，坚持创新、协调、绿色、开放、共享；在社会矛盾上是人民日益增长的美好生活需要和不平衡不充分的发展之间的矛盾。因而不能将当下的实践内容简单置于传统理论的框架，要坚持发展进化的观点。习近平总书记（2008）也提到过"中国特色社会主义理论体系是不断发展的开放的理论体系。……具有很强的时代性和开放性，将随着时代、实践和科学的发展而不断丰富和发展。"

学界也存在另一种思潮，将西方经济学（尤其是新古典经济学）的理论体系简单"拿来"用于中国政治经济学的构建中。西方经济学的发展自开创以来取得了许多辉煌的成就，我们要借鉴西方经济学的理论成果。但仍需看到，我国的政治经济学存在基础与西方经济学有很大差别，我国的社会主义市场经济并不完全等同于西方的市场经济，有三个本质差异：一是政府与市场的关系。政府在我国的经济发展中始终具有重要地位，改革的目的是为了理顺政府与市场的关系，更好地发挥"看得见的手"的作用，而不是西方自由主义市场经济条件下，政府是"守夜人"。对此，习总书记明确指出"在市场作用和政府作用的问题上，要讲辩证法、两点论，'看不见的手'和'看得见的手'都要用好，努力形成市场作用和政府作用有机统一、相互补充、相互协调、相互促进的格局。"② 二是研究的对象，新古典经济学主要研究"物"——稀缺资源的有效配置，我国的经济学主要研究"人"——以人民为中心。三是经济研究的最终目的，新古典经济学是为了实现利益最大化，我国的经济学是为了实现共同富裕。因此，习近平总书记提出"不能过分强调市场经济的共性而忽视其制度属性上的根本区别"是有根据的，中国特色社会主义政治经济学的构建"必须立足于中国不同于西方的历史、文化、哲学传统和社会主义社会的具体实际"。

---

① 张雄：《构建当代中国马克思主义政治经济学的哲学思考》，载于《马克思主义与现实》2016 年第 3 期。

② 《习近平关于社会主义经济建设论述摘编》，中央文献出版社 2017 年版，第 58 页。

（二）从方法论的角度看待数理模型

在中国特色社会主义政治经济学的体系构建中，一个非常重要的问题是很多学者都提到要借鉴西方经济学的数理模型和实证研究，认为这才具有科学性。事实上，这只是形式上的差别。马克思主义政治经济学的创始人——马克思在经济研究工作中非常重视数学公式的运用，他在简单再生产和扩大再生产的研究中都借助于数学公式。但自苏联范式以来，政治经济学中不再有数理模型，这恰恰证明了方法论的格式化所带来的不利影响。因为西方经济学的数理模型正是方法论进化的结果。

在中世纪的经院哲学中，探求知识的方法一般分为归纳和演绎。但纯粹的归纳和演绎都存在不可忽视的缺陷：归纳会受到观察数量的限制，是一个无穷大的数，因而永远不能完全确认知识的科学性；就演绎而言，纯粹的逻辑推理不能产生新的知识，因为它已经蕴含在前提中。近代科学主义的复兴是从方法论创新开始的，弗兰西斯·培根的"新工具"是将假说、演绎推理和观察形成一种动态的结合，推导出一种新的方法——假说—推理。一个假说能否成立取决于检验的结果，如果一个假说通过了检验，它可能会带来新的知识，但也不是绝对确定的，否认结论的可能性始终存在。因此，这种研究蕴含着假说之提出、演绎和观察与检验之间的持续的交替。实际上，研究过程成为一个无止境的螺旋。① 这意味着没有一成不变的结论。另一代表人物笛卡尔，也强调演绎和数学方法的根本性。经济学的体系建构借鉴了自然科学的方法论。20世纪初，德国历史学派和奥地利学派关于经济学方法论应该是归纳还是演绎的争论，最终引发了经济学的数理主义。从假说到检验的数理模型，实际上是方法论进化所带来的研究方法的创新。

社会主义政治经济学的方法论应坚持唯物辩证法，这是一个大的哲学概念，还需要微观的具体操作方法。国内学者石士钧教授认为经济学方法论并不是一个没有层次的单一概念，而是具有层次性，包括最高层次的具有哲学意味的一般方法论，又包括那些反映了经济科学本身的性质和特点的具体方法论。这具有很大的合理性，发展政治经济学的预测性功能，是在认识当下的经验的基础上对未来的推测，必然离不开归纳主义和演绎推理，数理研究方法正是这两种方法论的具体运用。它是借用数学的形式表

---

① G. 希尔贝克等，童世俊等译：《西方哲学史》，上海译文出版社2012年版，第219页。

达经济关系，也是经济学发展到一定高度的标志。因此，数理方法与历史唯物主义的一般性方法论并不冲突。

参考文献

1. 马克思：《政治经济学批判导言》，引自《马克思恩格斯选集》第 2 卷，人民出版社 1995 年版。

2. 马克思：《资本论》，引自《马克思恩格斯全集》第 23 卷，人民出版社 1995 年版。

3. 《毛泽东文集》（第 8 卷），人民出版社 1999 年版。

4. G. 希尔贝克等，童世俊等译：《西方哲学史》，上海译文出版社 2012 年版。

5. 苏联科学院经济研究所：《政治经济学教科书》（下册），人民出版社 1959 年版。

6. 于光远：《政治经济学社会主义部分探索》，人民出版社 1980 年版。

7. 于良春：《政治经济学》，经济科学出版社 2002 年版。

8. 薛暮桥：《中国社会主义经济问题研究》，人民出版社 1979 年版。

9. 孙冶方：《社会主义经济论稿》，商务印书馆 2015 年版。

10. 蒋学模：《社会主义政治经济学》，复旦大学出版社 1987 年版。

11. 洪银兴：《以创新的理论构建中国特色社会主义政治经济学的理论体系》，载于《经济研究》2016 年第 4 期。

12. 钱路波：《毛泽东对中国社会主义政治经济学的分析方法论》，载于《黑龙江社会科学》2017 年第 1 期。

13. 王立胜：《中国特色社会主义政治经济学理论体系构建的历史演进》，载于《经济纵横》2017 年第 12 期。

14. 王立胜：《中国特色社会主义政治经济学的探索路径》，载于《南京财经大学学报》2017 年第 1 期。

15. 张晖明、刘刚：《紧扣中国实践经验的经济学理论创新典范：蒋学模〈政治经济学教材〉与当代中国政治经济学》，载于《世界经济文汇》2018 年第 3 期。

16. 郑红亮、冒佩华等：《中国特色社会主义政治经济学理论的创新和发展研究综述：2000～2016 年》，载于《经济研究参考》2018 年第 42 期。

论中国特色社会主义政治经济学中"需要"和"需求"的关系

刘凤义[*]

中国特色社会主义生产的根本目的是满足需要,然而在社会主义市场经济中,市场经济是资源配置的基本方式,供求关系是市场经济中的基本关系,各类厂商都是为了价值增殖为目的的,使用价值只是价值增殖的手段和桥梁。这与社会主义生产的根本矛盾相矛盾。在我们构建中国特色社会主义政治经济学中,这是一个绕不过去的问题。目前处理这一矛盾的方式基本上是"两张皮"的方式,也就是在说社会主义生产的立场和根本目的的时候,坚持人民立场和满足需要,但进入到社会主义市场经济学理论阐释的时候,依然用供给、需求这套范畴,满足"需要"就不翼而飞了,或者默认满足市场需求就等同于满足人民需要。如果二者确实等同,中央为什么还要定位"房子用来住的,不是用来炒的"?为什么中央反复强调高质量发展关键是发展实体经济?为什么反复强调做强做优做大国有企业和国有经济对满足社会主义需要的重要性?本文尝试在学理上对此问题有所推进,首先提出政治经济学视域下"需要"范畴的特点,进而提出满足"需要"和满足"需求"的关系,最后提出社会主义市场经济,从需要到需求的有机结合,在于对"变形商品"的理解上。

一、马克思政治经济学关于"需要"的基本思想

在马克思的政治经济学中,人们比较熟悉"使用价值""价值""剩

---

[*] 刘凤义,南开大学经济学院、马克思主义学院教授。

余价值""劳动力商品""不变资本"这些重要范畴,但对"需要"范畴,则没有那么清晰,这是因为马克思在《资本论》等经典著作中,并没有明确提出和描述"需要"范畴,马克思关于"需要"的思想都是散见于有关论述中。所以与其说马克思的政治经济学中有"需要"范畴,不如说有"需要"的思想。本文不是文本研究,所以这里不去挖掘马克思究竟在哪些地方使用了"需要"这个术语,只是通过举几个例子,来说明马克思在政治经济学中使用"需要"这个术语要表达的思想。

(1) 人类社会发展中一般意义上"需要"的内涵。从唯物史观的角度看,人类社会的存在和发展,必须要生产出各种物质资料,也就是使用价值。

"人们为了能够'创造历史',必须能够生活。但是为了生活,首先就需要吃喝住穿以及其他一些东西。因此第一个历史活动就是生产满足这些需要的资料,即生产物质生活本身。"① 第二个事实是,已经得到满足的第一个需要本身、满足需要的活动和已经获得的为满足需要而用的工具又引起新的需要,而这种新的需要的产生是第一个历史活动。② "人们之间一开始就有一种物质的联系。这种联系是由需要和生产方式决定的,它和人本身有同样长久的历史。"③

马克思《资本论》第一卷第一篇第一章为"商品",在分析商品使用价值这个范畴时,它总是与"需要"这个术语连在一起。④ 比如马克思在开篇就指出"商品首先是一个外界的对象,一个靠自己的属性来满足人的某种**需要**的物。这种**需要**的性质如何,例如是由胃产生还是由幻觉产生,是与问题无关的。这里的问题也不在于物怎样来满足人的**需要**,是作为生活资料即消费品来直接满足,还是作为生产资料来间接满足(黑体为引者所加)。"⑤ 在这段话中连续用了三个"需要",英文都是"wants"一词。从这段话的意思可以体会到,这里的"需要"是指直接满足人们消费的使用价值。马克思使用"需要"这个术语,通常是指这个社会的生产活动是以满足人们生活需要,而进行以使用价值为目的生产活动。这一点,在他

---

① 《马克思恩格斯文集》第1卷,人民出版社2009年版,第531页。
② 《马克思恩格斯文集》第1卷,人民出版社2009年版,第531~532页。
③ 《马克思恩格斯文集》第1卷,人民出版社2009年版,第533页。
④ 范畴不等于术语,因为马克思在他的经济学中,"需要"不是他的核心范畴,所以也没有明确定义。但马克思在很多地方确实使用了"需要"这个词,所以笔者称之为"术语"。
⑤ 马克思:《资本论》第一卷,人民出版社2004年版,第47~48页。

关于商品拜物教一节中阐述较为明确。为了揭示价值的本质，马克思列举了四种不同于商品经济社会的生产方式，在这四种生产方式的描述中，马克思都使用了满足各种"需要"的表述，这种表述背后的思想，就是这些非商品经济生产方式，尽管具体的生产关系不同，但它们有一个共同特点，都是以生产使用价值，直接满足人们生活需要作为生产目的的社会。在第一种鲁滨逊式的生产方式中，马克思指出"不管他生来怎样简朴，他终究要满足各种**需要**（wants），因而要从事各种有用劳动。"① 在第二种关于中世纪农奴和领主的生产方式中，马克思虽然没有用"需要"这个词，但他也表达出这种社会生产目的是为了直接满足需要的思想，他指出劳动和产品"作为劳役和实物贡赋而进入社会机构之中。"② 在第三种关于农民家庭生产方式中，马克思指出"这里有个更近的例子，就是农民家庭为了自身的**需要**（use）而生产粮食、牲畜、纱、麻布、衣服等等的那种农村家长制生产。"③ 这种生产是直接满足家庭需要。第四种是自由联合体生产方式，这个联合体的生产目的显然是为成员的消费，生产的总产品一部分重新作为生产资料，另一部分则作为生活资料由联合体成员消费，"劳动时间的社会的有计划的分配，调节着各种劳动职能同各种**需要**（wants）的适当的比例。（注：黑体和英文为引者所加）"④

（2）资本主义经济关系中"需要"的内涵。如果说马克思在分析人类社会一般生产目的时，是满足人们的需要，尽管不同阶级需要本身的内容大不相同，比如皇帝的需要是奢侈生活，黎民百姓的需要是吃饱穿暖。但从生产目的上看，都是为了生活消费需要。但资本主义制度则完全不同，这是一个以追求剩余价值为目的的社会，正如马克思说的"资本主义生产的动机就是赚钱，生产过程只是为了赚钱而不可缺少的中间环节，只是为了赚钱而必须干的倒霉的事。[因此，一切资本主义生产方式的国家，都周期地患一种狂想病，企图不用生产过程作中介而赚到钱。]"⑤ 在这样社会里，满足人们需要本身变成一种手段，而不再是社会生产的目的。正是基于这个特点，马克思对资本主义"需要"的分析，基本上是从"必要"的角度展开的。从生产领域看，这个"必要"具体化为将资本主义

---

① 马克思：《资本论》第一卷，人民出版社2004年版，第94页。
②③ 马克思：《资本论》第一卷，人民出版社2004年版，第95页。
④ 马克思：《资本论》第一卷，人民出版社2004年版，第96页。
⑤ 《马克思恩格斯文集》第5卷，人民出版社2004年版，第68页。

商品生产的劳动（时间）划分为"必要劳动（时间）"和"剩余劳动（时间）"两个部分。必要劳动（时间）创造的价值，相当于劳动力的价值。而劳动力的价值是以劳动者再生产出来自己和家庭劳动力所需要的生活资料的价值来衡量的。这部分生活资料也就是劳动者的消费资料，满足必要劳动部分就是满足"需要"。显然，资本主义生产的特征体现在剩余劳动时间创造的价值上。从流通领域看，雇佣工人要获得生活资料满足需要，必须通过商品交换的形式。这样，在市场运行层面，"需要"就表现为市场中的"需求"范畴（关于二者的区别下文将专门阐述），所以马克思指出"工人的商品即劳动力所完成的流通形式，是单纯以满足需要、以消费为目的的简单的商品流通"。① 由于资本主义制度下满足需要被压到最低程度，也就是在分配上表现为"必要劳动"和"剩余劳动"之间的差距不断拉大，尤其在资本积累机制的作用下，生产和消费之间、生产和实现之间的矛盾不可调和。资本刺激需要的办法就是让劳动者家庭负债，资本主义国家在制度层面上为这种家庭负债提供制度安排。美国是发达国家中家庭负债率最高的国家，负债的根源在于劳动者的工资无法满足个人和家庭生活需要，尤其是住房更是如此。美国2007年爆发次贷危机，正是一个生动的例子。

马克思在微观领域研究剩余价值的产生，没有使用需求和供给的概念，而是从"必要劳动"和剩余劳动关系角度、从劳动力商品特殊性角度，研究资本主义社会劳动力再生产中的"需要"问题；在宏观领域研究社会总资本运动，也就是研究社会总产品实现问题，马克思也没有使用总需求和总供给的概念，而是使用第一部类和第二部类的称谓。在两大部类交换中，资本家和工人的消费是满足需要的内容，当然，资本家和工人对需要的内容是不同，马克思指出资本家有奢侈消费，已经超出了必要的需要内容。

（3）共产主义社会中"需要"的内涵。马克思恩格斯认为未来的共产主义社会，将消灭资本主义私有制，建立社会所有制，社会生产的目的从资本主义社会追求剩余价值，演变为满足人的自由全面发展的需要。

共产主义"随着基础即随着私有制的消灭，对生产实行共产主义的调节以及这种调节所带来的人们对自己产品的异己关系的消灭，供求关系的威力也将消失。人们将使交换、生产以及他们发生相互关系的方式重新受

---

① 马克思：《资本论》第二卷，人民出版社2004年版，第492页。

自己的支配。"①

马克思在《哥达纲领批判》中指出："在共产主义社会高级阶段，在迫使个人奴隶般地服从分工的情况已经消失，从而脑力劳动和体力劳动的对立也随之消失之后；在劳动已经不仅仅是谋生手段，而且本身成了生活的第一需要之后，随着个人的全面发展，他们的生产力也增长起来，而集体财富的一切源泉都充分涌流之后——只有在那个时候，才能完全超出资产阶级权利狭隘眼界，社会才能在自己的旗帜上写上：各尽所能，按需分配。"② 这里的按需分配显然是指按"需要"进行分配。恩格斯在《共产主义原理》中指出：共产主义社会"由社会全体成员组成的共同联合体来共同地和有计划地利用生产力；把生产发展到能够满足所有人的需要的状况；彻底消灭阶级和阶级对立；通过消除分工，通过产业教育、变换工种、所有人共同享受大家创造出来的福利，通过城乡融合，使社会全体成员的才能得到全面发展——这就是废除私有制的主要结果。"③ 马克思指出未来社会必要劳动和剩余劳动满足两种需要：个人需要和社会需要。"为个性的充分发展所必要的消费的范围；如果我们再把剩余劳动和剩余产品缩小到社会现有生产条件下一方面为了形成保险基金和准备金，另一方面为了按照社会需要所决定的程度来不断扩大再生产所要求的限度。"④

综上，马克思关于"需要"的思想，可以得出以下几点认识：

第一，"需要"范畴体现的以消费为目的的生产活动。需要是原因，是动力，消费是满足需要的形式。但消费不一定都是满足需要的。有的是被迫消费，就不是满足需要的，如电视广告。有的消费是投机，也不是直接满足需要，可能是在市场上符合需求法则。生产、分配、交换和消费，是国民经济再生产和循环的环节，需要是这个体系中各环节背后的深层关系。生产与满足需要、生产与满足需求，体现不同资源配置方式和经济关系中的目的问题；需要和分配关系也比较复杂，有些分配是满足个人需要；有些分配方式是满足社会需要。非商品经济虽然有多种生产方式，但有一个共同特点是以使用价值生产为目的，也就是以满足人们需要为目的。在商品经济社会中，有不同情况。在简单商品经济中，生产的目的是为了交

---

① 《马克思恩格斯文集》第1卷，人民出版社2009年版，第539页。
② 《马克思恩格斯文集》第3卷，人民出版社2009年版，第435~436页。
③ 《马克思恩格斯文集》第1卷，人民出版社2004年版，第689页。
④ 马克思：《资本论》第三卷，人民出版社2004年版，第993页。

换，但交换的最终目的是为了获得使用价值，满足需要，也就是 W－G－W。资本主义商品经济是以资本增殖为目的，商品交换形式变化为 G－W－G′，使用价值本身成为了手段而不是目的。但是体现劳动力价值的商品，本质上仍然是以满足劳动者的生活需要为目的，不过这种满足需要的过程，必须通过商品交换形式来实现，这就引起了生产与消费之间的内矛盾。

第二，"需要"是一个历史范畴。无论是以满足需要为目的进行生产的社会，还是以价值增值为目的进行生产的社会，都包含满足人们需要的内容。但不同社会，人们需要的内容也是不同的，需要的内容是建立在生产力发展基础上的。生产决定消费，首先要生产出产品，才能有可供消费的东西。生产力发展水平不同，人们消费需要也不同。正如恩格斯指出的："人类的生产在一定的阶段上会达到这样的高度：能够不仅生产生活必需品，而且生产奢侈品，即使最初只是为少数人生产。……不再是单纯为生存资料而斗争，而是为发展资料，为社会地生产出来的发展资料而斗争，对于这个阶段，来自动物界的范畴就不再适用了。"① 这表明，人们的需要是随着生产力发展而不断变化的，在原始社会，人们只能是为生存需要同大自然作斗争。

需要的满足具有相对性和社会性。有人说人的欲望是无限的，因此需要也是无限的，人的需要永远得不到满足，这是一种缺乏唯物史观的观点。马克思指出："我们的需要和享受是社会产生的，因此，我们对于需要和享受是以社会的尺度，而不是以满足它们的物品去衡量的。因为我们的需要和享受具有社会性质，所以它们是相对的。"② 马克思还形象地指出："一座小房子不管怎么样小，在周围的房屋都是这样小的时候，它是能满足社会对住房的一切要求的。但是，一旦在这座小房子近旁耸起一座宫殿，这座小房子就缩成可怜的茅舍模样了。这时，狭小的房子证明它的居住者毫不讲究或者要求很低；并且，不管小房子的规模怎样随着文明的进步而扩大起来，只要近旁的宫殿以同样的或更大的程度扩大起来，那么较小房子的居住者就会在那四壁之内越发觉得不舒适，越发觉得不满意，越发被人轻视。"③

随着生产力发展，满足生存需要不再成为问题，于是就产生了剩余劳动，剩余劳动意味着人们可以为他人生产满足需要的物质产品和精神产

---

① 《马克思恩格斯文集》第10卷，人民出版社2009年版，第412页。
②③ 《马克思恩格斯全集》第6卷，人民出版社1972年版，第492页。

品。剩余劳动越多，满足人们各种需要的层次和种类也就越多，比如我国改革开放之初社会生产是满足人民日益增长的物质文化生活的需要；进入新时代，社会生产变化为满足人民日益增长的美好生活需要，从需要的层次和内容上看，更为丰富了，不仅包括物质文化，还包括民主、法制、公平、正义、生态、环境等。从人类社会发展历史进程来看，人们的需要也是从仅仅满足生存需要向着满足发展需要、人的自由全面发展方向迈进。

第三，"需要"是一个阶级范畴。人类的生产生活总是在一定的社会关系下进行的，人们的需要内容本身有阶级性。必要劳动和剩余劳动划分本身既是生产力发展的体现，也是生产关系的体现。剩余劳动之所以为少数统治阶级所占有，本身就是生产关系决定的。所以，在阶级社会里，能够满足劳动者阶级需要的内容，总是被控制在生存需要范围内，而统治阶级依靠对剩余的占有，不仅能获得生存资料，而且很容易获得发展资料和享受资料，甚至包括奢侈消费的资料。随着生产力的发展，要使剩余劳动不断转化为劳动者阶级的必要劳动，就必须消灭生产资料私有制，"只有消灭资本主义生产形式，才允许把工作日限制在必要劳动上。"从满足需要的角度看，未来社会"在其他条件不变的情况下，必要劳动将会扩大自己的范围。一方面，是因为工人的生活条件将会更加丰富，他们的生活要求将会增大；另一方面，是因为现在剩余劳动的一部分将会列入必要劳动，即形成社会准备基金所必要的劳动。"① 如何做到剩余劳动转化为劳动者阶级的必要劳动，同时缩短劳动时间呢？对此，马克思指出："在劳动强度和劳动生产力已定的情况下，劳动在一切有劳动能力的社会成员之间分配得越平均，一个社会阶层把劳动的自然必然性从自身上解脱下来并转嫁给另一个社会阶层的可能性越小，社会工作日中用于物质生产的必要部分就越小，从而用于个人的自由活动，脑力活动和社会活动的时间部分就越大。从这一方面来说，工作日的缩短的绝对界限就是劳动的普遍化。在资本主义社会里，一个阶级享有自由时间，是由于群众的全部生活时间都转化为劳动时间了。"②

---

①② 马克思：《资本论》第一卷，人民出版社2004年版，第605页。

二、马克思政治经济学中"需要"范畴和"需求"范畴的关系

马克思在分析商品经济中使用价值和价值关系时,用到了需要和需求的关系。马克思指出由于商品交换关系"物满足直接需要的效用和物用于交换的效用的分离固定下来了。它们的使用价值同它们的交换价值分离开来。"①

当我们谈论"需要"范畴时,自然会想到与之接近的另一个范畴,即"需求"。在经济学分析中,需求和供给是最常用的范畴。因为自从资本主义生产方式建立以后,马克思在他的经典著作《资本论》中,并没有明确区别"需要"和"需求"两个范畴。马克思的剩余价值理论、资本积累理论、资本流通理论等都不需要借助"需求"这个范畴展开分析。直到《资本论》第3卷关于利润平均化分析时,才引出了供求关系。但马克思明确指出:供求关系实质上是同义反复。当我们研究需求时应该明确需求背后的阶级关系。供给和需求反映的是市场表层关系。资本主义生产方式是建立在发达商品经济基础上的,供求关系就成为经济活动中的普遍关系。人们的各种经济行为都是通过供求关系来体现的。即使是为了满足自身需要也在市场中表现为需求。但实际上,需要要表达的关系与需求要表达的关系是不同的。②

在市场经济中,需求和供给关系是最基本的关系,也是最容易感知的关系,所以需求和供给成为描述经济关系的最基本的范畴,西方经济学理论大厦就是建立在供求分析基础上的。正如萨缪尔森在他的《经济学》中引用一位无名氏的话说:"你甚至可以使鹦鹉成为一个博学的经济学者——它所必须学的是'供给'与'需求'这两个名词。"③虽然这个说法过于夸张,但确也表明这两个范畴在西方经济学中的重要地位。然而,在马克思主义政治经济学看来,需求和供给是市场经济表象的东西,这对范畴并不能真正深入分析国民经济体系的内部结构和关系。正如马克思指

---

① 马克思:《资本论》第一卷,人民出版社2004年版,第107页。
② 本人对"需要"和"需求"的明确区分,参见刘凤义、杨善奇:《住房问题的政治经济学分析》,载于《当代经济研究》2017年第3期。
③ 萨缪尔森:《经济学》,中国发展出版社1992年版,第50页。

出的:"要给需求和供给这两个概念下一般的定义,真正的困难在于,它们好像只是同义反复。"① 马克思为什么这样说呢?因为供求是一对相对性的范畴,二者是一个循环链条,同样一个行为,从一个人的角度看属于供给,从另外一个角度看可能是需求。比如甲企业把产品卖给乙企业,甲是供给者,乙是需求者;乙企业通过生产行为,把新产品再卖给丙企业,乙企业是供给者,丙企业是需求者;最后丙企业把产品卖给居民丁,丙企业是供给者,居民丁是需求者。这个链条中甲乙丙作为供给者和需求者的身份不断转换,它们之间的确形成了需求关系,但从社会角度看,甲乙丙的行为最终增加的是社会供给。"调节需求原则的东西,本质上是由不同阶级的互相关系和它们各自的经济地位决定的"②。从企业甲到居民丁这个过程,实际上涉及两个范畴,即需求和需要。关于需要范畴,上面已经做了分析。

什么是需求?需求的英文通常用"Demand"表示,在市场中有人卖有人买,就形成了现实需求,至于买者是谁、买者的目的是消费还是投资或者投机,需求这个范畴是不能反映的。需求量只表示市场上的交易量。现代市场经济中,需要也是通过市场交换获得的,所以也会表现为需求。要深入理解需要和需求的关系,还是要回到马克思主义政治经济学社会再生产的四个环节上来。社会再生产的四个环节是生产、分配、交换和消费,它们之间是辩证统一关系。有人把需求和供给关系与生产和消费关系对应,生产就是供给,消费就是需求。笼统地说,这种看法也有一定的道理,也能揭示供求与生产和消费之间的一定联系,但这种联系是一种表面联系。生产可以提供供给,但消费就不能笼统地看作是需求。这是因为现实经济中消费包括两大类:一类是生产消费,属于中间消费的性质,这类消费是企业与企业之间的(即资本与资本之间)的关系,马克思指出在生产消费中,"消费表现为生产的要素"③。上面例子中甲乙丙三个企业之间的交换,是企业为获得自己需要的生产资料进行的交换,这类消费表面上也形成市场需求,但实质上是企业之间的相互投资,从实际过程看,是一种生产行为,结果是增加社会供给。这种需求就是马克思在分析社会资本再生产时所说的第Ⅰ部类内部的交换关系,这类消费显然不是直接满足

---

① 马克思:《资本论》第三卷,人民出版社 2004 年版,第 207 页。
② 马克思:《资本论》第三卷,人民出版社 2004 年版,第 202 页。
③ 《马克思恩格斯文集》第 8 卷,人民出版社 2008 年版,第 18 页。

"需要"的消费。假如在生产过剩的条件下，通过刺激企业投资增加所谓的需求，其实是增加了社会供给，会导致过剩更加严重。市场中的供求法则实质是调节经济的数量法则，而社会必要劳动时间及其背后满足需要的内在规律才是调节经济的质量法则。①

另一类消费是生活消费，属于最终消费的性质。这类消费反映的是企业与居民（即资本与劳动）的关系。这种消费构成社会需求的一部分，但与生产性消费不同，这种消费属于满足"需要"的那部分需求，这种需求类似于马克思分析社会资本再生产中两大部类的资本家和工人的消费，其目的是直接满足不同阶级的生活需要。可见，"需要"比"需求"的范围要小，需求既包括企业与企业（资本与资本）之间的关系，也包括企业与居民（资本与劳动）的关系；而需要则只包含企业与居民（资本不过需要只是消费中的满足个人最终消费的那部分）。

理论上的这种区分有何现实意义呢？第一，便于明确经济关系。从范畴关系上看，生产与消费对应，需求与供给对应，需要也与生产对应，只有社会主义生产目的是满足人民需要，而不是笼统地满足市场需求。比如住房在区别需要和需求上是非常典型的商品，假如市场有 1 000 套房子，从满足需要的角度看，可以满足 1 000 个家庭居住；但是如果住房作为投资或投机品，可能被 100 个家庭所购买。从市场需求的角度看，住房市场也形成了有效需求，但却不是满足需要的。其结果就是住房作为资本品价格被不断推高。正如大卫·哈维指出的："资本主义下的房屋供给，已经从追求使用价值为主，变成以追求交换价值为主。因为这种怪异的转变，房屋的使用价值日趋变质，首先是变成一种储蓄手段，其次是变成一种投机工具，而利用这种投机工具的除了消费者，还有建筑商、金融业者……为大众提供足够的房屋使用价值（传统意义上的使用价值），越来越受制于不断深化的交换价值考虑。我们致力于越来越多的人提供足够和可负担的房屋，结果确是一场灾难。"② 所以哈维说，"我们面临这样的政治抉择：选择一个把有钱人服侍得很好的商品化体制，或是一个完全不依赖市场居中调节、致力于所有人生产使用价值，并以民主方式供应这些价值的

---

① 刘凤义、曲佳宝：《马克思主义经济学和西方经济学关于供求关系的比较研究》，载于《经济纵横》2019 年第 3 期。

② 大卫·哈维：《资本主义社会的 17 个矛盾》，中信出版社 2016 年版，第 14 页。

体制。"① 中央提出房子是用来住的，不是用来炒的，其实质就是说房子是用来满足需要的，不是满足市场需求的。

第二，满足需要的前提是在资本和劳动之间保持合理的分配关系，否则就容易出现消费不足问题。在生产和最终消费之间，必然有分配环节起桥梁作用。不能离开分配关系谈满足需要问题。收入分配差距过大、劳动收入尤其是一线劳动收入占比偏低、大量贫困人口存在的情况下，很多需要无法满足，一定会表现为消费不足。

第三，社会再生产是否能顺利进行，是由"需要"决定的，而不是市场需求决定的。社会生产各部门之间比例关系，是需要决定的。结构调整、产业升级必须围绕需要去做。相反，在企业之间，低端也可以循环，但生产出来的产品最终会卖不出去。因为资本之间的循环没有与资本与劳动之间的循环有机结合，而是脱节的。其结果必然导致经济中的结构问题、质量问题等。单纯从需求角度是难以认识问题的实质的。

第四，把劳动者作为需要的消费品资本化，就会改变需要品的性质，使消费品变为资本品，进而导致劳动者工资被迫资本化。必然导致劳动者消费不起资本品，比如住房、医疗、教育都有这类问题。房子是用来住的，不是用来炒的，是准确定位了房子是消费品，不是资本品。

如果笼统地说，消费+投资+出口=总需求，其实是不准确的。这里的消费是指需要含义上的消费，投资是企业生产行为，本质上增加的是供给。出口包括生产性消费和生活性消费两类，同样属于不同性质。出现生产过剩时，通过刺激消费和投资刺激总需求，从结构上来看，其中一部分增加的恰恰是供给。一定意义上可以说，正是由于需要和需求的不一致性，导致经济危机的发生。未来社会满足需要为目的，需要就不再与需求之间形成巨大鸿沟。社会主义市场经济如果以满足需要为目的，形成需求的结构背后，就要处理好生产消费和生活消费的关系，其实质就是积累和消费的关系。社会主义经济问题的核心就转化为正确处理积累和消费的关系问题。积累和消费综合形成市场需求。

更为重要的是，区别需要和需求，是不同社会制度下生产目的的不同体现。众所周知，资本主义生产目的是为了追求剩余价值，对每一个生产者来说，追求的就是自己生产的东西能够卖出去，赚大钱，因此，无论是生产消费还是生活消费，都是无所谓。如果不从事生产就能赚到钱，这是

---

① 大卫·哈维：《资本主义社会的17个矛盾》，中信出版社2016年版，第16页。

资本最愿意做的事情，所以马克思说：资本主义国家周期性狂想病。这种生产目的下，满足需要只是手段。为了获取更多剩余价值，还要压低工资，这就减少了人们满足需要的消费能力，但资本积累无限扩大，资本与资本之间竞争日趋激烈，于是就周期性爆发经济危机。社会主义生产目的是为了满足人民需要，马克思讲未来社会按需分配，也是从满足需要角度说的。

三、中国特色社会主义政治经济学要深入研究"需要"范畴

（1）满足需要是中国特色社会主义生产的根本目的。发展生产，满足需要，这是社会主义根本目的。借助什么手段、方法、体制发展生产，与社会主义发展阶段有关。资本主义经济主线是剩余价值，也是根本目的。社会主义是满足需要。满足需要从生产的直接目的可以是价值，也可以是使用价值。以价值为目的，就是要借助市场，间接满足需要。生产使用价值，就是直接满足需要，不需要借助市场机制。（卫兴华教授认为中国特色社会主义政治经济学主线是通过快速发展生产力逐步实现共同富裕。参见卫兴华：《中国特色社会主义政治经济学的主线和逻辑起点》，载于《人民日报》第9版，2019年10月14日。）

（2）满足需要是政府和市场边界的试金石（不同类型决定了满足需要既要有效市场也要有为政府）。

（3）从满足需要和不是满足需求认识供给侧结构性改革、发展实体经济。

（4）满足需要是新发展理念的根本出发点。

（5）需要决定了建设现代化经济体系，高质量发展。

"需要"范畴在中国特色社会主义政治经济学中具有独特的地位。这是因为中国特色社会主义生产目的是满足人民需要，这就决定了"需要"范畴在理论体系中的核心地位。新时代，我们坚持以人民为中心的发展思想，坚持发展依靠人民，发展为了人民，发展成果由人民共享，这其中的根本目的就是满足人民需要。正如前面所指出的，需要是一个历史范畴，需要的内容和层次随着社会生产力的发展而不断发展变化，在不同社会制度或者同一社会制度的不同时期，人们的需要也是不同的。改革开放之初，我国社会主义矛盾为人民日益增长的物质文化生活需要和落后的生产

力之间的矛盾，这意味着我们的生产目的要满足的需要主要是物质文化生活的需要。随着中国特色社会主义进入新时代，我国社会主要矛盾转化为人民日益增长的美好生活需要和不平衡不充分的发展之间的矛盾，这意味着我们的生产目的在满足需要的内容也发生了变化，不仅对物质文化生活提出了更高要求，而且在民主、法制、公平、正义、安全、环境等方面的要求日益增长。这些需要既有经济方面的，还有政治、文化、社会、生态等方面。党的十九大报告关于从2020年到21世纪中叶两个阶段，对满足人民美好生活需要有了相应的描述。

	2020~2035年	2035年至21世纪中叶
现代化程度	基本实现社会主义现代化	建成富强民主文明和谐美丽的社会主义现代化强国
经济方面	人民生活更为宽裕，中等收入群体比例明显提高，基本公共服务均等化基本实现，全体人民向共同富裕迈出坚实步伐	全体人民共同富裕基本实现
其他方面	人民平等参与、平等发展权得到充分保障，法制国家、法制政府、法制社会基本建成，生态环境根本好转，美丽中国目标基本实现	物质文明、政治文明、精神文明、社会文明、生态文明将全面提升，我国人民将享有更加幸福安康的生活

中国特色社会主义政治经济学如何研究需要呢？笔者认为要有两个层次问题需要深化研究：第一个层次的问题是要从学理上对"需要"范畴的内涵、分类等深化研究；第二个层次的内容是从需要和需求的关系上，研究在社会主义市场经济中，如何利用市场机制，借助供求关系和价值规律，如何通过运用市场这只"看不见的手"和政府这只"看得见的手"有机结合，实现满足需要根本目标。

（一）深化对"需要"范畴的认识

在社会主义市场经济中，需要与需求密切相关，很多需要都是表现为市场需求，但也有些需要不能通过满足市场需求的方式来满足。这就需要我们对"需要"进行分类研究，这种分类是针对需要的现实，是问题导向的分类。

（1）个性需要和共同需要。个性需要和共同需要，本质上都是满足个人需要，但由于满足需要的产品性质不同，提供方式也不同，所以进行分类，比如衣食这些普通生活资料，个人和家庭可以单独获得和消费；而教育、文化等产品，虽然也是满足个人需要，单产品具有集体消费的性质。马克思在《哥达纲领批判》中，提出了按劳分配先扣除公共需要，然后再按劳分配满足个人需要。个人需要通常是指满足个人和家庭劳动力再生产的需要，这种需要往往是由家庭劳动力获得的工资来满足的，必要劳动创造的价值是满足这部分需要的。公共需要是社会提供的满足人们共同需要的部分，这种需要的满足程度和范围，与社会剩余劳动密切相关。在消灭阶级的社会，社会剩余越多，用来满足公共需要的部分越大，个人需要就越成为公共需要。比如教育、医疗、社会保障等，既可以由劳动者个人满足需要，也可以由国家满足。在社会主义社会剩余劳动越多，个人需要的满足越由社会来提供。这些需要就越具有免费的性质。这与促进人的全面发展的方向是一致的。

在现代市场经济中，个人需要表现为市场需求。共同需要往往不是完全市场决定的价格，而是政府定价甚至是免费提供。随着社会生产力发展，社会剩余不断增加，共同需要部分不断增加，而且发展趋势是共同需要越来越以共享的形式集体消费。

（2）个体需要和社会需要。个体需要，是指满足个人和家庭的需要；社会需要则是指不直接针对个人和家庭的需要。在这个意义上，个体需要包括上面所说的个性需要和共同需要。而社会需要则是社会公共机构运行的需要，比如政府机关、军队、法庭等。有了国家机器以后，社会需要也随着产生，随着阶级消灭和国家消亡，社会需要也就消灭了。但随着阶级消灭，国家消亡，共同需要部分不是减少了，而是增加了。共同需要满足人的自由全面发展需要，而不是维护国家机器需要。

（3）生存需要、发展需要和享受需要。马克思在对劳动力商品价值构成中指出劳动力的价值有历史的道德因素，这其中既包含了需要是历史的范畴，也包含了需要的层次性。恩格斯明确提出需要包括生存需要和发展需要，甚至还包括享受需要。他指出：生活资料、享受资料、发展和表现一切体力和智力所需要的资料。未来社会"通过有计划地利用和进一步发展一切社会成员的现有的巨大生产力，在人人都必须劳动的条件下，人人也都将同等地、愈益丰富地得到生活资料、享受资料、发展和表现一切体力和智力所需要的资料。"① 习近平总书记在党的十九大报告中对中国特色社会主义中的生存需要和发展需要有明确论述：幼有所育、学有所教、劳有所得、病有所医、老有所养、住有所居、弱有所扶这些生存需要。发展需要：更好的教育、更稳定的工作、更满意的收入、更可靠的社会保障、更高水平的医疗卫生服务、更舒适的居住环境、更优美的环境。享受需要：美好生活的需要，人的全面发展。这些需要与需求什么关系呢？有些可以通过市场需求来满足，有些就不能单纯通过市场需求满足，有些无法通过市场需求来满足。

（4）自主需要和被迫需要。自主需要是指主观上追求这种需要，包括生存需要、发展需要和享受需要。现实中大部分需要是自主需要。被迫需要是指为了生存不得不满足的需要。比如伤残抚恤、贫困救济、医疗。这种需要是客观原因造成的，而且往往与民生密切相关，因此对于被迫需要来说，要求不能完全依靠市场力量解决，政府要发挥重要作用。现实中被迫需要的例子很多，最为典型的是医疗。生活中谁都不愿意生病，但生病又是在所难免的。看病对患者来说就是一种被迫需要。面对这种需要，患者必须要接受，患者在消费过程中处于一种被动地位，医生要求患者做检查，患者必须去检查，医生开药，患者必须接受。即使是过度检查、过度医疗，患者也必须接受。这种"被迫需要"一旦被资本绑架，就会出现一系列问题，医疗这种满足劳动力再生产需要的性质就会发生扭曲和改变。② 再比如教育领域的课外辅导班，对家长来说也是一种"被迫需要"，家长并不是真心愿意花那么多钱、那么多时间和精力，让孩子去上课外辅导班，但不上不行，资本绑架了小学和中学教育，扭曲了教育满足孩子需要的本质。

当然，对需要范畴的分类，会随着社会发展实践的丰富而不断丰富。

（二）社会主义市场经济自觉处理满足"需要"与满足"需求"的关系

在社会主义市场经济中，市场经济是资源配置的基本方式，而在市场经济中，市场主体都是以利益最大化为原则展开竞争、制定价格、调节供求的。这与社会主义生产根本目的存在矛盾。社会主义生产根本目的是满

---

① 《马克思恩格斯文集》第1卷，人民出版社2009年版，第710页。
② 刘凤义、陈胜辉：《医药属性政治经济学分析》，载于《南开经济研究》2018年第1期。

足需要，也就是为了使用价值进行生产。而市场经济运行中的各类厂商都是为了价值增殖为目的的，使用价值只是价值增殖的手段和桥梁。这种矛盾，为我们在构建中国特色社会主义政治经济学中，带来了很大的困难。目前为止，处理方式基本上是"两张皮"的方式，也就是在说社会主义生产的立场和根本目的的时候，坚持人民立场和满足需要，但进入到社会主义市场经济学理阐释的时候，依然用供给、需求这套范畴，满足"需要"就不翼而飞了，或者默认满足市场需求就等同于满足人民需要。如果二者确实等同，中央为什么还要定位"房子用来住的，不是用来炒的"？为什么中央反复强调高质量发展关键是发展实体经济？为什么反复强调做强做优做大国有企业和国有经济对满足社会主义需要的重要性？如何在理论上解决这个问题。我们认为要回到马克思主义的辩证法中来。

理论和实践经验往往是有很多中介环节的，正如马克思所说，理论和经验是一致的，科学也就不存在了。马克思在《资本论》中，开篇从商品一般包含的关系（尽管这个商品一般本质上是资本主义商品）出发作为逻辑起点，进而研究资本主义商品经济中包含的特殊关系。这里虽然都研究商品，但实际上正如颜鹏飞教授研究指出的，已经是"变形商品"。① "变形商品"的研究方法，就是在看似极为相似的外在现象背后，揭示本质区别。

在社会主义市场经济中，虽然市场经济中价值规律同资本主义市场经济没有本质区别，但价值规律起作用的条件已经发生了变化，这个变化的本质体现在"变形商品"上。在本文看来，这里的"变形商品"就是劳动力商品。本文认为，在社会主义市场经济中，劳动力在形式上是商品，但在内容上是"变形商品"。②

为什么认识到劳动力商品变形至关重要？因为劳动力再生产是社会满足需要最重要的主体，也是社会生产关系的重要体现，所以马克思在分析资本关系建立时指出：货币转化资本的前提是劳动力成为商品。在社会主义市场经济中，劳动力作为生产要素，在形式上也是通过劳动力市场来实现配置的。但从内容上看，社会主义市场经济中的劳动力商品已经变形，

---

① 颜鹏飞：《马克思关于政治经济学体系构建方法再研究——兼论中国特色社会主义政治经济学体系逻辑起点》，载于《福建师范大学学报》2017年第1期。

② 刘凤义：《社会主义市场经济中劳动力商品理论再认识》，载于《经济学动态》2017年第10期。

体现在：在公有制企业中，劳动者新创造的价值 V+M 归全体劳动者所有，集体企业归企业劳动者所有，国有企业中 V 给工人做工资，M 由国家代表全民进行分配。在私有制企业中，劳动力商品与资本主义性质企业没有本质区别。但这里也有劳动力再生产的变形，主要体现在教育、医疗、社会保障这些与劳动力再生产密切相关的、满足需要的提供上。如果社会主义市场经济中，这些内容以共享形式满足劳动力再生产的需要，就表明即使在私营企业中，劳动力商品化程度也是不断下降的，在马克思所分析的纯粹资本主义意义上的劳动力商品，在社会主义市场经济中，已经发生变形。这种变形本质是满足社会主义劳动者的全面发展，不断再生产出高质量的劳动力。在经济规律的要求上，就是要使劳动力商品化程度不断下降，而做到这一点，进一步要求教育、医疗、健康、住房等事关民生的商品实现二次变形。也就是不能以一般商品的身份出现，而是要以特殊商品的身份出现。

"变形商品"是不是意味着我们就不要市场经济，或者限制市场经济呢？不是的。变形商品意味着我们要在具体社会经济关系中来发展商品经济和市场经济。市场经济是手段，是满足人民需要的手段，是实现人民物质利益的手段，这个手段怎么用，取决于我们要实现的根本目的。同时，必须认识到，人类社会市场经济发展到今天，正从自发市场经济向自觉市场经济迈进，而社会主义市场经济区别于资本主义市场经济的重要方面，就是我们探索自觉的市场经济规律。

如何在市场经济中，利用市场手段，完成满足需要目的呢？中央提出"房子是用来住的，不是用来炒的"这个定位，就是自觉利用市场经济，让住房商品成为"变形商品"的很好例证。定位房子是用来住的，明确了商品房的属性是满足需要，而不是仅仅满足市场需求。但同时满足需要是借助市场来实现的，也就是仍然需要建筑商、房地产商按商品经济规律、市场经济规律来建房、卖房，但中央和政府的政策和制度规则，限制了买房用于投机炒作。这是利用市场"看不见的手"和政府"看得见的手"的很好结合。再比如医疗，医疗是满足民众被迫需要的，本质上是民生产品。医疗能不能利用市场机制呢？当然能，药品生产、医疗器械的生产都是利用市场机制，但是能不能让医院也像企业以利润最大化为目标去经营呢？当然不能。医院的属性是公益性，这就决定了医院利用市场机制的前提是以公益性为目的，反过来说，以公益性为目的，不等于说医院不能盈利。当然，在我们国家经济系统中，还可以举出很多这样的例子。这些事实都说明，在社会主义市场经济中，满足需要不是口号，不是做不到，而是要在学理上充分认识社会主义市场经济与资本主义市场的区别，这种区别是在社会主义生产关系、生产目的、自觉利用市场经济前提下，通过"变形商品"实现的。

第二篇

中国特色社会主义基本经济制度的坚持与完善

坚持和完善社会主义基本经济制度 推动经济高质量发展

黄泰岩[*]

党的十九届四中全会审议通过的《中共中央关于坚持和完善中国特色社会主义制度、推进国家治理体系和治理能力现代化若干重大问题的决定》（以下简称《决定》）指出，公有制为主体、多种所有制经济共同发展，按劳分配为主体、多种分配方式并存，社会主义市场经济体制等社会主义基本经济制度，既体现了社会主义制度优越性，又同我国社会主义初级阶段社会生产力发展水平相适应，是党和人民的伟大创造。《决定》强调，坚持和完善社会主义基本经济制度，推动经济高质量发展。基本经济制度是经济制度体系中具有长期性和稳定性的部分，对经济制度属性和经济发展方式具有决定性影响。新时代推动经济高质量发展，建设现代化经济体系，实现强国目标，必须坚持和完善社会主义基本经济制度。

一、社会主义基本经济制度为实现经济高质量发展提供了坚实的制度支撑

《决定》把社会主义基本经济制度从以往的单一制度进一步扩展为制度体系，即不仅包括以公有制为主体、多种所有制经济共同发展的所有制制度，还包括按劳分配为主体、多种分配方式并存的分配制度和社会主义市场经济体制。这一社会主义基本经济制度框架，标志着我国社会主义经

---

[*] 黄泰岩，中央民族大学资深教授。

济制度更加成熟、更加稳固。通过构建完备的制度体系，首先可以把社会主义的基本经济性质完整地表现出来，表明中国特色社会主义经济制度既坚持了马克思主义的基本原则，即坚持公有制和共同富裕，又推进了马克思主义经济理论的中国化，创新发展了符合社会主义初级阶段生产力发展水平的经济制度体系，从而更有利于解放和发展生产力。其次是把社会主义经济制度的显著优势完整展现出来，表明中国特色社会主义经济制度既要充分发挥公有制的主体优势，又要充分发挥多种所有制经济适合社会主义初级阶段多层次生产力发展水平的独特优势；既要充分发挥按劳分配实现共同富裕的优势，又要充分发挥多种分配方式的独特优势；既要充分发挥市场对资源配置的决定性作用，又要更好地发挥政府作用；既要追求更有效率、更有质量、更有效益的发展，又要追求更加公平、更可持续的发展。

新时代推进经济高质量发展，必须坚持社会主义基本经济制度不动摇。中国特色社会主义新时代具有了新的特征和新的发展要求，但并没有改变我国仍处于并将长期处于社会主义初级阶段的基本国情，没有改变我国是世界最大发展中国家的国际地位。进入新时代，我国社会主要矛盾已经转化为人民日益增长的美好生活需要和不平衡不充分的发展之间的矛盾，需要重点解决发展的不平衡不充分问题，也就是需要推动实现高质量发展。只有坚持社会主义基本经济制度，充分发挥市场在资源配置中的决定性作用，更好发挥政府作用，全面贯彻新发展理念，坚持以供给侧结构性改革为主线，加快建设现代化经济体系，才能营造各种所有制主体依法平等使用资源要素、公开公平公正参与竞争、同等受到法律保护的市场环境，才能健全生产要素由市场评价贡献、按贡献决定报酬的机制，通过建设高标准市场体系和更高水平开放型经济新体制，推动实现高质量发展。

新中国70年经济建设正反两方面的经验证明，只要坚持社会主义基本经济制度，国民经济就会健康顺利快速发展，而背离社会主义基本经济制度，国民经济就会遇到挫折，生产力发展就会遭到破坏。此次的《决定》对社会主义基本经济制度的内涵做了进一步的拓展和完善。这对于解放和发展社会生产力，推动经济高质量发展，推进国家治理体系和治理能力现代化，实现"两个一百年"奋斗目标具有重要意义。

二、社会主义基本经济制度能够集合多方面优势促进创新发展

习近平总书记在第二届中国国际进口博览会开幕式上的主旨演讲中指出,"中国将坚持新发展理念,继续实施创新驱动发展战略,着力培育和壮大新动能,不断推动转方式、调结构、增动力,推动经济高质量发展,为世界经济增长带来新的更多机遇。"推动高质量发展的核心动力是创新,科技创新对提高社会生产力和综合国力至关重要。社会主义基本经济制度能够把多种优势有机结合起来,有力地促进创新,不断增强我国经济的创新力和竞争力,最终实现高质量发展。

坚持和完善以公有制为主体、多种所有制经济共同发展,有利于激发各类创新主体的积极性、主动性和创造性。首先,有利于发挥国有经济的创新功能,推动重大基础理论创新。推动高质量发展所需要的创新,要靠掌握核心技术和关键技术来获得,掌握核心技术和关键技术,最重要的是推进重大基础理论创新。重大基础理论创新成果转化为新技术、新产业,形成经济利益,需要一个较长的转化时间,如发现重核裂变理论15年后才建立起第一座核电站,创立半导体理论20年后才形成半导体产业,华为5G技术从论文发表算起也经历了10余年时间。重大基础理论创新周期长、见效慢,以及事关国家安全的特性,决定了必须发挥国有经济的优越性,瞄准世界科技前沿,布局重大战略性、前瞻性、原创性基础理论研究。其次,有利于发挥非公有制经济的创新活力,推动国家创新能力的全面提升。推动经济高质量发展,需要发展由新技术、新产业、新业态、新模式构成的新经济,实现新旧动能转换。发展新经济,非公有制经济具有不可替代的优势。例如,胡润研究院发现全球494家独角兽企业中,我国拥有206家,超越美国成为世界第一。独角兽企业主要产生在新兴行业,前两大行业电子商务和金融科技占全球独角兽企业的31%,加上云计算、人工智能和物流三大行业之后,占比达到49%。我国进入全球独角兽企业的基本都是非公有制企业。最后,有利于发挥社会团体的创新活力,推动创新主体的多元化。贯彻落实以人民为中心的发展思想,就是要让一切创新源泉充分迸发,鼓励社会组织参与创新是发展非公有制经济的应有之义。

坚持和完善按劳分配为主体、多种分配方式并存,有利于形成促进创

新的利益激励。首先，有利于激发科技人员的劳动积极性。科技人员的劳动是复杂的脑力劳动，是倍加的简单劳动。坚持按劳分配，就要提高科技人员的工资待遇，形成以创新为核心的按劳分配制度。其次，有利于激发科技人员积极推进科技成果转化。在科技成果向生产力转化的过程中，对科技人员的技术贡献进行分配，对科技成果的转化具有重要作用，而这需要实行多种分配方式，通过利益激励引导科技人员的科研活力。最后，有利于科技人员的创业积极性。科技人员以科技成果参股创业和获取股权分配，可以通过创业带动创新，甚至是持续的创新。

坚持和完善社会主义市场经济，有利于形成促进创新的体制机制。首先，有利于发挥市场对创新资源优化配置的决定性作用，一方面创新资源会自由流入收益率高的新经济部门，形成创新资源集聚，从而进一步促进创新；另一方面在我国创新能力越来越接近发达国家，以及需要推进原创性创新和涉及国家安全的创新的情况下，市场引领的创新变得越来越重要。其次，有利于更好发挥政府对创新的保护和保障作用。推进创新需要实施对产权，特别是知识产权的严格保护，这要求政府制定和实施产权保护制度，形成国家对创新的产权激励。推进创新需要创造良好的营商环境，需要政府加大营商环境的改善。我国近几年营商环境和创新指数的全球排名同向大幅提升，就显示了二者之间的高度相关性。最后，有利于发挥市场与政府的组合优势推动创新。在技术创新的孵化期，政府可以通过财政政策、产业政策、技术政策、分配政策等扶持企业的市场化创新，帮助企业渡过创新的高风险期。在技术成果的市场推广期，政府可以充分利用政府采购等措施帮助实现创新产品的市场价值。

三、继续发挥好社会主义基本经济制度的优势

当前我国所拥有的雄厚综合国力和在国际上的重要影响力，主要源于我们长期坚持和完善社会主义基本经济制度。进入新时代，我们坚持和完善社会主义基本经济制度，促进了经济发展方式的转变、经济结构的优化和新旧动能的转换。在创新能力上，据世界知识产权组织发布的2019全球创新指数报告，在全球创新指数排名中，我国从2012年的第34位快速提升至2019年的第14位，而且是前20名中唯一的中等收入经济体；据世界知识产权组织发布的世界知识产权报告，2018年我国申请的专利数量

从2012年的65.28万件达到创纪录的154万件,占全球专利申请总量的比重接近50%。在新旧动能转换上,我国新兴战略产业近几年保持高速增长,2018年规模以上工业中,战略性新兴产业增加值比上年增长8.9%;在规模以上服务业中,战略性新兴服务业营业收入比上年增长14.6%。这些都表明,坚持社会主义基本经济制度对于推动高质量发展具有重要作用。

新时代推动我国经济实现高质量发展,必须坚持和完善社会主义基本经济制度,继续发挥好这一制度的优势。坚持以新发展理念为引领,以建设现代化经济体系为目标,以供给侧结构性改革为主线,推动经济建设和经济体制改革。坚持完善以公有制为主体、多种所有制经济共同发展的所有制制度,积极推进混合所有制改革,最终形成我中有你、你中有我的融合发展格局。坚持和完善按劳分配为主体、多种分配方式并存的分配制度,进一步深化收入分配制度改革,形成有利于推动创新,实现经济高质量发展的分配体系。坚持和完善社会主义市场经济体制,进一步探索社会主义与市场经济有机结合的多种方式,通过不断深化改革,构建市场机制有效、微观主体有活力、宏观调控有度的经济体制。

农村土地产权制度改革的理论逻辑与实践经验:新中国 70 年

刘 灿[*]

一、引 言

中国农村土地产权制度是在农村土地集体所有制基础上产生的,它体现了实行家庭联产承包责任制以来农村土地制度改革的成果。

以集体所有制为基础的家庭承包经营制度是我国的农村土地产权制度的基本模式。这种产权制度安排保留了土地所有权属于集体(即村集体经济组织)所有,集体依法组织土地发包和对土地进行再调整,特定范围内的农民在保证国家和集体利益的前提下通过承包合同等形式按人口比例平均分配土地以获取承包地,国家对土地承包经营权进行严格的规定和控制。从 20 世纪 80 年代中期开始,随着农村经济改革的深化、农业产业结构的调整和规模经营以及剩余劳动力向非农产业的转移,家庭联产承包责任制的缺陷开始显现出来。

农村土地产权制度改革是我国启动改革开放的起点,在新时期完善社会主义市场经济体制、全面深化改革它仍然是一个重点。在我国全面进入工业化中期阶段以后,农村社会经济快速发展,工业化、城镇化和农业现代化快速推进,现行农村土地产权制度在诸多方面表现出不适应性,使其面临着极大的挑战。在新的历史时期,全面深化经济体制改革和激发各类经济主体发展新活力是新一轮农村改革的主题。中共十八大提出,"坚持

---

[*] 刘灿,西南财经大学经济学院、马克思主义研究院教授。

和完善农村基本经营制度,依法维护农民土地承包经营权、宅基地使用权、集体收益分配权,壮大集体经济实力,发展农民专业合作和股份合作,培育新型经营主体,发展多种形式规模经营,构建集约化、专业化、组织化、社会化相结合的新型农业经营体系。"十八届三中全会作出的《中共中央关于全面深化改革若干重大问题的决定》明确提出了要赋予农民更多财产权利,要赋予农民对集体资产股份占有、收益、有偿退出及抵押、担保、继承权;保障农户宅基地用益物权,改革完善农村宅基地制度,稳妥推进农民住房财产权抵押、担保、转让,探索农民增加财产性收入渠道;建立农村产权流转交易市场,推动农村产权流转交易公开、公正、规范运行。

党的十九大提出中国特色社会主义进入了新时代,这是我国发展新的历史方位。十九大报告在实施乡村振兴战略中提出要巩固和完善农村基本经营制度,深化农村土地制度改革,完善承包地"三权"分置制度。保持土地承包关系稳定并长久不变,第二轮土地承包到期后再延长30年。深化农村集体产权制度改革,保障农民财产权益,壮大集体经济。这为新时代我国农村土地制度改革指出了基本方向。本文对新中国70年农村土地产权制度的演变和改革进程进行了梳理,力求展现出理论逻辑与实践经验一致的主线,以寻找进一步深化改革的方向和路径选择。

二、农村土地产权制度演进与改革历程（1949年至今）

新中国成立以来中国农村土地产权制度变迁经历了五个历史阶段。

第一阶段是国有化和私有化并存时期（1947~1952年）。在新中国成立以前,1947年中共中央颁布实施了《中国土地法大纲》,1950年中共中央又颁布了《土地改革法》。如1947年的《中国土地法大纲》第一条规定:"废除封建性及半封建性剥削的土地制度,实行耕者有其田的土地制度";1950年的《土地改革法》第十条规定:"所有没收和征收得来的土地和其他生产资料,除本法规定收归国家所有者外,均由乡农民协会接收,统一地、公平合理地分配给无地少地及缺乏其他生产资料的贫困农民所有"。这两项法律（或制度）确立了农村土地国有和私有的混合制度,实现了农民（尤其是贫民）"耕者有其田"的革命目的。依据相关的统计资料,1949~1953年农林牧副渔业总产值分别到达了326亿元、384亿元、420亿元、461亿元、510亿元，出现了连续增产的好局面。同时，一些老解放区还试办了农业生产合作社，1953年底，达到3 634个，入社农户57 188户，占总农户的比重为0.05%；1954年农业生产合作社又增加48万个①。土地改革结束的1953年底，我国参加互助的农户已达4 563.7万户，占总农户的40%左右，1954年参加互助组的农户已超过总农户的一半，达到58%。

第二阶段是合作化时期（1953～1958年）。农村土地部分国有和部分私有后，农业生产率有所上升，但是由于单个农民拥有的农业生产资料和农业技能较少，不能满足农业生产的需要。在此情况下，局部地区出现了农业生产互助组，这可以看作是一种诱致性制度变迁。此时，国家在观察到了互助组的成功实践后以正式农业组织的形式肯定了农民群众的这一创新。随后，在"自愿互利、典型示范、国家帮助"政策引导下，农民发展了农业合作初级社、高级社。

1955年11月9日全国人大通过了《农业生产合作社示范章程（草案）》，到1956年，全国基本实现了初级合作化，农民将土地等主要生产资料作股入社，由合作社实行统一经营，实行按农民劳动和入股土地等生产资料分配。1953年初，中央发出《关于发展农业生产互助合作的决定》，计划在第一个五年计划内，全国农业生产合作社应争取发展到80万个左右，参加农户争取达到农村总户数的20%左右。1955年制定的《农业生产合作社示范章程》，对合作社的发展进行了规范。到了1955年夏季，全国初级农业合作社已发展到65万个，入社农户1 690万户，约占全国总农户数的64.9%②，全国农民的主体部分均被纳入了合作社体系。

1956年6月30日，全国人大一届三次会议又通过了《高级农业生产合作社示范章程》，该章程第十四条规定："社员的土地转为合作社集体所有，取消土地报酬"。到1958年，合作化进入到高级社阶段。农民私有的土地、耕畜、大型农具等主要生产资料以及土地上附属的私有塘、井等水利设施，被一起转为合作社集体所有；取消土地入股，实行按劳分配。至此，农村土地从个体农民所有转变为集体所有。

第三阶段是人民公社时期（1958～1978年）。1958年，全国推行"政

---

① 王景新：《中国农村土地制度的世纪变革》，中国经济出版社2001年版。
② 张庆忠：《马克思主义的合作制理论与中国农业合作制的实践》，载于《中国农村经济》1991年第10期。

社合一"的人民公社制度，自留地、零星果树等都变为公有，一个月内即结束了农民土地私有制，所有权与经营权统一归于人民公社。从1956年开始全国开始大规模组建高级社，到1957年，高级社所包含的农户占全国总农户数的96.2%①。而1958年《关于在农村建立人民公社问题的决议》进一步强化了国家对土地制度的影响，到1958年底，参加公社的农户达到1.25亿户，占农户总数的99.1%，社均农户4 750多户。人民公社对土地产权的安排思路与高级社是一致的，农户不仅丧失了土地权，农产品的处置、收益以及分配权一同丧失了，而这一切都收为集体所有。集体土地产权的模糊性及其"政社合一"体制，国家成为经济要素的决策者、支配者和受益者。这种农村土地产权制度实际上成为一种国家控制但由集体来承受其结果的农村社会主义制度安排（周其仁，1995）。

从1959年开始，中国农村在人民公社制度下开始实行"三级所有，队为基础"的政策，确定了农村土地以生产队为基本所有单位的制度，并且恢复了社员的自留地制度。1963年中央又规定社员宅基地都归生产队集体所有，一律不准出租和买卖，归各户长期使用；宅基地上的附着物永远归社员所有，但宅基地的所有权仍归生产队所有。至此，农村土地集体所有制的财产结构基本形成，即"三类农地"（农业用地、非农建设用地包括宅基地、自留地）、一个财产归属（集体所有制）、一个权利主体（集体组织享有对其财产的占有、使用、收益和处分的全部权利），农民在不动产土地上没有任何属于私人的财产权利。

农村土地从农民私有到合作社公有再到人民公社公有，经过三个阶段的制度变迁后我国农村土地所有权的公有体系即集体所有制形成，这一变迁过程实际上影响了随后形成的土地公有制的特征。农村土地公有制，不仅是当时完成生产资料所有制社会主义改造从而构建社会主义制度基础的需要，也是用公有制计划经济手段实现国家工业化的需要。从合作社到人民公社不断公有化的过程中，土地的集体所有成为国家控制农村经济资源、积累工业化资金的一种有效形式。在这种集体所有制下，土地的控制权实际上掌握在国家手中，所有权内含的占有、使用、收益、处分等权能极大地受到了国家意志的限制。所有权主体虚置（名义主体是三级所有的农村集体经济组织，实际主体是国家）和所有权权能的弱化是"政社合一"的人民公社集体所有制的实际状态，这种产权制度安排难以在农村生

---

① 程同顺：《中国农民组织化研究初探》，天津人民出版社2003年版。

产力主体（即劳动者）中建立有效的激励机制，它也是我国农村经济绩效从1959~1978年长时期低效徘徊的重要原因。

第四阶段是家庭联产承包责任制时期（1978~2006年）。人民公社制度由于没有解决激励问题，极大地压抑了农村经济活力和生产力的释放，在人民公社后期，低下的农业生产率已经不能满足人们对生存的需要。德米特斯（Demsetz，1967）在论述产权形成的原因时认为产权的形成是组织中的人对新制度产生的预期收益和成本而调整自身行为的结果。新制度的形成亦如此。20世纪60年代初期，个别地方的农民就自发地开始了新制度的探索，如广西龙胜县、甘肃临夏、河南和安徽的一些县市已经出现了借地和包干到户的现象。随后，由于农业政策失误和"天灾人祸"的影响，中央政府进行了政策调整，国家逐渐放松了对农村经济的管制，允许农民、地方政府进行各种提高农业生产率的试验。1978年11月24日，小岗村18位农民以敢为天下先的胆识，按下18颗红手印，搞起"大包干"生产责任制，揭开了中国农村土地制度改革的序幕。1978年，由试点带动，全国开始推行家庭联产承包责任制。1982年和1983年的"中央一号文件"提出要实行生产责任制，特别是联产承包制，实行政社分开。从此，以统一经营、集中劳动为特征的土地制度被集体所有、家庭经营联产承包责任制所代替。

集体所有制为基础的家庭承包经营制度是我国的农村土地产权制度的基本模式。这种产权制度安排保留了土地所有权属于集体（即村集体经济组织）所有，集体依法组织土地发包和对土地进行再调整，特定范围内的农民在保证国家和集体利益的前提下通过承包合同等形式按人口比例平均分配土地以获取承包地，国家对土地承包经营权进行严格的规定和控制。

农村改革的成果和以土地的家庭承包经营为核心的农村土地产权制度在国家法律层面上得到充分肯定。1986年制定的《民法通则》首次提出了农户的承包经营权的概念，并把承包经营权作为一种与财产所有权有关的一项财产权予以保护。1993年宪法修正案将《宪法》中"农村人民公社、农业生产合作社"的条款改为"农村中的家庭联产承包为主的责任制"，正式以根本大法形式确立了家庭联产承包责任制的法律地位，肯定了农村中的家庭联产承包为主的责任制是社会主义劳动群众集体所有制经济。

集体所有制为基础的家庭承包经营制度是我国的农村土地产权制度的基本模式。这种产权制度安排保留了土地所有权属于集体（即村集体经济组织)所有,集体依法组织土地发包和对土地进行再调整,特定范围内的农民在保证国家和集体利益的前提下通过承包合同等形式按人口比例平均分配土地以获取承包地,国家对土地承包经营权进行严格的规定和控制。

从20世纪80年代中期开始,随着农村经济改革的深化、农业产业结构的调整和规模经营以及剩余劳动力向非农产业的转移,家庭联产承包责任制的缺陷开始显现出来。例如,由于农户对土地承包经营权缺乏长期稳定的预期和产权激励问题使得农民对土地的长期投资不足;分散经营和对使用权的限制无法在更大范围实现土地资源的流转和合理配置。从20世纪80年代中期到2000年前后,家庭联产承包责任制的产权解释在国家法律层面上有过几次重要的调整,政策调整的重心主要放在解决土地承包经营权的长期性和流转上。1988年4月,第七届全国人大常委会对1982年的《宪法》修正案规定:"任何组织或者个人不得侵占、买卖或者以其他形式非法转让土地。土地的使用权可以依照法律的规定转让"。这是在法律上首次确认土地使用权可以转让。1993年11月,中共中央、国务院发出《关于当前农业和农村经济发展的若干政策措施》,决定在原有的耕地承包期到期以后,再延长30年不变;提倡在承包期内"增人不增地,减人不减地"。2002年国家颁发了《中华人民共和国农村土地承包法》(以下简称《土地承包法》),该法规定"农村土地承包后,土地的所有权性质不变,承包地不得买卖。""通过家庭承包取得的土地承包经营权可以依法采取转包、出租、互换、转让或者其他方式流转。"该法还规定土地承包经营权流转"不得改变土地所有权的性质和土地的农业用途"。《土地承包法》明确规定了农村土地承包采取农村集体经济组织内部的家庭承包方式;国家依法保护农村土地承包关系的长期稳定,标志着从法律上明确了未来一段时期内农村土地产权政策的基本走向。随后,国家颁布实施了一系列相关法律法规。2007年颁布实施的《中华人民共和国物权法》第一次在财产权制度上确认了农村土地集体所有权基础上产生的土地承包经营权、建设用地使用权和宅基地使用权是同样受法律保护的物权。

第五阶段是深化改革时期,又称"新一轮土改"(2006年至今)。全面深化经济体制改革和激发各类经济主体发展新活力是新一轮农村改革的主题。中共十八大提出,"坚持和完善农村基本经营制度,依法维护农民土地承包经营权、宅基地使用权、集体收益分配权,壮大集体经济实力,发展农民专业合作和股份合作,培育新型经营主体,发展多种形式规模经营,构建集约化、专业化、组织化、社会化相结合的新型农业经营体系。"

十八届三中全会做出的《中共中央关于全面深化改革若干重大问题的决定》进一步提出了要"赋予农民更多财产权利。保障农民集体经济组织成员权利,积极发展农民股份合作,赋予农民对集体资产股份占有、收益、有偿退出及抵押、担保、继承权。保障农户宅基地用益物权,改革完善农村宅基地制度,选择若干试点,慎重稳妥推进农民住房财产权抵押、担保、转让,探索农民增加财产性收入渠道。建立农村产权流转交易市场,推动农村产权流转交易公开、公正、规范运行。"至此,构建与社会主义市场经济相适应的农村土地产权制度的基本框架已经清晰,这就是:(1)坚持农村土地农民集体所有,明确界定集体所有权的行使主体及其权能;(2)坚持集体所有制基础上土地承包关系长久不变,集体土地承包权属于农民家庭,依法保障农民对承包地占有、使用、收益、流转及承包经营权抵押、担保权利;(3)农村土地集体所有制的有效实现形式是土地承包经营权主体同经营权主体的分离,以落实集体所有权、稳定农户承包权、放活土地经营权为主线构建以农户家庭经营为基础、合作与联合为纽带、社会化服务为支撑的立体式复合型现代农业经营体系;(4)构建农村产权流转交易的市场体系,通过土地经营权流转,促进农业的集中与规模经营,发展农村新型经济组织与经营主体;(5)赋予农民完整的土地财产权,明确土地承包经营权、宅基地使用权是法律赋予农民的合法财产权利,农民的土地财产权利包括排他的使用权、独享的收益权及自由的转让权,并以此获得财产性收入,并分享土地长久的增值收益。

三、农村土地产权制度改革的实践经验和理论解释

(一)新中国70年农村土地产权制度改革的实践

1. 大一统公有制格局下的生产关系局部调整

新中国成立以来,中国农村土地产权制度先后经历了多种变迁方式:强制性激进式——强制性渐进式——诱致性激进式——诱致性渐进式。按照当时对社会主义所有制的认识,认为公有制的范围、作用和主体都要体现出社会主义的优越性和"大一统"的特征;同时,为了促进农村生产力的发展在大一统公有制格局下对生产关系(主要是政府与农村集体、农民之间的关系)作了几次局部调整。这种调整首先是把私有制转变为公有制。

第二篇　中国特色社会主义基本经济制度的坚持与完善

把农民土地私有制转变为农村土地集体所有制采用的是分步推进的强制性渐进式变迁方式，经历了互助组—初级社—高级社—人民公社等阶段，每个阶段的变迁则是激进式变迁方式。农民土地私有制转变为农村土地集体所有制的过程采用了"强制性+渐进式"这一组合模式，从而使得变革相对比较温和而又有力，既保证了国家意志的执行，又给国家留有时间对一定阶段的主体土地制度进行边际调整；制度安排有一定的调整余地，就避免了剧烈震荡，农民也有一定的时间来适应，从而减少了农民对新制度的抵制和制度安排的摩擦。1953年春起，各地开始普遍试办实行土地入股、统一经营，并有较多数量的初级农业生产合作社成立，同年末，中央强调初级农业生产合作社正日益变成领导互助合作运动继续前进的重要环节。于是揭开了农村第二次农村土地改革的序幕。在初级社阶段，这期间因为考虑到农民的土地私有观念，中央没有过早地取消土地报酬，而是允许社员留有少量的自留地。1956年3月通过的《农业生产合作社示范章程》，标志着全国基本实现了初级合作化，农民将土地等主要生产资料作股入社，由合作社实行统一经营。在高级社阶段，农民私有的土地、耕畜、大型农具等主要生产资料以及土地上附属的私有塘、井等水利设施，被一起转为合作社集体所有；土地报酬也被取消。农村土地集体所有制在实践中导致了政府的强势和与农村集体、农民分配关系的紧张，同时认为对农村生产力发展的约束是公有制组织范围小和多而分散，1958年，为扩大规模经营，中央实行"小社并大社"，进而又推行"政社合一"的人民公社制。1959年以后，吸取刮"共产风"的教训，中国农村开始实行"三级所有，队为基础"的体制，确定了农村土地以生产队为基本所有单位的制度，并且恢复了社员的自留地制度。紧接着中央要求各地彻底纠正"一平二调"的"共产风"以及"浮夸风"等不良风气，允许社员经营少量自留地和小规模的家庭副业，恢复农村集市贸易。1962年，中央农村土地政策针对农用地作了进一步的规定和明确：生产队范围的土地都归生产队所有，……定下来后，长期不变。1963年中央又对社员宅基地进行了规定，社员宅基地都归生产队集体所有，一律不准出租和买卖，归各户长期使用；宅基地上的所有权归农村集体。

2. 土地承包长久不变前提下的政府、集体和农户利益关系的再调整

1978年，中央强调继续和维持1959年以来"三级所有"的体制；同时指出，社员自留地是社会主义经济的必要补充部分；经营方式上肯定了"包工到作业组，联系产量计算劳动报酬"的责任制；但仍规定"不许包

产到户，不许分田单干"。1979年政策开始放宽，初步肯定了"包产到户"的办法，允许某些副业生产的特殊需要和边远地区、交通不便的单家独户可以包产到户，但仍"不许分田单干"。在这一阶段农民关于包产到户的要求激烈，改革的动力来自基层；1980年9月，中央文件对联产承包责任制作了肯定。1982年，中央以一号文件的形式第一次明确了"包产到户"的社会主义性质，突破了传统的"三级所有、队为基础"的体制框框，指出"目前实行的各种责任制，……都是社会主义集体经济的生产责任制。"还特别指出，它不同于合作化以前的小私有的个体经济，是社会主义农业经济的组成部分。进一步消除了人们的思想疑虑，促进了"包产到户"的迅速发展。同年12月，修正后的《宪法》明确规定："城市的土地属于国家所有。农村和城市郊区的土地，除由法律规定属于国家所有的以外，属于集体所有。"同时规定恢复原来的乡、镇、村体制。这标志着实行了20多年的人民公社开始解体。

1984~1991年，稳定和发展时期。中央又连续发出3个"一号文件"，开始关注农村、农业的具体发展问题，农村经济体制改革向纵深发展，家庭联产承包责任制所涉及的所有权与使用权的关系被称为"两权分离"。同时联产承包责任制进入稳定和发展时期。以家庭联产承包为主的责任制、统分结合的双层经营体制，成为中国乡村集体经济组织的一项基本制度。

3. 新一轮土改：土地确权颁证和土地流转

进入21世纪，农村土地产权制度面临许多新挑战，如土地细碎化制约了农业规模效益；土地产权界定不清影响了农地利用效率和农业长期发展；工业化、城镇化给"三农"带来新挑战，谁来种地问题突出；"长久不变"面临两难选择，农民进行土地流转的意愿强等。这使得土地使用权制度"用益物权"名不符实，表现为土地所有权主体虚位、用益物权的权能受限、土地使用权缺乏稳定性下长期激励作用难以发挥、土地使用权缺乏可分解性和可交易性、土地权利的资本属性受到限制等问题。[①] 制度设计的不充分与农业生产现实的冲突倒逼农村承包经营土地产权制度进一步改革。此次改革主要以"还权赋能"为基本纲领，以土地使用权物权化为方向，以"确实权、颁铁证"为起点，以"土地流转"为抓手，以"新型农业经营主体"为支撑，从"两权分离"到"三权分置"，即坚持农村

---

① 刘灿：《构建以用益物权为内涵属性的农村土地使用权制度》，载于《经济学动态》2014年第11期。

土地集体所有权、稳定承包权、放活经营权，以确保农民土地承包经营权及其土地经营权流转的处置权和相应的财产性收入为宗旨，促进农业发展适度规模经营，农民分享土地增值收益。

新一轮农村土地产权制度变革以2007年重庆和成都两市获批为"全国城乡统筹综合配套改革试验区"为始。① 新一轮农村土地产权制度的改革，直接触及了实践中最敏感但同时也是羁绊市场机制顺畅运行、阻碍农村生产要素自由流动、制约农民真正成为市场经济主体的最根本的问题，其本质是要"还权、赋能、增益"。所谓"还权"是将法律法规赋予农民的土地、房屋等要素的权益以"确权颁证"的形式还给农民，恢复农民应有的自主权；"赋能"是要让农民拥有发挥自主权的能力，关键在于破除城乡二元分割的体制性障碍，创新制度环境，通过土地经营权的流转使城乡生产要素流动互通，使农村产权真正成为资本的载体；"增益"则是要通过土地等生产要素的流动实现要素资本化，从而提高农业生产力和实现农村集体、农民个体双增益；改革的核心要旨是在农村构造市场力量赖以发挥作用的微观基础和培育市场主体（见图1）。

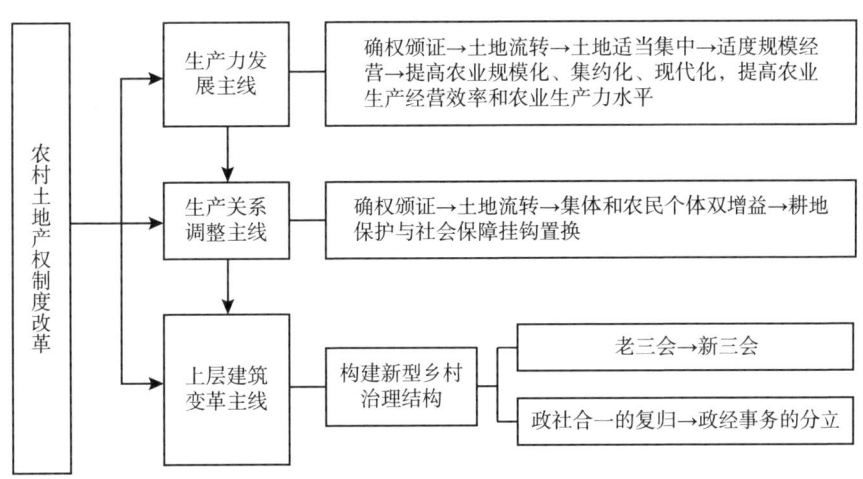

图1 农村土地产权制度改革逻辑的"三条主线"

---

① 《国家发展改革委关于批准重庆市和成都市设立全国统筹城乡综合配套改革试验区的通知》，http://www.ndrc.gov.cn/fzggzz/tzgg/zhdt/201005/t20100511_351863.html。通知要求重庆与成都市从两市的实际出发，根据统筹城乡综合配套改革试验的要求，全面推进各个领域的体制改革，并在重点领域和关键环节率先突破，大胆创新，尽快形成统筹城乡发展的体制机制，促进两市城乡经济社会协调发展，也为推动全国深化改革，实现科学发展与和谐发展，发挥示范和带动作用。

4. 改革的深化：从两权分离到三权分置

2015年11月，中共中央办公厅、国务院办公厅印发了《深化农村改革综合性实施方案》。该实施方案强调，以土地集体所有为基础的农村集体所有制，是社会主义公有制的重要形式，是实现农民共同富裕的制度保障。深化农村土地制度改革，要坚守土地公有性质不改变、耕地红线不突破、农民利益不受损"三条底线"，防止犯颠覆性错误。2017年2月5日，《中共中央、国务院关于深入推进农业供给侧结构性改革加快培育农业农村发展新动能的若干意见》首次提出农村土地"三权分置"的概念，将对农村土地实行的集体所有权和农户土地承包经营权"两权分置"，改为集体所有权、农户承包权、土地经营权"三权分置"，为的就是能够在不损失农民土地利益的前提下，促进农村土地承包权的流转，发展现代农业。这样，深化农村土地制度改革的基本方向就明确为：落实集体所有权，稳定农户承包权，放活土地经营权。落实集体所有权，就是落实"农民集体所有的不动产和动产，属于本集体成员集体所有"的法律规定，明确界定农民的集体成员权，明晰集体土地产权归属，实现集体产权主体清晰；稳定农户承包权，就是要依法公正地将集体土地的承包经营权落实到本集体组织的每个农户；放活土地经营权，就是允许承包农户将土地经营权依法自愿配置给有经营意愿和经营能力的主体，发展多种形式的适度规模经营。

5. 盘活非经营性建设用地：宅基地制度改革

宅基地是农村土地的重要组成部分，与乡镇（村）企业建设用地、乡镇（村）公益性建设用地一并构成农村集体建设用地。城镇化与工业化带来大量的非农就业机会和丰厚的非农收入吸引大量农村人口进城，甚至落户居住，农业生产经营受到冲击的同时，在农村也出现了农村土地的大量空置浪费的现象，这与农村宅基地总量上升的事实极不协调。2018年底，我国农民工、外出农民工人数分别达到2.88亿人和1.73亿人，全国人户分离的人数则达到2.86亿人。在农村大量宅基地闲置或低效利用与新批宅基地挤占农田威胁农业生产安全的双重倒逼下，变革农村宅基地的产权制度成为国家确保耕地红线、促进农村宅基地集约高效利用，为城镇化与工业化提供建设用地支撑的可行之举。宅基地是农村集体所有资产的重要构成部分，宅基地产权制度变革相较于承包地来说相对滞后，如何加快实现宅基地及农民住宅资源真正的资产化，完善其处分权和收益权权能是宅基地产权制度改革的重点。作为对发展实践的回应，2018年中央"一号文件"明确提出,要探索宅基地所有权、资格权、使用权"三权分置",落实宅基地集体所有权,保障宅基地农户资格权和农民房屋财产权,适度放活宅基地和农民房屋使用权。2019年中央"一号文件"强调要稳慎推进农村宅基地制度改革,拓展改革试点,丰富试点内容,完善制度设计。

从宅基地改革试点看,其改革内容和措施包括:(1)建立"有偿使用和有偿退出"机制,着力解决"一户多宅"和"超占"问题;(2)集中安置拆迁及退出宅基地的居民;(3)集约利用、合理规划腾出的土地;(4)积极促进宅基地入市,提高集体经济效益;(5)宅基地的权能完善,尝试赋予宅基地使用权的抵押、担保权能。

从效率的角度分析,农村宅基地产权制度改革是为了破解宅基地财产功能与社会保障功能冲突带来的"偏重公平与轻视效率"矛盾,力争在新一轮改革过程中兼顾公平的同时释放要素效率,实现二者的相融。新一轮宅基地产权制度改革下,效率的提升主要表现为土地财产功能的发挥和产业效益的释放两个方面。宅基地及地上附着物财产功能的发挥是通过赋予宅基地使用权这一用益物权更加完备的产权权能(即处分权和收益权),使用益物权人能够合法、合规、合理地实现宅基地及附着物财产的经济价值。宅基地产权制度改革的效率释放的另一源泉是在全面确权颁证的基础上,盘活农村土地存量,发展现代农业,推进农业与非农产业融合发展带来的产业发展效益。

6. 集体、农户与市场:集体资产的产权制度改革

中国农村集体所有的最重要资产是农村土地;全国农村集体所有土地总面积为66.9亿亩,占国土面积的46%;其中农村集体建设用地有3.1亿亩,是新型城市化建设中盘活农村集体资产的重点。农民集体所有的资源和资产由农村集体经济组织经营和管理,没有设立集体经济组织的村则由村委会或村民小组代为经营和管理;农村集体经济组织是以土地公有为基础的地区性合作经济组织,具有社区性、综合性的特点。全国农村集体所有资产的账面资产总额为2.86万亿元,其中北京、上海、广东、浙江四省账面集体资产总额占全国的67.33%。

农民作为集体经济组织的成员,其最重要的权利包括财产权利和民主权利。其中,财产权利又包括集体土地承包经营权、宅基地使用权和集体收益分配权。如何将沉睡的集体资产变为农民实实在在的收益,这正是农村集体产权制度改革的重要出发点。改革集体产权制度就是要把集体的经营性资产确权到户,实现农民对集体资产的占有使用和收益分配的权利,

有利于拓宽农民的增收新渠道，让农民共享农村改革的发展成果。①

农村集体资产产权制度改革的重点是要以确定"集体成员"为突破口，解决集体资产量化的成员边界问题。要在确定公平起点的基础上，发挥市场在资源配置中起决定性作用，淡化成员权、强化股东契约权。弱化农户作为集体经济组织成员的所有者的角色，强化其作为资源要素所有者和要素贡献者的角色。未来集体经济的发展方向应是从封闭走向开放，从固化走向流动。在产权清晰的基础上，促进股权、地权和房权的流动，有进有出，增资扩股。具体到农村集体经济组织的实现形式，在改革试点地区，大多根据历史背景、产业特征、组织类型和市场需求等综合考虑，一种是纯粹的农村集体经济组织形式，如河南省漯河市临颍县城关镇南街村；也可以是股份合作社形式，如成都市温江区的；还有贵州省安顺市塘约村的政社合一型的新型农村集体经济模式。

（二）农村土地产权制度改革的理论解释和理论难点

1. 农村土地集体所有权和使用权的关系

现行农地制度的产权特征可以描述为一个两权分离的双层构架：土地的归属权（集体所有权）和土地的实际利用权（集体共用和农民个体私用）。从理论和实践两个层面都值得关注的是，在这种制度框架内作为生产力主体的农民能否获得真正的土地财产权利。

从所有权制度看，集体所有权是指劳动群众集体组织享有的对其财产的占有、使用、收益和处分的权利。许多学者都认为，集体所有权的权利是高度抽象的（王利明，2003），按此法律解释：（1）集体所有权的行使主体是集体组织，但这个组织是不是法人组织或者是自然人的合伙组织并不清楚。而目前的状况是，村委会不是法人组织也不是合伙人组织，它行使集体所有权职能与它作为社区公共管理和基层政权组织的身份是结合在一起的。村委会是村民自治组织，作为土地所有者主体的法律地位并没有得到认可。（2）法律规定行使所有权的主体是集体组织，每个集体成员无论在法律上还是现实中都不可能是集体所有权的主体，如果没有市场契约型的委托—代理关系，单个的成员不可能享有任何属于个人的土地财产权利。

从使用权制度看，土地承包经营权在经济学上被解释为使用权，在民

---

① 韩长赋：《再谈三权分置》，载于《农业经营管理》2017年第12期。

第二篇 中国特色社会主义基本经济制度的坚持与完善

法中是一种用益物权,但是在实践中,它的产权权能是受到限制的。现行的土地制度下,国家对农民拥有的承包经营权有种种限制,包括对土地使用权流转的限制和农村土地转为城市建设用地时国家在一级土地市场上的行政垄断。这些都造成农村土地产权的排他性弱化、产权主体的处置权缺失、农民的土地收益权无法得到保证。现行法律规定,土地农转非必须经过国家征用(变集体所有为国家所有),这样产权主体(农民或农民集体组织)就被排斥在交易之外,也不可能分享农地转用的级差地租。正是在这个意义上,新一轮的农村土地制度改革以赋予农村居民土地财产权和实现农民土地财产权益为核心。

2. 当前农村集体所有制面临的挑战

中国农村集体产权制度改革根本的问题是从理论、法律、政策、实践上说清楚什么是中国农村集体所有制,并探索其有效实现形式。当前农村集体所有制的挑战有五个。一是农村集体和农村集体经济组织无法人地位。二是农村集体的成员权界定、权利责任义务、成员进入和退出机制等问题,天赋成员资格的先天强制性与入社自愿性原则的矛盾,是设立农村社区经济合作社或社区股份合作社的一个法律、理论和政策难点。三是集体资产所有权虚置问题,出现了村干部或者由集体之外的主体支配集体资产的"异化"现象,农民成员无法行使土地集体所有的所有权能,或者集体经济组织的决策和执行机构将集体土地的所有权绝对化的现象,城乡统一规划和用途管制形同虚设;稳定农村土地承包关系并保持长久不变的政策尚未具体落实,农民缺乏对土地承包经营权的清晰稳定的预期,有的甚至用土地承包经营权侵犯集体土地所有权,进而变相私有土地。四是农村自治组织与集体经济组织职能交叉问题,城乡人口流动日益频繁,"村民"和"成员"的范围越来越不一致,农村集体资产由谁处置尚没有明确的法律规定。五是现有财税体制和行政管理体制下,村组层级的政企分开、政资分离在事实上很难做到分开。①

3. 从"两权分离"到"三权分置"的学理基础

20世纪90年代以前,农户大部分没有非农就业,农地的承包者与经营者高度统一,承包权和经营权既没有区别的必要,也没有分离的价值,农村土地集体所有、家庭经营的"两权分离"制度安排能够容纳农业生产

---

① 张晓山:《关于中国农村集体产权制度改革的几点思考——农村集体所有制的现状、挑战和落实》,http://www.aisixiang.com/data/103877.html。

经营方式的需要。但在工业化、城镇化快速推进的背景下，承包权与经营权就有了分离的必要和可能。从必要性而言，与大量农民兼业经营相比，专业的农业经营有更高的农业生产效率。从可能性而言，近年来农民专业合作社、家庭农场和涉农企业加快发展，土地流转比例快速上升，承包权与经营权分离在实践中日益成为常态。[①]

"三权分置"就是将土地承包经营权分解为两个独立的权利，即承包权与经营权；承包人享有承包权，规模经营主体享有经营权以及以经营权为客体的抵押权。土地承包权与经营权分离政策的意蕴是，在稳定土地承包经营权的前提下，使实际经营土地者可以获得一种具有物权效力和抵押功能的财产权。构建以集体所有、家庭承包、多元经营为特征，所有权、承包权、经营权"三权分离"的新型农地制度，是新时期我国农村土地产权制度改革的基本方向。

三权分置是当前我国农村土地产权改革的基本方向。有学者认为三权分置改革是较为精细的制度设计，有利于适应工业化和城市化过程中劳动力转出和现代农业规模经营的需要，保障农民的承包权的同时，可以实现经营权的顺畅流转，有利于提高流转的效率。但是，也有学者认为农地经营权流转的方向需要值得注意。如果土地流转去了非农用途，或者是非粮用途等，也会带来新的问题。这就需要权衡三权分置时的制度设计，使得制度能够很好保障承包人的权利，流转人的权利，以及保障农地的基本用途不发生改变。

那么三权分置的理论基础是什么？学者们具有很大的争论，主要有三种观点，第一种观点，按照产权经济学的权利束观念，将农地三权分置的权利结构表述为"土地所有权 + 土地承包权 + 土地经营权"三种权利；第二种观点认为三权分置应表述为"土地所有权 + 土地承包经营权 + 土地承包权"；第三种观点认为三权分置应表述为"土地所有权 + 土地承包经营权 + 土地经营权"[②]。这三种观点哪种正确？这需要实现与相关的法律相兼容，才能从学理上更好的解释两权分离到三权分置的问题。

[①] 张红宇：《从"两权分离"到"三权分离"——国农业生产关系变化的新趋势》，载于《人民日报》2014年1月14日。

[②] 刘守英：《农地三权分置下的土地权利体系重构》，载于《北京大学学报（哲学社会科学版）》2017年第5期。

4. 农村土地使用权制度的内涵属性

我国《物权法》采纳了用益物权的概念，把农村土地集体所有制基础上产生的土地承包经营权和宅基地使用权确定为一种用益物权，在权利内容上规定了可依法享有占有、使用和收益的权利。这些权利是私法意义上的物权，应当具有私法物权所应具有的法律属性和效力。现行土地使用权制度的"用益物权"还显得名不符实，其主要问题，一是土地所有权主体虚位，土地所有权与使用权的权属边界模糊，造成土地用益物权人的权能受到限制；二是土地使用权缺乏稳定性，产权激励并提供长期预期的作用难以发挥；三是土地使用权缺乏可分解性和可交易性，难以发挥市场配置资源的作用；四是土地权利的资本属性受到限制，农民实现土地财产收益缺乏制度保障。

财产权是社会公民的基本权利之一，是公民参与社会经济活动和社会公共事务的基础。农村居民拥有财产权是社会主义市场经济的基本要求。农民拥有的土地财产权是一组权利，其基础或者说起决定作用的基本生产关系是所有制，即农村土地的集体所有制。这一组财产权利，从产权类型看，包括集体土地（资产）所有权、土地承包经营权、宅基地使用权；从产权权能看，包括使用权、收益权、处分权（在物权范围内）、继承权（土地承包关系长久不变）。在现行制度下，农民土地财产权的各种权力形式之间存在着比较复杂的关系。首先，农民的土地财产权来源于他是集体经济组织的成员资格，即来源于法定的成员权，成员权使农民获得土地财产权的资格，但它本身并不是财产权，而是一种身份性权利。农民的宅基地使用权和承包经营权虽然是因特定身份而获取的，但一旦成为农民土地权利后就获取了独立的财产权形式，是农民依法拥有的民事上的土地用益物权。其次，农民对土地使用权的处分权来源于土地使用权（特别是承包经营权）中的流转权能，但与土地使用权具有重要区别。土地使用权的权利客体应当是农村土地本身，而"处分权"的权利客体恰恰是土地使用权本身，两者是不同层次的土地财产权形式。第三，农民在农村土地上的未来权益是当前权利的延伸，如土地征收中的受补偿权是对农民拥有的土地所有权和土地使用权的补偿，继承权则主要是土地使用和收益利益的承继。同时，未来权益同样需要获得独立的权力形式，并且未来权益与当前权益的权利范围是不同的，农民只是在特定的土地财产利益上拥有可预期的未来利益。在集体所有制框架内真正解决农民的土地财产权利问题，需要一个基础性的制度结构，即构建以用益物权为内涵属性的农村土地使用权制度。

5. 土地使用权物权化与土地私有化

我国农村土地产权向农民私人回归，是在国家允许或政策引导下的一场强制性为主的制度变革。但是，这种改革方向绝不等于私有化。因为，农村土地使用权的物权化，我们坚持的所有制基础是集体所有制。这里，有两个关键点：其一，中国农民的"土地私有情结"将在制度选择中起到重要作用；土地使用权的"硬化"将是对土地私有权的一种制度替代。其二，最有效率的农地使用制度的所有制基础是什么？事实证明，私有私营并不是最有效的一种方式。土地集体所有制实际上是一个中间性的制度安排，在所有权与使用权分离情况下可以寻找多种农地经营模式。盖尔·约翰逊说："私有化并不是经济转轨的灵丹妙药，它只是促进计划经济向市场经济转轨的一系列紧密关联的政策当中的一项。""只有在自由化被纳入整体政策框架之下，并且在市场经济有效运作所要求的法律制度业已建立的情况下，私有化才能够取得预期的积极效果。波兰农业在社会主义时期的经历提醒我们，土地私有化本身对资源的有效利用以及农业的繁荣并没有太大的帮助。"① （波兰当时大约有 3/4 的土地留在私人手中，1950 ~ 1990 年，农业增长幅度也并不比其他中欧国家高。）

在实践中，土地使用权物权化必然涉及土地承包经营权的流转。土地承包经营权流转是否意味着土地私有化，已成为社会各界近期关注的焦点问题。本文已经说明，土地承包经营权流转中的土地承包经营权的法律性质是用益物权，而不是土地所有权；土地承包经营权流转或转移给他人的是物权性质的土地使用权而不是土地所有权。我国多年来土地承包经营权流转实践历程的内容演变趋势也表明，我们一直在坚持完善农村基本经营制度而不是向土地私有化方向走；完善土地承包经营权权能和允许多种形式土地承包经营权流转使土地承包经营权财产权性质得益彰显，使农民得到充分而有保证的土地财产权利，但不体现土地私有化性质。

6. 构建平等保护各类财产权利的法律体系

在任何社会任何时代，财产法的目的在于社会资源的最优配置及充分利用。财产法的一个主要功能便是创造、保护以及促进资源有效配置的交易结构。"利用"是财产价值实现的唯一途径，从现实意义来看，所有权

---

① D. 盖尔·约翰逊：《经济发展中的农业、农村和农民问题》，商务印书馆 2005 年版，第 329 页。

的归属意义也不单纯为归属本身而在于对物的使用。传统大陆法系以所有权为中心的制度的局限是它追求所有权的完整性和缺乏"弹性"而阻止了财产的自由让渡，使利用人无法摆脱所有权人的控制。英美法系没有他物权制度，所有权概念具有与"物权"相类似的含义，这样它就已经确立了占有人之间权利平等。

当代市场经济运行的复杂性使财产利用不再局限于资源的自然使用价值的释放，而是靠各种生产要素组织起来的一个创造性过程，非所有人利用财产已成为常态。西方国家财产权制度价值目标由"归属"到"利用"的改变正是适应了这一趋势。

所有权人可以把所有权的部分甚至全部权能分离出去由他人行使并在这些权能的基础上形成具体的财产权利（他物权），这种分离正是所有权实现的方式。这种认识在当代已成为实行所有权—他物权制度国家（包括我国）的共识。但这种权能分离还存在着理论上的误区，例如，认为他物权与所有权是不平等的，所有权优于他物权；他物权是由所有权人设定的，他物权依附于所有权。大陆法系的三个误区导致了物、财产和财产权运用上的混乱（实际上马克思已经清楚地区分了这三对概念），从而忽略了财产权实际上表现为一系列独立、完整的和平行的具体财产权利。从法理来看，权利是由法律赋予的并由法律强制力给予保护（首先是排他性），权利在各自领域内是平等的。他物权的取得是依据合法的法律关系，并通过实际占有而最后由法律确认的结果，从这个意义上讲与原所有权并不存在依附关系。[①]

所有制的实现不仅局限于所有制性质的确定，更在于既定所有制条件下如何安排使用财产权，从事社会财富的生产。而生产效率的要求又迫使财产权主体对不同的财产权通过价值判断进行选择，并将符合所有制实现的财产权以法律形式加以确认。

我国现行产权保护制度的相关法律和意见明确提出了"平等保护作为规范财产关系的基本原则"；"依法有效保护各种所有制经济组织和公民财产权"；"落实承包地、宅基地、集体经营性建设用地的用益物权，赋予农民更多财产权利，增加农民财产收益"；等等。目前存在的问题是还没有构建起完善的他物权（用益物权，包括承包经营权、建设用地使用权、宅基地使用权、地役权）法律保护制度，相对于所有权，他物权处于弱势地

[①] 梅夏英：《财产权构造的基础分析》，法律出版社2002年版。

位，这就难以对抗所有权和公共权力的侵害，他物权人也难以建立稳定的经济预期。特别是农村居民的土地财产权利（性质和范围）还没有一个明确的法律确认。从所有权与使用权（他物权）的关系看，目前农村土地产权关系有这样几种：一是"三权分置"下农地集体所有权与农户承包权的关系，以及农户承包权与经营权（农户或非农户的）的关系。二是农村集体经营性资产的产权关系，农户通过集体资产股份量化改革而获得的股权，其产权权能主要表现为集体收益分配权而交易权和处分权却缺乏或得不到保证。从法理上讲，通过确权后目前农户手中这种产权是所有权还是使用权（他物权），它们与农村集体所有制是什么关系？三是集体非经营性建设用地的产权关系，这里主要涉及的是农户的宅基地使用权。宅基地使用权是农村集体所有资产的重要构成部分，目前的问题是，由于强调所有权使农户的宅基地使用权的产权权能受限，农民更多的是拥有的是所有权约束下的使用权，处分权如何行使还缺乏明确的法律解释，致使收益权行使的范围及程度也受到了极大限制。从农村土地所有权与使用权的契约关系看，以上提到的三种产权关系都涉及到产权获得者的集体成员资格问题，这种基于成员身份的产权契约应如何解释？它如何受到与所有权一视同仁的法律保护？

马克思认为，财产反映的不是人与物的关系，而是人与人之间的关系，因为世界上不存在一个孤零零的财产，财产必然是你的财产或是我的财产。他说，"私有财产的真正基础，即占有，是一个事实，是不可解释的事实，而不是权利。只是由于社会赋予实际占有以法律的规定，实际占有才具有合法占有的性质，才具有私有财产的性质。"[①] 马克思曾说过给资产阶级的所有权下定义不外是把资产阶级生产的全部关系描述一番，可见，财产权就是整个生产关系在法律上的最好体现。马克思从所有权在经济上利用和实现的意义上论述了所有与占有、使用、支配权的统一和分离。马克思并没有把所有权等同于全部财产权利，除了所有权，马克思还研究了占有权、使用权、支配权等一系列权利，从而构成他对所有制结构的动态分析。所有权与占有、使用、支配权的统一或分离，并不改变所有权的基本性质，但它要影响所有权的实现方式和所得利益的分配。只有基于马克思关于所有权和生产关系的分析才能科学的解释在现行制度下农民土地财产权的各种权力形式之间存在着的复杂关系，以便建立起能平等保

---

① 《马克思恩格斯全集》第 1 卷，人民出版社 1972 年版，第 382 页。

护各类产权的财产权法律制度,从而释放出市场经济中最大的产权激励。

四、新时期深化农村土地产权制度改革:方向和路径

中国共产党的十九大报告明确提出,巩固和完善农村基本经营制度,深化农村土地制度改革,完善承包地"三权"分置制度。正是这1个"巩固"和2个"完善",定调了未来农村土地产权制度改革的基本方向。换句话说,这既为深化农村土地产权制度改革理性把握其难点、设计并选择多条可行性创新路径指明了基本路向,又为农业农村各方稳定利益预期、高效持续发展提供了制度保障。基于新一轮农村土地产权制度改革的经验,农村基本经营制度的巩固和完善、承包地"三权"分置制度完善的关键在于农村土地产权制度改革的深化,以实现"资源变资产、资金变股金、农民变股东"。

1. 构建国家与农民集体、集体与私人之间平等的产权关系

土地用益物权的充分实现,需要改变在土地所有权上面的国家强制,即把土地的国家意志和国家的政治职能剥离出来,建立国家与农民集体、集体与私人之间的平等的产权交易。农村土地产权制度改革,是政府、农村集体经济组织、农民的权利和利益的确认与调整过程;农民在产权制度安排中的地位,决定了在土地财产使用和收益的实际程度、效率与水平。新一轮农村土地产权制度的改革,就是要使农民拥有平等的权利和地位,能够分享经济改革和发展的成果,重新构建农民与集体、政府的权利和权利关系。农地产权关系(所有权、承包权、经营权)的不断明晰化,有助于合理界定个人与集体、政府之间的权利边界,从而构筑土地生产要素市场化配置的制度基础。

建立国家与农民集体、集体与私人之间平等产权关系的根本目的在于保障农民土地财产全力的收益。这有赖于农民享有充分而清晰的土地权利,特别是在土地流转中获得土地级差收益的权利。为此,要严格执行"确实权,颁铁证",将农村集体所有制度下"模糊的产权"明晰化,进一步划清各级利益主体如国家与集体,集体之间以及集体和村民小组间的土地权属边界与界限,并由专门管理部门详细记录土地面积、用途、界标、等级等。对农民个人承包经营的土地也应当将其数量、质量、位置、界限等统一登记造册。由区县级相关部门为农村居民发放农村土地使用权

证和房屋产权证等财产权属证明。

2. 建立土地用益物权保护制度

第一，重新界定农村集体土地的所有权主体，农村集体组织主体理应确定为行政村农民集体，由具有法人资格、并行使集体土地处置权的村委会行使集体土地所有权权能。

第二，完善农村土地登记发证制度，向农民统一颁发土地使用权证号，农民宅基地与地上建筑物应发给房地产所有权证；完善和制定《物权法》和《民法典》，建立健全保护城乡居民不动产权益的法律体系。

第三，明确界定公共利益用地范围，并将政府征地权的行使范围真正限定在"公共利益"的范畴，以遏制假借公共利益之名侵犯集体土地所有权的企图；在立法方法上，制定"公共利益征地否定式目录"，明确规定盈利性目的用地不得征收。

第四，需要修改现行土地管理法律、法规（例如《担保法》、《土地管理法》等），明确集体土地在符合国家土地利用规划的前提下可以转为非农建设用地，也可以自由流转以保障集体土地资源配置效率和土地收益最大化。加强法律制度与规章政策的衔接。农民的农地承包权是否交出在新一轮的农地产权制度改革过程中也是有待处理的问题。比如，《土地承包法》明确规定"农户落户在小城镇后其在集体的土地可以不交，但进入设区的市以后则要交回原来的承包地"；国务院关于户籍制度改革的文件却规定"不能取消农民的三权（退出土地承包经营权、宅基地使用权、集体收益分配权）作为在城镇落户的条件。"这类法律与政策相互冲突的问题应尽快解决。

第五，完善土地征收补偿办法，把"尊重农民的土地物权"作为征地制度改革政策设计的首要价值取向；开展留地安置、集体建设用地土地使用权入股、土地股份合作等多种征地安置模式，在此基础上，建立基于市场价格的征地补偿标准体系。

3. 完善土地流转交易的市场体系

第一，要建立完善的土地交易制度，使之交易顺畅，提高土地资源配置效益与效率。充分发挥农村资源优势，努力搭建政府主导、农民主体、市场化运作的农村发展平台，进一步激活城乡各类发展要素，加快农村资源资本化进程，真正实现土地可持续利用、产业可持续发展、农民可持续增收。

第二，建立农村产权价值评估机制。县级以上人民政府负责制定并公布区域农村土地承包经营权基准价格、集体建设用地使用权基准价格和最低保护价，为农村产权的价值评估提供依据和基础；大力发展农村产权价值评估、法律咨询等中介服务组织，为农村产权流转担保提供服务。

第三，完善农村产权流转体系。依托各级农村产权交易平台设立覆盖辖区内各地的农村产权流转交易服务中心并实现联网，及时收集和发布各类产权流转交易信息，组织产权流转、招拍挂等交易活动，为贷款抵押物处置、抵押权利的实现提供平台。国土资源管理部门、房产管理部门和农业行政主管部门为农村产权的流转办理变更登记手续。具体地，一要本着因地制宜的原则，推进全面建立覆盖省、市、县（区）的三级土地要素流转市场或产权市场交易体系，允许耕地的承包经营权、集体建设用地使用权和农民的房屋等进入产权市场流转或交易。健全土地流转信息平台，以便利交易双方查询信息。二要严加市场管理，规范要素流转秩序。建立严格的土地审查制度，对流转双方的资格条件、流转亩数、流转用途等流转信息要严格审查。鼓励双方统一采用产权交易市场提供的标准化的农村土地流转合同，并在工作人员的指导下签订合同，切实保护交易双方的利益。三要加强组织机构建设。主动设立金融、法律、审计评估等业务部门，提高综合服务水平，为交易双方提供信息咨询、标的信息发布、融资担保以及法律咨询等服务，降低交易双方的搜寻成本。

第四，完善农村产权抵押融资风险分担机制。为推动农村产权抵押融资，由各级人民政府按一定比例出资设立农村产权抵押融资风险基金，用于收购抵债资产。完善金融相关政策及管理办法的制定。鼓励各地积极开展土地经营权抵押贷款、入股以及有偿退出等试点，并及时形成可复制的经验，进而推动金融等相关制度、政策的优化。在此基础上，应加快制定统一土地经营权抵押贷款、入股以及有偿退出的指导意见，各地依据指导意见，制定实施方案。

4. 加强土地用途管制

土地用途管制制度是国家为保证土地资源的合理利用和优化配置，促进经济、社会和环境的协调发展的一项重要制度。土地用途管制的内容包括：土地按用途进行合理分类、土地利用总体规划规定土地用途、土地登记注明土地用途、土地用途变更实行审批、对不按照规定的土地用途使用土地的行为进行处罚等。在保证土地用益物权和强化使用者权利的同时，政府需加强土地用途管制以调节个人利益、局部利益与社会公共利益的矛盾，保证土地资源的合理有效利用。

土地用途管制除采取相关法律法规行政手段外，还可设置土地发展权。土地发展权是土地变更为不同使用性质的权利，是一种可以与土地所有权分割而单独处分的财产权。它既可以与土地所有权合为一体，由拥有土地所有权的土地拥有者支配，也可以单独支配，它是土地处分权中最重要的权利。土地发展权的提法在我国目前还仅限于理论界，在实践中并未作为一个明确的概念使用。在国外，土地发展权一般有归私人所有（如美国）和归政府所有（如英国）两种制度。土地发展权归政府所有主要基于社会公平的考虑。土地所有权可以买卖、土地使用权可以转移，但是土地所有者和使用者都不能随意变更土地发展权。如果土地所有者要改变土地用途或增加土地使用集约度，必须先向政府购买发展权。我国农村土地使用权的物权性质，以及土地资源配置的市场化，我国在设置土地发展权时可在使用权用益物权中赋予部分土地发展权，政府在土地征用时向农民购买这项财产权利，用市场交易方式寻找土地使用权（含土地发展权）的对价，以保证农民长期发展的利益。

5. 建立完善的农村社会保障机制

作为高风险的弱质产业，农业生产面临着自然灾害风险、技术风险和市场风险等多重风险，逐步建立和完善农业保险体系有利于减少风险发生的可能性，降低或转移分散农村土地经营主体的自然风险。构建农业保险体系，一是建立以政策性保险为主的农业保险体系；二是政府对商业性保险公司提供的农业保险业务给予政策优惠，通过商业性保险公司来开展农险业务。具体来说，可从以下几个方面入手：

第一，充分利用现代金融工具，构建新的土地承包经营权保险组织形式。依托现有的金融机构，利用金融机构的放大作用，由农业发展投资公司等政策性公司牵头，通过农地股份制企业入股成立专门的股份担保保险公司，通过介入"履约担保"等对土地流转进行行为担保和信用担保，确保将流转行为可能产生的风险降到最低，解决农村土地经营主体融资难问题。

第二，建立农业风险保障机制。制定新的风险扶持政策，如支持建立灾害风险补偿基金、农作物病虫保险基金等。积极探索实施互保合作方式，由农业部门依托各类农业行业协会、专业合作社和农业龙头企业，共同组建"农业生产者互助合作保险组织"。按照自愿原则，实行会员缴费、财政补助、自我管理、合作共享、专户监管、滚动发展的农业保险运作模式，为促进土地流转和规模经营提供有力保障。

第三,建立风险预控机制。区县、乡镇土地承包管理部门建立风险预防、控制和处置机制,有条件的地方,可以设立土地流转风险资金,探索建立农村土地流转保证金制度和土地复垦保证金制度,对规模较大的土地流转项目,支持业主参加政策性农业保险,降低农村土地经营主体的自然风险。

第四,发展农产品期货市场。在农产品流通过程中,现货交易具有直接、便利等优点的同时,也具有价格波动大、市场风险排解难等缺点,而农产品期货市场能够有效地化解这个问题,通过建立农产品收购期货交易制度可以有效降低农村土地经营主体的市场风险。

第五,构建农村社会保障体系。将农民纳入社会保障的范围之内,扩大农村社保的覆盖面,弱化土地的社会保障功能,进一步建立健全包括农村最低生活保障制度、农村社会救济制度、农村社会养老保险制度和新型农村合作医疗制度等在内的农村社会保障体系,建立土地流出农户和土地股份合作参与农户的养老保障机制和生活保障机制,消除农户参与土地流转的后顾之忧,解除限制土地流转的深层障碍,以促进深层次的土地流转。

参考文献

1. 《马克思恩格斯全集》第1卷,人民出版社1972年版。
2. 梅夏英:《财产权构造的基础分析》,法律出版社2002年版。
3. D. 盖尔·约翰逊:《经济发展中的农业、农村和农民问题》,商务印书馆2005年版。
4. 王景新:《中国农村土地制度的世纪变革》,中国经济出版社2001年版。
5. 张庆忠:《马克思主义的合作制理论与中国农业合作制的实践》,载于《中国农村经济》1991年第10期。
6. 程同顺:《中国农民组织化研究初探》,天津人民出版社2003年版。
7. 《国家发展改革委关于批准重庆市和成都市设立全国统筹城乡综合配套改革试验区的通知》。
8. 韩长赋:《再谈三权分置》,载于《农业经营管理》2017年第12期。
9. 张晓山:《关于中国农村集体产权制度改革的几点思考——农村集体所有制的现状、挑战和落实》,http://www.aisixiang.com/data/103877.html。
10. 张红宇:《从"两权分离"到"三权分离"—国农业生产关系变化的新趋势》,载于《人民日报》2014年1月14日。
11. 刘守英:《农地三权分置下的土地权利体系重构》,载于《北京大学学报(哲学社会科学版)》2017年第5期。

论中国特色社会主义开放型经济体制改革的理论来源

卢 江 张 晨[*]

习近平总书记在首届中国国际进口博览会开幕式上的主旨演讲中提到,"我多次强调,中国开放的大门不会关闭,只会越开越大"(2018),这一讲话和党的十九大报告关于推动形成全面开放新格局遥相呼应,为新时代我国如何进一步开放经济提供了决策指南和根本遵循。在十八届中央政治局第十九次集体学习时,习近平总书记指出,"改革开放是我国经济社会发展的动力。不断扩大对外开放、提高对外开放水平,以开放促改革、促发展,是我国发展不断取得新成就的重要法宝。"(习近平,2014)我国实行改革开放已逾40多年,对自身和世界发展都具有里程碑意义,在即将全面建成小康社会的时点上回顾历史可以发现,"党的十八大以来,我们乘势而上,加快构建开放型经济新体制,更高水平的开放格局正在形成"(习近平,2014),中国的开放型经济体制改革既有世界其他国家发展的一般经验,又独具中国特色;既把握了历史机遇,又有效抵挡了开放进程中各种负面冲击,创造了人类社会发展史上的奇迹。我国的开放型经济体制改革之所以能取得重大成绩,原因是多方面的,但从根本上来说,是因为我国充分认识和运用了开放经济规律,这着重体现在四大理论来源上,即价值规律理论、比较优势理论、世界体系理论和内外联动理论,它们分别构成了我国开放型经济体制改革的现实条件、创新借鉴、外部环境

---

[*] 卢江,浙江大学马克思主义学院副教授;张晨,中国人民大学经济学院副教授。基金项目:国家社科基金青年项目"《资本论》视阈下当代资本主义系统性危机研究"(项目编号:18CKS002);浙江省社会科学规划基金"当代中国资源配置方式的政治经济学研究"(项目编号:18NDJC169YB)。

和战略调整。

一、价值规律理论：开放型经济体制改革的现实条件

中国开放型经济体制改革的现实条件是什么？对此，我们经历了较长时间的探索和争论，最终形成了基本共识，那就是要承认和尊重价值规律的作用，换句话而言就是要正确处理好政府和市场——即"看得见的手"和"看不见的手"的关系。习近平总书记在主持十八届中央政治局第十五次集体学习时强调："在市场作用和政府作用的问题上，要讲辩证法、两点论，'看不见的手'和'看得见的手'都要用好，努力形成市场作用和政府作用有机统一、相互补充、相互协调、相互促进的格局，推动经济社会持续健康发展。"（习近平，2014）"核心问题仍然是处理好政府和市场关系"（习近平，2014）。众所周知，商品生产和价值规律是市场经济的基本特征，本质上体现了市场配置资源的具体活动和作用机制，从这个角度来看，我国改革开放允许商品生产存在，这是改旧有经济体制、革旧有错误观念的核心，随着红利释放日益显著，我们不断正视并积极运用价值规律。

我国过去实行了较长时间的计划经济，与此同时也保留了一定的商品生产并重视价值规律。第一，关于商品生产问题。1956~1978年计划经济占绝对主导地位，但绝非完全否定商品生产和交换。比如毛泽东同志指出："可以搞国营，也可以搞私营。可以消灭了资本主义，又搞资本主义"（毛泽东，1999），"定息时间要相当长，急于国有化，不利于生产。公私合营有优越性，比不合营好，工人的积极性提高了，资方的态度也改变了"（毛泽东，1999）。1958年中共八届六中全会《关于人民公社若干问题的决议》指出要继续发展商品生产；同年，《中共中央、国务院关于适应人民公社化的形势改进农村财政贸易管理体制的决定》指出："农村人民公社化以后，尽管有一部分产品在社内直接分配，但是，整个说来，商品生产和商品交换不是缩小而是扩大；尽管生产的调节主要靠政治挂帅，靠计划指导，价值规律的作用已经进一步受到限制，但是商品、价值、价格、货币和信贷的作用并不是很快就要消失，而是要继续发挥它的积极作用。人民公社一方面要大大发展自给性的生产，一方面又要大大发展适合社会需要的商品性生产"（《中共中央、国务院关于适应人民公社化的形

势改进农村财政贸易管理体制的决定》，1958），这些材料充分证明在过渡时期商品生产存在是有必要的，不仅不能立即消灭，还要继续发展，这符合马克思主义经典作家的基本理论。恩格斯在《共产主义原理》中回答能不能一下子就把私有制废除时说，"只有创造了所必需的大量生产资料之后，才能废除私有制"（恩格斯，2009）；《德意志意识形态》明确指出，"只有随着大工业的发展才有可能消灭私有制"（马克思、恩格斯，2009）。第二，关于价值规律问题。在改革开放以前，中国共产党不但没有彻底否定价值规律，相反还想方设法要积极加以利用。1962年中央要求商业工作"应该在国家计划的指导下，按照等价交换的原则，正确地利用价值规律，通过适当的购销形式，促进农业和工业生产的发展，逐步保障城乡居民消费品的供应"（《中共中央关于商业工作问题的决定》，1962）等。与此同时，学界也积极开展价值规律研究，比如王亚南认为，"我们的社会主义国民经济是一个整体，我们所有的社会产品，都还要借助于价值、货币、价格，来确定它们所费社会必要劳动量的大小，来确定它们的成本，确定它们相互交换分配的比价。价值规律不在其中发生作用是不成的"（王亚南，2007），因此，利用价值规律根本上是服务于如何提高社会生产力这一要求的。

我们不断深化商品生产和价值规律对社会主义经济建设作用的认识，可以说改革开放的历史就是社会主义与市场经济相结合的探索历史，可具体分为三个阶段：（1）1978~1992年。首先摒弃将计划与市场完全对立的错误观念，形成"计划经济为主、市场经济为辅"的新模式第一次调整；接着强调"社会主义经济是在公有制基础上的有计划的商品经济"，重新界定了社会主义经济的基本内涵；最后提出，"我们要建立的社会主义市场经济体制，就是要使市场在社会主义国家宏观调控下对资源配置起基础性作用，使经济活动遵循价值规律的要求，适应供求关系的变化"（《十一届三中全会历次党代会 中央全会报告 公报 决议 决定》，2015）。（2）1993~2012年。社会主义市场经济确立后，我们党又在制度层面上经历了多次尝试和改革，包括"发挥市场在资源配置和结构调整中的基础性作用""更大程度发挥市场在资源配置中的基础性作用"等。（3）2013年至今。党的十八届三中全会做出全面深化经济体制改革的部署，并指出"市场在资源配置中起决定性作用和更好发挥政府作用"。

我国的改革开放根本上是就如何进行商品生产、如何运用价值规律来促进经济发展进行的改革开放，集中表现在对非公有制经济的态度转变上，党的重要会议和文献中逐步调整了非公有制经济政策，这是在社会主义制度条件下对商品生产和价值规律的进一步发展。根据马克思主义经典作家理论，资本主义生产关系下的商品生产和价值规律是为资本逐利服务的，在社会化大生产发展的高级阶段，会衍生出向社会主义过渡的经济组织，比如农业上的合作社、工业企业上的股份制等；在社会主义制度下，商品生产和价值规律并非完全遵循资本逐利，还要接受监督和领导，大局上要服从于人民发展需要，因此，非公有制经济有助于推动社会主义社会的生产力提升。综上所述，商品生产和价值规律调节理论是我国进行对外开放的基础理论支撑，它着重回答了我国建设开放型经济的内部条件。

二、比较优势理论：落后国家跨越式发展的创新借鉴

习近平总书记在2013年的中央经济工作会议上讲话强调，"做好经济外交工作，要突出发挥比较优势这个重点，善于在国际竞争中扬长补短"（习近平，2013），这为理解我国作为落后国家构建开放型经济体制的道路提供了重要判断。开放型经济在商品生产条件下表现为市场范围扩大，既受商品量的约束，也深刻反映了商品质量和种类的提升，归根结底都与分工相关。经济思想史的发展确证了分工与经济开放之间的逻辑关系，只是二者之间还存在着桥梁，既有的文献研究成果中绝对优势理论、比较优势理论、要素禀赋理论、产业内贸易理论、国家竞争优势理论等影响深远，但总体来看，20世纪以来的国际贸易理论基本上都是比较优势理论的拓展版。亚当·斯密在《国富论》中详细地论述了分工的基本内涵和对社会经济发展的影响，并据此构建了绝对优势理论。大卫·李嘉图同样基于分工理论，从不完备的劳动价值论中改写了亚当·斯密的国际交换原则，形成了比较优势理论。马克思生前没有完成国家经济开放理论写作，但提出了许多零散观点，比如马克思在《哲学的贫困》中提出，"由于机器和蒸汽的应用，分工的规模已使大工业脱离了本国基地，完全依赖于世界市场、国际交换和国际分工"[①]，显然马克思也从分工视角出发来探讨国家经济开放，但与古典经济学不同，马克思从企业、产业、社会、国家和国际等多维度研究分工问题，将开放型经济的基本原因归类于一般性和特殊

---

① 《马克思恩格斯文集》第1卷，人民出版社2009年版，第627页。

性两个层次，这对我国经济实践具有重要价值，实际上我国改革开放借鉴了比较优势理论，并在此基础上有创新。

首先，分工对开放型经济体制前期经济成果的作用。从新中国成立后到改革开放前的中国社会经济状况来看，在共产党的领导下，按照马克思主义政治经济学关于两大部类平衡生产理论，我国建立了独立的且比较完整的工业体系和国民经济体系，这是在战后经济一穷二白的基础上和在中央高度计划指令下完成的，它深刻地反映了经济中的分工元素。分工自身是一个动态发展的过程，既取决于已有生产力的积累，也受制于上层建筑的反作用。前述已经指出了生产技术对分工的影响，实际上分工和市场范围确实也存在着不可割舍的关系，无论是产业上优先发展重工业，还是区域上的三线建设，这些顶层设计在自觉或不自觉间已经无不蕴含着拓展市场的客观情况，因此正是从这个意义上说，没有合理的分工便不会形成平衡发展。

其次，从单一因素看比较优势理论对我国开放型经济体系的合理影响。我国开放型经济体制总体上可以分为四个阶段：第一，"以市场换技术"，邓小平在1983年明确指出："中国是一个大的市场，许多国家都想同我们搞点合作，做点买卖，我们要很好利用。这是一个战略问题。"（邓小平，1993）这里说得很明白，市场优势是我国有自信进行开放的关键，正是基于此，"以市场换技术"成为20世纪80年代较为盛行的对外政策，这颠覆了过去计划经济时代的策略思维。开放前，我国对外经济政策基本上是"以出口促进口""以商品换技术"，比如，1975年，邓小平同志在国务院讨论国家计委起草的《关于加快工业发展的若干问题》时的谈话提到，"要进口，就要多出口点东西……要千方百计地增加出口……还可以考虑同外国签订长期合同，引进他们的技术装备开采煤矿，用煤炭偿付"（邓小平，1994），"要争取多出口一点东西，换点高、精、尖的技术和设备回来，加速工业技术改造，提高劳动生产率"（邓小平，1994），以市场换技术是我国开放经济首先展示出来的比较优势。第二，"以成本换技术"，在相当长一段时间内，我国廉价的劳动力成为世界跨国公司进驻中国大陆的重要原因，除此之外，我国在税收、基础设施等方面也给予了非常丰厚的回报，这种开放特征可以被称之为"以成本换技术"，它是我国开放过程中长期占据主导地位的比较优势。第三，"以资本换技术"，在社会主义市场经济建设和改革过程中，一些企业经历了激烈竞争，完成了资本积累，由此将视线转向国际技术，这突出表现在对外兼并、收购等。我国早期对外兼并和收购以公有制资本为主导,当前一些非公资本和混合资本充当主要力量,"以资本换技术"是我国改革开放相对成熟时期和相对稳定时期表现出来的比较优势。第四,"以技术换市场",中国经济开放在引进国外技术过程中,通过学习和模仿创新,及时消化它们,转为我用。另外,国家每年大量投入人力、物力、财力进行科技研发,大力实施创新驱动发展战略,使我国成为世界上技术研发应用前列,党的十九大报告指出:"创新型国家建设成果丰硕,天宫、蛟龙、天眼、悟空、墨子、大飞机等重大科技成果相继问世"(习近平,2017),中国在经济开放中的比较优势已经化被动为主动,"以技术换市场"是我国改革开放进入新时代后的比较优势。

最后,中国根据实际国情创新发展了比较优势理论。我国对外经济开放之所以取得成功,并不简单得益于单一因素的比较优势理论,而是结合地域、生态、人口、历史、文化等整体性因素进行系统探索的统筹谋划,在同一历史时期,市场、成本、资本、技术都是并存的。比如,东北地区从经济建设早期一直到20世纪末,在我国经济开放格局中都占据重要地位,不仅仅因为"共和国长子"和重化工业技术的因素,同时肥沃的自然资源也为农林业增添了巨大的对外经济贸易利润;再如,通过国家集中统一资源建设起来的深圳,在之前是个小渔村,毫无比较优势,其对外开放的窗口的荣誉完全来自中国智慧的建构。显然,那些从无到有、内生于社会主义制度自我演化出来的因素是无法用比较优势理论解释的。2008年世界经济危机以后,我国贸易外部环境严重恶化,按照我国加入世界贸易组织的约定,我国理应在2015年自动获得市场经济地位,但美国、欧盟、日本等西方发达国家拒绝承认,西方右翼势力甚至与世界发展主流趋势相悖而行,在这种格局下,我国对外经济依然保持了稳中向好的态势,不断提出新的国际经济交往义利观,这完全可以称得上是对比较优势理论的改写和扬弃。

三、世界体系理论:开放型经济体制改革的外部环境

习近平总书记在同外国专家座谈时指出,"任何一个民族、任何一个国家都需要学习别的民族、别的国家的优秀文明成果"(习近平,2014),这和马克思在《资本论》里提到的"一个国家应该而且可以向其他国家

学习"（马克思，2004）的思想完全符合，也是我国构建开放型经济体制的重要支撑。从理论上来看，对外开放是开放主体和外部环境客观统一的过程，缺少任何一方都是不完整的，当一个经济体在内部筹划发展对外经济关系并积极学习别国经验时，还要充分考虑其他国家对本国经济的接受程度，这既涉及到不同国家经济体制，也和经济结构是否存在互补性密切相关。从现实情况来看，开放发展的外部环境是不同国家之间经济摩擦和争端的主要原因，经济全球化和世界经济一体化是最重要的两个方面。

经济全球化和世界经济一体化过程中的国家经济关系可分为被动殖民和主动合作两种类型。首先，在16世纪中叶的重商主义信条指导下，西班牙、葡萄牙、荷兰、英国等相继开启了殖民掠夺，特别是在绕过好望角到达东方国度、发现北美新大陆等重大历史事件后，全球贸易版图逐渐清晰了；西方国家确立资产阶级政权后，表面上改变了兵舰掩护下的贸易，转向以商品交换为主要形式的经济往来，但资本主义制度主导下的全球经济关系同样具有殖民性质，特别是20世纪中叶，世界上掀起了民族国家寻求独立、摆脱西方控制的浪潮，总而言之，这400年时间里全球经济虽然有往来，但其本质特征是殖民性。其次，"二战"后布雷顿森林体系成为主导全球的货币制度，包括外汇自由化、资本自由化和贸易自由化，促进了经济全球化和世界一体化进程。随着以信息化为典型特征的第三次工业革命的深入发展，全球经济互联互通更加迅猛，地球村的概念已经成为共识。由于这段时期的对外经济关系绝大多数是以主权国家为主体的，所以合作性是最大的特征，尽管它依然充满了不平等。比如，劳尔·普雷维什的"中心—外围理论"（又称依附理论）充分解释了国际资本和本土资本联合的影响，虽然短期有助于增长，但长期却使落后国家处于不利地位。再如，伊曼纽尔·沃勒斯坦提出"世界体系理论"，他从16世纪以来的长周期进行考察，认为民族国家并非社会变迁的基本单位，世界一体化才是贯穿整个过程的唯一实体。实际上，依附理论和世界体系理论并不矛盾，后者在范围上覆盖了前者，将殖民型和合作型统一于世界一体化的理论之中。

中国自古以来就积极探索加强全球经济联系，开辟了陆上丝绸之路和海上丝绸之路，打通了东西方贸易，两种文明互相交织、渗透，极大地促进了全球经济的融合。进入当代以后，中国以更加积极的态度参与全球经济事务并推动经济全球化和世界一体化的发展，不仅是联合国常任理事国，也是国际货币基金组织和世界银行的创始国，还在2001年正式加入世界贸易组织。近10年以来，中国在经济全球化中积极转变了角色，从过去被动适应转向主动适应，再从主动适应转向积极引领，为推动世界经济发展提供了积极力量。比如，中国"一带一路"倡议得到众多国家支持，并正在成为重塑全球化格局的积极力量，"亚洲基础设施投资银行"极大提升了区域经济基础设施建设，在东南亚经济联盟、上海经济合作组织等经济组织发挥着重要作用。中国曾在一段时间内实行闭关锁国政策，致使科学技术和经济发展与世界脱节严重。1978年邓小平同志强调，要实行开放政策，学习世界先进科学技术，"关起门来，故步自封，夜郎自大，是发达不起来的"（邓小平，1994），回顾历史，闭关锁国显然违背世界发展的一般趋势，而今，经济全球化早已走过早期粗放型阶段，呈现出越来越精细化的特征。如果说中国在改革开放初期是受益于贸易自由化和生产国际化，那么当前则是积极利用资本全球化和科技全球化来重新改写世界一体化的秩序，这种趋势日益明显，世界其他各国对中国资本和技术的渴求也越来越多。

马克思主义认为，人类社会最终将从各民族的历史走向世界历史，经济全球化和世界一体化是生产力发展和科技进步的必然结果。然而当前经济全球化和世界一体化遭遇到了一些困境，特别是美国作为世界第一大经济体，在长期奉行贸易自由化政策后开始转向，我们认为，美国政府的有关经济决策是不符合世界历史发展主流趋势的，也不会改变经济全球化和世界经济一体化的前进方向。一方面，全球经济合作日益呈现出全球范围内的双边、多边和区域往来，这有效减缓了一个或者少数几个国家政策动荡产生的负面效应；另一方面，广大发展中国家和新兴市场国家的经济合作不断增强，南南合作、"金砖国家"合作、中非合作论坛已经取得巨大成效，对世界经济增长的贡献发挥巨大影响力。因此，中国开放型经济建设有充分的外部生态，这是我们得以持续并进一步要推动全面开放新格局的又一个基础条件。

四、内外联动理论：开放型经济体制改革的战略调整

习近平总书记指出，"在经济全球化深入发展的条件下，我们不可能关起门来搞建设，而是要善于统筹国内国际两个大局，利用好国际国内两个市场、两种资源"（习近平，2015），这是中国构建开放型经济体制的

具体战略。前述表明,中国开放型经济体制建设和发展完全有理论上的支撑,但真的要转化为现实,还需要在战略上做好部署安排。改革开放前15年,关于开放什么、怎么开放的问题,我们并没有可靠的案例可循,党内外经历了长时间讨论。邓小平在中共中央工作会议闭幕会上发表了《解放思想,实事求是,团结一致向前看》的讲话,其中明确提出,"在全国的统一方案拿出来以前,可以先从局部做起,从一个地区、一个行业做起,逐步推开"(邓小平,1994),经过10余年时间的经验积累,邓小平在南方谈话里提到"不争论,大胆地试,大胆地闯"(邓小平,2001),为重新布局经济提供了一颗定心丸。党的十八大以来,我国经济开放取得新成就,同时经济发展进入新常态:从国内来看,增长速度换挡期、结构调整阵痛期、前期刺激政策消化期三期叠加,供给侧结构性改革尚未完成,"三去一降一补"对产业结构升级产生显著影响;从国际来看,西方国家还在经济危机的泥沼里挣扎,资本主义主导的世界贸易体系面临多重矛盾和冲突,基于此,党的十九大报告提出推动形成全面开放型格局的实践创新要求,具体表现在以下三个方面:

第一,以"一带一路"建设为重点。当前全球经济持续低迷,世界经济发展结构性问题非常突出,生产要素和商品流通在不同国家和区域之间还存在许多隔阂和障碍,全球范围内贸易不平衡日益加剧,资本主义体系主导下的贸易规则和义利观还存在许多缺陷,主要经济体之间贸易互信不足,区域经济恶性竞争和保护主义甚嚣尘上。"一带一路"倡议的根本目的是要增强经济体之间互信互助、互联互通,形成融合联动发展的人类命运共同体。截至2017年底,已经有100多个国家和经济组织积极响应和加入,经济成效十分显著,充分彰显了中国智慧、中国方案推动经济全球化发展的重要意义。商务部数据显示,2017年前11个月,我国与沿线国家贸易额达到9 830亿美元,我企业在"一带一路"沿线61个国家新签对外承包工程项目合同6 201份,新签合同额1 135.2亿美元,占同期我国对外承包工程新签合同额的54.1%,同比增长13.1%;完成营业额653.9亿美元,占同期总额的48.7%,同比增长6.1%。毫无疑问,"一带一路"倡议顺应了时代发展潮流,得到世界认可,2017年"一带一路"国际合作高峰论坛成功召开便是最好证明。

第二,加快培育新优势。当今世界科技日新月异,新技术革命不仅提升了一个国家产品和服务贸易的附加值,而且极大改变了全球贸易组织和形式,创新日益成为国家对外经济活动的主导因素。经过40多年的发展,我国传统经济竞争优势已经逐渐消失，企图再依靠市场和成本来释放开放红利显然空间不足，必须加快培育新优势：一是加大科研投入，占据技术高地，利用互联网和第四次工业革命契机，不断打造建设第三方平台，从产品贸易为重转向产品与服务贸易并重，特别是要抓住网络信息技术增强线上线下融合，大力支持各种专业类的电子商务平台和网络贸易平台，重新打造国际贸易产业链和组织形式，推动跨境电子商务成为外贸新增长点（金京等，2015）；二是整合分散优势化旧为新，在已有基础上进行转型升级，注入人工智能活力，改变传统外贸观念，增强"湾—港—口—区"的互动效应，从而将集装、保税、中转、金融、服务、销售等联系起来，提升贸易效率，推动形成若干个重要的贸易一体化综合示范区；三是深入实施供给侧结构性改革，提高我国对外经济贸易的供给能力，从而有效化解现存产能，有效推动投融资供给方式转变。特别地，近年来中国智慧和中国方案对世界经济格局产生积极影响，"我国正在培育参与制定国际规则的能力，并已经在国际经济领域开始发起新倡议、新议题和新行动。这标志着我国开始培育自己生产和提供全球公共品的能力"（裴长洪，2016）。

第三，"形成陆海内外联动、东西双向互济的开放格局"。经过40多年的发展，东部沿海地区的开放领域和能力已经大幅度提升，一些基础产业不再适合本地发展要求，但这些产业对于我国欠发达地区而言仍然具有突出的经济效益和社会价值，因此如何最大程度地优化产业布局成为难题。党的十九大报告指出要形成"陆海内外联动、东西双向互济"的开放格局，这是我国开放型经济体制在新时代的重大战略调整，要实现这样的目标，必须做好三个方面工作：一是深化体制改革，打破区域壁垒。由于历史和其他因素，我国不同省市和地方还存在着一些不合理的行政干预，导致产品、服务和生产要素的自由流动不顺畅，市场在资源配置中起决定性作用还面临着不少隐性障碍，区域间产业规划雷同、重复建设和恶性竞争较为严重，必须进一步深化体制改革，做好产业因地制宜地转移和承接；二是加强政策引导，集中统一布局。产业布局既要尊重市场经济一般规律，同时也要更好发挥政府作用，科学谋划、统筹规划，做好全国范围内的产业集中统一布局。近些年陆续出台的《西部大开发"十二五"规划》《促进中部地区崛起规划（2016～2025年）》等文件利好中西部地区经济发展，长株潭国家自主创新示范区、成渝经济圈、喀什综合保税区等显著提升了中西部地区开放效应；三是依托"一带一路"建设，开展多层次、多级别、多领域合作。"一带一路"建设连接了我国东部沿海地区和中西部欠发达地区，是陆海连线和东西双向的典型示范，为中西部地区与沿线相关国家与城市开展经济合作提供了重大机遇。

五、开放型经济体制建设的进一步思考

中国开放型经济体制建设是世界经济史上的一次壮丽探索，在没有案例可寻、没有经验可取的背景下实现了跨越式发展，开放型经济体制取得了举世瞩目成功，为全球经济发展贡献了中国智慧。从我国 40 多年开放的基本经验来看，核心是正确处理政府和市场的关系，方法是渐进式改革，突破点是转变经济发展方式，落脚点是以人民发展为中心。新时代如何更加稳步推进全面开放型格局的形成、如何将中国方案化成他国发展可借鉴的蓝图还有许多值得进一步思考的问题。比如，中国开放型经济体制建设是怎样体现四项基本原则的？又是如何落实独立自主、自力更生和平等互利的？另外，我国建设全面开放格局还面临不少国际重大挑战，比如，引领全球经济发展，构建人类命运共同体和世界现有体系存在矛盾，地缘政治冲突升级，外部风险频发；国际援助性项目和经济性项目如何权衡？美国、欧盟等拒绝承认我国市场经济地位引发的贸易战等，这些问题都有待进一步研究。

参考文献

1. 《马克思恩格斯文集》第 1 卷，人民出版社 2009 年版。
2. 马克思：《资本论》第一卷，人民出版社 2004 年版。
3. 《毛泽东文集》第 7 卷，人民出版社 1999 年版。
4. 《邓小平文选》第三卷，人民出版社 1993 年版。
5. 《邓小平文选》第二卷，人民出版社 1994 年版。
6. 习近平：《决胜全面建成小康社会 夺取新时代中国特色社会主义伟大胜利——在中国共产党第十九次全国代表大会上的报告》，人民出版社 2017 年版。
7. 中共中央文献研究室：《习近平关于社会主义经济建设论述摘编》，中央文献出版社 2017 年版。
8. 《十一届三中全会历次党代会中央全会报告公报决议决定》，人民出版社 2015 年版。
9. 《王亚南文选》第 1 卷，人民出版社 2007 年版。
10. 金京、张二震、戴翔：《论新形势下我国开放型经济发展战略的调整》，载于

第二篇　中国特色社会主义基本经济制度的坚持与完善

《经济管理》2015 年第 6 期。

11. 裴长洪：《中国特色开放型经济理论研究纲要》，载于《经济研究》2016 年第 4 期。

12. 习近平：《在首届中国国际进口博览会开幕式上的主旨演讲》，http://www.xinhuanet.com/politics/leaders/2018-11/05/c_1123664692.htm。

13. 习近平：《习近平谈"中国特色社会主义"：道路就是党的生命》，http://cpc.people.com.cn/n/2013/0105/c64094-20099326.html。

14. 《中共中央、国务院关于适应人民公社化的形势改进农村财政贸易管理体制的决定（一九五八年十二月二十日）》，http://cpc.people.com.cn/GB/64184/64186/66665/4493206.html。

15. 《中共中央关于商业工作问题的决定》，http://www.china.com.cn/guoqing/2012-09/12/content_26747235.htm。

"国进民进"：中国所有制结构演进的历时性特征

盖凯程　周永昇　刘　璐*

近年来，在国内经济转型升级和国际贸易保护主义加剧的多重压力下，市场环境发生急遽变化，我国一些行业和领域出现了非公有制企业被兼并结业、国有资本收购民营上市公司等现象，有人据此抛出"民营经济离场论"①，引发广泛关注。2019年伊始，又陆续有人依据"竞争中性"概念炮制出"所有制中性论"②，要求"取消国企、民企、外企的所有制分类"③、"摘下企业头上的'所有制帽子'"④。近期更有人直接提出"国有企业后退一步，中国经济海阔天空"⑤，引发了激烈的学术争议。无论是"民营经济离场论"，抑或是"所有制中性论"或"国企后退论"，共同的话语隐隐指的是"国进民退"，实质上是对改革开放以来公有经济与非公经济、国有企业与民营企业地位与关系历次争论的延续与表达。由于这一命题关乎中国特色社会主义基本经济制度的理论锚定和实践政策导向问题，所以有必要对我国所有制结构变动事实加以判断并从理论上予以辨

---

* 盖凯程，西南财经大学经济学院教授；周永昇，西南财经大学经济学院博士研究生；刘璐，西南财经大学经济学院博士研究生。

① 吴小平：《中国私营经济已完成协助公有经济发展的任务，应逐渐离场》，http：//wemedia. ifeng. com/77918883/wemedia. shtml。

② 高尚全：《坚持基本经济制度必须把握两个中性原则》，载于《旗帜》2019年第1期。

③ 中财办原副主任杨伟民在中国经济50人论坛主办的"纪念中国经济改革开放四十年暨50人论坛成立二十周年学术研讨会"发言，http：//finance. sina. com. cn/meeting/2018 - 09 - 16/doc-ifxeuwwr4909192. shtml。

④ 国务院发展研究中心原副主任刘世锦在中国发展高层论坛2019经济峰会"竞争中立与深化企业改革"分会场发言，http：//finance. sina. com. cn/hy/hyjz/2019 - 03 - 23/doc-ihsxncvh4971400. shtml。

⑤ 张思平：《混合所有制与国有经济布局调整》，http：//www. sohu. com/a/209070870_653311。

析与澄清。

一、马克思所有制理论的三重逻辑

马克思总是使用特定历史形态下的所有制来表征一个社会生产关系的总体特征,以之规定生产资料归谁所有、生产资料与劳动者通过什么样的社会方式相结合,并映射出人们在社会生产过程中通过占有生产资料所反映出的地位和相互关系,进而构成为一个社会经济制度的核心特质。从其理论蕴含和实践指向来看,马克思所有制思想包含着历史形态的主体性、现实结构的多元性和实现形式的多样性等层次内容,依此演绎出一个围绕所有制的历史向度与现实维度、本质规定与表现形式而展开的辩证逻辑体系,为我们提供了分析所有制形态演化规律及其结构变迁趋势的理论基础和分析框架。

(一) 所有制历史形态的主体性

马克思用以划设人类社会形态的所有制依据,其实质是一个反映某一社会发展阶段经济社会制度整体特征的历史范畴。作为生产力发展函数的因变量,"所有制关系中的每一次变革,都是产生了同旧的所有制关系不再相适应的新的生产力的必然结果"[1]。生产力的发展会使得"一切所有制关系都遭到了经常发生的历史的更替,都遭到了经常发生的历史的变更"[2]。正是基于所有制的这一动态演进机制,马克思科学地推演出以共产主义取代资本主义的内在逻辑机理:资本主义私有制"只是在劳动资料和劳动的外部条件属于私人的地方才存在"。而一旦"生产资料的集中和劳动的社会化,达到了同它们的资本主义外壳不能相容的地步"[3],则这一所有制形态即告完成其历史使命。

马克思认为,"一切社会形式中都有一种一定的生产决定其他一切生产的地位和影响,因而它的关系也决定其他一切关系的地位和影响"[4]。

---

[1] 《马克思恩格斯选集》第1卷,人民出版社1995年版,第238页。
[2] 《马克思恩格斯文集》第1卷,人民出版社2009年版,第45页。
[3] 《马克思恩格斯全集》第23卷,人民出版社1972年版,第829~831页。
[4] 《马克思恩格斯文集》第8卷,人民出版社2009年版,第31页。

具体到某一社会形态或特定社会发展阶段中，客观上存在着某种通行的、占据主导地位的生产资料所有权形式的基本制度安排，"这是一种普照的光，它掩盖了一切其他色彩，改变着它们的特点。这是一种特殊的以太，它决定着它里面暴露出来的一切存在的比重。"① 这种排他性所有制关系的基础性制度安排，就是一个社会占主导地位的生产资料所有制，即主体所有制。其功能是：以生产资料排他性规定界定了归属清晰的生产资料最高支配权，并借以规范各类经济主体的经济行为，阻隔一部分人利用这一权利支配和占有另一部人的劳动过程和成果，协调各种利益主体的矛盾和冲突，进而确立经济主体在生产分配交换消费中的行为秩序，以"普照之光"和"特殊以太"形塑着社会的整体利益格局。

一个社会中占主体地位的所有制及其制度安排一经形成，则以其相对固定的历史形态规定着这一社会的基本性质、行动边界和演绎方向。资本私有制占主体是资本主义社会区别于其他社会形态的根本特征，公有制占主体则是社会主义社会的根本特征。因此，所有制历史形态的主体性描刻和反映了全社会范围内一个社会基本经济制度在其历史向度上的系统性、稳定性和持续性等整体特质。这一特征并不因其现实结构多元化和实现形式多样性——例如阶段性、局部性的"国进民退""国退民进"或者公、私有财产权比重的"此消彼长""此长彼消"——而发生根本性改变。

（二）所有制现实结构的多元化

马克思所有制思想演绎行程中一以贯之的理论方法是"主体，即社会，也必须始终作为前提浮现在表象面前"②。历史向度上的所有制主体性并不排斥和否定现实维度上的所有制结构多元化。具体到某一社会形态和特定发展阶段中，不同所有制形式同时并存的结构性状态是一种客观现象。

所有制现实结构的多元化是一切新社会形态初期阶段的鲜明特征③。马克思指出，不仅仅美洲原始公社解体时期的"所有制形式极其多样"④，

---

① 《马克思恩格斯文集》第 8 卷，人民出版社 2009 年版，第 31 页。
② 《马克思恩格斯选集》第 2 卷，人民出版社 1972 年版，第 19 页。
③ 《刘诗白文集》第 4 卷，西南财经大学出版社 1999 年版，第 231 页。
④ 《马克思恩格斯全集》第 45 卷，人民出版社 1985 年版，第 212 页。

资产阶级社会发展过程中同样存在先前社会形态的某些所有制残片,是"借这些社会形式的残片和因素建立起来,其中一部分是还未克服的遗物,继续在这里存留着,一部分原来只是征兆的东西,发展到具有充分意义"①。追根究由,这是由于对于一个新社会形态而言:首先,既有的生产力水平构成为形塑所有制形态的最基本约束条件,"人们不能自由选择自己的生产力……因为任何生产力都是一种既得的力量,是以往的活动的产物。"② 其次,现实社会的物质生产力并非整齐划一,社会经济部门之间、地区之间以及城乡间的生产力发展水平往往存在着显著差异,构成为多种所有制形态并存的现实基础。因而一个社会的所有制结构并非单一的,在主体所有制这种"普照的光"之下,通常还存在着其他非主导的所有制光谱。

对于社会主义初级阶段而言,"它不是在它自身基础上已经发展了的,恰好相反,是刚刚从资本主义社会中产生出来的,因此它在各方面,在经济、道德和精神方面都还带着它脱胎出来的那个旧社会的痕迹。"③ 社会物质生产力发展的渐进性与累积性决定了生产资料所有制更替的交错性、逐步性与长期性。公有制对私有制的替代不是简单的线性替代关系,而是一个复杂的、迂回的螺旋上升过程,"不能一下子就把现有的生产力扩大到为实行财产公有所必要的程度一样……只有创造了所必需的大量生产资料之后才能废除私有制"④。所有制多元并存的结构性状态将是社会主义初级阶段所有制结构的长期特征。

(三) 所有制实现形式的多样性

所有制是一个关于社会经济制度的整体性概念⑤,在特定的社会历史环境和生产条件下还需要通过具体的实现形式来使之具象化。从抽象上升到具体,考虑到特定历史形态的发展阶段、经济发展水平、社会文化传统等的异质性,以及微观经济领域大量的具体产权安排及其结构变化等,则所有制的表现形式又是丰富而具体多样的,"这并不妨碍相同的经济基础——按主要条件来说相同——可以由于无数不同的经验的情况,自然条

---

① 《马克思恩格斯文集》第8卷,人民出版社2009年版,第29页。
② 《马克思恩格斯文集》第10卷,人民出版社2009年版,第43页。
③ 《马克思恩格斯文集》第3卷,人民出版社2012年版,第202页。
④ 《马克思恩格斯选集》第1卷,人民出版社1972年版,第239页。
⑤ 荣兆梓:《公有制实现形式多样化通论》,经济科学出版社2001年版,第23页。

件，种族关系，各种从外部发生作用的历史影响等等，而在现象上显示出无穷无尽的变异和色彩差异。"① 因而同一本质规定的所有制可以采用多种不同的具体实现形式，不同性质的所有制也可以采用同一实现形式。

马克思在分析资本私有制实现形式时，不仅指出了股份公司、垄断托拉斯和国有制等多种资本组织形式，"大规模的生产机构和交通机构起初由股份公司占有，后来由托拉斯占有，然后又由国家占有"②，还指出了股份公司资本作为"那种本身建立在社会的生产方式的基础上并以生产资料和劳动力的社会集中为前提的资本"，是"发展现代社会生产力的强大杠杆"③，体现了"联合生产"和"社会资本"的性质，它"在这里直接取得了社会资本（即那些直接联合起来的个人的资本）的形式，而与私人资本相对立，并且它的企业也表现为社会企业，而与私人企业相对立。这是作为私人财产的资本在资本主义生产方式本身范围内的扬弃。"④ 作为现代企业的一种组织形式和经营方式，股份制既可以作为资本主义私有制的实现形式，也可作为社会主义公有制的实现形式。以产权主体多元化为特征的现代股份公司，也为多样性所有制结构提供了具体实现载体。

"社会生产力与由于生产力的发展，人们在生产过程中的实际的关系必然改变，而这些新的实际关系表现于新的法权概念中"⑤。从法权和社会意识层面进一步解构所有制表现形态的微观机制，所有制实现形式其实是一个与财产权处于同一层面的具体范畴，财产权作为所有制的具体实现形式是法律对主体财富控制行为正当与否做出的价值判断，它涉及特定财产权利关系的排列组合，是特定历史形态的所有制关系的规定性在特定的实践与空间范围内得以实现的具体产权安排的结构及其关系，包括产权主体的范围与构成、产权客体的边界与规模、产权权能在不同主体间的排列组合和分配等的具体规定，以及广义上的所有权与物权、债权和役权等的产权安排以及其相互作用，等等。作为一个"生产关系的法律用语"，尽管由经济基础而决定的法所创设的财产权与所有制密不可分，但财产权一旦产生就具有相对独立性，其变化的特点与规律因与具体经济体制关系密切而带有明显工具性，从而又在一定程度上实现了与所有制性质评判的"脱敏"。

---

① 《马克思恩格斯文集》第 7 卷，人民出版社 2009 年版，第 894 页。
② 《马克思恩格斯文集》第 9 卷，人民出版社 2009 年版，第 397 页。
③ 《马克思恩格斯全集》第 12 卷，人民出版社 1985 年版，第 610 页。
④ 《马克思恩格斯文集》第 7 卷，人民出版社 2009 年版，第 495 页。
⑤ 普列汉诺夫：《论一元论历史观之发展》，上海三联书店 1961 年版，第 139 页。

二、马克思所有制理论的中国逻辑

改革开放以来,中国以马克思所有制理论为基础,在实践中打破了传统的社会主义所有制单一结构,构建起与社会主义初级阶段生产力发展水平相调适的基本经济制度。基本经济制度形成、发展与完善的过程是一个对公有制经济与非公有制经济二者关系的认识不断深化的过程:

一是"有益补充"与"边际增量调整"阶段。党的十一届三中全会确认"社员自留地、家庭副业和集市贸易是社会主义经济的必要补充",以体制外边际增量微调方式开始认可非公经济存在的正当性。党的十二大提出"由于我国生产力发展水平总的说来还比较低,又很不平衡,在很长时期还需要各种经济形式同时并存",从而确认个体经济是公有制经济的补充。党的十三大则进一步确认私营经济、中外合资合作企业和外商独资企业等非公有制经济都"是公有制经济必要的和有益的补充"。这期间,非公有制经济更多的是作为体制外补充性要素,以边际增量调整方式逐渐被纳入经济体制改革的轨道上来。

二是"共同发展"与"存量结构优化"阶段。党的十四大提出"以公有制包括全民所有制和集体所有制为主体,多种经济成分长期共同发展"方针。党的十五大正式把"公有制为主体、多种所有制经济共同发展"确立为基本经济制度。1999年《宪法》修正案明确了"国家在社会主义初级阶段,坚持公有制为主体、多种所有制经济共同发展的基本经济制度"。20世纪90年代中后期着眼于国民经济整体布局优化的"抓大放小"是对这一理论逻辑的实践延伸,意味着基本经济制度演化的逻辑从非公经济边际增量调整转向对公有经济的存量结构优化。其后20年国有经济和民营经济双双高歌猛进成为"共同发展"的最好注脚。

三是"两个毫不动摇"与"平等发展"阶段。党的十六大首次提出"两个毫不动摇",即"毫不动摇地巩固和发展公有制经济,毫不动摇地鼓励、支持和引导非公有制经济发展"。党的十七大强调"坚持平等保护物权,形成各种所有制经济平等竞争、相互促进新格局"。党的十八大在此基础上进一步明确"推动国有资本更多投向关系国家安全和国民经济命脉的重要行业和关键领域,不断增强国有经济活力、控制力、影响力",同时要"保证各种所有制经济依法平等使用生产要素、公平参与市场竞争、同等受到法律保护",这就意味着在前期边际增量调整和存量结构优化的基础上,将重心转向从政策和法律层面着力锻造公有制经济与非公有制经济在要素上的平等使用、经济上的平等竞争和法律上的平等保护的平等发展格局上。

四是"内在要素"与"融合发展"阶段。党的十八届三中全会将基本经济制度定位为社会主义市场经济体制的"根基",提出了"两个都是"和"两个不可":即"公有制经济和非公有制经济都是社会主义市场经济的重要组成部分,都是我国经济社会发展的重要基础",以及"公有制经济财产权不可侵犯,非公有制经济财产权同样不可侵犯",为此,要积极发展"国有资本、集体资本、非公有资本等交叉持股、相互融合的混合所有制经济"。党的十八届四中全会强调了"健全以公平为核心原则的产权保护制度,加强对各种所有制经济组织和自然人财产权的保护"。这表明在全面深化改革时期,巩固和完善基本经济制度的触角已进一步延伸至各种所有制资本融合发展和产权保护等关键环节和微观领域,着力弥合具体竞争领域中的所有制差别歧视。2018年习近平总书记在民营企业座谈会上提出"民营经济是我国经济制度的内在要素,民营企业和民营企业家是我们自己人","民营经济是社会主义市场经济发展的重要成果,是推动社会主义市场经济发展的重要力量"。这意味着民营经济既是社会主义市场经济发展的"果"(之一),又是社会主义市场经济发展的"因"(之一),从而民营经济由一个经济体制改革进程中的"外生变量"真正变成为"内生变量"。

改革开放以来,马克思所有制思想与中国所有制改革的具体实践相结合,产生了:(1)以公有制经济为主体多种所有制经济共同发展的基本经济制度框架;(2)坚持"两个毫不动摇"和"两个都是"原则;(3)以股份制为公有制的主要实现形式和以混合所有制经济为基本经济制度的重要实现形式;(4)公有制经济财产权不可侵犯、非公有制经济财产权同样不可侵犯的平等产权保护等四个层次组成的结构完整、运行有效、辩证统一的中国特色社会主义所有制的理论体系、政策体系、实践体系和法律体系,构成为中国各种所有制经济各自发展、并行发展和融合发展的理论基础和实践指向。对于公私关系:在认识上,经历了一个"为什么选择公有制经济为主体、多种所有制经济共同发展"到"怎么样实现公有制经济为主体、多种所有制经济共同发展"的升华;在实践上,经历了一个从宏观体制架构搭建到微观机制构筑等的跃迁,公有制经济和非公经济之间从二元对立到边际增量调整、从存量结构优化再到内在融合发展，二者之间在机理上相互调适、在功能上相互匹配、在形式上相互融合，从而形塑了中国所有制经济结构变迁的开放性特征和动态式规律的整体图景。

三、"国进民退"：方法论之辩

"国进民退"实质上是"国退民进"的对偶命题，但却有着比原初问题更复杂的理论指向和争论。不同的理论范式和解题工具给出了截然不同的解释。有学者用它来描述企业在某一行业或领域的进出现象，有学者用它来代指政府与市场边界的进退博弈，还有学者用它来表示所有制结构的变动趋势；有学者认为"国进民退"是市场化改革的倒退，有学者认为"国进民退"是社会主义制度优势的表征，还有学者认为"国进民退"只是特定领域与行业的暂时表现等。由于涉及公与私、政府与市场、效率与公平的问题，这一话语论争不仅未达到"真理越辩越明"的效果，反而造成了"国、民对立"的假象，客观上存在消解改革共识的负面效应。因此有必要深入至方法论层面对"国进民退"命题进行厘定。

（一）"国进民退"：实然命题还是应然命题？

关于"国进民退"的争论首先体现在两种不同范式的研究进向上：一是"国进民退"的实然研究；二是"国进民退"的应然研究。有学者把"国进民退"作为一个实然命题，通过具体案例与经验数据研究其存在与否，存在的条件与边界、规模与范围，以及其产生的原因和可能带来的影响等进行实证分析；有学者则把"国进民退"作为一个应然命题，主要通过理论推演表达对特定现象的定性评价与价值判断，继而将其逻辑结论延伸至我国市场化改革和所有制结构调整的价值取向上来。

综观历次围绕"国进民退"纷繁复杂的话语争论，根本性分歧正是源自将"国进民退"作为应然命题范畴下的规范分析与理论思辨。如有学者对"国进民退"持批评态度，认为"好的市场经济体制"有赖于国有企业和政府调控的全面退出，"国进民退"背离了市场化改革的既定方向；有学者则对"国进民退"持支持态度，认为公有制经济占主体地位和国有经济起主导作用是社会主义的本质规定，进而，"国进民退"具有体现社会主义的正义性和"不证自明"的天然合理性。这种基于特定价值偏好、遮蔽现实蕴涵的理论推演与判定,既有悖于我国宪法确立的基本经济制度安排这一约束条件,也偏离了确证被观察实践对象内部结构和因果联系的科学轨道,甚至也未跳出 20 世纪 30 年代社会主义经济大论战的理论窠臼。价值偏好越位、逻辑思维缺位的结果往往是理论推演与经验事实的错位。

"光是思想力求成为现实是不够的,现实本身应当力求趋向思想。"① 无论"国进"还是"民退"都只是对经济运行状况的现实描述,仅凭进退现象就做出褒此贬彼的规范分析和定性评价显然过于轻率。因此不宜把"国进民退"作为一个应然命题,导航于固有的价值定位和取向去伸张自己的理论诉求,而应把它作为一个实然命题,在"公有制经济为主体、多种所有制经济共同发展"的基本制度与价值前提下,展开更深入的实证分析和客观判断。

(二)"国进民退":切片式观察还是全景式透视?

将"国进民退"研究作为一个实然命题而论,不同学者之间仍存在较大争议。如有学者通过考察不同所有制企业的兼并重组案例及其在特定行业份额变动状况,认为我国不仅存在局部性"国进民退"现象,还存在整体性"国进民退"趋势;有学者则从所有制结构变动的情况出发,认为"国进民退"只是特定行业与领域的个别现象,并不存在普遍性与全局性"国进民退"的问题。这种认识上的分歧主要源于不同的观察视角。

从微观局部领域来看,近年来一些行业和领域确实发生了民营企业利润增速下降、国有资本收购民营上市公司等现象,如"山西省煤矿企业兼并重组、山东钢铁收购日照钢铁、中粮集团入股蒙牛乳业"等一系列被解读为"国进民退"的典型事件。但同时也存在国有企业控制权转移给民营企业的案例。如近 3 年国有上市公司实际控制人转移完成的案例共有 9 个,其中变更后实际控制人为自然人的有 3 例,无实际控制人 1 例,占全部变更案例的 44.44%,只有 5 家实际控制人仍为国有资本②。2018 年发生上市公司控制权变更交易 95 例,其中国有资本受让控制权只有 29 例,仅占全部交易的 30.52%,其他上市公司控制权都由民营资本获得③。资

---

① 《马克思恩格斯选集》第 1 卷,人民出版社 1995 年版,第 11 页。
② 《国企混改背景下国有上市公司实际控制人变更的案例分析》,https://www.sohu.com/a/259360293_482481。
③ 《借壳上市:2018 年上市公司控股权转让全梳理》,http://www.agugou.com/1/1839.html。

本市场上的企业控股权转让变更或行业兼并重组更宜解读为混合所有制改革背景下的正常市场竞争行为。

仅以个别企业股权结构变动为佐证，以特定案例和个别现象去推演出一般性结论显然缺乏足够说服力。"如果事实是零碎的和随意挑出来的，那么它们就只能是一种儿戏，或者连儿戏也不如。"① 这一孤立、片面的观察法，使人们容易被某一领域的特定案例或现象遮蔽，进而得出片面结论乃至错误判断。"如果从事实的整体上、从它们的联系中去掌握事实，那么，事实不仅是'顽强的东西'，而且是绝对确凿的证据。"② "国进民退"判断应是一个整体性范畴，通常是指国民经济总体中国有经济的质与量持续、不可逆地扩大和民营经济的质与量持续、不可逆地下降的整体发展趋势，因而对这一问题的科学考察有赖于更全面的整体性观察。

（三）"国进民退"：共时性关系还是历时性关系？

即使把"国进民退"作为一个实然命题予以全景式考察，不同学者间仍然存在分歧：有学者认为"国进民退"是传统计划经济思维方式下政府行为生成逻辑的必然结果，有学者认为这只是经济发展波动造成所有制结构调整的暂时现象。这种分歧源于共时性与历时性两种不同的分析方法上。

在共时性静态结构分析框架下，人们习惯于把特定时点下的经济现象作为经济事实，寻求因时因地的一致性表达，而忽略了其理论总结对特定历史条件的依赖性。如诸多研究"国进民退"问题的学者往往囿于特定时点或时段的局部静态分析，而蔑空了我国所有制结构在更广阔历史背景下的动态演变轨迹。还有学者不是把所有制结构变动看作一个由特定机制驱动的动态演化过程，而是在"国进"与"民退"之间形而上地架构起因果关系，认为是"国、民"之间的挤出效应造成了此消彼长。也有学者运用各种所有制经济长时段宏观运行数据考证公私关系的演进，但由于使用的是比例数据，对于这种相对比例而言不是"国进"就是"民进"，很容易又将人们引入"国退民进"的争论，难以有效揭示所有制内外部因素的交互作用的核心机制和结构变迁的动态特征。

在更宽广的时空背景下对"国进民退"予以全景式动态考察可以发

---

①② 《列宁全集》第28卷，人民出版社1990年版，第364页。

现，争论往往生发于我国内部发展战略调整或外部环境受创，亦即民营企业经营发展面临困境之际，现实中通常是"民退"在前"国进"在后，国企的"进"更多的是危机中对民企"退"的补位。可见"国进民退"话题之争，更多地表达了民营经济希望在平等的市场环境里得到和国有经济同等的竞争条件与国民待遇，且"国进民退"也只是发生在特定阶段、特定领域、特定发展战略以及特定观察视角与评判标准下的特殊现象。对于近年发生在资本市场上的国企收购事件，与其当作"国进民退"的佐证，不如称之为"资本出清"更为恰当。如果跳出二元对立的零和博弈思维，用长历史逻辑链条和历史数据分析验证我国所有制结构变动的历时性和趋势性特征，或将得出截然不同的结论。

四、国进民进：40多年改革的典型化事实

（一）变量选取

判断所有制结构变动状态的数据口径和计量标准不同会导致结果的差异性。理想的统计口径既应涵盖生产部门，也应包括非生产部门乃至整个国民经济所有部门；从衡量指标上，计算不同性质所有制经济的资本投入和产出更为准确。但一方面，受限于官方并未公开国民经济所有制结构变动具体数据，企业股权结构愈益复杂也使得相关测算异常困难；另一方面，鉴于"国进民退"的话语争论场域多发生于工业经济领域，工业作为所有制结构变动最为典型的经济领域，有着较为完整连续的统计数据。故本文基于数据的可得性和权威性，在全口径数据选取上选取了企业数量、注册资本、税收作为衡量指标，在分部门口径上选取了工业部门企业数量、资产、利润、税收、研发投入作为衡量指标，以之描述改革开放以来我国所有制结构的总体变化历程，从中揭示其长期趋势性变动特征。

（二）实证分析

1. 企业数量的所有制结构变动趋势

在企业数量变动上，我国经济微观主体40年来的总体趋势表现为"国减民增"，但国有经济的活力、控制力、影响力和抗风险能力在这一过

程中不断得以提升。从按注册类型企业数量来看（见图1），国有企业数量从改革之初的近130万户降至2017年的18.7万户。民营企业则经历了从无到有、从少到多的迅速发展过程：从1980年第一个工商个体户诞生，到1985年第一个私营企业执照以国务院特批形式颁发，再到1988年《宪法》修正案确认其合法地位，特别是南方谈话之后，私营企业数量呈现持续高速增长。私营企业从20世纪90年代之初不足10万户发展到如今的2 700多万户，已占全部企业数量的90%，截至2017年底私营企业和个体工商户在中国全部市场主体中占比高达95%[①]。

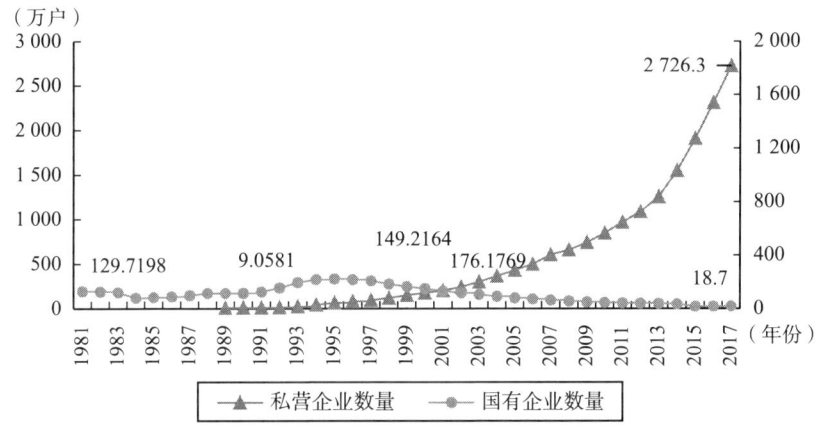

图1 全行业国有和私营企业数量变动趋势（1981~2017年）

资料来源：1989~2014年私营企业和国有企业数量来自《中国工商行政管理统计四十年》和《工商行政管理统计汇编》，2015~2016年私营企业数量摘自《中国工商行政管理年鉴》，2015~2017年国有企业数量来源于《中国财政年鉴》。

在工业领域（见图2），规模以上国有工业企业数量从1978年的83 700户减少到2017年的19 022户，减少了77.27%。1998年规模以上私营工业企业10 667家，是同期规模以上国有工业企业数量的1/6；到2017年，国有工业企业只剩1.9万户，而规模以上私营工业企业达到21.5万户，是国有工业企业数量的11.31倍。

---

① 根据中国工商行政管理总局公布的全国市场主体发展基本情况。

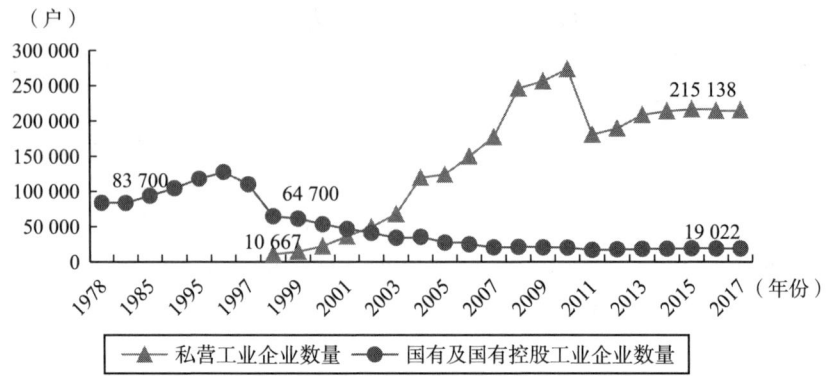

图 2　规模以上私营和国有工业企业数量变动趋势（1978~2017 年）

资料来源：历年《中国统计年鉴》。国有工业企业数量在 1995~2017 年统计口径为国有及国有控股工业企业个数，1995 年以前统计口径为国有工业企业个数。

2. 资本（资产）的所有制结构变动趋势

以经营性部门期末实有"注册资本（金）"① 来观察（见图 3）：1981~2016 年公有制资本总额从 6 095.2 亿元增长到 14.4 万亿元，增加了 22.6 倍；混合所有制资本总额从 13.6 亿元增长到 58.2 万亿元；非公有制资本

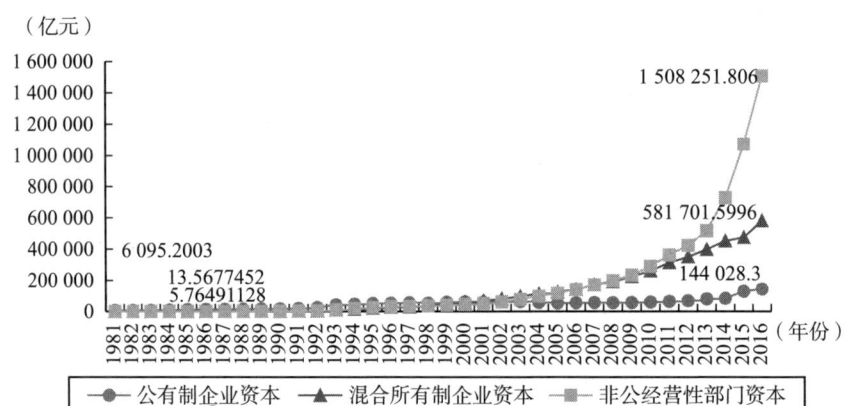

图 3　全行业经营性部门注册资本的所有制结构变动趋势（1981~2016 年）

资料来源：1981~1990 年数据摘自《中国工商行政管理统计四十年》，1991~2014 年数据摘自《工商行政管理统计汇编》，2015~2016 年"私营企业、个体工商户和外商投资"数据摘自《中国工商行政管理年鉴》，2015~2016 年"国有企业"注册资本摘自《中国财政年鉴》国有企业实收资本。

---

① 鉴于法律规定注册资本与实收资本相差 20% 时须重新登记，故二者大致相当。

总额更是从 5.76 亿元增加到 150.8 万亿元。2014 年"大众创业、万众创新"之后，经营性非公有制资本迎来爆发式增长。截至 2017 年底，私营企业和个体工商户注册资本总额超过了 165 万亿元①。

从按注册类型划分的不同所有制工业企业资产总额来看（见图 4）：公有制工业企业资产增长迅速，从 1978 年的 3 477.6 亿元增加到 2017 年的 17.2 万亿元，40 年间增长了超过 48 倍，② 同期，非公有制工业企业资产总额从 1998 年的 2 万亿元增加到 2017 年的近 46 万亿元，增长了 20 多倍。

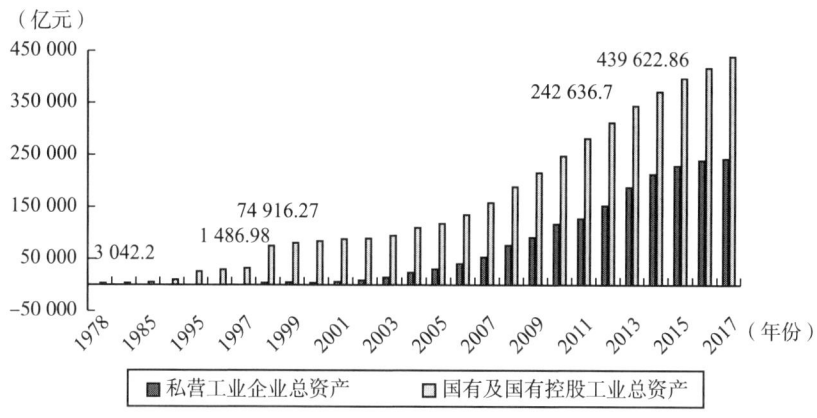

图 4　规模以上私营和国有工业企业总资产变动趋势（1978～2017 年）

资料来源：1998～2017 年数据来源于《中国统计年鉴》国有控股和规模以上私营工业企业总资产；1978～1997 年国有工业企业资产数据采用《中国财政年鉴》中国有工业企业固定资产替代。

从规模以上工业企业总资产来看（见图 5）这一增长趋势更加显著：规模以上国有工业企业资产规模在 40 年间增长了 143.51 倍，从 1978 年的 3 042.2 亿元增加到 2017 年的近 44 万亿元；规模以上私营工业企业资产规模在 2017 年超过了 24 万亿元，相较于 1998 年的 1 486.98 亿元更是增长了 162 倍。

---

① 习近平：《在民营企业座谈会上的讲话》，载于《人民日报》2018 年 11 月 2 日，第 1 版。
② 2012～2017 年，公有制工业企业资产总额呈持续下降态势，但同期混合所有制工业企业资产持续上升，二者呈明显的"剪刀差"，这可能主要是由于公有制企业数量不断绝对减少和混合所有制企业国有资本的"替代效应"。

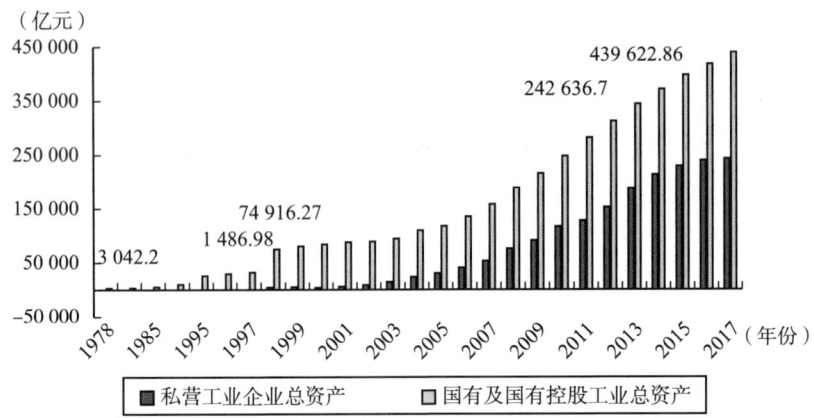

图 5　规模以上私营和国有工业企业总资产变动趋势（1978~2017 年）

资料来源：1998~2017 年数据来源于《中国统计年鉴》国有控股和规模以上私营工业企业总资产；1978~1997 年国有工业企业资产数据采用《中国财政年鉴》中国有工业企业固定资产替代。

3. 利润的所有制结构变动趋势

从按注册类型划分的不同所有制工业企业来看（见图6）：1998~2017 年非公有制企业利润总额从 418.61 亿元增加到 41 455.38 亿元，增长了 98 倍，公有制企业利润总额从 919.94 亿元增加到 5 279.55 亿元，增长了近 5 倍。

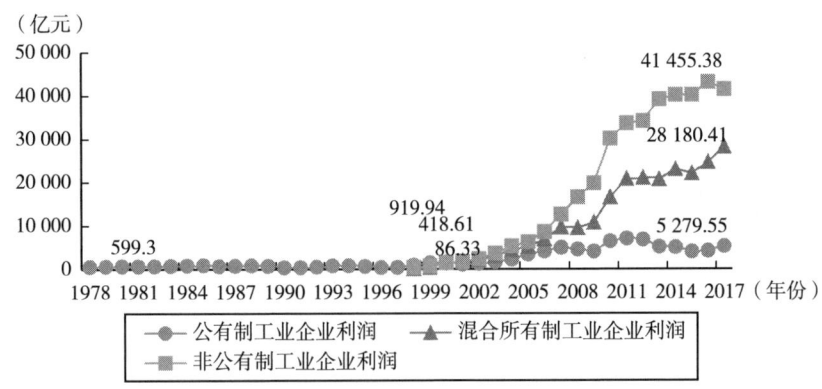

图 6　工业部门利润总额的所有制结构变动趋势（1978~2017 年）

资料来源：1978~1997 年国有工业企业利润数据摘自《中国工业统计年鉴》，其他数据均摘自《中国统计年鉴》。

通过对规模以上私营和国有工业企业的考察（见图7）：国有工业企业从1978年的8.37万家减少到2017年的1.9万家，减少了77%，利润总额却由1978年的460.4亿元增加到2017年的17 215.49亿元，增长了36倍；与此同时，伴随民营企业数量与体量的增大是其盈利水平的不断提升，规模以上私营工业企业利润从1998年的67.25亿元增长到2017年的23 043亿元，增长了342倍。

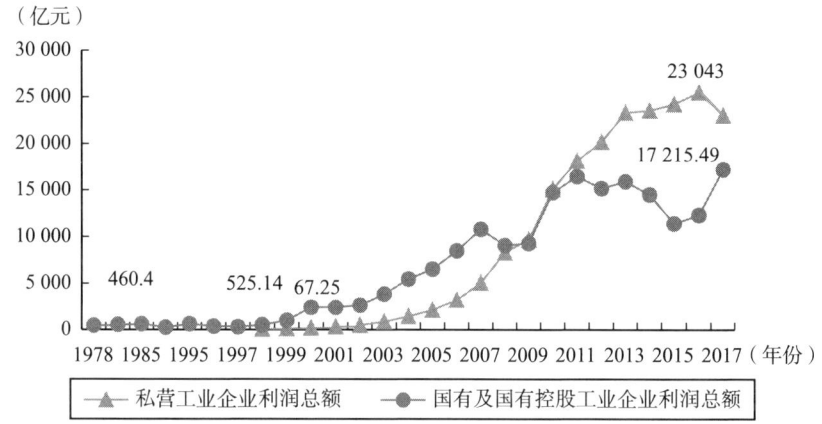

图7　规模以上私营和国有工业企业利润总额变动趋势（1978~2017年）

资料来源：1998~2017年数据来源于《中国统计年鉴》国有控股和规模以上私营工业企业利润；1978~1997年数据来源于《中国财政年鉴》国有工业生产企业利润。

4. 税收贡献的所有制结构变动趋势

从企业缴纳税金角度来看，国有经济和民营经济对国家的财政贡献同步增长。从按注册类型划分的不同所有制企业来看（见图8）：1978~2017年，非公有制企业税收总额从3.29亿元增加到5.7万亿元，增长了17 000多倍；公有制企业税收总额从458.84亿元增加到1.6万亿元，增长了33.7倍；而混合所有制企业税收总额更是从0增长到8.2万亿元。

通过对规模以上私营和国有工业企业缴纳的税金考察（见图9）：2017年规模以上国有工业企业缴纳的税金总额为25 754.7亿元，较1978年的265.8亿元增长了96倍，较1998年的2 845.89亿元增长了8倍；私营企业税收总额从1998年的74.17亿元增加到1.4万亿元，增长了190多倍。

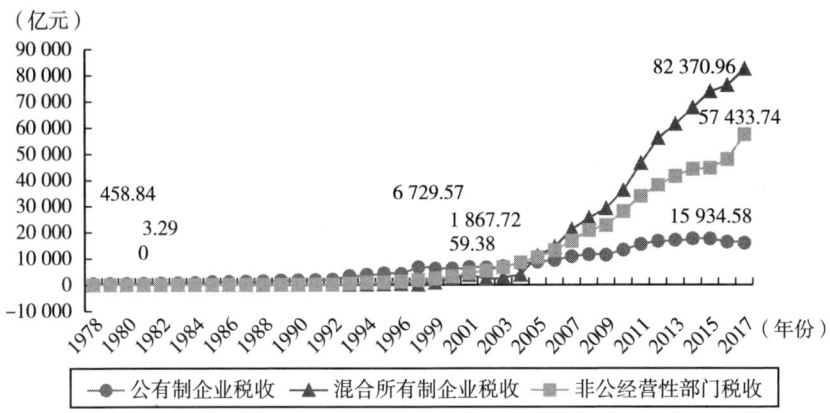

图 8　全行业税收总额的所有制结构变动趋势（1978~2017 年）

资料来源：历年《中国税务年鉴》。

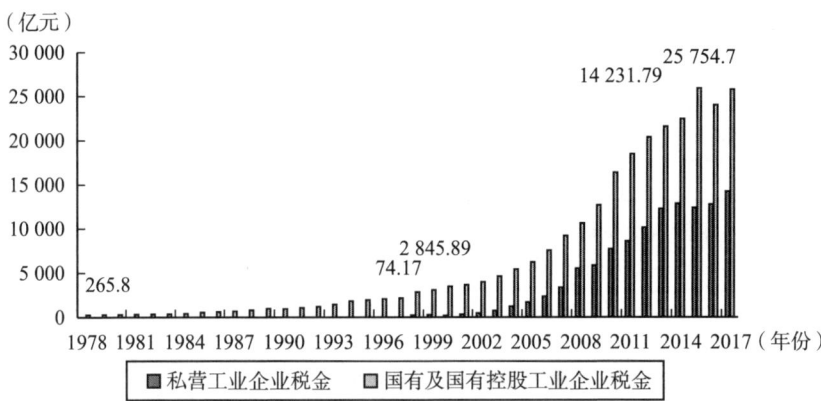

图 9　工业部门规模以上私营和国有企业税金总额的变动趋势（1978~2017 年）

资料来源：1999~2014 年数据均摘自《中国统计年鉴》；1978~1997 年、2015~2017 年国有及国有控股工业企业税金摘自《中国财政年鉴》。由于《中国统计年鉴》在 2015 年后便不再公布工业企业应缴税金，2015~2017 年私营工业企业税金数据是通过《中国税务年鉴》中"重点税源私营企业税收较上年增减情况"估算得来（2015 年增长 -3.7%，2016 年增长 3.1%，2017 年增长 11.4%）。

5. 研发投入的所有制结构变动趋势

从企业科技研发投入角度来看，我国各种所有制经济的创新能力都在不断增强。从按注册类型划分的工业部门不同所有制企业来看（见图 10）：1993~2017 年公有制工业企业科技研发投入从 231.05 亿元增加到 915.81 亿元，增长了将近 3 倍；非公有制企业（不包括港澳台和外资）科技研发投入从 0 增加到 3 188.06 亿元，混合所有制企业科技研发投入从

11.40 亿元增加到 5 319.14 亿元，增长了 460 多倍。

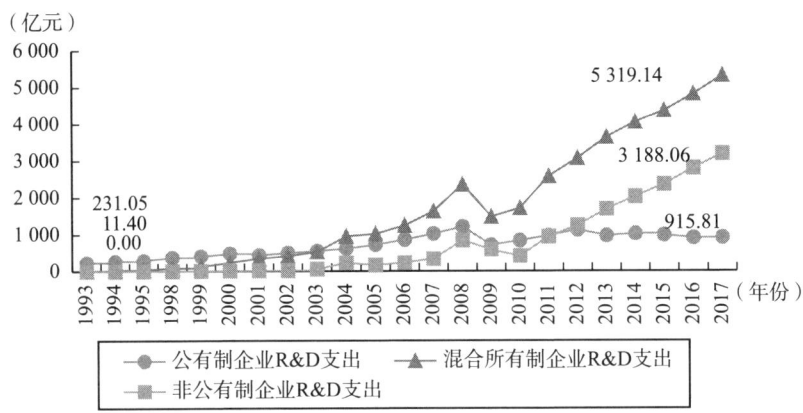

图 10 工业部门 R&D 经费支出的所有制结构变动趋势（1993~2017 年）
资料来源：历年《中国科技统计年鉴》。

通过对私营和国有控股工业企业的考察（见图 11）：国有控股工业企业科技研发投入由 1993 年的 193.37 亿元增加到 2015 年的 2 922.81 亿元，增长了 14 倍；与此同时，私营工业企业科技研发投入则从 1993 年的近乎为 0 增长到 2015 年的 2 363.58 亿元。

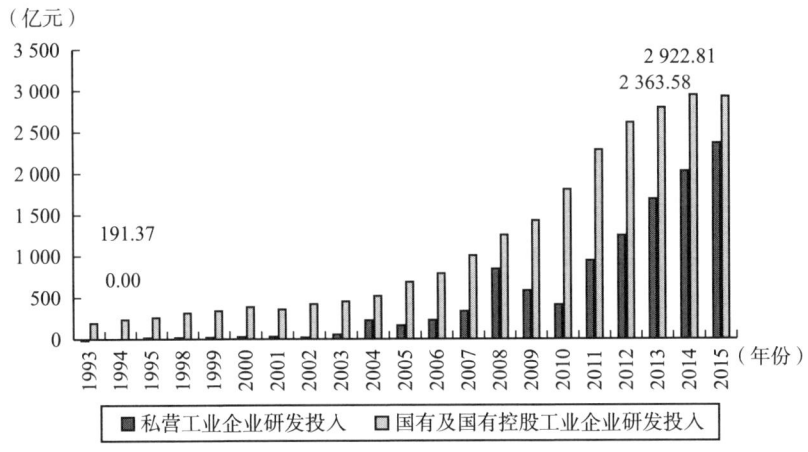

图 11 工业部门私营和国有控股企业 R&D 经费支出变动趋势（1978~2017 年）
资料来源：2005~2015 年国有及国有控股工业企业科技研发投入数据来自《工业企业科技活动统计年鉴》；1993~2004 年国有及国有控股工业企业科技研发投入数据来自《中国科技统计年鉴》。私营工业企业研发投入数据均来自《中国科技统计年鉴》。

五、结　论

改革开放以来,马克思所有制思想与中国经济体制改革的具体实践相结合,形成了既坚持科学社会主义原则又具有丰富实践内涵的中国特色社会主义所有制理论体系以及与之相一致的政策体系、实践体系和法律体系,规定与描刻着中国所有制结构演进的主要脉络、外延边界和演绎方向,形塑了中国所有制结构在规模和质量上"国进民进"的历时性时空演绎总体特征。

这一辩证体系不仅具有极强的逻辑自洽性,而且与中国所有制结构变迁的历史轨迹具有高度的逻辑外恰性。40 多年改革实践确证,公有经济和非公经济不仅是宏观经济结构与中观产业格局层面的共同发展、有效竞争关系,更是微观运行层面的融合发展、共生共荣关系。国有企业与民营企业也不再囿限于简单的国内市场零和博弈,而是在更广阔的国际市场中携手并进。当前与未来中国经济的健康发展皆取决于二者的相辅相成与相得益彰①。这一理论与实践、历史与逻辑一致性的中国表达,构成为"制度自信"的重要来源。这一自信不应因一时一势、一地一域、一行一业所出现的进退得失而动摇。

"国进民退"话语表达了民营企业对自身发展困境的发声,其隐含的深层逻辑是:"国进"是"民退"的原因,而"民退"是"国进"的结果。这一形而上的思维方式,"虽然在相当广泛的、各依对象的性质而大小不同的领域中是正当的,甚至必要的,可是它每一次都迟早要达到一个界限,一超过这个界限,它就变成了片面的、狭隘的、抽象的,并且陷入不可解决的矛盾。"② 特定时期的"民退"现象往往是多重因素交互叠加的结果:既有外部贸易环境变化造成的冲击,也有内部经济结构调整带来的转型升级压力;既有民营经济发展政策偏差的问题,也有民营企业自身管理制度不规范、治理结构不健全等问题。"国进民退"伪命题的背后隐藏着民营企业面临

---

① 习近平:《在民营企业座谈会上的讲话》,载于《人民日报》2018 年 11 月 2 日。
② 《马克思恩格斯选集》第 3 卷,人民出版社 1995 年版,第 61 页。

"市场的冰山、融资的高山、转型的火山"等真问题,因而今后的理论焦点应集中在国有企业与民营企业公平竞争环境塑造和平等产权保护上,而非将由市场环境变化引致的局部性、阶段性"国进民退"命题泛化。

参考文献

1. 《刘诗白选集》第4卷,四川人民出版社2018年版。
2. 荣兆梓:《公有制实现形式多样化通论》,经济科学出版社2001年版。
3. 葛扬:《马克思所有制理论中国化的发展与创新》,载于《当代经济研究》2016年第10期。
4. 杨新铭、杨春学:《对中国经济所有制结构现状的一种定量估算》,载于《经济学动态》2012年第10期。
5. 杨春学、杨新铭:《关于"国进民退"的思考》,载于《经济纵横》2015年第10期。
6. 李正图:《改革开放30年我国所有制结构理论与政策的结构性变迁》,载于《毛泽东邓小平理论研究》2008年第9期。
7. 邓伟:《"国进民退"的学术论争及其下一步》,载于《改革》2010年第4期。
8. 胡鞍钢:《"国进民退"现象的证伪》,载于《国家行政学院学报》2012年第1期。
9. 卫兴华:《坚持和完善我国现阶段基本经济制度的理论和实践问题》,载于《马克思主义研究》2010年第10期。
10. 周新成:《毫不动摇地坚持公有制为主体、多种所有制经济共同发展》,载于《当代经济研究》2010年第4期。
11. 张宇:《当前关于国有经济的若干争议问题》,载于《经济学动态》2010年第6期。
12. 刘瑞、王岳:《从"国进民退"之争看国企在宏观调控中的作用》,载于《政治经济学评论》2010年第3期。
13. 丁冰:《坚持公有制经济的主体地位是我国当前不容忽视的一项重要任务》,载于《思想理论教育导刊》2010年第7期。
14. 罗进辉:《"国进民退":好消息还是坏消息》,载于《金融研究》2013年第5期。
15. 胡怀国:《中国特色社会主义基本经济制度的历史生成》,载于《理论观察》2018年第12期。
16. 项启源:《对"国进民退"争论的深入思考》,载于《当代经济研究》2011年第1期。

17. 荣兆梓：《"国退民进"与公有制为主体》，载于《财贸研究》2014年第1期。

18. 常修泽：《所有制改革与创新 中国所有制结构改革40年》，广东经济出版社2018年版。

19. 郭克莎、胡家勇：《中国所有制结构变化趋势和政策问题研究》，广东经济出版社2015年版。

高质量发展视阈下金融资源配置效率对民营经济创新转型的影响分析

易小丽[*]

一、引言及文献回顾

民营经济是我国社会主义市场经济的重要组成部分。改革开放40年来，民营经济从小到大、由弱变强，在促进经济增长和改善民生方面发挥了重要作用。党的十九大报告指出，要支持民营企业发展，激发各类市场主体活力，要努力实现更高质量、更有效率、更加公平、更可持续的发展。2018年9月习近平总书记在考察民企时指出，党中央毫不动摇地支持民营经济发展。民营经济的发展离不开金融支持，民营企业需要通过银行贷款、发行债券、股票融资等方式获取资金。支持民营经济发展是落实金融服务实体经济任务的重要内容，然而由于各种因素的影响和制约，民营企业始终面临着融资难和融资贵的问题。当前我国民营经济发展进入了关键时期，民营经济的转型升级势在必行，而改善金融资源配置效率是实现民营经济转型发展的重要途径。金融供给侧结构性改革是我国金融改革迈向全面深入的重要标志，这一举措将从根本上提升我国金融资源配置效率，在防范金融风险基础上，推动我国经济实现高质量发展。2019年2月，中央政治局在第十三次集体学习时指出，"金融活，经济活；金融稳，经济稳。经济兴，金融兴；经济强，金融强。经济是肌体，金融是血脉，

---

[*] 易小丽，福建师范大学经济学院博士、讲师。基金项目：2018年教育部青年基金项目的阶段性成果。

两者共生共荣。"

作为金融资源概念的理论起源，金融发展理论最早提出了金融要素对经济增长产生影响的重要观点，其代表性人物包括 Goldsmith、Mckinnon、King 等。Goldsmith 在《金融结构与金融发展》中将金融资源作为解释金融结构的辅助性概念，没有深入阐明金融资源的含义。1998 年国内学者白钦先结合传统资源观向现代资源观转变的现实考虑，提出了金融资源理论，认为金融是一种资源，是通过自身配置进而配置其他一切资源的特殊资源。之后，国内其他学者在白钦先的金融资源理论基础上，对金融资源概念进行了各种有益的探讨。从金融学角度看，金融资源包括以货币计价的所有金融资产和负债，比如银行信贷、证券市场筹资额、信托资金、保费收入等，国内大多数学者的研究都是基于这一角度对金融资源配置效率进行分析。随着中国经济迈入新常态，实体经济发展受阻，中小企业融资难融资贵问题愈发严重，提升金融服务实体经济效率这一话题引起了学者们广泛关注。2008 年美国次贷危机向世人提出警示，要注意防控金融风险，让金融回归本源。金融的本质是为实体经济服务，任何促进实体经济发展的金融投入都应归结为金融资源。为此，根据已有研究对金融资源概念的界定，笔者从金融服务实体经济的角度，将社会融资规模作为衡量金融资源分布的指标变量。社会融资规模是目前衡量金融支持实体经济较为客观的一个指标，统计了实体经济从金融体系获得的资金。2010 年中央经济工作会议首次提出社会融资规模概念，这是我国货币政策理论和实践的重大创新，对提高金融宏观调控有效性、推动金融市场健康发展具有十分重要的影响。自 2011 年起，中国人民银行按季度发布全国社会融资规模数据，2012 年建立地区社会融资规模统计制度。社会融资规模是我国创新性指标，不仅包含银行机构对实体经济的资金支持程度，还包括非银行金融机构。目前关于社会融资规模研究的文献数量并不多，国内学者从利率水平、金融发展、货币政策、汇率政策等角度分析了其对社会融资规模的影响，但根据现有文献可以看出，从配置效率角度分析社会融资规模对民营经济转型发展的研究较少。为此，笔者将利用社会融资规模这一指标，测算我国金融资源配置效率，进而分析其对民营经济转型发展的影响。

二、基于社会融资规模指标的我国金融资源配置效率测度

测量效率最为成熟的方法是前沿分析法,主要包括参数分析和非参数分析两种。参数分析常用的是随机前沿分析法、自由分析法、后前沿分析法;非参数分析主要有数据包络分析(DEA)和无界分析。数据包络法是目前应用较为广泛的效率评价方法,笔者将采用该方法测度中国区域金融资源配置效率。已有研究对效率的测算大多采用传统 DEA 方法,DEA 模型可以将决策单元分为有效和无效两种类型,但对于有效的决策单元,由于测算出来的效率值都为 1,无法做出进一步的评价和比较。为此,笔者将采用超效率 DEA 模型对金融资源配置效率进行分析。在前文分析基础上,选取社会融资规模和金融业从业人员作为金融资源的投入指标,选取地区生产总值作为产出指标。运用 Max DEA 软件对 2013~2017 年中国省域金融资源配置超效率值进行测算,具体结果如表 1 所示。

表 1 　　　2013~2017 年中国省域金融资源配置超效率值

省份	2013 年	2014 年	2015 年	2016 年	2017 年
北京	0.62	0.67	0.73	0.68	0.71
天津	0.32	0.36	0.40	0.52	0.68
河北	0.53	0.65	0.71	0.58	0.47
山西	0.37	0.44	0.43	0.69	0.51
内蒙古	0.69	0.71	0.84	0.76	0.72
辽宁	0.55	0.59	0.53	0.52	0.64
吉林	0.65	0.53	0.57	0.58	0.72
黑龙江	0.48	0.60	0.77	0.81	0.70
上海	0.78	0.81	0.89	0.91	1.02
江苏	0.75	0.79	0.88	0.90	1.05
浙江	0.71	0.77	0.86	0.89	1.01
安徽	0.44	0.55	0.68	0.44	0.44
福建	0.36	0.75	0.67	0.50	0.68

续表

省份	2013年	2014年	2015年	2016年	2017年
江西	0.42	0.45	0.61	0.53	0.42
山东	0.73	0.81	0.97	0.96	1.06
河南	0.65	0.60	0.73	0.68	0.75
湖北	0.47	0.54	0.78	0.62	0.55
湖南	0.69	0.79	0.80	0.82	0.62
广东	0.75	0.82	0.85	0.91	1.02
广西	0.56	0.55	0.66	0.74	0.58
海南	0.31	0.35	0.24	0.20	0.59
重庆	0.27	0.28	0.54	0.54	0.55
四川	0.43	0.46	0.58	0.55	0.55
贵州	0.26	0.29	0.29	0.31	0.38
云南	0.32	0.46	0.52	0.83	0.57
西藏	0.14	0.17	0.17	0.14	0.15
陕西	0.44	0.42	0.45	0.61	0.42
甘肃	0.26	0.24	0.22	0.28	0.27
青海	0.19	0.17	0.24	0.62	0.23
宁夏	0.53	0.39	0.41	0.67	0.47
新疆	0.32	0.37	0.52	0.59	0.39

(一) 金融资源配置效率的静态比较

表1的测算结果显示，从总体上看，我国金融资源配置超效率在2013~2017年期间始终处于非有效状态，每年效率值都未超过1，说明金融资源配置整体水平不高，还存在较大的提升空间。2013~2017年超效率逐年增加，意味着金融支持实体经济发展的效率是在上升的，2017年超效率值比2013年有了很大的提高，反映了国家在推动金融服务实体经济方面所作出的努力和支持。古今中外的金融运行发展经验，2008年美国次贷危机的教训，都证明了过多货币资金流入或沉淀在实体经济以外的领域，容易形成甚至积累为金融风险，最终酿成金融危机。党的十九大报告、2017年全国金融工作会议都对金融服务实体经济进行了重要说明，提出要

增强金融服务实体经济的能力。

从省域来看,全国31个省份在这5年间的均值都未达到有效状态,2017年只有上海、江苏、浙江、山东、广东5个省份效率值大于1,其他省份的效率值依旧小于1。从区域来看,东部地区超效率值高于中西部地区,效率值在0.7左右,西部地区效率值较低,效率值在0.3左右。

(二) 金融资源配置效率的动态比较

超效率DEA模型测算的结果是我国省域各年份的相对效率,是一种静态评价,只能分析决策单元是否有效,但无法知道金融资源配置效率变化的原因。为此,笔者利用Malmquist指数继续对我国31个省份金融资源配置效率的动态变化及其原因进行分析,结果如表2和表3所示。

表2　　各年份Malmquist指数及其分解结果

时间	Malmquist指数	综合技术效率变化率	技术进步率	纯技术效率变化率	规模效率变化率
2013~2014年	1.080	1.095	0.986	0.927	1.181
2014~2015年	1.213	1.368	0.887	1.107	1.235
2015~2016年	0.687	0.725	0.947	0.879	0.826
2016~2017年	0.736	1.029	0.715	0.779	1.322
均值	0.902	1.028	0.877	0.915	1.123

表3　　省域Malmquist指数及其分解结果

地区	Malmquist指数	综合技术效率变化率	纯技术效率变化率	规模效率变化率
北京	1.397	1.592	1.165	1.367
天津	0.944	1.075	1.023	1.051
河北	0.934	1.064	1.046	1.017
山西	0.945	1.077	0.765	1.407
内蒙古	0.805	0.917	0.736	1.246
辽宁	0.816	0.93	0.828	1.123
吉林	0.931	1.061	0.984	1.078
黑龙江	0.869	0.99	0.939	1.055

续表

地区	Malmquist 指数	综合技术效率变化率	纯技术效率变化率	规模效率变化率
上海	1.053	1.2	1.128	1.064
江苏	1.01	1.151	1.119	1.029
浙江	1.028	1.172	1.054	1.112
安徽	0.808	0.921	0.819	1.125
福建	0.769	0.877	0.794	1.104
江西	0.79	0.9	0.773	1.165
山东	0.972	1.107	1.032	1.073
河南	0.958	1.092	1.071	1.02
湖北	0.899	1.024	1.013	1.011
湖南	0.799	0.911	0.855	1.065
广东	1.002	1.142	1.043	1.095
广西	0.899	1.024	0.828	1.237
海南	0.755	0.861	0.819	1.051
重庆	0.968	1.103	1.059	1.041
四川	0.754	0.859	0.86	0.999
贵州	0.808	0.921	0.864	1.066
云南	0.996	1.136	0.78	1.455
西藏	0.944	1.076	0.932	1.155
陕西	0.87	0.991	0.871	1.138
甘肃	0.929	1.058	0.91	1.163
青海	0.931	1.061	0.762	1.392
宁夏	0.75	0.855	0.78	1.097
新疆	0.873	0.995	0.986	1.009
均值	0.902	1.028	0.915	1.123

表2为我国31个省份各年份金融资源配置效率的Malmquist指数及其分解结果。结果显示，2013～2017年，Malmquist指数总体呈现出下降趋势，主要是因为技术进步率和纯技术效率变化率的下降。2013～2017年技术进步率的值均小于1，技术水平的变动反映了由决策单元所决定的最佳

生产前沿面的移动，该值小于1意味着全国范围内的宏观金融环境出现恶化，降低了金融资源配置效率。2013年以来，全球经济缓慢复苏，主要经济体走势分化，国际金融市场震荡不断；国内经济结构调整步伐加快，经济增速放缓。在金融去杠杆的基调下，货币政策和监管轮番发力，对金融市场造成了明显冲击，势必会影响相关融资主体的资金可得性。

表3显示了我国31个省份金融资源配置Malmquist指数及其分解结果。综合来看，2013～2017年，除了北京、上海、江苏、浙江、广东外，其他省份Malmquist指数都小于1。从指数构成来看，31个省份技术进步率均小于1，说明技术进步下降是导致各省市金融资源配置效率下降的主要原因。31个省份中，纯技术效率增加的有北京、天津、河北、上海、江苏、浙江、山东、河南、湖北、广东和重庆，说明这些省份实体经济对金融资源的运用效率较高。除了四川外，所有省份规模效率变化率都大于1，金融资源投入的规模都有所改善。对效率测算结果的分析表明，我国金融资源配置效率并不高，各省份之间存在较大差异。

三、金融资源配置效率对民营经济创新转型的影响分析

伴随着新一代信息技术变革，民营经济应抓住国家经济结构调整的历史机遇，积极融入国家产业振兴规划中，大力发展新能源、现代服务业等新兴产业，优化产业结构，增强民营经济国际竞争力。在金融行业"去杠杆、强监管"背景下，民营经济表现出流动性不足。在内外因素、民营经济自身特点叠加的情况下，金融部门应高度重视民营企业遇到的金融问题，找准切入点，充分满足民营经济转型发展过程中产生的合理金融需求，大力支持民营经济高质量转型发展。接下来笔者将从提高金融资源配置效率的角度，利用动态面板模型实证检验金融资源配置效率对民营经济转型的影响，为促进民营经济转型发展提供明确的方向和有力的事实依据。

（一）计量模型的设立

1. 变量说明及数据来源

被解释变量。创新是促进产业结构转型升级、实现新一轮平稳快速增长的关键。自党的十七大提出建设创新型国家、党的十八大提出实施创新

驱动战略以来，创新驱动发展取得了显著的成效，其突出表现为专利申请授权数量急剧增长。党的十九大提出要加快建设创新型国家，明确创新是引领发展的第一动力。由于创新是驱动产业结构转型升级的第一动力源，因此，笔者将民营经济创新能力作为因变量，用来表示民营经济高质量转型发展。创新的衡量指标有两种：一种是从创新产出角度，利用专利授权量来衡量创新；另一种是从创新投入角度，利用研发支出指标衡量创新。根据金融资源配置效率与民营经济转型关系的分析，民营经济创新转型与研发投入密切相关，金融资源配置效率直接影响企业研发投入规模。因此，笔者选择省域民营经济研发经费内部支出占 GDP 的比重来衡量民营经济创新水平。

控制变量。在我国财政分权体制下，地方政府干预行为对金融资源配置效率可能产生影响，以往研究发现地方政府对金融体系信贷的干预会妨碍金融资源对民营经济的配置效率。由于观念和体制方面的缺陷，我国金融体系主要服务于国有企业和大项目，对民营企业特别是中小企业经常"惜贷"。在去杠杆、防风险的大背景下，银行系统对民营企业贷款实行一刀切政策，直接阻断了民营企业的融资渠道。再加上资本市场发育不健全，加剧了民营企业融资难的困境。为此，引入政府干预变量 fiscal，该变量用地方财政支出占 GDP 的比重来衡量。此外，模型还包括其他控制变量：edu 为人力资本水平，用平均受教育年限来衡量，其中小学文化程度人口的受教育年限为 6 年，初中文化程度人口的受教育年限为 9 年，高中文化程度人口的受教育年限为 12 年，大专及以上文化程度人口的受教育年限为 16 年，利用各文化程度的人口占 6 岁以上总人口的比重乘以相应的受教育年限即可得到平均受教育年限；invest 为固定资产投资水平，用全社会固定资产投资占 GDP 的比重来衡量；trade 为贸易水平，用进出口总额占 GDP 的比重来衡量。本文数据主要来源于相应年份的《中国统计年鉴》、各省市统计年鉴。

2. 模型构建及估计方法

为了考察金融资源配置效率对民营经济转型发展的影响，将被解释变量设定为民营经济创新水平，解释变量为金融资源配置效率。根据现有的经验性研究，采用的回归模型如下：

$$PE_{i,t} = \alpha PE_{i,t-1} + \beta EF_{i,t} + \gamma' control_{i,t} + \mu_i + \varphi_t + \omega_{i,t}$$

其中，$PE_{i,t}$ 为民营经济创新水平，$EF_{i,t}$ 为金融资源配置效率，μ_i 为特定个体效应，φ_t 为特定时间效应，$\omega_{i,t}$ 为扰动项。此外，模型还包括若干控制变量。模型解释变量中包含了因变量的滞后项 $PE_{i,t-1}$，必须考虑其内生性问题。如果直接使用传统的面板数据估计方法会造成参数估计的有偏性和不一致性，最终导致统计结果错误。为此，本文采用系统 GMM 方法尽量消除模型可能存在的内生性和异方差问题，并利用混合模型对 GMM 估计有效性进行检验。

（二）金融资源配置效率影响民营经济转型的实证分析

1. 相关性检验

主要变量的相关性检验结果显示，民营经济转型与金融资源配置效率、人力资本水平、贸易水平正相关，与政府干预、固定资产投资水平负相关。与此同时，金融资源配置效率与政府干预负相关。政府干预在很大程度上影响了金融资源配置效率，表现为近年来地方融资平台、PPP 等为基建融资，政策性银行为棚户区改造、扶贫攻坚等提供资金，地方资产管理公司、产业引导基金等为地方政府资本开支提供资金。当前我国正处于经济转型的关键时期，经济资源的稀缺性特征尤为突出，资源配置效率的高低直接影响到我国改革进程和经济发展（见表 4）。

表 4　　　　　　　　　主要变量的相关性检验

	PE	EF	fiscal	edu	invest
EF	0.435	1.000			
fiscal	-0.579	-0.518	1.000		
edu	0.474	0.189	-0.713	1.000	
invest	-0.603	-0.228	0.521	-0.689	1.000
trade	0.691	0.119	-0.296	0.434	-0.731

2. 金融资源配置效率对民营经济转型的影响

表 5 分别给出了混合 OLS 和系统 GMM 两种估计方法对应的估计结果。由于系统 GMM 估计方法在样本量较小或工具变量不合适时往往会存在较大的偏差，为判断其结果的有效性，将滞后因变量的 GMM 与混合 OLS 的估计结果进行比较。模型 A-B 为不考虑金融资源配置效率的估计结果。从表 5 可以看到，滞后因变量 $PE_{i,t-1}$ 的混合 OLS 和系统 GMM 的估计值分别为 0.982 和 0.977，这是因为 OLS 方法对动态面板进行估计时容

易高估解释变量对被解释变量的影响，采用系统 GMM 方法可以有效解决 OLS 估计参数的有偏性和不一致性问题，进而提高分析结果的准确性。同时残差序列相关性检验显示，模型的扰动项不存在序列相关性且选择的工具变量不存在过度识别，因此，模型 B 中的系统 GMM 方法的估计结果是可靠的。模型 C–D 是在模型 A–B 基础上引入金融资源配置效率的估计结果。与上述分析一样，模型 D 的 GMM 估计结果是有效的，在后面的分析中，本文仅讨论系统 GMM 的估计结果。

表 5　　　　金融资源配置效率对民营经济转型影响的回归结果

	模型 A OLS	模型 B GMM	模型 C OLS	模型 D GMM
$PE_{i,t-1}$	0.982 * (44.19)	0.977 * (39.19)	0.985 * (42.67)	0.981 * (37.35)
EF			0.061 (0.71)	0.535 * (3.39)
fiscal	-1.388 * (-7.20)	-0.710 ** (-2.37)	-0.968 * (-4.33)	-0.704 ** (-2.35)
edu	-0.075 *** (-1.80)	0.073 *** (1.93)	-0.029 (-0.67)	0.068 *** (1.76)
invest	0.001 (0.00)	0.216 * (2.56)	0.075 (0.39)	0.211 ** (2.47)
trade	1.357 (8.34)	0.512 * (3.04)	1.371 * (8.72)	0.544 * (3.16)
AR（1）		0.001		0.001
AR（2）		0.130		0.135
R^2	0.631		0.666	

注：*、**、*** 分别表示在 1%、5%、10% 的显著性水平，括号内的数值为回归结果的 t 统计量。

首先来看金融资源配置效率的显著性水平和系数符号。将金融资源配置效率引入到模型中后，其系数非常显著，这表明金融资源配置效率与民营经济转型之间确实存在密切关系。以往的学者更多关注的是金融发展水平或金融集聚对民营经济转型的作用，笔者认为，金融资源配置效率在民营经济转型过程中的作用更重要。在金融资源空间分布不均衡的条件下，金融资源过多集中在东部沿海省市，金融资源高度集中在一定程度上推动了东部地区的经济发展，而东部地区经济的快速发展进一步吸引了更多的金融资源，二者形成了良性循环。与之相反的是，中西部地区经济发展水平低于东部，金融资源也不够充裕，为了促进民营经济创新转型，只有通过提高金融资源配置效率，提高金融资源的运用效率，才能最大限度地促进其转型升级。模型结果还显示，金融资源配置效率的系数为正，说明金融资源配置效率越高，越能为民营经济技术创新聚集资金，帮助民营经济创新转型，实现高质量发展。

接下来再来考虑其他控制变量的表现。平均受教育年限、固定资产投资水平、贸易水平的估计系数为正，这表明人力资本、固定资产投资和贸易水平的提高都会对民营经济转型升级产生显著的正向促进作用，这符合经济学理论的预期。"十三五"规划将劳动年龄人口平均受教育年限从10.23年提高到10.8作为约束性指标，劳动年龄人口平均受教育年限提高0.57年，可以弥补劳动年龄人口减少的影响，增加人力资源开发红利，这是中央从人口变化趋势和产业结构优化升级做出的重要战略部署。政府干预的估计系数显著为负，表明财政支出水平的提高对民营经济转型具有显著的负向影响。邢志平等（2016）通过对中国国有和民营经济部门内部金融资源错配程度的测算发现，虽然国有部门的金融资源错配程度小于民营部门，但民营部门内部的金融资源错配程度呈现出递减趋势，近年来民营部门的金融资源错配程度要小于国有部门，而行政干预是导致这一结果产生的原因。现实中，由于政策通过干预金融系统，将更多的金融资源配置给国有部门，进而对民营部门产生挤出效应，增加了民营企业的融资成本。

四、促进民营经济高质量发展的对策建议

习近平总书记指出，民营经济是我们党长期执政、团结带领全国人民实现"两个一百年"奋斗目标和中华民族伟大复兴的中国梦的重要力量。国有企业、民营企业都是中国的企业，二者有机统一于中国特色社会主义建设进程中。当前，我国经济已由高速增长阶段转向高质量发展阶段，正

处于转变发展方式、优化经济结构、转换增长动力的关键时期,民营企业要以供给侧结构性改革为主线,坚持创新创造,加快转入高质量发展轨道。

(一) 锚定方向,坚持创新驱动发展

当前新一轮技术和产业革命方兴未艾,民营企业要主动适应经济发展新常态,加快从粗放发展向集约发展转变,依靠创新推动发展。国内不少民营企业依靠创新取得了稳定增长,比如阿里、腾讯、科大讯飞等,面对经济下行压力,这些企业凭借不断创新实现了销量与效益同步增长。只有增强创新能力,才能在新时代赢得发展空间。民营企业要不断增加技术与研发投入,利用互联网+、智能+等新技术改造企业的生产、服务、营销等各个环节,提高产品质量和服务质量。资金短缺是制约民营经济创新发展的关键因素,强化金融对民营经济创新发展的支持力度,非常重要。金融机构要扩大融资渠道和规模,创新金融产品和服务,大力发展绿色金融、科技金融、普惠金融,在加快民营经济高质量发展中积极作为。解决民营企业所面临的融资难问题,不能仅满足解决其短期融资问题,更应着眼于推动民营经济实现高质量发展。以科技金融为例,科技创新是民营企业实现高质量发展的最大动力。大多数民营企业科技创新意识不强,科技创新投入较少,创新转型难度较大。由于民营企业自身风险防控能力、公司治理、人才储备不足,在复杂多变的经济金融形势下难以推进科技创新,亟须金融的大力支持。积极发展风险投资、私募股权投资、天使投资等,鼓励其参与民营企业创新发展,努力为风险投资机构创造良好发展环境,增强其为企业科技创新提供金融服务的能力。此外,强大有效的资本市场对促进创新型企业发展壮大也是十分关键的。大力推进科创板并试点注册制改革,为民营科技创新企业融资提供新平台,有利于资源优化配置,发挥民营企业创新创业的主体作用,加快建设创新型国家。

(二) 加强合作,努力实现共享共赢

各地区在金融资源分布上存在空间正相关性,金融资源配置效率提高能显著促进民营经济转型。因此,不能孤立看待民营经济发展问题,应该站在区域间互利共赢的角度统筹规划,充分挖掘空间溢出的正外部性,共同实现经济发展和结构转型。东部省市金融资源较为充裕,西部省市金融资源较为匮乏,区域间不平衡性十分明显。各地区间发展不平衡,既是现

实问题，也蕴涵着发展机遇。处于一定限度内的金融资源增长不但能够促进本地区经济发展，还能推动周边地区经济发展，但是如果金融资源过快增长，超过一定限度，反而会存在潜在风险，比如资产价格波动风险、流动性风险等。金融供给侧结构性改革的重点在于金融体系结构调整优化，目标在于为实体经济提供更为精准的金融服务。当前，我国市场流动性合理充裕，关键是如何实现货币向实体经济的良性传导，东部省市丰裕的金融资源如何服务于经济转型，金融资源如何支持民营企业、小微企业等重点领域。民营经济转型应抓住金融供给侧结构性改革的有利时机，加强区域间金融合作，拓宽融资渠道。

（三）扩大开放，增强国际竞争力

构建开放型世界经济是人类社会经济发展的客观规律，也是世界各国追求经济进步的必然要求。本文实证结果显示，贸易水平的提高会显著推动民营经济转型发展。因此，为了促进民营经济转型发展，应进一步提高对外开放水平，提升民营企业国际竞争力和影响力。推动建设开放型世界经济，首要问题是促进贸易和投资自由化、便利化。建立自贸试验区是中央根据世界经济发展形势和我国对外开放需要所作出的重要战略部署。2013年9月，中国（上海）自由贸易试验区成立，随后，在广东、天津、福建、辽宁、浙江、河南、湖北、重庆、四川、陕西设立自由贸易试验区。以福建为例，福建是民营经济发达地区，2018年中国民营企业500强榜单中，福建省有20家企业入选，上榜数居全国第6位。福建自贸试验区已成为推动全省投资和贸易增长的火车头，牵引带动作用不断增强。福建自贸试验区通过贸易投资改革、金融开放创新、对台先行先试等探索实践为民营经济发展注入了强大动力，创造了更多的机会。此外，"一带一路"建设，是深化对外开放的中国方案，是一项长期艰巨的任务。作为"一带一路"参建者的福建民营企业，应充分把握"一带一路"建设机遇，摒弃传统思维观念，整合资源，将自身优势与国家需求相结合，加快融入"一带一路"建设中，为福建经济发展再创新辉煌。

（四）转变职能，提升政府服务水平

民营经济在发展过程中受到诸多不公平待遇，比较明显的市场准入限制、财政补贴、政策倾斜等。因此，要转变政府职能，减少行政干预，让市场成为整个社会经济的纽带，成为资源配置的主要方式。政府在促进民

营经济转型过程中应努力提升其服务水平，对标国际一流水平，为民营经济打造国际化、法治化、便利化的营商环境。首先，进一步放宽市场准入限制。全面实施市场准入负面清单制度，放宽在科技、教育、文化、卫生、体育等公共服务领域市场准入限制，除国家法律、法规明确禁止准入的行业和领域外，一律对民营企业开放，打破各种"卷帘门""玻璃门""旋转门"，为民营企业发展创造充足的市场空间。其次，进一步提升服务水平。李克强总理在2019年政府工作报告中指出，实施更大规模的减税，明显降低企业社保缴费负担。同时，加大对中小银行定向降准力度，将其释放的资金全部用于民营和小微企业贷款，极大地促进了民营经济发展。政府要不断创新服务形式，继续加强对民营企业转型发展的金融服务，提高服务效率。

参考文献

1. Goldsmith R W. *Financial Structure and Development* [M]. New Heaven：Yale University Press，1969：265 – 278.

2. Fare R，Groskopf S，Norris M. Productivity Growth，Technical Progress，and Efficiency Change in Industrialized Countries [J]. *American Economic Review*，1994，84（1）：66 – 83.

3. Peek J，Rosengren E S. Unnatural Selection：Perverse Incentives and the Misallocation of Credit in Japan [J]. *American Economic Review*，2005（4）：1144 – 1166.

4. Butler A W，Cornaggia J. Does Access to External Finance Improve Productivity？[J]. *Journal of Financial Economics*，2011（1）：184 – 203.

5. Pastor J T，Lovell C A. A Global Malmquist Productivity Index [J]. *Economics Letters*，2005（2）：266 – 271.

6. Midrigan V，Xu D Y. Finance and Misallocation：Evidence from Plant – Level Data [J]. *American Economic Review*，2014（2）：422 – 458.

7. Hassan M K，Sanchez B，Yu J S. Financial Development and Economic Growth：New Evidence from Panel Data [J]. *Quarterly Review of Economics and Finance*，2011（51）：88 – 104.

8. Wurgler J. Financial Markets and Allocation of Capital [J]. *Journal of Economics*，2000（58）：187 – 214.

9. Elhorst J P. *Spatial Panel Data Models：Handbook of Applied Spatial Analysis* [M]. Berlin：Springer Berlin Heidelberg，2010：4 – 13.

10. 刘伟江、王虎邦：《供给侧结构性改革下融资结构对实体经济发展的空间效应分析》，载于《数量经济研究》2017年第2期。

11. 林毅夫、孙希芳：《信息、非正规金融与中小企业融资》，载于《经济研究》2005 年第 7 期。

12. 白钦先：《论金融可持续发展》，载于《国际金融研究》1998 年第 5 期。

13. 邢志平、靳来群：《政府干预的金融资源错配效应研究》，载于《上海经济研究》2016 年第 4 期。

14. 张敏、张胜、申慧慧、王成方：《政治关联与信贷资源配置效率——来自我国民营上市公司的经验证据》，载于《管理世界》2010 年第 11 期。

15. 丁任重、孙根紧：《新时期我国民营经济的转型与发展》，载于《经济理论与经济管理》2011 年第 12 期。

16. 李雪松、王冲：《长江经济带金融与实体部门发展效率研究》，载于《金融理论探索》2019 年第 1 期。

17. 崔剑剑、王亚萍：《中国各省市金融效率度量方法及比较研究》，载于《上海经济》2018 年第 6 期。

18. 王认真：《区域金融资源空间非均衡配置经济效应分析》，载于《统计与决策》2014 年第 11 期。

19. 刘贯春、张军、刘媛媛：《金融资产配置、宏观经济环境与企业杠杆率》，载于《世界经济》2018 年第 1 期。

20. 张蕴萍、杨友才、牛欢：《山东省金融效率、溢出效应与外国直接投资——基于空间动态面板 Durbin 模型的研究》，载于《管理评论》2018 年第 12 期。

21. 沈军、白钦先：《中国金融体系效率与金融规模》，载于《数量经济技术经济研究》2013 年第 8 期。

22. 邓创、曲丹阳、赵珂：《中国社会融资变动的宏观经济效应分析——基于规模和结构双重视角的经验研究》，载于《经济问题探索》2018 年第 11 期。

23. 张玄、冉光和、蓝震森：《金融集聚与区域民营经济成长——基于面板误差修正模型和门槛模型的实证》，载于《经济问题探索》2017 年第 1 期。

24. 史晋川：《中国民营经济发展报告》，经济科学出版社 2018 年版。

25. 张慧慧、张军：《中国分区域资源扭曲程度测算》，载于《上海经济研究》2018 年第 3 期。

第三篇

中国经济的改革与发展

关于要素市场化配置改革

洪银兴[*]

根据党的十九大要求，要素市场化配置和完善产权制度是加快完善社会主义市场经济体制的两个改革重点。要素的市场化配置的改革同供给侧结构性改革密切相关。通过要素自由流动、价格反应灵活、竞争公平有序、企业优胜劣汰等市场途径，可以改变供给侧长期存在的无效供给过剩有效供给不足的结构性矛盾和全要素生产率过低的问题，但要实现要素的市场化配置需要一系列的改革，不仅涉及实现市场化配置资源的改革，也涉及相应的市场秩序建设。

一、要素市场化配置的改革目标

我国从1992年确认社会主义市场经济起到2012年党的十八大一直明确所谓社会主义市场经济就是市场在国家宏观调控下对资源配置起基础性作用。党的十八届三中全会的突破性进展是确认市场对资源配置起决定性作用。习近平总书记对此的解释是：理论和实践都证明，市场配置资源是最有效率的形式。

作为资源配置方式的市场经济在决定生产什么、怎样生产和为谁生产方面的机制就是：生产什么取决于消费者的货币选票；怎样生产取决于生产者之间的竞争；为谁生产取决于生产要素市场的供求，取决于由要素市场供求决定的要素价格。这三个方面的决定就是资源配置的过程。所谓市场决定资源配置，是指依据市场规则、市场价格、市场竞争配置资源，实

---

[*] 洪银兴，南京大学文科资深教授。

现效益最大化和效率最优化。为什么市场配置资源是最有效率的。市场有两大功能：第一是市场的选择功能，也就是优胜劣汰的选择机制；第二是市场的激励功能，即奖惩分明的激励机制，市场上只承认竞争的权威，不承认别的任何权威。优胜劣汰，奖惩分明，既是选择又是激励，可以说是市场参与者的生存法则。市场机制的这两个功能是靠市场机制的运行实现的。市场机制是指在竞争性市场中供给、需求和价格之间相互制约的联系和运动。要素市场化配置意味着市场机制充分作用。

要素的市场化配置同市场决定资源配置似乎是同义语。仔细研究，可以发现，要素的市场化配置是市场决定资源配置的实现形式。在市场化改革进行40多年后进一步明确要将要素的市场化改革作为改革重点，是要指出现实中还有相当部分要素不是由市场决定的。要素的非市场配置，要么是处于自给自足的自然经济，要么是处于政府的直接配置中。要素市场化配置的这个"化"，就是要求市场化改革需要进一步深入，推动还没有完全实现市场配置的要素由市场决定。具体地说，要素市场化配置突出需要解决以下问题：

第一，资源在部门和企业间自由流动。这是由资源配置的效率要求决定的。市场配置资源的效率可以用马克思的理论来说明：资源配置，说到底，是社会劳动时间的分配。"没有一种社会形态能够阻止社会所支配的劳动时间以这种或那种方式调整生产。"① 社会总劳动时间，或者说社会总资源在任何社会都是有限的，而各个方面的需要是无限的，这就提出各个部门和企业分配的必须是社会必要劳动时间的要求。在马克思的分析框架中，社会总劳动在各个生产者之间的分配，从而资源配置是由价值规律调节的，由此实现效益目标。这就是马克思说的："生产这些产品的社会必要劳动时间作为起调节作用的自然规律强制地为自己开辟道路，就像房屋倒在人的头上时重力定律强制地为自己开辟道路一样。"② 其机制就是："竞争，同供求比例的变动相适应的市场价格的波动，总是力图把耗费在每一种商品上的劳动的总量归结到这个标准上来"③，即社会必要劳动时间的标准。

何谓要素的市场化配置？马克思《资本论》第三卷在讲到利润平均化

---

① 《马克思恩格斯选集》第4卷，人民出版社1995年版，第578页。
② 马克思：《资本论》第一卷，人民出版社2004年版，第92页。
③ 马克思：《资本论》第三卷，人民出版社2004年版，第214页。

的时候，就描绘了这种景象：其一，资本有更大的活动性，也就是更容易从一个部门和一个地点转移到另一个部门和另一个地点；其二，劳动力能够更迅速地从一个部门和一个地点转移到另一个部门和另一个地点。马克思还讲到实现资本和劳动力自由流动的重要前提：一是社会内部已经有完全的贸易自由，消除了自然垄断以外的一切垄断；二是信用制度的发展已经把大量分散的可供支配的社会资本集中起来。[①] 从这点来看，要素的市场流动两个要求：一是要素流动没有任何人为的障碍，没有市场垄断，也没有行政限制；二是要为要素自由流动提供通常的通道，马克思当时指的是信用制度，也就是现在讲的金融通道。

第二，提高全要素生产率。习近平在说明供给侧结构性改革目标时指出："优化现有生产要素配置和组合，提高生产要素利用水平，促进全要素生产率提高，不断增强经济内生增长动力。"[②] 这里讲的优化生产要素配置和组合就是指的资本、技术、管理、劳动、土地等要素在部门、企业中怎么组合？这也是一个要素的配置问题。各种要素都有生产率。包括劳动生产率、资本生产率和土地生产率等。各种要素集合所产生的生产率之和大于各单个要素投入的生产率之和，其中的差额就是全要素生产率。在这里，各种生产要素的集合所产生的全要素生产率涉及多方面作用，如技术进步、规模经济、人力资本投资等。在市场经济中所有这些推动全要素生产率提高的要素都要靠市场机制作用。因此要素的市场化配置，不仅涉及市场决定资源流到哪里（部门、企业）去，还涉及市场决定各种要素（资源）的组合。前提是要素的市场配置。各种要素在企业中、在行业中集合，是以各种要素市场上由供求关系决定的价格为导向的。其机制是各种生产要素的价格由各自市场的供求决定，生产要素价格的比例又反过来调节对各种生产要素的供给和需求，因此形成最有效率的要素组合。其效果是：各种生产要素得到最有效的利用，从而提高全要素生产率。

长期以来我国的全要素生产率偏低的主要原因是要素没有全部进入市场，还有部分要素的流动不受市场调节。在过去的计划经济中，各种要素都集中在政府手中。现在转向市场经济，各种要素正在从政府转向市场。但现行的各种行政审批制度却在事实上阻碍市场配置资源。因此，要提高全要素生产率，就需要不受市场调节的要素进入市场，使要素都由市场配

---

① 马克思：《资本论》第三卷，人民出版社 2004 年版，第 218 页。
② 《习近平关于社会主义经济建设论述摘编》，中央文献出版社 2017 年版，第 108 页。

置。相应的改革就是显著缩减直至取消企业经营活动的行政审批。打破各种要素进入市场的体制性障碍。政府对生产要素放得越彻底，要素的流动也就越自由，市场的作用越大，全要素生产率越高。

第三，产权的市场流转。市场交易的本质是产权交易。市场配置的要素基本上是有一定产权归属的要素。尤其是归属于一定产权的存量要素要能实现市场化配置就需要产权通过市场进行交易。相比于增量要素，存量要素规模巨大。市场对这部分要素的配置意义更大。企业产权结构重组，存量结构调整，可以在优化资产质量中提高要素配置效率。就如德姆塞茨所说："如果所有权可转让给出价最高的人，那么社会福利将趋于最大化。"科斯说，如果产权最初被错误地分配了，那么交易就会发生，并持续到产权以一种有效的方式拥有为止。在现阶段以产权流转方式进行的要素市场化配置主要涉及以下方面：

一是资本在产权流转中提高效率。供给侧结构性改革就是要解决被束缚在低效率的产能过剩的部门和企业的资源由死变活的问题，经济结构调整从增量扩能为主转向调整存量、做优增量。长期以来，许多国有企业长期亏损，国有企业资产效益不高？原因就是国有资产一旦进了企业以后，就死在那里了，就不动了，企业再亏损也不能流出。最后国有资产也就被毁掉了。这种国有资产不能流转的产权制度实际上造成国有资产的最大流失。要改变这种结构性问题就需要进行资源的再配置，"将资源从经济中生产率较低的部门转移至生产率较高的部门"①，资源的再配置、存量结构的调整就要靠市场的作用，也就是要素的市场化配置。一方面需要着力优胜劣汰，淘汰过剩产能、污染产能、落后产能；另一方面需要腾笼换鸟、凤凰涅槃，腾出发展的空间和资源发展新产业、新业态，使产业结构得到根本性转型和提升。显然，存量结构的调整是靠要素的市场化配置实现的。

二是企业在资产重组中做强做优做大。对国有经济来说，需要加快国有经济布局优化、结构调整、战略性重组，促进国有资产保值增值，推动国有资本做强做优做大。对民营企业来说，其发展面临两大问题。其一，单个所有者的资本达不到规模经济；其二，单个所有者的企业建立不起现代企业制度。在单一所有者的私营企业中存在的家企不分问题同政企不分

---

① 金墉、诺曼·劳亚：《生产率增长：全球模式、决定因素及其在中国的应用》，载于《中国经济报告》2019年第4期。

一样，都会严重影响效率。私营企业通过吸收包括公有资本在内的其他法人资本进入，参与改造国有企业，收购、兼并公有产权甚至达到控股，可以说是最为有效并快捷的做大做强的路径。在这里，谁兼并谁，谁重组谁？取决于谁的效率高，应完全由市场来决定。无论是国企还是民企，谁的效率高，谁就是兼并重组的主体。由此使资产向高效率企业集中。就像供给侧结构性改革需要处置"僵尸"企业，"僵尸"企业并不是都去关门，需要更多的通过并购的办法来处置"僵尸"企业，这样既可以降低处置"僵尸"企业的成本，更能使束缚在其中的资产由死变活。这就是要素市场化配置的结果。

以上要素市场化配置的任务也就提出完善市场经济体制的要求。原因是市场不完善，上述要素市场化配置的目标不可能达到。习近平在十八届三中全会上指出："我国市场经济是由计划经济转型而来，市场体系和市场秩序的混乱现象更为严重，难以实现市场配置资源的有效性。"这就是说，虽然明确了市场决定资源配置，但要实现有效的市场配置资源，需要完善市场经济，尤其是根据上述市场有效配置资源的要求，需要解决要素的自由流动问题，进一步的问题是把调节资源配置的市场规则、市场价格和市场竞争作为完善的着力点。由此提出了围绕要素市场化配置推进改革的任务。

二、深化要素市场改革的内容

要素的市场化配置是市场决定资源配置的基本特征，也是实现市场决定资源配置的前提条件。完善要素的市场化配置牵涉一系列的改革。

市场决定资源配置指的是，市场价格、市场规则和市场竞争调节资源配置。其体制要求是要素自由流动、价格反应灵活、竞争公平有序、企业优胜劣汰的市场。我们所讲的市场机制是包括市场、供给、需求、竞争等要素在内的结构，按此结构，实现要素市场化配置关键是完善要素市场：

1. 建设完备的要素市场

要素的市场化配置的基础是存在完备的生产要素市场，从而为各种生产要素同等并便捷进入市场提供条件。我国实行市场经济体制以来，虽然大部分要素市场已经形成并开放，但毕竟是从非市场的计划经济转化来的，市场建设还存在以下五个短板，因而需要补市场建设的短板。

一是完善并规范金融市场。金融是现代经济的核心。金融市场主要涉及银行信贷和资本市场，是市场配置资源的主渠道。要素流通基本上是在金融市场进行的。马克思当年就指出竞争和信用是资本集中的两个杠杆。在现代，包括银行和各个层次的资本市场的金融体系越是发达，要素在金融系统的集聚度越高，越是有利于资本的自由流动。长期以来我国的金融体制特征是重银行轻市场。由此产生的供给侧问题是银行贷款的数量太大，企业资产负债率太高，利息负担太重，社会的杠杆率太高，不但经济不活，还存在金融风险的压力。因此供给侧改革要去杠杆。但是去杠杆绝不意味着企业不要融通资金，而是调整企业融资结构，由间接融资转向直接融资，鼓励股权融资，但遇到资本市场供给不足的瓶颈。发展多层次的资本市场就是要给投资者、给企业，提供多元的投资场所，多种投资工具。多层次资本市场需要涵盖债权、股票、基金、期权，以及不采取证券形式的产权交易市场。这个市场不但要建，还要规范好。不然降不了杠杆。特别是创新创业投资依托风险投资市场。在此基础上需要规范银行信贷和资本市场配置资金的行为。银行信贷产生的杠杆率可能会使企业资不抵债问题，资本市场投资和投机行为交织，银行贷出的资金可能脱实向虚进入虚拟资本市场，这些都会造成金融市场行为的扭曲，从而降低市场配置资源效率，这就提出规范金融市场的改革要求。金融制度的建设既需要克服脱实向虚的现象，增强服务实体经济的能力，又要防止系统性金融风险。在此过程中，金融市场的两大组成部分即信贷和资本市场的有效衔接非常重要，其主要路径是建立促进要素市场化配置的基金。如以创业（风投）基金支持创新创业，以产业基金支持产业转型升级，以并购基金支持企业重组。

二是建设和规范土地市场。土地是财富之母。经济发展需要土地流转。土地只有进入市场流转和流通才最为规范有序。我国的土地，城市的国家所有，农村的集体所有。因此进入市场交易的是土地使用权。土地市场是包含了土地的出让、转让、租赁等交易内容的市场。土地市场包括两级：一级市场涉及土地使用权转让、划拨，二级市场涉及土地流通。土地市场建设的重点在规范。一级市场既然是市场就要引入公平竞争的机制。在二级市场上不仅要充分竞争，也需要建立防止过度投机的监管机制。现阶段补土地市场的短板突出的是农村集体所有土地的入市。一方面需要解决集体土地进入非农用途市场与国有土地出让市场的同地同权问题；另一方面需要探索在所有权、承包权和经营权三权分置的背景下，农民承包地经营权流转的市场建设问题。

三是发展技术市场。我国正在实施的创新驱动发展战略,突出需要解决科技创新成果和新技术迅速转化为现实的生产力。技术转移的重要路径是技术交易市场。现实中技术市场的困境与新技术供求信息严重不对称相关,① 表现在两个方面,一方面是企业需要的技术不知从哪里取得;大学科研机构创新的技术不知用到哪里去;另一方面新技术供给者为防止被仿冒而不愿公开新技术的完全信息,而新技术的需求者则因得不到新技术的完全信息而不愿购买和采用新技术。两者的脱节是技术要素的最大浪费。因此针对新技术转移中的信息不对称问题,发展技术交易市场的着力点。(1)技术市场建设要充分利用互联网信息平台,克服新技术供求信息的不对称;(2)活跃科技中介,这是技术市场重要组成部分;(3)强化技术市场上知识产权的保护和运营。技术市场既要严格保护知识产权,防止各种侵权行为的发生,又要推动知识产权的运营,在许可转让中实现知识产权价值最大化。

四是劳动力市场充分开放。劳动力市场配置劳动力资源可以实现人尽其才,就业优先战略的实施更需要劳动力市场充分发挥作用。但是囿于社会主义条件下劳动力不是商品的判断,我国劳动力市场是最晚开放的。现在劳动力市场得到了肯定。但劳动力进入市场至今还不是充分的。突出需要解决两大问题:第一,由于城乡地缘行业分割和身份性别的歧视,城乡劳动力的自由流动还是受限制的。为此需要深化户籍制度改革,实现劳动力在城乡之间自由流动,不仅仅是农村劳动力进入城市,还要解决城市劳动力进入农村。这个通道解决好了,城乡发展就深度融合了。第二,在创新驱动发展阶段,人才成为第一要素,对科技和管理人才主要忠诚于他们所负责的项目,并不要求终身服务于某个企业。而目前人才通过市场的合理流动则受到所在单位和档案的限制,优秀的科技管理人才难以在市场流动中找到合适的充分展示其才干的岗位,其价值也难以在劳动力市场上得到充分实现。对此,劳动力市场的改革和完善不能停留在简单劳动力市场建设,需要建设和完善人才市场,其中包括科技人才市场和企业家市场,

---

① "知识市场是市场的一种极端情况,在这种市场中买卖双方具有不对称信息,而且这种市场的行为方式与具有对称信息的市场的行为方式在性质上是不同的。……买方在得到信息之前,并不知道卖方要出售什么,同时一旦买方获得了卖方的精确信息,那么他就不会再购买卖方的产品了。"斯蒂格利茨:《社会主义向何处去》,吉林人民出版社1998年版,第172页。

在这类市场上人力资本价值是重要的评价标准。

五是大数据的市场分享。这个是新问题。在信息社会，尤其是进入互联网时代后，大数据成为除资本、技术、劳动、管理、土地以外的新的发展要素，甚至要比石油资源还要重要。现在大型互联网平台企业，大型的电商企业掌握足够多的大数据。谁掌握大数据，谁就垄断市场。各个政府部门也掌握了大量数据。正因为大数据已经成为现代的经济资源，就需要解决大数据这个资源进入市场，进一步发挥这个要素推动发展作用问题。这就要求大数据市场充分开放，以市场方式来实现大数据的有偿共享。前不久习近平主持中央政治局会议学习，专门研究大数据问题，要求以数据集中和共享为途径，打通信息壁垒，形成覆盖全国、统筹利用、统一接入的数据共享大平台。

2. 要素价格市场化的改革

生产要素由国家定价还是由市场定价？就看由谁来配置资源。如果市场配置资源，要素价格就必须由市场来定价。要素价格的市场决定就是马克思讲的：竞争，同供求比例的变动相适应的市场价格的波动。要素市场价格的调节能促进要素供求平衡并实现要素有效配置。

我国商品价格已经完全放开，由市场定价。但还有相当部分，尤其是生产要素的价格形成还没有完全交给市场。因此，要素价格的市场化突出需要解决以下三大问题：

一是进一步扩大物质性生产要素价格市场化形成的范围。现在竞争性领域价格基本已经放开，由市场定价。但是，涉及水、电、气、电信这样一些垄断性领域中的物质性的生产要素的价格还没有完全放开，由政府规制。政府规制是针对在一定时期允许存在垄断的领域所要进行的规制，包括自然垄断行业和少数非自然垄断行业。国家对资源性产品和垄断行业试图通过国家定价办法来进行规制，政府规制实施的效果表明，政府规制的效果并不理想。现实中往往是政府限价的垄断企业产品供不应求或服务质量低劣。针对政府规制和部门的垄断造成的低效率问题，20世纪80年代，世界各地在自然垄断行业中掀起了"规制改革"的浪潮，2014年诺贝尔奖获得者梯诺尔就是讲规制改革的。在科技进步和企业组织创新的成果的推动下，某些受规制产业不再具有自然垄断的性质。例如固定电话被移动通信所代替。这使对相关行业的规制手段失去了现实的必要性。专业化分工的发展也改变了自然垄断的范围。随着产业的发展和产业需求的扩大，企业内部的垂直一体化分工转化为社会专业化分工，有相当部分环节不再具有自然垄断性质。针对某些产业环节适合于竞争而其他环节适合于垄断经营的混合产业结构，规制改革的主要走向是：放松管制、引入竞争，转向激励性规制。所谓放松规制，是指市场调节更有效率的部门退出政府规制。所谓引入竞争机制，是指让有效率的竞争者进入，把竞争机制引入自然垄断产业，可以提高规制部门的效率。显然，规制改革就是要把一部分被政府规制的要素放给市场去配置。在电力行业之类的自然垄断行业可能分离出竞争性部门，退出政府规制的范围。例如，电力行业规制改革，只是保留网络部分的垄断和国家定价，而把发电、电力设备生产，供电服务等环节作为竞争性环节交给市场定价。这样，政府定价范围就主要限定在重要公用事业、公益性服务、网络型自然垄断环节。同时赋予被规制企业以更多的确定商品价格或服务收费的自由度，使被规制企业更加趋于按商业原则经营。各种激励性规制方式使企业受到了利润刺激或竞争的刺激，对于促进企业降低成本、提高生产效率以及资源配置效率具有积极意义。

二是资本、劳动、土地、技术、管理等要素价格在各自的市场上形成，各个要素市场的供求决定要素的价格。以资本的价格利息率为例，马克思认为不存在自然利息率，利息率会作为市场变量发生变动。在市场上，利息率的高低与货币资本的供求相关。这就是马克思说的，"市场利息率是由供求关系直接地、不通过任何中介决定的。"① 这就意味着在资本市场上，资本供不应求，利息率就高；反之，资本供过于求，利息率就低。在经济周期的不同阶段上，资本供求是不一样的，因此就有不同水平的利息率。"低利息率多数与繁荣时期或有额外利润的时期相适应，利息的提高与繁荣转向急转直下的阶段相适应，而达到高利贷极限程度的最高利息则与危机相适应。"② 其他要素的价格也是这样，由市场供求决定，例如企业家（职业经理人）价格在其市场上形成，劳动力价格也要受劳动力市场的供求决定。由此形成的生产要素的价格比例能够准确反映各种要素的市场供求。要素供求决定的要素价格涉及两个方面：（1）各个要素之间的相对价格；（2）不同质量的同种要素的相对价格。以这种要素价格比例调节资源配置，对供求双方都起调节作用。一方面要素的需求方依据由市场决定的生产要素价格比例，对投入要素进行成本和收益的比较，以最

---

① 马克思：《资本论》第三卷，人民出版社2004年版，第412页。
② 马克思：《资本论》第三卷，人民出版社2004年版，第404页。

低的成本使用生产要素；另一方面，要素的供给方增加相对稀缺的要素供给，减少相对宽裕的要素供给，提高供给要素的质量。由此全社会的要素得到充分利用和有效配置。因此，要素的市场化配置要求逐步取消要素价格的国家定价。

三是完善要素报酬机制。要素价格在市场上形成落到实处，就是其决定要素所有者得到的要素报酬。各种要素参与收入分配，实际上是要素使用者分别给要素所有者支付报酬，企业和要素所有者能否对要素价格作出反应，就看要素报酬多大程度上反映要素市场的供求状况。而且即使同一种生产要素在市场上由于不同质而有不同的供求状况，优质要素更为稀缺。这就有个优质优价的要求。这些要求需要在收入分配结构中得到体现。社会主义的基本分配制度是按劳分配为主，多种分配方式并存。多种分配方式的实质就是各种要素参与收入分配。要素报酬有三个含义：（1）按照要素的投入来决定报酬；（2）按要素的贡献来决定报酬；（3）按照要素的市场供求来决定报酬。要素报酬应该是这三方面的综合。要素的市场供求状况对要素报酬起着决定性作用。各种要素的供求状况以及由此决定的要素价格必然是需要考虑的因素。

市场对各种要素的供求关系所形成的市场评价成为要素报酬的客观依据，也就是通常说的物以稀为贵。以此评价标准形成企业中各尽所能各得其所的收入结构，对要素配置效率有明显的效果。一是企业依据要素供求结构确定要素报酬比例，从而形成有效的要素组合。现阶段不仅仅劳动力是私有的，其他生产要素如物质资本，技术、管理等有相当部分也是私有的。这些要素相比劳动要素都更为稀缺。对企业来说，用多少资本，用多少劳动，用多少土地？这些要素可以相互补充，也可以相互替代，这就有一个最有效率的要素组合问题，资本价格太高，那就少用资本多用劳动，土地价格太高，就少用土地多用资本还能充分动员稀缺要素的供给。二是依据企业对高质量要素的需求促进要素质量的提高。由于同种生产要素有不同的质量，由此产生的要素价格也不一样。例如，职业经理人市场上具有更高人力资本含量的企业家更为稀缺，其报酬必然更高。企业依据不同质量的要素支付报酬，对稀缺的优质的要素给予高的报酬，不仅能把稀缺的要素充分动员起来，还能促进资本积累和人力资本积累增加优质稀缺资源的供给。

三、保障要素市场化配置的市场秩序建设

要素市场化配置是否有效的关键在市场秩序。市场经济理论对市场秩序的认识也是在不断深化的。最早的市场秩序理论是强调建立充分竞争的市场秩序，后来的理论发现，市场完全竞争是不存在。就如萨缪尔森《经济学》中一个注解所说，那种完全竞争的市场只有维多利亚王朝时才存在一会儿。市场不完全竞争是常态。后来理论又进一步发现，不仅竞争是不完全的，市场信息也是不完全的。后来的交易费用理论又说明，市场交易是有成本的，现实中的市场不仅仅是竞争不充分，也可能存在"血拼式"过度竞争，现在"血拼式"过度竞争比比皆是，大家互相之间竞相压价，采取各种各样零和的竞争手段，竞争都很残酷。如果竞争那样残酷，那样血拼，竞争费用那么高，还不如搞计划经济。因此现代市场经济理论开始转向建立有秩序的竞争。只有竞争是有秩序的，市场调节资源配置的成本才是最低的。

市场经济理论范式也经历了两个阶段，原来的市场经济理论范式基本上可以概括为选择理论，要素市场化配置都是强调优胜劣汰的选择。在信息经济学产生以后，产生了新的理论范式，就是激励范式。针对信息不完全的市场条件下可能产生的机会主义的经济行为，要素的市场化配置强调激励机制。我国现在讲要素的市场化配置要把这两个理论都用起来：一是要讲选择，强调优胜劣汰，充分发挥市场作用；二是要讲激励，面对信息不完全的市场通过在相应的制度安排克服各种机会主义行为，调动各方面积极性。

市场有效配置资源的基础性秩序是市场机制的充分并有效运行。其前提是消费者主权、机会均等、自由竞争、企业自主经营、资源自由流动。在这样一个前提下，实现市场对资源有效配置就需要为市场机制发挥作用作制度安排。一是等价交换机制的作用。其关键的制度安排是在价格上体现公平交易。二是信息机制的作用，产生横向信息反馈，其关键的制度安排是买卖双方自主决策。三是竞争机制的作用，其关键的制度安排是充分竞争，只承认竞争的权威，而不承认其他权威。四是风险和利益机制的作用，其关键的制度安排是经济行为者对自己的行为负责并承担风险。由于这四大机制的作用，市场配置资源就最为有效，我们说要建立要素市场化

配置的秩序,关键是要使市场经济这四大机制充分发挥作用。按此要求,针对我国的市场现状,实现有效的要素市场化配置的市场秩序建设主要涉及以下方面:

第一,培育自主决策的市场主体。自主决策的主要表现是资本流动的自主选择。在市场经济中要素基本上是被资本带进市场的。要素怎么进入市场,怎么自由流动,是在资本的自由选择中实现的。资本自由选择有两个条件。一是需要宽松、便捷的市场准入环境,公平统一、开放透明的市场准入机制。政府审批和准入的制度性限制就阻碍资本的自主选择和要素的自由流动。改革的重要方面是实施负面清单的准入制度,并且负面限制范围越来越小。二是需要有效的资本退出机制。存量资本日积月累。如果没有退出,进入市场的要素一定是有限的。这涉及市场对存量结构调整的调节。需要两个方面机制建设:一是强化优胜劣汰的退出机制,促使束缚在低效率企业中的各种要素退出该企业后进入市场。其机制包括:建立企业破产制度、企业出售、被兼并等。二是灵活的资本市场退出机制。这对支持创新创业的风险投资特别重要。风险投资在资本市场及时退出,可以使风险投资源源不断。相应的科创板之类的资本市场建设就非常重要。

第二,建立公平开放透明的市场规则。任何游戏都有规则,市场交易也不例外。只有规范有序的市场配置资源才是有效的。建立市场规则也就是规范市场秩序,这是提高市场调节效果,降低市场运行成本的重要途径。相关的规则,其一是公平竞争。包括权利平等、机会均等、公平交易、规则公平。我国目前市场竞争的不公平突出表现在三个方面:一是不同所有制经济的不平等待遇,一方面民营经济实际上受到各种形式的歧视,另一方面国有企业的运行不如民营经济那么自主。二是存在市场垄断,其中包括相当多的属于计划经济残余下来的行政垄断。三是国家和地方出台的各种优惠和倾斜政策。有优惠就有歧视,政策不一视同仁,部分地区部分企业获得某种优惠和照顾,造成竞争机会不公平,由此弱化市场机制的调节效应。其二是规范市场行为。一是定价行为规范。价格放开不等于定价可以随心所欲。定价中的垄断性行为、倾销性行为和谋取暴利的行为都应得到限制,以免价格的暴涨暴跌。二是竞争行为规范。竞争中出现的欺诈、串谋、虚假广告等不正当竞争行为都可能造成过高的竞争费用和交易成本,并导致低效率。三是增加市场透明度,市场的公开透明要求建立市场信息披露制度。市场信息不完全,独享信息的一方可能垄断和操纵市场，市场交易就达不到双赢。从社会来讲就需要通过一定的制度安排来强制市场参与者披露信息，政府也要建立市场信息披露制度，为市场参与者提供产能规模、技术水准、市场需求等信息，由此从社会范围降低信息成本。基于上述市场规则就提出市场监管体系问题，不仅需要市场自律，也需要他律，主要是市场立法和政府监管。

第三，建立统一开放的市场。要素在统一开放的而不是在封闭的"条条块块"的市场配置才有效。统一市场可以从多角度作出规定：一是从产品和要素的流动性规定，统一市场意味着在市场上要素自由流动、企业自由流动、产品和服务自由流动。二是从各类市场主体的市场地位规定，统一市场是指各类市场主体平等地进入各类市场并平等地获取生产要素。三是从市场规则规定，各个地区的市场体制和政策统一，各个地区市场按照统一的规则运作。我国是从计划经济向市场经济转型的，而且存在自然经济的残余，因此，我国进入市场经济时，统一市场并没有形成。在改革进程中已有的财政税收制度的改革和地区发展政策又强化了地方利益，由此产生的地方保护主义的市场壁垒，阻碍了要素的自由流动。因此统一市场建设突出在三个方面：一是打破地方保护，打破地方政府对本地处于劣势的产业和企业的保护；二是打破市场的行政性垄断和地区封锁，实现商品和各种生产要素在全国范围自由流动，各个市场主体平等地进入各类市场交易；三是打破城乡市场分割，建设统一的城乡市场。其路径涉及提升农村市场化水平，完善农产品价格在市场上形成机制，建设城乡统一的要素市场。

第四，降低市场调节的成本。我国市场化改革以来，竞争局面已经形成。按理说，企业的经济效益应该有明显提高。可是现实中，企业的经济效益不但没有提高，还有下滑的趋势。仔细分析便可发现，竞争对企业提高生产效率确实起到了明显的促进作用。但竞争作为提高效率的手段，本身也有费用，企业间只有竞争，没有合作，出现严重的无序竞争、过度竞争、恶性竞争，甚至"血拼"，造成了过高的竞争费用。膨胀起来的竞争费用严重地侵蚀企业的效益。在这种情况下，人们不免要提出一个问题：竞争费用这么高，竞争是否还值得？因此，对竞争也要作费用和效用的分析。如果竞争费用过高，高于竞争所产生的效率，这种竞争就是划不来的。现代市场经济理论已经发现，市场经济作为一种资源配置方式是有成本的。其中包括：交易成本，即寻找市场、寻找真实价格的信息成本、谈判成本、签订和监督契约的成本等。信息成本，由于信息的不确定、不完全，获得信息有成本，就有可能产生搭卖、互惠、垄断、搭便车、舞弊等不正当交易行为。分散化市场经济也产生了巨大的广告费用和竞争费用。交易费用以及贸易伙伴的不可靠带来的费用足以高到使人们对分散化完全丧失信心的程度。诺贝尔经济学奖获得者希克斯 1977 年在他的《经济学展望》一书的序言中指出了现代市场经济同瓦尔拉斯和马歇尔描述的市场经济有明显区别，其主要体现在两个方面：（1）市场不再是"原子型市场"，由于生产的集中和资本的集中，垄断性企业控制了市场，垄断企业内部的计划性会带动它所控制的市场的计划性；（2）没有组织的市场已经被有组织的市场代替。诺贝尔经济学奖得主科斯指出，交易成本是市场经济固有的制度性成本。现实中企业之间不仅需要为寻找市场需要支付成本，相互之间的竞争也需要支付成本。通过并购之类的产权制度安排，企业代替市场，就能降低交易成本。这也是降低市场配置资源的成本。显然，降低市场调节成本的重要路径是建设有组织的市场，促进企业集中。在这里不反对企业间合并形成垄断组织，但反对垄断行为。

第五，完善产权保护和流转制度。党的十九大提出的完善社会主义市场经济体制的两大改革重点即完善产权制度和要素的市场化配置实际上是相辅相成的。有效的产权制度是保障市场秩序的基础，是保障市场主体活力的基础，也是保障市场预期的基础。有恒产者有恒心。市场决定资源配置是建立在有效的产权制度基础上的。根据马克思的分析，市场交易就是所有权的交易。任何商品（包括资产）只有在产权界定清楚的情况下才能进行交易，市场机制也才能发挥作用，资源也可能获得有效配置。产权被用来界定人们在经济活动中如何受益、如何受损，以及他们之间如何进行补偿的规则。市场调节中决定为谁生产就是指的各种要素的所有者在社会总产品中凭借所有权获取的收益。各种要素的收益取决于在各自市场上的供求状况，由此实现市场所配置的资源最有效率的组合和配置。为什么市场主体能够服从市场调节，根本原因在于自身的产权利益与其市场行为相关。现实中经济行为同风险与收益相挂钩，最致命的风险是产权丧失，最重要的收益是财产增值。产权制度安排具有降低市场配置资源成本的功能。在已有的产权制度改革的基础上，党的十九大提出完善产权制度是要突出产权的有效激励功能。对经济行为者所谓的激励，通常讲的是收入的激励。理论和实践都证明，财产权利的激励是更为重要的激励。产权激励是市场经济最强大的动力源，产权的界定、配置和流转具有更强更有效的激励。产权激励制度把人们经济活动的努力和财产权利紧密地联系在一起，把经济活动的风险和财产收益联系在一起。这是稳定持久的激励。中国改革成功得益于产权制度改革和产权激励。

产权的有效激励所要求的产权制度的完善主要涉及以下内容：首先是严格保护产权。保护产权要以公平为核心，全面保护，依法保护。其次是产权流转。产权流转一般在入股企业和产权交易中进行。产权流转基本上是指存量资产的市场配置。这就有个资产价值的准确估价问题。根据实验经济学原理，在卖者和买者集中的市场上交易的价格更为准确。这意味着产权进入公开市场交易比私下交易对产权价值的评价更为客观公正。尤其是公有产权与私人产权交易时公有产权往往被低估，原因是公有产权没有得到自身财产利益的关心。这表明产权在规范的资本市场流转最为有效。这也是要素市场化配置的内容。最后是产权的安全性，指的是入股和交易的产权必须是安全的。就如诺思所说："私人所有者之间通过市场契约转让的产权必须是排他性的权利。这种权利不仅必须是可度量的，而且必须是能行使的。"如果入股或购买的企业债务缠身，股价再便宜，也会因承接过高的债务而难以行使所获取产权。根据以上分析，公有制经济财产权不可侵犯，非公有制经济财产权同样不可侵犯。基于以上有效激励的产权制度要求，必须明确国家界定和保护产权的职能：国家不只是保护国有资产，而要保护各种所有制经济产权和合法利益。

总的来说，要素的市场化配置是系统工程。市场配置资源要能达到效率目标，关键在市场整体有效。市场有效的关键在市场秩序和规范。我国的市场经济发育程度低，市场体系和市场秩序的混乱现象较为严重，难以实现市场配置资源的有效性。因此需要推进以市场整体有效为目标的市场秩序和规范建设。其中包括：建立法治化的营商环境，降低市场交易成本。基于信息不完全建立克服机会主义行为的体制机制。建立统一开放竞争有序的市场等。所有这些都是当前加快完善社会主义市场经济体制的内容，也是市场配置资源有效的基本保证。

参考文献

1. 洪银兴：《市场秩序和规范》，上海三联书店 2014 年版。
2. 斯蒂格利茨：《社会主义向何处去》，吉林人民出版社 1998 年版。
3. 科尔奈：《关于资本主义和社会主义的市场理论研究》，载于《比较》2011 年第 57 期。
4. 陈诗一：《从要素市场化看供给侧改革中的中长期实践路径》，载于《经济理论与经济管理》2017 年第 11 期。

经济增长目标、保增长压力与要素市场扭曲

赵新宇　郑国强[*]

一、引　言

中国经济已经由高速增长阶段转向高质量发展阶段,但长期粗放式增长模式下衍生出的要素市场扭曲可能对中国经济增长质量产生较大的负面影响[①]。要素市场扭曲不仅会阻碍企业创新和产业结构升级,造成资源配置的效率损失,进而影响经济运行效率[②][③][④][⑤],还会导致宏观经济出现消费不足、投资过度的内部失衡以及进口不足、出口过度的外部失衡现象[⑥][⑦]。正因为如此,党的十九大报告中明确指出:"经济体制改革必须以

---

[*] 赵新宇,吉林大学中国国有经济中心、经济学院教授;郑国强,吉林大学经济学院博士研究生。

[①] 周一成、廖信林:《要素市场扭曲与中国经济增长质量:理论与经验证据》,载于《现代经济探讨》2018年第8期,第8~16页。

[②] 张杰、周晓艳、李勇:《要素市场扭曲抑制了中国企业R&D?》,载于《经济研究》2011年第46卷第8期,第78~91页。

[③] 谭洪波:《中国要素市场扭曲存在工业偏向吗?——基于中国省级面板数据的实证研究》,载于《管理世界》2015年第12期,第96~105页。

[④] Hsieh C T, P J Klenow. Misallocation and Manufacturing TFP in China and India [J]. Quarterly Journal of Economics, 2009, 124 (4): 1403 – 1448.

[⑤] 罗德明、李晔、史晋川:《要素市场扭曲、资源错置与生产率》,载于《经济研究》2012年第47卷第3期,第4~14页。

[⑥] 徐长生、刘望辉:《劳动力市场扭曲与中国宏观经济失衡》,载于《统计研究》2008年第5期,第32~37页。

[⑦] 林雪、林可全:《中国要素价格扭曲对经济失衡的影响研究》,载于《上海经济研究》2015年第8期,第64~76页。

完善产权制度和要素市场化配置为重点，实现产权有效激励、要素自由流动、价格反映灵活、竞争公平有序、企业优胜劣汰。"因而，探寻要素市场扭曲产生的原因及解决措施，加快推进要素市场化改革成为中国完善社会主义市场经济体制，实现经济高质量发展过程中亟待解决的重要议题之一。

中国要素市场扭曲的产生除了历史体制的惯性原因外，也有其现实因素。新中国成立初期，中国实施了优先发展资本密集型重工业的追赶战略，但是由于资本要素并非国家的优势资源，政府必须采用计划手段对资源进行配置，并在资本、劳动力等市场实施一系列扭曲政策。改革开放以后，中国从计划经济体制逐渐向市场经济体制转变，市场化得到了较大的发展，但是要素市场的市场化发展程度仍然明显滞后于产品市场。究其原因，一方面是因为过去赶超战略下实施的低利率、低土地价格、低能源价格等扭曲政策仍未得到完全纠正[1]；另一方面则是因为在中国以GDP为主要内容的考核机制下，地方政府官员为了推动地区经济快速增长以实现晋升，会进一步加大对要素市场的干预和控制，人为压低要素价格，进而导致要素市场的扭曲[2]。

由于政府官员受到的晋升激励难以用数据衡量，所以较少有文献对官员晋升激励与要素市场扭曲的关系进行实证层面的验证。现有学者们多从官员的更替以及官员的任期、年龄等角度对晋升激励进行衡量[3][4]，戴魁早（2016）以官员更替所产生的职业竞争程度作为衡量官员晋升的指标，实证考察了中国官员的晋升激励对要素市场扭曲的影响，研究结果表明，地方官员受到的晋升激励是导致要素市场扭曲的重要原因[5]。本文的研究与现有关于中国地方官员晋升激励以及要素市场扭曲产生原因的文献有着密切的关系。与现有文献不同，本文的聚焦点并不在于地方官员自身特征

---

[1] 林毅夫、苏剑：《论我国经济增长方式的转换》，载于《管理世界》2007年第11期，第5~13页。

[2] 张杰、周晓艳、李勇：《要素市场扭曲抑制了中国企业R&D?》，载于《经济研究》2011年第46卷第8期，第78~91页。

[3] 王贤彬、徐现祥：《地方官员晋升竞争与经济增长》，载于《经济科学》2010年第6期，第42~58页。

[4] 吴敏、周黎安：《晋升激励与城市建设：公共品可视性的视角》，载于《经济研究》2018年第53卷第12期，第97~111页。

[5] 戴魁早：《地方官员激励、制度环境与要素市场扭曲——基于中国省级面板数据的实证研究》，载于《经济理论与经济管理》2016年第8期，第60~78页。

所导致的晋升激励本身，而是要重点考察地方官员在晋升激励下所产生的特有行为，即经济增长目标的制定，及其对要素市场扭曲的影响。地方的经济增长目标由地方官员直接负责制定，地方官员的自身特征与经济增长目标之间有着显著关系①②。这表明在政治锦标赛的模式下，经济增长目标的制定实际上发挥了以增长为竞争指标激励官员的作用③。在晋升激励下，当中央政府制定出经济增长目标后，为了响应中央政府并向中央传递个人能力信号，地方政府官员会对经济增长目标进行加码和放大，即本地制定的增长目标要高于中央政府制定的增长目标④。更重要的是，地方政府官员不仅要制定较高的经济增长目标，还要在公布经济增长目标后，通过各种措施干预辖区经济，最终完成甚至超额完成预期的经济增长目标。在众多可采用的措施中，通过干预要素资源的配置，扭曲要素价格以实现短期经济增长成为地方政府最行之有效的选择。因此，地方政府制定的经济增长目标越高，其保增长压力就越大，就越可能通过扭曲要素市场来促进经济增长，进而阻碍了经济的高质量发展。

　　基于此，本文利用 2002~2014 年中国 30 个省份的面板数据，实证考察了地方政府经济增长目标以及由此带来的保增长压力对要素市场扭曲的影响。相对于已有文献，本文的边际贡献可能在于：首先，本文首次从政府目标管理角度考察了官员激励对要素市场扭曲的影响，弥补了现有文献的不足，并为研究地方政府干预要素市场的动因提供了新的解释视角。其次，本文的研究发现，不同经济发展水平和不同经济环境背景下，政府面临的保增长压力不同，政府增长目标对要素市场扭曲影响也存在异质性，这些研究结论为深入理解地方政府与要素市场扭曲的关系提供了详细的经验证据。最后，本文还考察了创新创业的调节作用。除了要素投入以外，技术创新和企业家精神也是促进地区经济增长的重要因素。在创新创业水平较高的地区，经济增长的内在动力更强，政府干预要素市场的动机则可能相对较弱。本文的研究结果表明，创新水平和创业水平较高的地区，政府增长目标以及由此带来的保增长压力并不会加重地区要素市场扭曲，这

---

　　① 马亮：《官员晋升激励与政府绩效目标设置——中国省级面板数据的实证研究》，载于《公共管理学报》2013 年第 10 卷第 2 期，第 28~39 页。
　　② 余泳泽、杨晓章：《官员任期、官员特征与经济增长目标制定——来自 230 个地级市的经验证据》，载于《经济学动态》2017 年第 2 期，第 51~65 页。
　　③④ 周黎安、刘冲、厉行、翁翕：《"层层加码"与官员激励》，载于《世界经济文汇》2015 年第 1 期，第 1~15 页。

为我国实施"大众创新，万众创业"政策提供了新的现实依据。

二、理论背景与研究假设

发展规划在中国经济发展奇迹上扮演着重要的角色，在提供公共服务，调控发展模式，促进经济增长，减少经济波动等方面都发挥着重要的作用[1]。近年来，在中央和地方政府每五年度制定的国民经济和社会发展"五年规划"以及每年初的政府工作报告中，几乎无一例外地都会涉及全国或地方的预期经济增长目标。事实上，经济增长目标的管理并非中国特有的现象，印度、欧盟等经济体也会一直或定期公布经济增长目标[2]。与其他国家不同的是，在特有的以 GDP 为主要内容的官员考核机制下，中国经济增长目标的制定除了引导经济发展以外，还涉及到中央政府对地方官员的绩效考核。中国的地方官员由上级考核和任命，而考核和任命的重要依据就是地区的经济绩效[3][4]。因此，经济增长目标背后所代表的官员绩效评价体系与中央政府对地方政府的任命制相耦合，共同构成了中国的官员激励机制。在晋升锦标赛的激励下，地方政府为了向上级传递积极而富有竞争性的信号，会制定出既符合上级需求又能体现自身能力的经济增长目标，从而在晋升锦标赛中获得更多机会[5]。同时，官员的晋升锦标赛往往是零和博弈，一个官员的晋升往往会降低其他官员的晋升机会，所以地方官员的行为还会受到周围地区横向竞争的影响。在晋升激励下，地方政府经济增长目标制定的依据并不完全取决于本地的经济发展状况，而更多的是参考上级政府和具有竞争关系地区所制定的经济增长目标，然后在

---

[1] 胡鞍钢、鄢一龙、吕捷：《中国发展奇迹的重要手段——以五年计划转型为例（从"六五"到"十一五"）》，载于《清华大学学报（哲学社会科学版）》2011 年第 26 卷第 1 期，第 43~52 页。

[2] 徐现祥、刘毓芸：《经济增长目标管理》，载于《经济研究》2017 年第 52 卷第 7 期，第 18~33 页。

[3] Li H, L A Zhou. Political Turnover and Economic Performance: The Incentive Role of Personnel Control in China [J]. *Journal of Public Economics*, 2005, 89 (9-10): 1743-1762.

[4] 周黎安：《中国地方官员的晋升锦标赛模式研究》，载于《经济研究》2007 年第 7 期，第 36~50 页。

[5] 余泳泽、杨晓章：《官员任期、官员特征与经济增长目标制定——来自 230 个地级市的经验证据》，载于《经济学动态》2017 年第 2 期，第 51~65 页。

此基础上进行加码,制定出一个高于上级政府和竞争对手的经济增长目标[①]。

然而,制定偏离自身发展实际的高经济增长目标是具有较大风险的,如果最终不能完成经济增长目标,地方政府官员最初为了展现自身能力而制定的经济增长目标可能会传达出相反的消极信号。因此,政府在制定经济增长目标以后,还面临着较大的保增长压力。地方政府需要充分利用自己所掌握的各种资源来促进经济增长,以求最终完成甚至超额完成预定的经济增长目标。通过对资本、劳动力、土地等要素市场的干预和控制,人为扭曲要素市场成为地方政府促进经济增长的普遍做法[②]。在经济增长目标的约束下,保增长压力使得政府干预要素市场的动机得以进一步加强。地方政府经济增长目标压力越大,越依赖于通过刺激投资和物质资本积累来实现既定增长目标[③]。为了完成预定的经济增长目标,政府需要制定一系列招商引资的优惠政策,以在短期内吸引足够的外部投资,如控制资本价格和资本的分配权,为私人投资提供较低的借贷利率;实施土地优惠政策,人为压低土地价格;加大对劳动力流动和劳动力价格的控制,使投资者享受更低的劳动力成本等。基于以上分析,本文提出如下假设:

假设1:政府制定的经济增长目标及由此带来的保增长压力会加重地区的要素市场扭曲程度。

同时,不同发展基础以及不同外部经济环境下,地区的经济增长速度并不相同。因此,即使制定相同的经济增长目标,各地区面临的保增长压力也是不同的,政府对要素市场的干预程度也会存在差异。在晋升锦标赛激励下,各地区政府官员所制定的经济增长目标普遍过高并且彼此间的差别相对较小。对于经济发展基础较差的地区,高水平的经济增长实现难度相对较大,由此带来的保增长压力也会较大。地方政府在预期按照市场规律发展经济无法达成经济增长目标时,将采取扭曲要素配置的方式保证地

[①] 魏建、鉴闻:《经济增长预期目标为何系统性偏离实际?——基于地级市政府工作报告的实证分析》,载于《学习与探索》2018年第3期,第98~107页。

[②] 张杰、周晓艳、李勇:《要素市场扭曲抑制了中国企业R&D?》,载于《经济研究》2011年第46卷第8期,第78~91页。

[③] 徐现祥、李书娟、王贤彬、毕青苗:《中国经济增长目标的选择:以高质量发展终结"崩溃论"》,载于《世界经济》2018年第41卷第10期,第3~25页。

方实现短期经济增长①。从各地区经济增长目标的完成情况来看,2008年以前各地区均能实现预定的经济增长目标,2008年以后,未能完成经济增长目标的地区逐渐增多。其中,国际金融危机是导致部分地区未能实现经济增长目标的重要原因②。2008年以后,各地区均受到金融危机不同程度上的影响,经济增长速度下降,但是在惯性思维和晋升激励下,部分政府依然会制定较高的经济增长目标,在外部经济环境较差的情况下,各地区会进一步加大对辖区要素市场的干预以保证经济增长目标的实现。基于此,本文提出如下假设:

假设2:不同发展基础以及不同经济环境下,政府面临的保增长压力不同,政府制定的经济增长目标及由此带来的保增长压力对要素市场扭曲的影响存在差异。

更为重要的是,在不同政策工具下,经济增长目标所产生的经济效应会存在差异③。要素投入并不是政府促进经济增长的唯一政策工具,地方政府也可能会通过引导科技创新和培育企业家精神来促进经济增长。创新和企业家精神对经济增长具有促进作用,是经济增长方式转变的内在动力④⑤⑥。为培育新的经济增长动力机制,中国政府不断完善创新创业政策的顶层设计,深入实施创新创业发展战略,鼓励更多社会主体投身创新创业。因此,在经济增长目标约束下,创新创业可能对保增长压力下的政府行为具有调节作用。如果政府积极实行创新创业发展战略,地区的创新水平和企业家精神得到较好的发展,那么地区经济增长的内生动力会相对较强,政府对要素投入的依赖度也会得到降低,政府不需要过度地干预要素市场便可以实现经济增长目标,政府保增长压力对要素市场扭曲的影响也

---

① 余泳泽、潘妍:《中国经济高速增长与服务业结构升级滞后并存之谜——基于地方经济增长目标约束视角的解释》,载于《经济研究》2019年第3期,第150~165页。
② 魏建、鉴闻:《经济增长预期目标为何系统性偏离实际?——基于地级市政府工作报告的实证分析》,载于《学习与探索》2018年第3期,第98~107页。
③ 徐现祥、李书娟、王贤彬、毕青苗:《中国经济增长目标的选择:以高质量发展终结"崩溃论"》,载于《世界经济》2018年第41卷第10期,第3~25页。
④ 唐未兵、傅元海、王展祥:《技术创新、技术引进与经济增长方式转变》,载于《经济研究》2014年第49卷第7期,第31~43页。
⑤ 李宏彬、李杏、姚先国、张海峰、张俊森:《企业家的创业与创新精神对中国经济增长的影响》,载于《经济研究》2009年第44卷第10期,第99~108页。
⑥ Audretsch D B, M Belitski, S Desai. Entrepreneurship and Economic Development in Cities [J]. *The Annals of Regional Science*, 2015, 55 (1): 33-60.

会得到减弱。基于此，本文提出如下假设：

假设3：在创新创业水平较低的地区，政府制定的经济增长目标及由此带来的保增长压力对要素市场扭曲的影响较大；在创新创业水平较高的地区，政府制定的经济增长目标及由此带来的保增长压力对要素市场扭曲的影响较小。

三、计量模型与数据说明

（一）计量模型设定

为了验证政府经济增长目标的制定以及由此带来的保增长压力对要素市场扭曲的影响，本文设定计量模型如下：

$$\text{Dist}_{it} = \alpha_1 + \beta_1 \text{Goal}_{it} + \beta_3 X_{it} + \mu_i + \gamma_t + \varepsilon_{it} \quad (1)$$

$$\text{Dist}_{it} = \alpha_2 + \beta_2 \text{Pressure}_{it} + \beta_3 X_{it} + \mu_i + \gamma_t + \varepsilon_{it} \quad (2)$$

模型中，下标 i 和 t 分别表示 i 地区的第 t 年，α、β_1、β_2、β_3 为系数向量，μ_i 为地区固定效应，γ_t 为时间固定效应，ε_{it} 为随机扰动项。被解释变量 Dist_{it} 表示地区要素市场扭曲程度，模型（1）中核心解释变量 Goal_{it} 表示地方政府制定的经济增长目标，模型（2）中核心解释变量 Pressure_{it} 表示地方政府面临的保增长压力。X_{it} 为一组控制变量，主要包括地区创新水平、产业结构、对外开放水平、金融发展水平、腐败程度等变量。

（二）变量说明

被解释变量 Dist_{it} 为地区要素市场扭曲程度。关于要素市场扭曲的测算，目前主要有两种方式：一种是利用生产函数法、随机前沿法等计算各要素的价格扭曲程度，该种方法虽然能较好地估算出某一具体要素市场的价格扭曲程度，却不能全面反映要素市场的整体扭曲程度；另一种则主要是借鉴张杰等（2011）的方法，利用产品市场和要素市场的相对进展程度对要素市场扭曲程度进行估计①。此种方法虽然不能估算具体要素市场的扭曲程度，却可以估算出整体要素市场的相对扭曲程度。林伯强和杜克锐

---

① 张杰、周晓艳、李勇：《要素市场扭曲抑制了中国企业R&D?》，载于《经济研究》2011年第46卷第8期，第78~91页。

(2013) 在其基础上进行了改进,使要素扭曲指标不但可以体现出地区间要素市场扭曲程度的相对差异,同时可以展现地区要素市场扭曲自身随时间的变化①。基于此,本文借鉴林伯强和杜克锐(2013)的做法,采用各地区要素市场发育程度与样本中要素市场发育程度最高之间的相对差距来衡量地区要素市场扭曲②。具体估算公式为 $\mathrm{Dist}_{it} = [\max(\mathrm{factor}_{it}) - \mathrm{factor}_{it}] / \max(\mathrm{factor}_{it}) \times 100$,其中 factor_{it} 为地区要素市场发育程度。

核心解释变量 Goal_{it} 为地方政府制定的经济增长目标。本文主要采用每年各省政府工作报告中提及的本年度预期增长速度(%)。通常情况下,每年初各省会召开省级人民代表大会,省长(市长、区主席)会代表省政府在大会上做政府工作报告,在总结政府上一年的工作绩效的同时,也会提出本年度的经济和社会发展规划。通过数据整体后发现,虽然具体表述不尽相同,但是几乎所有省级政府报告中都提及了本地区当年的预期经济增长速度。对于某年度未公布具体经济增长目标的省份,本文借鉴徐现祥和梁剑雄(2014)的方法,用该省份五年规划中的增长目标或下一年经济增长目标进行补充③。

核心解释变量 $\mathrm{Pressure}_{it}$ 为地方政府面临的保增长压力。借鉴徐现祥等(2018)的做法,本文以当年的经济增长目标与当年的实际经济增长速度的比值(%)衡量地区的保增长压力④,比值越大说明地区面临的保增长压力越大。

控制变量主要包括:(1)地区创新水平。创新可以推动地区经济发展方式由要素驱动的粗放型增长模式向创新驱动的集约型增长模式转变,生产要素的配置效率得以提高,要素市场的扭曲程度也会得到改善。本文用每百人拥有的专利数量衡量创新水平。(2)地区产业结构。产业结构变迁是劳动和资本要素从低生产率产业向高生产率产业流动的过程⑤,产业结构的优化升级使得资源在不同产业部门之间重新进行优化配置,资源错配

---

①② 林伯强、杜克锐:《要素市场扭曲对能源效率的影响》,载于《经济研究》2013 年第 48 卷第 9 期,第 125~136 页。

③ 徐现祥、梁剑雄:《经济增长目标的策略性调整》,载于《经济研究》2014 年第 49 卷第 1 期,第 27~40 页。

④ 徐现祥、李书娟、王贤彬、毕青苗:《中国经济增长目标的选择:以高质量发展终结"崩溃论"》,载于《世界经济》2018 年第 41 卷第 10 期,第 3~25 页。

⑤ 傅元海、叶祥松、王展祥:《制造业结构变迁与经济增长效率提高》,载于《经济研究》2016 年第 51 卷第 8 期,第 86~100 页。

状况得以改善，要素市场扭曲也会进一步缓解。本文用第三产业产值与第二产业产值比重（%）衡量产业结构。（3）对外开放水平。一方面，对外开放水平提高使得大量的外资涌入，弥补了地区资本要素的积累不足，同时外商直接投资也会产生技术溢出效应，从而提高了要素资源配置和利用效率①；另一方面，对外开放会加剧各地招商引资的竞争，政府会压低资本、劳动力、土地等要素的价格以吸引更多的外资进入，进而加剧了要素市场扭曲。因此，对外开放对要素市场扭曲的影响方向并不确定，需要进一步实证考察。本文用外商直接投资占地区生产总值的比重（%）衡量对外开放水平。（4）金融发展水平。在经济发展初期，由于资本要素的稀缺，地方政府会对资本要素的价格和分配进行控制。随着金融业的不断发展，地区资本积累逐渐扩大，资本市场的扭曲程度也会得到缓解。本文用金融业增加值占地区生产总值的比重（%）衡量金融业的发展水平。（5）地区腐败程度。地方政府对要素价格权和分配权的控制为官员的寻租腐败提供了较大空间，为获得更大的经济利益，地方官员会主动扭曲要素市场来创造寻租腐败的机会。本文用每万名公职人员贪污贿赂案件立案数衡量地区腐败。

（三）数据来源

本文所用样本为2002~2014年中国30个省份的面板数据（不包括港澳台地区，西藏地区因部分数据缺失严重，并未包含在内）。其中，要素市场发育程度数据主要来源于樊纲等（2010）编制的1997~2008年市场化指数以及王小鲁等（2017）编制的2008~2014年市场化指数②③。经济增长目标数据主要来源于各省历年政府工作报告。创新水平、产业结构以及金融发展水平数据来源于历年《中国统计年鉴》，腐败数据来源于《中国检察年鉴》，外商直接投资数据来源于Wind数据库。具体变量的描述性统计如表1所示，为进一步解决数据可能存在的异方差等问题，本文在实证分析时对数据进行了对数化处理。

---

① 白俊红、刘宇英：《对外直接投资能否改善中国的资源错配》，载于《中国工业经济》2018年第1期，第60~78页。

② 樊纲、王小鲁、朱恒鹏：《中国市场化指数：各地区市场化指数相对进程2011年报告》，经济科学出版社2011年版。

③ 王小鲁、樊纲、余静文：《中国分省份市场化指数报告（2016）》，社会科学文献出版社2017年版。

表1　　　　　　　　　　变量的描述性统计

变量	均值	标准差	最小值	最大值
要素市场扭曲程度	52.774	21.733	0	96
增长目标	10.142	1.420	7	15
保增长压力	87.318	17.018	55.866	183.674
创新水平	6.837	10.789	0.130	64.178
产业结构	89.731	43.381	49.438	365.848
对外开放水平	36.705	29.205	1.057	176.957
金融发展水平	4.465	2.570	0.635	15.741
腐败程度	30.924	18.572	8.201	140.769

四、实证分析

（一）基准回归结果

表2汇报了政府制定的经济增长目标和保增长压力对要素市场扭曲影响的基准回归结果。表2第（1）列和第（3）列分别反映的不包含控制变量下的回归结果，第（2）列和第（4）列分别反映的是加入控制变量以后的回归结果。由检验结果可以看出，在加入控制变量以后，主要解释变量的回归系数方向和显著性并未发生明显变化，模型结果具有一定的稳健性。

表2　　　　　　　　　　基准回归结果

项目	（1）	（2）	（3）	（4）
增长目标	1.185 *** (0.321)	0.636 ** (0.256)		
保增长压力			0.749 *** (0.184)	0.741 *** (0.178)
创新水平		−0.055 (0.037)		−0.092 ** (0.038)

续表

项目	(1)	(2)	(3)	(4)
产业结构		-0.517*** (0.119)		-0.643*** (0.114)
对外开放水平		-1.127*** (0.189)		-0.892*** (0.191)
金融发展水平		-0.719*** (0.122)		-0.732*** (0.120)
腐败程度		0.052 (0.077)		-0.003 (0.076)
常数项	0.311 (0.776)	5.600*** (1.180)	1.918** (0.801)	4.982*** (1.066)
固定效应	控制	控制	控制	控制
R^2	0.192	0.554	0.163	0.566
N	390	390	390	390

注：(1) ***、** 分别表示1%、5%水平上的显著性；(2) 表中括号内的数值是标准误。

由第（2）列的回归结果可以看出，政府制定的经济增长目标对要素市场扭曲的影响为正，且在5%统计水平下显著，说明经济增长目标是导致地区要素市场扭曲的重要因素，经济增长目标越高，地区要素市场扭曲程度越严重。由第（4）列的回归结果可以看出，政府的保增长压力对要素市场扭曲的影响同样为正，且在1%统计水平下显著，说明政府面临的保增长压力越大，对要素市场的干预就会越频繁，要素市场的扭曲程度也会越严重。基准回归结果与假设1一致，即政府制定的经济增长目标及由此带来的保增长压力会加重地区的要素市场扭曲程度。

由控制变量的回归结果来看，创新水平对要素市场扭曲的影响为负，地区创新水平的提高使得经济增长效率提高，政府通过干预要素市场的动机减弱，要素市场的扭曲程度也会得到改善。产业结构对要素市场扭曲的影响为负，且在1%统计水平下显著，说明产业结构的优化升级可以改善地区的要素市场扭曲。对外开放水平对要素市场扭曲的影响为负，且在1%统计水平下显著，说明外商直接投资的进入有效弥补了地区资本积累的不足，提高了要素配置效率，有利于缓解地区要素市场扭曲。金融发展水平对要素市场扭曲的影响为负,且在1%统计水平下显著,随着金融业的不断发展完善,资本市场的扭曲程度会得到好转。腐败程度对要素市场扭曲的影响并不显著,说明官员的腐败并不是影响地区要素市场扭曲的主要因素。

(二) 分地区回归结果

在制定经济增长目标以后,由于各地区的发展基础不尽相同,地方政府由此面临的保增长压力也并不相同,对要素市场的干预程度也会存在差异。本文以地区经济增长目标的完成情况和保增长压力的均值为标准,将地区分为"未完成增长目标"地区和"完成增长目标"地区以及"保增长压力小"地区和"保增长压力大"地区,以考察不同情况下,经济增长目标和保增长压力对要素市场扭曲影响的异质性。回归结果如表3所示。

表3　　　　　　　　　　分地区回归结果

项目	(1)未完成增长目标	(2)完成增长目标	(3)保增长压力小	(4)保增长压力大
增长目标	-0.841 (0.692)	0.753*** (0.284)		
保增长压力			0.270 (0.436)	1.239*** (0.337)
创新水平	-0.191* (0.107)	-0.080** (0.039)	-0.133** (0.055)	-0.065 (0.053)
产业结构	-0.966*** (0.264)	-0.380*** (0.132)	-0.355** (0.177)	-0.843*** (0.147)
对外开放水平	0.194 (0.514)	-1.181*** (0.200)	-1.099*** (0.257)	-0.226 (0.296)
金融发展水平	-0.911** (0.369)	-0.769*** (0.123)	-0.835*** (0.168)	-0.743*** (0.172)

续表

项目	（1） 未完成增长目标	（2） 完成增长目标	（3） 保增长压力小	（4） 保增长压力大
腐败程度	0.237 (0.158)	-0.019 (0.087)	-0.220* (0.130)	0.085 (0.091)
常数项	10.557*** (2.452)	5.505*** (1.376)	8.069*** (2.207)	2.369 (1.850)
固定效应	控制	控制	控制	控制
R^2	0.668	0.565	0.540	0.645
N	73	317	205	185

注：（1）***、**、*分别表示1%、5%和10%水平上的显著性；（2）表中括号内的数值是标准误。

由表3第（1）列和第（2）列的估计结果可以看出，对于未完成经济增长目标的地区，经济增长目标本身对要素市场扭曲的影响并不显著，但是对于完成经济增长目标的地区，经济增长目标对要素市场扭曲的影响为正，且在1%统计水平下显著。可能的解释是，通过扭曲要素市场，以增加要素投入促进经济增长仍然是当前地方政府实现经济增长目标的主要手段。对于逐步减少要素市场干预，追求经济高质量发展的政府来讲，其短期"代价"就是难以完成较高的经济增长目标。

由表3第（3）列和第（4）列的估计结果可以看出，对于保增长压力较小的地区，保增长压力本身对要素市场扭曲的影响并不显著，但是对于保增长压力较大的地区，保增长压力与对要素市场扭曲的影响为正，且在1%统计水平下显著。在制定完成经济增长目标以后，如果政府官员根据自身发展情况可以预见本年度的保增长压力较小，能够较容易地实现经济增长目标，则会减缓对要素市场的干预。如果随着经济发展，政府官员预计本年度保增长压力较大，则会加大对要素市场的干预，通过扭曲要素市场来实现经济的短期快速增长，以求在本年度结束时实现预期增长目标。分地区回归结果与假设2一致，即不同发展基础下，政府制定的经济增长目标及由此带来的保增长压力对要素市场扭曲的影响存在差异。

（三）分阶段回归结果

除本地区自身的经济基础以外，外部经济环境也会深刻影响地区的经济增长，进而会影响到经济增长目标的实现情况。因此，不同外部经济环境下，增长目标约束下的地方政府对要素市场的干预程度也可能存在差异。本文以2008年国际金融危机为临界点，将样本分为2002~2007年以及2008~2014年两个阶段，以考察不同外部环境下，经济增长目标以及保增长压力对要素市场扭曲影响的异质性。回归结果如表4所示。

表4 分阶段回归结果

项目	(1) 2002~2007年	(2) 2008~2014年	(3) 2002~2007年	(4) 2008~2014年
增长目标	0.860** (0.434)	1.056*** (0.354)		
保增长压力			-0.401 (0.345)	0.391* (0.207)
创新水平	-0.359*** (0.056)	-0.111** (0.050)	-0.357*** (0.056)	-0.119** (0.049)
产业结构	-0.040 (0.160)	-0.862*** (0.142)	-0.032 (0.161)	-0.874*** (0.139)
对外开放水平	-1.174*** (0.242)	0.041 (0.250)	-1.127*** (0.237)	0.171 (0.251)
金融发展水平	-0.880*** (0.135)	-0.517*** (0.169)	-0.933*** (0.136)	-0.567*** (0.170)
腐败程度	-0.144 (0.129)	0.131 (0.080)	-0.154 (0.126)	0.110 (0.080)
常数项	4.210*** (1.051)	2.663*** (0.985)	10.264*** (1.797)	6.257*** (1.222)
固定效应	控制	控制	控制	控制
R^2	0.724	0.630	0.724	0.637
N	180	210	180	210

注：（1）***、**、*分别表示1%、5%和10%水平上的显著性；（2）表中括号内的数值是标准误。

由表 4 第（1）列和第（2）列的估计结果可以看出，在 2002~2007 年和 2008~2014 年两个阶段中，经济增长目标对要素市场扭曲的影响均为正，且分别在 5% 和 1% 统计水平下显著。从具体回归系数来看，2008 年以后经济增长目标对要素市场扭曲的影响系数由 0.860 上升为 1.056。虽然 2008 年国际金融危机以后我国面临着较为严峻的外部经济环境，但在惯性思维和晋升激励下，部分地方政府并没有主动降低辖区经济增长目标，因此，为实现经济增长目标，地方政府必须加大对辖区内要素市场的干预，进一步导致了要素市场的扭曲。

由表 4 第（3）列和第（4）列的估计结果可以看出，在 2002~2007 年阶段，保增长压力对要素市场扭曲的影响并不显著。在 2008~2014 年阶段，保增长压力对要素市场扭曲的影响为正，并且在 10% 统计水平下显著。2008 年国际金融危机以前，我国经济发展形势良好，地方政府的经济增长状况均能达到预期目标，地方政府面临的保增长压力较小，因此保增长压力并没有进一步加重地方的要素市场扭曲。2008 年国际金融危机以后，经济发展环境较为严峻，地方政府面临着较大的保增长压力。为抵御经济危机的不利影响，保证经济增长目标的实现，政府陆续出台了一系列经济刺激政策，加大了对要素市场的干预，导致要素市场扭曲程度进一步加重。分阶段回归结果进一步验证了假设 2，即不同外部经济环境下，政府制定的经济增长目标及由此带来的保增长压力对要素市场扭曲的影响存在差异。

（四）不同创新创业水平下的回归结果

除了单纯的要素投入驱动，地方政府也可能会通过引导创新和培育企业家精神来促进经济增长。因此，创新创业水平不同的地区，政府经济增长目标以及保增长压力对要素市场扭曲的影响也可能存在差异。本文借鉴李宏彬等人（2009）的研究，以每百人拥有的专利数量和私人企业比例作为地区创新创业水平的衡量指标，将样本分为"低创新水平地区"和"高创新水平地区"，以及"低创业水平地区"和"高创业水平地区"，以检验不同创新创业环境下，政府经济增长目标以及保增长压力对要素市场扭曲的影响的异质性，回归结果如表 5 所示。

表5　　　　　　　　　　不同创新创业水平下的回归结果

项目	（1）低创新	（2）高创新	（3）低创新	（4）高创新	（5）低创业	（6）高创业	（7）低创业	（8）高创业
增长目标	0.480*** (0.150)	0.356 (0.549)			0.499*** (0.169)	0.378 (0.516)		
保增长压力			0.951*** (0.332)	0.181 (0.117)			1.099*** (0.325)	0.107 (0.131)
创新水平	-0.150*** (0.030)	0.095 (0.104)	0.033 (0.101)	-0.141*** (0.031)	-0.091*** (0.025)	-0.012 (0.078)	-0.075 (0.076)	-0.076*** (0.025)
产业结构	0.076 (0.073)	-1.165*** (0.286)	-1.152*** (0.271)	0.037 (0.074)	0.054 (0.089)	-0.550** (0.246)	-0.667*** (0.227)	0.039 (0.091)
对外开放水平	-0.780*** (0.116)	-1.855*** (0.388)	-1.312*** (0.420)	-0.718*** (0.117)	-1.084*** (0.118)	-1.243*** (0.376)	-0.709* (0.395)	-1.057*** (0.121)
金融发展水平	-0.258*** (0.070)	-0.630** (0.290)	-0.735** (0.285)	-0.263*** (0.071)	-0.383*** (0.076)	-1.051*** (0.270)	-1.042*** (0.262)	-0.409*** (0.077)
腐败程度	-0.126** (0.053)	0.023 (0.133)	-0.058 (0.133)	-0.170*** (0.052)	0.034 (0.054)	-0.035 (0.140)	-0.123 (0.138)	0.012 (0.054)
常数项	4.816*** (0.746)	8.597*** (2.454)	6.101*** (2.178)	5.656*** (0.744)	3.562*** (0.748)	7.357*** (2.397)	4.717** (2.001)	4.484*** (0.785)
固定效应	控制	控制	控制	控制	控制	控制	控制	控制
R^2	0.405	0.532	0.552	0.383	0.510	0.543	0.570	0.491
N	210	180	210	180	206	184	206	184

注：（1）***、**、*分别表示1%、5%和10%水平上的显著性；（2）表中括号内的数值是标准误。

从表5第（1）列和第（2）列的估计结果来看，在"低创新水平地区"，经济增长目标对要素市场扭曲的影响为正，并且在1%统计水平下显著，但是在"高创新水平地区"，经济增长目标对要素市场扭曲的影响并不显著。从表5第（3）列和第（4）列的估计结果来看，在"低创新水平地区"，保增长压力对要素市场扭曲的影响为正，并且在1%统计水平下显著，但是在"高创新水平地区"，保增长压力对要素市场扭曲的影响并不显著。

从表5第（5）列和第（6）列的估计结果来看，在"低创业水平地区"，经济增长目标对要素市场扭曲的影响为正，并且在1%统计水平下显著，但是在"高创业水平地区"，经济增长目标对要素市场扭曲的影响并不显著。从表5第（3）列和第（4）列的估计结果来看，在"低创业水平地区"，保增长压力对要素市场扭曲的影响为正，并且在1%统计水平下显著，但是在"高创业水平地区"，保增长压力对要素市场扭曲的影响并不显著。

回归结果表明，在创新创业水平较低的地区，要素投入成为地方政府促进经济增长的主要政策工具，为了实现经济增长目标，地方政府会加大对要素市场的干预，导致要素市场扭曲的进一步加重。在创新创业水平较高的地区，政府除了单纯的要素投入外，还可以依靠创新创业驱动经济增长，进而减少了对要素市场的干预。回归结果与假设3一致，即在创新创业水平较低的地区，政府制定的经济增长目标及由此带来的保增长压力对要素市场扭曲的影响较大；在创新创业水平较高的地区，政府制定的经济增长目标及由此带来的保增长压力对要素市场扭曲的影响较小。

（五）官员更替的作用

地方领导的更替是我国的常态现象，但是由此带来的问题是，公布经济增长目标的主要领导离任后无须对先前制定的目标负责，而新接任的主要领导没有直接参与经济增长目标的制定与公布，却成为目标的实际负责人。因此，发生官员更替以后，经济增长目标以及由此带来的保增长压力对要素市场扭曲的影响是否会发生变化？本文根据省长和省委书记更替情况，对样本进行了稳健性检验，回归结果如表6所示。

表6　　　　　　　　　稳健性检验结果

项目	（1）书记	（2）省长	（3）书记+省长	（4）书记	（5）省长	（6）书记+省长
增长目标	0.616** (0.289)	0.610** (0.290)	0.653** (0.317)			
增长目标×更替	0.090 (0.585)	0.104 (0.574)	−0.043 (0.507)			

续表

项目	(1)书记	(2)省长	(3)书记+省长	(4)书记	(5)省长	(6)书记+省长
保增长压力				0.728***(0.178)	0.740***(0.179)	0.744***(0.178)
保增长压力×更替				0.458(0.314)	-0.020(0.313)	0.217(0.250)
更替	-0.268(1.409)	-0.235(1.385)	0.084(1.221)	-0.057(0.070)	0.004(0.070)	-0.021(0.062)
创新水平	-0.054(0.037)	-0.055(0.037)	-0.055(0.037)	-0.086**(0.038)	-0.092**(0.038)	-0.090**(0.038)
产业结构	-0.522***(0.120)	-0.515***(0.120)	-0.519***(0.120)	-0.635***(0.114)	-0.643***(0.115)	-0.643***(0.115)
对外开放水平	-1.129***(0.190)	-1.126***(0.190)	-1.127***(0.190)	-0.880***(0.191)	-0.893***(0.192)	-0.881***(0.192)
金融发展水平	-0.717***(0.122)	-0.720***(0.122)	-0.718***(0.122)	-0.742***(0.120)	-0.731***(0.120)	-0.735***(0.120)
腐败程度	0.051(0.077)	0.053(0.077)	0.052(0.077)	-0.001(0.076)	-0.003(0.076)	-0.003(0.076)
常数项	5.688***(1.245)	5.645***(1.221)	5.581***(1.287)	4.977***(1.066)	4.983***(1.070)	4.966***(1.072)
固定效应	控制	控制	控制	控制	控制	控制
R^2	0.554	0.554	0.554	0.569	0.566	0.567
N	390	390	390	390	390	390

注：(1) ***、**分别表示1%、5%水平上的显著性；(2) 表中括号内的数值是标准误。

表6中第（1）列至第（3）列反映的是经济增长目标对要素市场扭曲的影响，在考虑到省委书记、省长更替的单独或整体作用以后，经济增长目标对要素市场扭曲的影响依然为正，并且在1%统计水平下显著，但是官员更替与经济增长目标的交互项并不显著，说明官员的更替并未能改变经济增长目标对要素市场扭曲的影响。表6中第（4）列至第（6）列

反映的是保增长压力对要素市场扭曲的影响,由结果可以看出,在考虑到省委书记、省长更替的单独或整体作用以后,保增长对要素市场扭曲的影响同样为正,并且在1%统计水平下显著,官员更替与保增长压力的交互项并不显著,官员的更替也未能改变保增长压力对要素市场扭曲的影响。

(六) 稳健性与内生性处理

考虑到不同指标选取对回归结果的影响,本文采用张杰等(2011)的测度方法,利用产品市场和要素市场的相对进展程度对要素市场扭曲程度进行估计,具体估算公式为:Dist =(各省份地区产品市场市场化进程程度指数 - 要素市场市场化进程程度指数)÷产品市场市场化进程程度指数。表7第(1)列和第(2)列分别回报的是经济增长目标和保增长压力对要素市场扭曲的影响,回归结果显示,经济增长目标和保增长压力对要素市场扭曲的影响依然显著为正,回归结果具有稳健性。

表7　　　　　　　　稳健性与内生性回归结果

项目	(1)	(2)	(3) 第一阶段	(4) 第二阶段	(5) 第一阶段	(6) 第二阶段
增长目标	0.190 ** (0.077)			1.118 *** (0.293)		
保增长压力		0.188 *** (0.050)				1.862 *** (0.504)
创新水平	-0.031 *** (0.011)	-0.016 (0.011)	-0.008 ** (0.004)	-0.055 (0.034)	0.052 *** (0.010)	-0.160 *** (0.047)
产业结构	-0.157 *** (0.036)	-0.019 (0.032)	-0.021 (0.018)	-0.497 *** (0.154)	0.109 *** (0.038)	-0.724 *** (0.157)
对外开放水平	-0.330 *** (0.057)	-0.195 *** (0.054)	0.048 * (0.026)	-1.015 *** (0.214)	-0.282 *** (0.058)	-0.437 * (0.263)
金融发展水平	-0.311 *** (0.037)	-0.204 *** (0.034)	-0.024 * (0.014)	-0.683 *** (0.137)	0.008 (0.039)	-0.725 *** (0.141)

续表

项目	(1)	(2)	(3) 第一阶段	(4) 第二阶段	(5) 第一阶段	(6) 第二阶段
腐败程度	0.027 (0.023)	0.009 (0.021)	0.001 (0.009)	0.050 (0.074)	0.056*** (0.019)	-0.054 (0.083)
上一期增长目标			0.738*** (0.040)		0.443*** (0.074)	
常数项	1.114*** (0.354)	1.567*** (0.300)	0.787*** (0.185)	4.263*** (1.173)	2.234*** (0.348)	0.984 (1.917)
固定效应	控制	控制	控制	控制	控制	控制
KP-Wald			335.64		35.55	
N	390	390	360	360	360	360

注：(1) ***、**、*分别表示1%、5%和10%水平上的显著性；(2) 表中括号内的数值是标准误。

考虑到模型可能存在的内生性问题，本文以上一期的经济增长目标为工具变量，采用两阶段最小二乘法（2SLS）进行回归检验。政府会参考上一期经济增长目标的完成情况来制定本年度的经济增长目标，上期经济增长目标会对当期经济增长目标以及由此产生的保增长压力产生影响，但是当期结果并不能影响前一期经济增长目标的制定。因此，上一期经济增长目标是较好的工具变量。表7第（3）列和第（5）列汇报的是2SLS第一阶段估计结果，回归结果显示，上一期经济增长目标与当期经济增长目标及保增长压力呈正向关系，且在1%统计水平下显著。表7第（4）列和第（6）列分别汇报的是采用工具变量以后，经济增长目标和保增长压力对要素市场扭曲的影响，由回归结果可以看出，经济增长目标和保增长压力对要素市场扭曲的影响依然为正，并且在1%统计水平下显著。由此可以看出，在考虑到内生性问题以后，本文的研究结论依然稳健。

五、基本结论

在晋升激励和经济增长目标约束下，地方政府面临着较大的保增长压力,为实现经济增长,地方政府会加强对要素市场的干预,导致要素市场的进一步扭曲。本文利用2002~2014年中国30个省份的面板数据,实证考察了地方政府经济增长目标以及由此带来的保增长压力对要素市场扭曲的影响。研究发现:首先,政府制定的经济增长目标及由此带来的保增长压力会加重地区的要素市场扭曲程度;其次,不同发展基础以及不同经济环境下,政府制定的经济增长目标及由此带来的保增长压力对要素市场扭曲的影响存在差异;最后,创新创业可以缓解经济增长目标和保增长压力对要素市场扭曲的正向影响。

本文研究结论具有一定的政策启示:首先,应进一步完善地方政府官员的考核机制,考核内容应该由经济增长速度向经济发展质量转变;其次,应加强对政府制定的经济增长目标进行合理的监督和考核。政府经济增长目标的制定应该结合本地区发展基础和外部经济环境状况,不能不切实际地进行增长目标的加码和攀比;再次,应充分发挥市场在资源配置中的决定性作用,遵循市场发展规律,规避经济发展过程中政府对市场不必要的干预;最后,应完善创新创业政策的顶层设计,鼓励创新创业活动的开展,促进地区经济增长由要素驱动向创新创业驱动转变。

参考文献

1. 周一成、廖信林:《要素市场扭曲与中国经济增长质量:理论与经验证据》,载于《现代经济探讨》2018年第8期。

2. 张杰、周晓艳、李勇:《要素市场扭曲抑制了中国企业R&D?》,载于《经济研究》2011年第46卷第8期。

3. 谭洪波:《中国要素市场扭曲存在工业偏向吗?——基于中国省级面板数据的实证研究》,载于《管理世界》2015年第12期。

4. Hsieh C T, P J Klenow. Misallocation and Manufacturing TFP in China and India [J]. *Quarterly Journal of Economics*, 2009, 124 (4): 1403 – 1448.

5. 罗德明、李晔、史晋川:《要素市场扭曲、资源错置与生产率》,载于《经济研究》2012年第47卷第3期。

6. 徐长生、刘望辉:《劳动力市场扭曲与中国宏观经济失衡》,载于《统计研究》2008年第5期。

7. 林雪、林可全:《中国要素价格扭曲对经济失衡的影响研究》,载于《上海经济研究》2015年第8期。

8. 林毅夫、苏剑:《论我国经济增长方式的转换》,载于《管理世界》2007年第11期。

9. 王贤彬、徐现祥：《地方官员晋升竞争与经济增长》，载于《经济科学》2010年第6期。

10. 吴敏、周黎安：《晋升激励与城市建设：公共品可视性的视角》，载于《经济研究》2018年第53卷第12期。

11. 戴魁早：《地方官员激励、制度环境与要素市场扭曲——基于中国省级面板数据的实证研究》，载于《经济理论与经济管理》2016年第8期。

12. 马亮：《官员晋升激励与政府绩效目标设置——中国省级面板数据的实证研究》，载于《公共管理学报》2013年第10卷第2期。

13. 余泳泽、杨晓章：《官员任期、官员特征与经济增长目标制定——来自230个地级市的经验证据》，载于《经济学动态》2017年第2期。

14. 周黎安、刘冲、厉行、翁翕：《"层层加码"与官员激励》，载于《世界经济文汇》2015年第1期。

15. 胡鞍钢、鄢一龙、吕捷：《中国发展奇迹的重要手段——以五年计划转型为例（从"六五"到"十一五"）》，载于《清华大学学报》（哲学社会科学版）2011年第26卷第1期。

16. 徐现祥、刘毓芸：《经济增长目标管理》，载于《经济研究》2017年第52卷第7期。

17. Li H，L A Zhou. Political Turnover and Economic Performance：The Incentive Role of Personnel Control in China [J]. *Journal of Public Economics*，2005，89（9－10）：1743－1762.

18. 周黎安：《中国地方官员的晋升锦标赛模式研究》，载于《经济研究》2007年第7期。

19. 余泳泽、杨晓章：《官员任期、官员特征与经济增长目标制定——来自230个地级市的经验证据》，载于《经济学动态》2017年第2期。

20. 魏建、鉴闻：《经济增长预期目标为何系统性偏离实际？——基于地级市政府工作报告的实证分析》，载于《学习与探索》2018年第3期。

21. 徐现祥、李书娟、王贤彬、毕青苗：《中国经济增长目标的选择：以高质量发展终结"崩溃论"》，载于《世界经济》2018年第41卷第10期。

22. 余泳泽、潘妍：《中国经济高速增长与服务业结构升级滞后并存之谜——基于地方经济增长目标约束视角的解释》，载于《经济研究》2019年第3期。

23. 唐未兵、傅元海、王展祥：《技术创新、技术引进与经济增长方式转变》，载于《经济研究》2014年第49卷第7期。

24. 李宏彬、李杏、姚先国、张海峰、张俊森：《企业家的创业与创新精神对中国经济增长的影响》，载于《经济研究》2009年第44卷第10期。

25. Audretsch D B，M Belitski，S Desai. Entrepreneurship and Economic Development in Cities [J]. *The Annals of Regional Science*，2015，55（1）：33－60.

26. 林伯强、杜克锐:《要素市场扭曲对能源效率的影响》,载于《经济研究》2013年第48卷第9期。

27. 徐现祥、梁剑雄:《经济增长目标的策略性调整》,载于《经济研究》2014年第49卷第1期。

28. 傅元海、叶祥松、王展祥:《制造业结构变迁与经济增长效率提高》,载于《经济研究》2016年第51卷第8期。

29. 白俊红、刘宇英:《对外直接投资能否改善中国的资源错配》,载于《中国工业经济》2018年第1期。

30. 樊纲、王小鲁、朱恒鹏:《中国市场化指数:各地区市场化指数相对进程2011年报告》,经济科学出版社2011年版。

31. 王小鲁、樊纲、余静文:《中国分省份市场化指数报告(2016)》,社会科学文献出版社2017年版。

中国 70 年来的经济增长与波动

赵 倩 沈坤荣*

中国 70 年的经济发展见证了中国人民探索社会主义现代化强国的历程。新中国成立后,中国人民在战争废墟上重建经济,开始探索一条独立自主、自力更生的发展道路,期间遭遇了重大挫折,也积累了宝贵经验,为改革开放奠定了坚实基础。如果说新中国成立后的第一个 30 年是中国经济的宝贵探索期,那么第二个 30 年则是中国经济的快速发展期,在改革开放的引领下,在地方政府的推动下,中国经济突飞猛进,成为世界第二大经济体以及拉动全球经济增长的新引擎。2012 年中国进入新常态,中国经济进入发展新阶段,"一带一路"建设如火如荼地开展,中国在国际政治经济舞台上正在发挥更加重要的作用。在经济快速发展的同时,中国的内外部环境也发生了变化,当前外部环境最大的变化就是美国挑起的中美贸易摩擦,内部环境最大的变化就是地方政府行为异化所产生的负面影响逐渐积累,对经济可持续增长构成重大制约。如何适应新环境、拓展新空间、厚植新动力,实现外部压力和内部动力的统一,是当下和未来中国需要直面的挑战。本文重点回顾 1949 年以来中国经济的制度变迁、总量增长与结构演进以及内外部环境变化,更好理解中国经济 70 年的发展历程,并为如何推动高质量发展提供参考。

---

* 赵倩,南京大学经济学院博士研究生;沈坤荣,南京大学商学院教授。基金项目:国家社会科学基金重大项目"我国经济增长潜力和动力研究"(14ZDA023)。

一、中国经济 70 年的制度变迁

中国经济 70 年的制度变迁大致可分为三个阶段。

1949~1977 年，建立社会主义经济制度，实行计划经济。1949~1952 年为经济恢复期，通过稳定物价、开展土地改革①、没收官僚资本、发展国营经济，用 3 年时间在战争废墟上重建中国经济。1953 年开始对农业、手工业和资本主义工商业进行社会主义改造，1956 年底三大改造基本完成，实现了生产资料私有制向公有制的转变，标志社会主义制度在中国基本建立，中国进入社会主义初级阶段；实施"一五"计划（1953~1957），进行"156 项工程"等快速工业化建设，集中力量发展重工业，为工业化和国防现代化奠定基础。由于对社会主义经济发展规律与国情认识不足、社会主义建设的经验有限，经济建设一度出现以"大跃进"运动（1958~1960）为代表的"左"倾错误，"高指标""浮夸风""瞎指挥""共产风"盛行，导致农业、轻工业、重工业比例严重失调，造成 3 年经济困难（1959~1961）。为了恢复和发展国民经济，1960 年中央提出"调整、巩固、充实、提高"八字方针，调整国民经济比例，巩固国民经济发展成果，充实轻工业，提高经营管理水平，1962 年国民经济开始好转，1965 年八字方针基本实现，但 1964 年开始的"三线建设"又造成了投资的浪费。在经济领域"纠左"期间，政治和思想领域的"左"倾错误却继续蔓延，最终导致"文化大革命"（1966.5~1976.10），经济建设遭遇最严重的挫折和破坏②，新中国与发达国家之间的差距不断扩大。1976 年粉碎"四人帮"，为实现党的历史的伟大转折创造了基本前提。从新中国成立到改革开放前近 30 年独立自主的经济建设探索过程中，虽然经历过严重挫折与失误，在这一发展阶段仍然实现了中国历史上最深刻最伟大的社会变革，取得了独创性理论成果和巨大经济成就，为新的历史时期开创中国特色社会主义提供了宝贵经验、理论准备、物质基础。在理论层面，

---

① 1950 年中央颁布《中华人民共和国土地改革法》，在全国开展土地改革运动，1952 年底土地改革基本完成，封建土地所有制转变为农民土地所有制，基本实现了"耕者有其田"。土地改革解放了农村生产力，为新中国的工业化建设创造了条件。

② 十年动荡使国民经济比例长期失调，经济管理体制更加僵化，经济发展缓慢、濒临崩溃，人民温饱都成问题。

第三篇　中国经济的改革与发展

1956年《论十大关系》报告指出，发展中国经济需要处理好国家、生产单位和生产者的关系，处理好中央与地方的关系①，处理好重工业与轻工业、农业的关系，处理好沿海工业与内地工业的关系，处理好中国与外国的关系，这些理论在今天仍然有十分重要的指导意义。在国民经济建设层面，1954年召开第一届全国人民代表大会，首次提出要实现工业、农业、交通运输业及国防的四个现代化；经济结构从农业为主向工业转变，初步形成门类齐全的工业体系。

1978~2011年，由计划经济向市场经济转型，建立社会主义市场经济体制。党的十一届三中全会是新中国成立以来党的历史上具有深远意义的伟大转折，将党和国家的工作中心转到经济建设上来，开启了改革开放和社会主义现代化的伟大征程。1978~1984年改革围绕农村生产组织制度展开②，1978年开始中央逐步放松了对农业的控制，安徽省率先开始"包产到户""分田单干"试点，激发了农民的生产积极性，因此得到迅速推广，1980年初全国仅1%的生产队实行家庭承包责任制，1980年底这一数字达到20%，1984年底接近100%③。尽管农产品的收购价格大幅调高④，农村生产组织制度变革仍然是1978~1984年农业产出增长的主要原因⑤。1984年人民公社被取消⑥，人民公社三级（公社、大队、生产队）组织经营的工厂移交乡镇和村庄，成为乡镇企业，吸纳了农业过剩劳动人口。在所有制层面，1982年宪法明确城乡劳动者个体经济是社会主义公有制经济的补充，私营经济在个体经济基础上开始萌芽，沿海地区开始引进外资（包括外商直接投资）。随着农村经济活力得到恢复，1985~1991年改革围绕城市承包制展开。在财政层面，推广"划分收支、分级包干"，地方

---

① 中国向苏联学习经济建设经验，但没有照搬苏联模式，即使在计划经济的巅峰时期，地方也被赋予一定经济自主权，并为改革开放后进一步财政分权埋下伏笔。

② 邓小平同志对于中国社会主义农村的改革和发展总结出"两个飞跃"。第一个飞跃是废除人民公社，实行家庭联产承包责任制；第二个飞跃是发展适度规模经济，发展集体经济。参见《邓小平文选》第三卷，人民出版社2005年版，第355页。

③ 蔡昉：《中国农村改革三十年——制度经济学的分析》，载于《中国社会科学》2008年第6期。

④ 在短期内统购统销制度没有发生根本动摇，但是1979年3月起粮食统购价格提高20%，超购部分从加价30%提高到50%，并且超购粮食比重迅速提高。

⑤ Lin J Y. Rural Reforms and Agricultural Growth in China [J]. *American Economic Review*, 1992, 82 (1): 34-51.

⑥ 1983年10月，中共中央、国务院发布《关于实行政社分开，建立乡政府的通知》，乡政府重新被确立为农村基层行政单位。

政府成为地区经济发展的主导者和向市场经济体制过渡的重要推动力量①②③，但也使得地区经济的局部利益不断被强化，形成"诸侯经济"④；在所有制层面，个体经济、私营经济和外资经济快速发展；在企业层面，先后推行承包责任制、企业股份制改造；在价格层面，开始"物价闯关"，但改革效果不达预期。经历了短暂的低谷后，"南方谈话"再次营造了宽松的政治环境，推动1992～1997年改革围绕建立社会主义市场经济体制展开。在财政层面，实行分税制改革，极大改变了中央和地方的关系，"诸侯经济"落幕，地方政府开始通过土地征用、开发、转让获取财政收入⑤⑥；在所有制层面，党的十四大提出"以公有制为主体，个体经济、私营经济、外资经济为补充"，十四届三中全会进一步提出"国家对各种所有制经济平等参与市场竞争创造条件"；在价格层面，进行二次"物价闯关"并取得成功，1993年粮票停止使用。1998～2011年围绕深化改革扩大开放展开，在所有制层面，深化国企改革，从根本上改变企业所有制结构，促进非公有制经济发展，但也出现了减员增效、下岗分流等改革的"阵痛"；在金融层面，成立四大金融资产管理公司，剥离和处置国有商业银行不良资产；在内需层面，配合城镇化发展进行住房制度改革，房地产业成为支柱产业。2001年中国加入WTO，对外开放打开新局面，中国企业充分运用经济全球化带来的发展机遇，更好融入国际分工合作体系。

2012年至今，以供给侧结构性改革为主线全面深化改革。供给侧结构性改革以"三去一降一补"为重点，即钢铁、水泥、煤炭等产能过剩行业"去产能"，房地产业"去库存"，非金融类国企、金融机构"去杠杆"，企业"降成本"，基础设施、公共服务和制度创新"补短板"。优化空间布局以城市群建设为重点，大力推动"一带一路"建设、京津冀协同发

---

① Qian Y, Roland G. Federalism and the soft budget constraint [J]. *American Economic Review*, 1998, 88 (5): 1143-1162.
② 杨瑞龙：《我国制度变迁方式转换的三阶段论——兼论地方政府的制度创新行为》，载于《经济研究》1998年第1期。
③ 杨瑞龙、杨其静：《阶梯式的渐进制度变迁模型——再论地方政府在我国制度变迁中的作用》，载于《经济研究》2000年第3期。
④ 沈立人、戴园晨：《我国"诸侯经济"的形成及其弊端和根源》，载于《经济研究》1990年第3期。
⑤ 周飞舟：《分税制十年：制度及其影响》，载于《中国社会科学》2006年第6期。
⑥ 周飞舟：《生财有道：土地开发和转让中的政府和农民》，载于《社会学研究》2007年第1期。

展、长江经济带发展、雄安新区规划、粤港澳大湾区建设、长三角区域一体化发展等重大战略。金融改革以有序推进金融自由化为重点，基本放开存贷款利率管制，稳步推进汇率市场化，构建多层次银行体系，实施存款保险制度，初步建立金融监管协调机制，开通沪深港通、债券通等投资渠道，设立科创板并试点注册制。财政体制改革以建立现代财政制度为重点，修订预算法，在全国推广"营改增"、个税改革，实行国税地税机构合并，制定财政事权和支出责任划分改革时间表，基本完成全国存量地方债置换，有序推进政府与社会资本合作（PPP）。政府职能转变以"放管服"改革为重点，减少行政审批事项，改革商事制度，削减职业资格，清理审批中介，实行减税降费，放开政府定价，压缩专项转移支付，推行清单管理，加强事中事后监管，优化政府服务。乡村振兴以农村土地制度改革为重点，明确第二轮土地承包到期后再延长30年，正式确立农村承包地"三权分置"制度，基本完成土地承包经营和确权登记颁证工作，土地经营权有序流转，培育各类新型农业经营主体与农业社会化服务组织，发展适度规模经营，稳步推进集体产权制度改革，推进农村集体经营性建设用地入市试点，探索宅基地"三权分置"。国企改革以完善现代企业制度为重点，形成"1+N"改革主体框架，基本完成公司制改革，稳妥推进混合所有制改革，推动央企战略重组，强化国有资产监督。

二、中国经济70年的总量增长与结构演进

经过70年的发展，中国的经济总量位列全球第二，在供给端全要素生产率（TFP）的作用更加突出，在需求端消费替代投资成为拉动经济增长的主力，从农业大国转变为工业大国、服务业大国。

经济总量跃居世界第二大经济体。1952~1978年GDP翻了两番，人均产出增长82%（安格斯·麦迪逊，2011）。1978~2018年中国经济实现年均9.5%的增速[1]，GDP占全球份额逐步扩大（见图1），于2010年成为世界第二大经济体，预计在2030年将成为世界第一大经济体[2]，人均

---

[1] 资料来源：国家统计局。
[2] 根据笔者估算，如果中国GDP保持6%的增速，美国保持2%的增速，全球保持3%的增速，那么2030年中美GDP占全球比重分别为22.0%、21.3%，中国将取代美国成为世界第一大经济体。世界银行数据显示，根据购买力平价计算的中国GDP在2013年已超过美国。

GDP 占全球人均 GDP 比重从低谷期 7.4% 上升至 2017 年的 82.1%。1978～2017 年中国对世界经济增长的汇率法年均贡献率为 16.0%，仅次于美国的 17.6%；2008 年金融危机后，中国的汇率法年均贡献率为 30.3%①，为全球经济增长做出了巨大贡献。根据世界银行划分标准②，1998 年中国成为中等偏下收入国家，2010 年跨入中等偏上收入国家。按照官方动态统计口径，农村贫困发生率从 1978 年的 30.7% 降至 2018 年的 1.7%③。

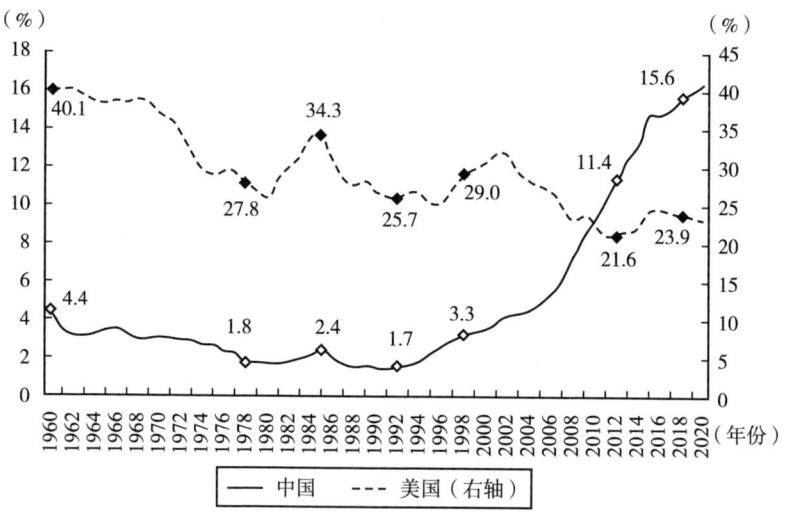

图 1　中美两国 GDP 占全球比重变化（1960～2020）

资料来源：世界银行、IMF2019 年 1 月《世界经济展望》。

供给端从主要依靠资本与劳动投入转向提高全要素生产率。新中国成立后至改革开放前的这一段时间里，初期资本存量水平较低、计划经济的资源动员能力较强，资本存量保持高速增长，但僵化的体制使得国家主导的投资效率低下，产品次品率高、大量原材料被浪费。由于新中国大力倡导男女平等，鼓励妇女参与工农业劳动生产，劳动力投入增长速度快于人

---

① 中美 GDP 占全球比重数据以及对世界经济增长的年均贡献率数据均来自世界银行。
② 即以图表集法衡量人均国民总收入（GNI）。
③ 资料来源：国家统计局。官方贫困线经过多次调整，2008 年前以绝对贫困线为官方贫困线，最高仅为世界银行设定的 1 美元标准的 60%；2008 年取消绝对贫困线，将低收入贫困线（人均纯收入 1 067 元/年，2008 年不变价）作为官方贫困线，接近 1 美元标准；2011 年官方贫困线上升至 2 300 元（人均纯收入/年，2011 年不变价），略高于 1 美元标准。

口增速（见表1）。严格的户籍制度①和国营企业的终身雇用制等种种不合理的制度安排造成资源配置的低效率，主要表现为TFP长期的负增长（见图2）；"文化大革命"、知青"上山下乡"使中国的教育事业损失惨重，劳动力的受教育程度普遍不高（见表1），进一步阻碍了劳动力素质的提升以及TFP的改善。改革开放后，"干中学"实现了技术进步（中国经济增长与宏观稳定课题组，2006）、经济体制改革实现了资源配置效率的改善，主要表现为TFP的快速增长（见图2）。近年来TFP的增速有所放缓，考虑到劳动力投入增长乏力、资本的要素回报率边际递减的趋势不会改变，技术进步成为未来经济持续增长的根本动力，更加需要挖掘人力资本与创新的潜力，加快以知识部门为代表的新生产要素供给（中国经济增长前沿课题组，2015）。

表1　中国和美国劳动力投入与劳动力素质比较（1952~2018年）

项目	中国					美国				
	1953年	1960年	1980年	2000年	2018年	1953年	1960年	1980年	2000年	2018年
人口自然增长率（‰）	23.0	-4.6	11.9	7.6	3.8	16.6	20.5	11.6	11.0	6.2
劳动参与率（%）	57.9		79.5	77.0	68.7	58.3	59.7	63.8	66.3	62.0
劳动年龄人口比重（%）	59.3	56.4	59.3	68.3	71.2	64.4	60.1	65.9	66.4	65.7
预期寿命（年）	—	43.5	67.0	71.2	76.4	—	69.8	73.7	76.6	78.5
高等院校入学率（%）	—		1.1	7.6	51.0	—		53.5	71.7	88.8

注：(1) 中美两国人口自然增长率数据分别来自国家统计局、美国经济分析局。(2) 1960~2018年中美劳动参与率数据均来自世界银行；1953年中国劳动参与率数据根据国家统计局数据计算得到，计算公式 = 经济活动人口（就业者和失业者）/15岁及以上总人口；1953年美国劳动参与率数据来自美国劳工部。(3) 世界银行规定劳动年龄人口为15~64周岁，1960~2000年中国15~64岁人口占总人口比重数据来自世界银行；1953年、2018年中国劳动年龄人口比重数据来自国家统计局；1960~2018年美国15~64岁人口占总人口比重数据来自世界银行，因2018年数据缺失，用2017年数据近似替代；1953年美国劳动年龄人口数据根据美国商务部普查局的人口推算数据计算得到，因其统计口径为14~64岁，该值被高估1~2个百分点。(4) 1960~2018年中美预期寿命数据均来自世界银行，因2018年数据缺失，均用2017年数据近似替代。(5) 1980~2018年中国高等院校入学率数据来自世界银行，因2018年数据缺失，用2017年数据近似替代；1980~2018年美国高等院校入学率数据来自世界银行，缺失的2000年数据用1998年数据近似替代，缺失的2018年数据用2016年数据近似替代。

① 1958年，政府颁布《中华人民共和国户口登记条例》，开始严格限制人口的自由流动。

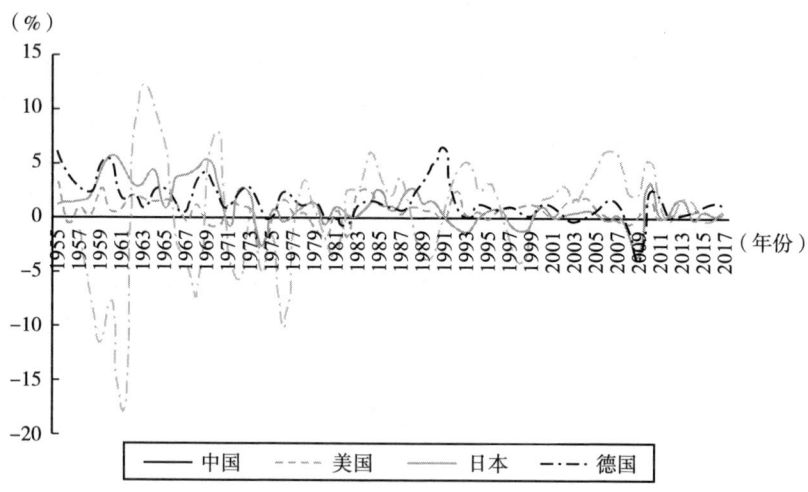

图2　中美日德四国 TFP 增速比较（1955～2017 年）

注：TFP 数值为 2011 年美元不变价，TFP 增速据此计算得到。

资料来源：PWT 9.1。参见 Feenstra R C，Inklaar R，Timmer M. The Next Generation of the Penn World Table [J]. *American Economic Review*，2015，105（10）：3150-3182。

需求端从主要依靠投资向更多依靠消费转变。消费、投资和净出口是拉动中国经济增长的"三驾马车"，改革开放前，国家是投资的主体，通过限制消费、保持低工资实现资本积累。改革开放后，从 GDP 支出法来看，1978～2018 年最终消费支出、资本形成总额、货物及服务净出口的平均贡献率分别为 58.5%、38.0% 及 3.5%[①]，内需始终是拉动经济增长的主力。一方面，经济高速增长带动居民收入和家庭储蓄不断增加、消费能力迅速增强；高储蓄率降低了融资成本，促进企业进行有利可图的投资；住房制度改革进一步刺激了与房地产相关的投资与消费。目前中国城镇化率与高收入国家平均水平还有超过 20 个百分点的差距（见图3），未来二十年新型城镇化仍然是中国经济增长的强大动力之一。另一方面，发挥国际分工优势，以出口带动经济增长、推动产业结构转型升级，2013 年货物进出口总额占全球份额首次超过美国成为全球第一（见图4）。

---

① 根据国家统计局数据计算得到。贡献率 = 最终消费支出、资本形成总额、货物及服务净出口增量与支出法国内生产总值增量之比。

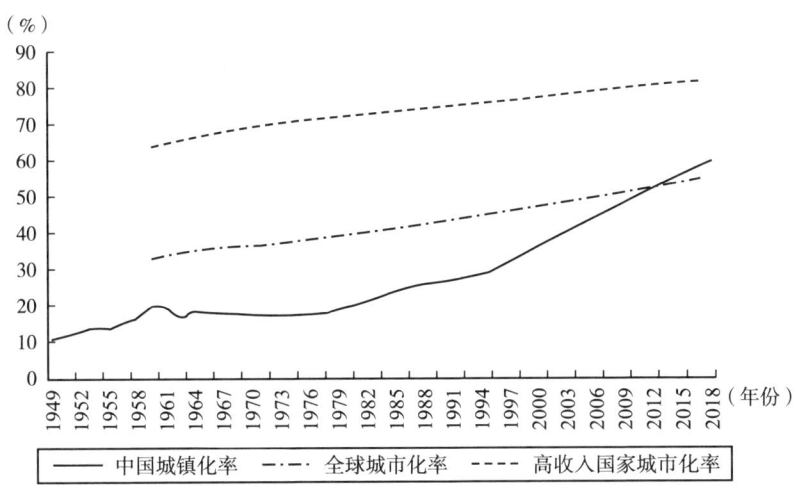

图 3　中国与世界城市化水平比较（1949～2018年）

资料来源：国家统计局、世界银行。

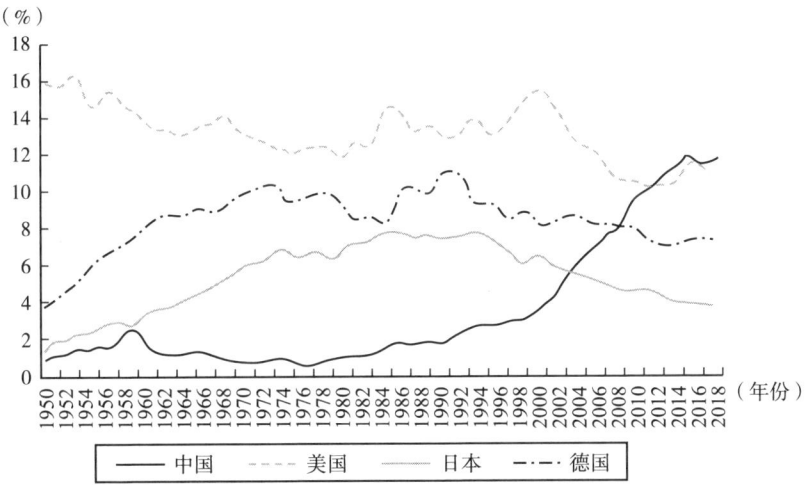

图 4　中美日德四国商品贸易进出口总额占全球份额（1950～2018年）

资料来源：WTO。

产业结构从第一产业为主转向二三产业共同带动。改革开放前，在计划经济体制下优先发展重工业，但整体上中国仍然是农业大国，第一产业贡献了主要 GDP 份额。改革开放早期，农业部门的产出增长十分显著①，

---

① Young A. Gold into base metals: productivity growth in the People's Republic of China during the reform period [J]. *Journal of Political Economy*, 2003, 111 (6): 1220-1261.

农村生产组织制度变革、农业剩余劳动力向非农部门转移以及粮食收购价格提高均带来农业劳动生产率的一次性改善。但是，中国的自然资源禀赋较低，且农业部门的技术进步明显慢于非农部门，因此农业劳动生产率整体处于较低水平。随着改革开放的深入，中国向西方发达国家开放市场，吸引外商投资，发挥比较优势融入全球产业链（林毅夫等，2014），通过"干中学"进行技术追赶，工业体系经历了从小到大的过程[①]，正在向工业强国迈进。服务业持续较快发展，2011年第三产业就业人员占比35.7%，首次超过第一产业（见图5）；2015年第三产业GDP增长贡献率为53.0%[②]，首次超过第二产业，成为经济增长新引擎。

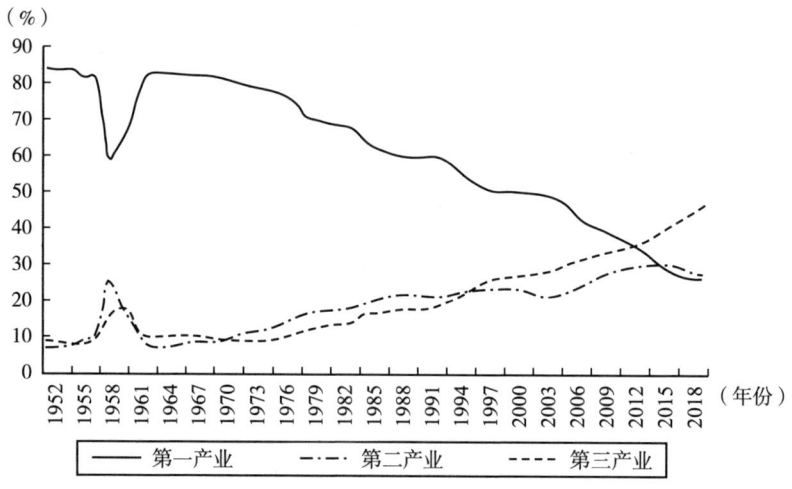

图 5　三大产业就业人员占比（1952～2018年）

资料来源：国家统计局。

三、中国经济70年的内外部环境变化

从外部环境来看，经过70年的发展，中国经济从封闭走向开放，与苏联、美国等世界主要大国之间的关系也出现了变化，大国崛起面临前所未有的挑战与机遇。从内部环境来看，当前中国经济面临越来越大的金融约束和资源

---

① 根据世界银行的统计数据，2009年中国成为全球制造业大国。
② 资料来源：国家统计局。

环境约束,需要从一个地方政府行为的视角去透视、解决这些重大现实问题。

在 70 年的发展历程中,两次重大外部环境变化对中国经济产生了深刻的影响。第一次是 20 世纪 60 年代中苏关系破裂。1949~1957 年是中苏关系的"蜜月期",苏联为中国现代化建设提供大量技术援助。1958 年起中苏在战略利益上的分歧日益加深,1960 年中苏关系破裂,苏联终止对中国工业的援助,致使很多投资项目半途而废,中国因此开始探索独立自主、自力更生的工业化道路。中苏对立一直持续到 80 年代初,在此期间中国经济建设遭遇了重大挫折,也取得了宝贵成就。十一届三中全会后,为了给改革开放争取较长时期的国际和平环境,中央相继推动中日、中美关系实现正常化,在此基础上中苏顺应世界和平与发展的时代潮流进行了多轮高层次对话、磋商,有效缩小分歧、消除障碍,最终于 1989 年 5 月举行中苏最高级会晤,中苏关系自此实现正常化。

第二次是特朗普政府将中国定位为战略竞争对手。21 世纪以来,随着中国的综合国力、国际地位和影响力不断提升,中美关系面临越来越大的不确定性,《美国国家安全战略报告》中对中国的定位从更加强调合作向更加强调竞争转变。在民粹主义势力抬头、世界经济出现逆全球化倾向的大背景下,特朗普政府奉行"美国优先"和贸易保护主义,全面调整对华战略,将中国定位为战略竞争对手,2018 年起更是单方面挑起中美贸易摩擦,涉及领域从一般贸易上升到高技术贸易,从跨国贸易上升到跨国投资,旨在打压中国经济、遏制中国崛起。中美贸易摩擦不断升级,体现了两国在战略利益上的巨大分歧、综合国力的较量以及对技术、资本等生产要素的竞争。要理性看待中美关系的变化给中国经济带来的冲击,既不过分悲观,也不盲目乐观,而是把握机遇、迎接挑战,以更大的勇气和决心全面深化改革、进一步扩大开放。值得警惕的是,贸易摩擦可能只是大国博弈的手段之一,要做好预判、提前准备。

从内部环境来看,当下中国经济的风险主要来自金融约束、资源环境约束,其背后是地方政府行为的异化。在中国,市场竞争主体不仅包括不同所有制形式的企业,还包括不同层级的政府;分权背景下地方政府是地区经济增长的重要推动力量,正是地方政府之间的竞争给中国经济带来活力和效率,在中国的市场化进程中起到了不可替代的正面作用[1]。但是,

---

[1] 中国特色社会主义市场经济体制经历了一个从无到有的过程,在经济转型初期,地方政府部分替代市场,在培育市场体系、引导资源配置、支持自下而上的制度创新等方面起到了关键作用,最终实现了市场体系的从无到有、企业家群体的发展壮大。

地方政府的过度竞争也会引发一系列问题，如果不加限制和引导，就会损害经济效率、降低经济增长潜力，不利于经济的稳定可持续发展。第一，不恰当的分权路径加剧了地区间的税收竞争①，地方政府的补贴政策扭曲了企业的投资行为，导致企业过度投资、行业产能过剩②③。第二，地方政府间不够协调的环境规制政策引起污染就近转移，由于污染物存在区域性流动特征，污染就近转移既不利于全局环境治理，也无法实现局部环境的改善④。第三，地方政府之间的非理性博弈以及财政支出对土地财政过度依赖均弱化了土地财政的正面效应，导致资产泡沫堆积、地方债务过快增长⑤。

四、以更高水平改革开放推动高质量发展

在诸多挑战面前，最重要的还是做好自己的事情。具体而言，既要顺应外部环境演变以及世界政治经济格局的变化，也要处理好活力与秩序的关系，有重点、有策略地解决中国在发展中出现的问题、降低出现异常经济波动的可能性，更要全面深化改革、建设创新型国家、加快推进城市集群发展以及稳步推进乡村振兴，以此构筑发展新动力。

以妥善处理中美关系为重点适应外部环境。中美关系的不确定性不断增强，要保持战略定力，敢于斗争，善于妥协。"边打边谈，以打促谈"，保持高层之间的沟通、对话、谈判；守住避免陷入"修昔底德陷阱"的底线，寻求互利共赢；把握世界多极化发展趋势，充分利用国别分歧为自己赢得宝贵的机遇期。从中长期来看，要坚定捍卫多边贸易体制，引领全球化发展。推进"一带一路"建设，推动中国企业"走出去"，不断提升中

---

① 沈坤荣、付文林：《税收竞争、地区博弈及其增长绩效》，载于《经济研究》2006 年第 6 期。

② 江飞涛、耿强、吕大国等：《地区竞争、体制扭曲与产能过剩的形成机理》，载于《中国工业经济》2012 年第 6 期。

③ 王文甫、明娟、岳超云：《企业规模、地方政府干预与产能过剩》，载于《管理世界》2014 年第 10 期。

④ 沈坤荣、金刚、方娴：《环境规制引起了污染就近转移吗?》，载于《经济研究》2017 年第 5 期。

⑤ 沈坤荣、赵倩：《土地功能异化与我国经济增长的可持续性》，载于《经济学家》2019 年第 5 期。

国经济的国际影响力、拓展改革发展新空间；在多边贸易体制中发挥更大作用，坚定不移地推动全球多边贸易合作，加快亚太自贸区、RCEP、中日韩自贸区等区域经济合作，推进国内自由贸易区与自由港建设。

以寻求活力与秩序的平衡为重点规范地方政府行为。市场活力和地方政府活力是中国经济的压舱石，如何引导、规范地方政府行为，使其在创新发展、城市群建设、乡村振兴等方面继续发挥正面作用？第一，树立正确政绩观。弱化GDP增速以及与GDP增速密切相关的考核指标，增加简政放权、民生改善、生态保护、营商环境优化等考核内容的权重，并根据各地实际情况适当调整；保持地方性政策的稳定性和延续性，不折腾、不反复，切忌朝令夕改，才能稳定市场信心。第二，完善政绩考核方法。坚持分类考核、分层考核，突出考核的导向性，将考核结果运用到干部选拔任用、培养交流等实处；严控"一票否决"事项，为基层管理人员减压。第三，在制定相关宏观调控政策时，要充分考虑地区发展水平差异以及由此引致的地方政府行为异质性问题，充分考虑地方诉求，更加注重因城施策、一城一策，不搞"一刀切"。

构筑发展动力、厚植发展优势。第一，全面深化改革。目前改革已进入深水区，要最广泛地凝聚改革共识，让好的改革举措真正落地，才能破除各方面的体制机制弊端；敢于让政府"过紧日子"，为积极的财政政策拓展更多空间；适当精简政府机构裁汰冗员，推广"互联网+政务""最多跑一次""不见面审批"，打造廉洁高效的服务型政府。第二，建设创新型国家。实施更加包容开放的人才引进政策，拥抱世界人才；加大对基础研究的支持，促进科技成果转化；加大对基础教育的投入，将人口红利转变为人才红利；从长周期来看，要顺应技术周期变化与时代发展潮流，坚持以全球视野谋划、推动科技创新，全面融入全球创新网络，加强创新能力开放合作，鼓励进行技术融合创新。第三，加快推进城市集群发展。建立、优化承担城市群协调职能的权威机构和具体职能部门，制定、落实城市群一体化发展规划，在共同市场、共同治理、共同发展等领域形成合力，稳步推进基础设施互联互通、公共服务共建共享、生态环境联防联控等重点举措；加快在产业政策制定等方面的协调配合，形成差异化、多层次、专业分工的产业体系；逐步放开落户限制，促进劳动力、资本、土地、技术、管理等生产要素在城市群内部实现有序自由流动；更好发挥中心城市的集聚辐射带动作用，对标国际先进水平，进一步集聚全球高端生产要素，打造世界级创新高地。第四，稳步推进乡村振兴。在制定村庄规划方案时要充分考虑区域发展不平衡以及乡村之间的异质性，因村施策、分类施策、一村一策，制定符合自身实际的实施方案，并推动规划顺利落地；要顺应人口结构变化和乡村发展趋势，循序渐进地搬迁撤并一批空心村、凋敝衰退村庄，因地制宜进行安置；以完善农村产权制度为重点，有序推进农村土地"三权分置"，切实保护农民权益；大力培育新型职业农民，以提高农业劳动生产率为核心、以扩大财产性收入为保障，逐步缩小城乡收入差距。

参考文献

1. 赵德馨：《中国近现代经济史》，高等教育出版社2016年版。
2. 蔡昉：《中国农村改革三十年——制度经济学的分析》，载于《中国社会科学》2008年第6期。
3. Lin J Y. Rural reforms and agricultural growth in China [J]. *American Economic Review*, 1992, 82（1）：34 – 51.
4. Qian Y, Roland G. Federalism and the soft budget constraint [J]. *American Economic Review*, 1998, 88（5）：1143 – 1162.
5. 杨瑞龙：《我国制度变迁方式转换的三阶段论——兼论地方政府的制度创新行为》，载于《经济研究》1998年第1期。
6. 杨瑞龙、杨其静：《阶梯式的渐进制度变迁模型——再论地方政府在我国制度变迁中的作用》，载于《经济研究》2000年第3期。
7. 沈立人、戴园晨：《我国"诸侯经济"的形成及其弊端和根源》，载于《经济研究》1990年第3期。
8. 周飞舟：《分税制十年：制度及其影响》，载于《中国社会科学》2006年第6期。
9. 周飞舟：《生财有道：土地开发和转让中的政府和农民》，载于《社会学研究》2007年第1期。
10. ［英］安格斯·麦迪逊：《中国经济的长期表现：公元960 – 2030年》，上海人民出版社2011年版。
11. 中国经济增长与宏观稳定课题组：《干中学、低成本竞争和增长路径转变》，载于《经济研究》2006年第4期。
12. 中国经济增长前沿课题组：《突破经济增长减速的新要素供给理论、体制与政策选择》，载于《经济研究》2015年第11期。
13. Feenstra R C, Inklaar R, Timmer M. The next generation of the Penn World Table [J]. *American Economic Review*, 2015, 105（10）：3150 – 3182.
14. Young A. Gold into base metals：productivity growth in the People's Republic of Chi-

na during the reform period [J]. *Journal of Political Economy*, 2003, 111 (6): 1220 - 1261.

15. 林毅夫、蔡昉、李周：《中国的奇迹》，上海人民出版社 2014 年版。

16. 沈坤荣、付文林：《税收竞争、地区博弈及其增长绩效》，载于《经济研究》2006 年第 6 期。

17. 江飞涛、耿强、吕大国等：《地区竞争、体制扭曲与产能过剩的形成机理》，载于《中国工业经济》2012 年第 6 期。

18. 王文甫、明娟、岳超云：《企业规模、地方政府干预与产能过剩》，载于《管理世界》2014 年第 10 期。

19. 沈坤荣、金刚、方娴：《环境规制引起了污染就近转移吗?》，载于《经济研究》2017 年第 5 期。

20. 沈坤荣、赵倩：《土地功能异化与我国经济增长的可持续性》，载于《经济学家》2019 年第 5 期。

新时代中国金融改革的道路和方向选择

范从来　彭明生[*]

新中国成立70年来,中国通过金融改革和发展冲破了发展中国家普遍面临的资金短缺瓶颈,在贫穷落后的基础上实现了经济起飞,一跃成为世界第二大经济体,人均经济总量已经进入中等偏上收入国家行列,实现了新中国从"站起来"到"富起来"的跨越式发展。不仅如此,与主要发达经济体、转型经济体以及其他发展中国家的金融改革相比,中国始终注意平衡好金融改革的力度与社会可承受的程度之间的关系,不仅推动了经济更加快速的增长,而且提高了自身对金融风险的免疫能力,是世界上为数不多的没有爆发过债务危机、金融危机乃至经济危机的国家。可以说,中国已经走出了一条正确的金融改革道路,其中的改革经验或"中国模式",将为中国进一步深化金融改革指明道路和方向,同时也能够为广大发展中国家的金融改革实践贡献中国智慧和方案。所以,值此新中国成立70年之际,回顾中国金融改革和发展的历程,提炼中国智慧经验,为新时代中国金融改革指明道路和方向具有重大现实意义。

一、新中国金融70年发展变化

诚然,大国的崛起离不开发达和完善的现代金融体系,金融因素显然是中国经济发展奇迹得以产生的关键原因之一(李扬等,2018)。但是,

---

[*] 范从来,南京大学长江三角洲经济社会发展研究中心教授;彭明生,南京大学经济学院博士研究生。本文系国家社科基金重大研究专项"新时代中国特色经济学基本理论问题研究"(18vxk002)的阶段研究成果。

近年来，中国金融业由于不能完全适应经济转型升级的需要，也遭受了一些质疑和诟病。为此，我们应该用历史和全局的眼光，以事实和数据为依据，客观看待和分析新中国金融 70 年发展所取得成绩。众所周知，金融发展的目的是为实体经济服务。从这一视角来看，金融发展的功绩应该体现在对经济社会发展的推动作用上。为了不断满足经济社会发展的需要，金融在服务经济社会发展的同时，自身也会发生深刻变化，经历金融机构由少变多、金融市场由小变大、金融体系由简入繁等过程。而这一复杂的金融发展过程会外化为金融相关指标的变化。不失一般性以及便于跨国比较，本文选取了世界银行和国际清算银行统计的广义货币占 GDP 的比重（金融深化指标）和私人非金融部门信贷占 GDP 的比重（以下简称"经济货币化率"和"信贷总量比率"）作为衡量中国金融发展的指标，用来分析新中国金融 70 年发展变化。

（一）中国金融发展推动经济高速增长

自新中国成立以来，中国共产党高度重视金融在经济发展中所起到核心作用，特别是"改革开放以来，我们对金融工作和金融安全始终是高度重视的，我国金融业发展取得巨大成就，金融成为资源配置和宏观调控的重要工具，成为推动经济社会发展的重要力量"[①]。

新中国成立初期，金融物价飞涨，经济建设缺乏稳定的经济金融环境。为此，党和政府迅速统一全国财政经济，对财政和金融领域进行盘整和改革，建立起了独立的新中国国家财政体系，并确立了人民币的国家法定货币地位。统一的财政和货币信用制度确立以后，我国金融物价飞涨的局面基本得到了控制，这为新中国经济建设和发展创造了稳定的初始条件。这一时期，与高度集中的计划经济体制相适应，中国实施"大一统"的计划金融模式。

改革开放以后，我国开始进行市场化改革，逐步突破依靠计划和行政手段配置金融资源的传统模式，让市场开始在金融资源配置中发挥重要作用。这不仅促进了中国金融快速发展，使得金融相关比率不断提高，而且还有力地推动了中国经济持续高速增长（见图 1）。如今，中国广义货币和私人非金融部门信贷总量均达到了经济总量的两倍以上。2017 年，中国

---

① 2017 年 4 月 25 日下午，习近平总书记在中共中央政治局就维护国家金融安全进行第四十次集体学习上的发言，http://www.gov.cn/xinwen/2017-04/26/content_5189103.htm。

经济货币化率高达202.60%，仅次于日本位列世界第二；信贷总量比率高达206.40%，同样位居世界前列（见表1和图2）。中国经济总量，也从1978年改革开放伊始的3 679亿元增长到2018年的900 309亿元，由世界排名第十三位跃居并稳居世界第二位；按人均总量计算，1978年中国人均GDP是156.4美元，2018年高达9 780美元，按照世界银行的划分标准，中国已经从1978年的低收入穷国迈向了中等偏上收入国家行列。

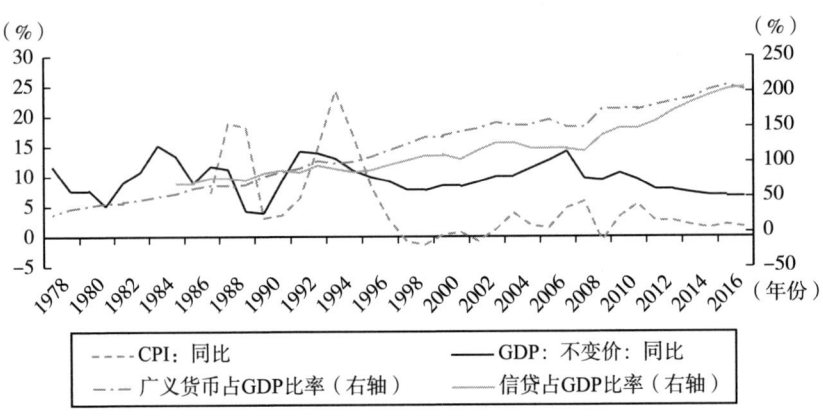

图1　中国经济与金融相关指标（%）

资料来源：世界银行统计数据和Wind数据库并经笔者绘制。

表1　　　　　　　　　　经济货币化率　　　　　　　　　　单位：%

年份	中国	美国	日本	英国	俄罗斯	捷克	匈牙利	墨西哥	智利	哥伦比亚
1978	24.41	69.35	137.07	33.10	—	—	—	32.02	20.98	27.02
1985	54.07	74.34	164.95	40.23	—	—	48.21	26.98	40.92	31.27
1990	78.65	71.03	187.36	91.12	—	—	43.76	22.39	39.16	28.65
1995	99.92	60.62	207.16	68.77	19.31	70.79	47.40	25.59	36.85	32.93
2000	137.04	68.26	240.56	104.96	21.54	63.69	45.71	23.18	91.88	25.82
2005	153.03	71.87	206.63	127.30	33.38	58.24	52.03	26.94	73.40	30.71
2010	175.74	85.33	217.49	166.41	51.38	69.65	61.32	30.63	66.86	37.88
2015	202.06	88.95	236.12	135.55	61.82	78.23	57.68	36.45	83.84	48.99
2016	208.46	89.88	242.42	141.85	59.18	80.33	59.95	37.82	82.93	48.91
2017	202.60	—	247.24	147.62	59.36	83.75	59.76	38.79	78.52	48.62

资料来源：世界银行统计数据。

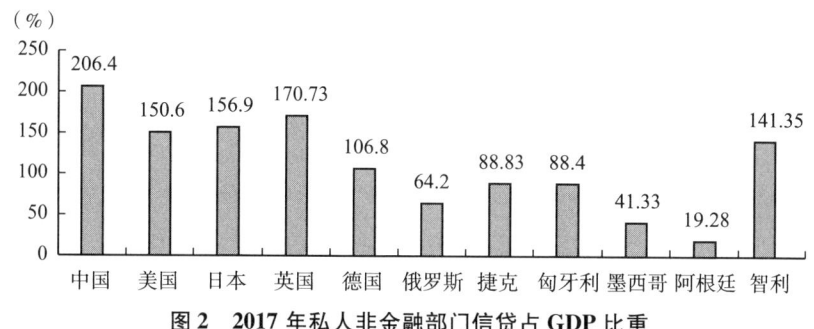

图 2　2017 年私人非金融部门信贷占 GDP 比重

注：数据来源于国际清算银行（BIS）统计的季度数据，笔者将每年四个季度数据取平均值作为年度数据。

（二）中国金融发展呈现阶段性特征

70 年来，中国经济发展的最大特征就是由计划经济向社会主义市场经济转型，这也决定着在经济转型前后中国金融发展必然表现出不同的特征。

计划经济时期，金融资源是按照国家计划指令分配的。但经济理论和历史经验都表明，相较于市场机制，计划和行政手段配置资源的效率较低。所以，计划经济时期，在市场机制被完全摒弃的情况下，中国金融在经济发展中的作用比较有限，经济增长率也比较低。1952~1978 年中国人均 GDP 增速年均值仅为 2.97%，在世界范围内处于较低水平（Zhu，2012）。因此，这一时期整个社会私人部门的留存收益也比较低，储蓄率和货币化率自然处于较低水平。截至 1978 年，中国经济货币化率仅为 24.41%（见表 1）。

改革开放以后，伴随经济和金融体制改革，市场开始在资源配置中发挥作用，中国的经济和金融也因此进入快速发展时期。1978 年以后，中国经济保持持续快速发展，年均经济增速高达 9.5%，在世界范围内处于较高水平（李建伟，2018）。经济的持续高速增长，使中国从"商品短缺"的经济时代进入到了物质财富极大丰富的经济新时代，人民生活水平有了极大的提高。中国的资本存量也由"短缺"转向了"充裕"。中国经济货币化率由 1978 年的 24.41% 上升到 2017 年的 202.60%，年均增速 18.72%；信贷总量比率由 1991 年的 87.75% 上升到 2017 年的 206.40%，年均增速 5.20%。可以看到，相较于改革开放之前，改革开放以后中国金融有了更加长足的发展，金融相关比率持续攀升。

(三) 中国堪称世界金融大国

从世界范围来看，不论是发达国家还是发展中国家，经济货币化率和信贷总量比率基本上都呈现出不断上涨的趋势，并且发达经济体的金融发展相关比率普遍高于发展中国家。而中国是一个特例，作为发展中国家，中国金融发展的相关比率实际上已经接近甚至超过了发达国家水平。

从经济货币化率指标来看。与世界主要发达国家相比，1990年，中国经济货币化率（78.65%）已经超过了美国（71.03%），2000年超过了英国（104.96%），2017年仅次于日本（247.24%）位列世界第二。另外，同样作为转轨经济体国家，中国经济货币化率在2000年左右（137.04%），已经远超俄罗斯（21.54%）和捷克（63.69%）、匈牙利（45.71）等东欧转型经济体国家。并且截至2017年，中国广义货币已经超过了GDP的两倍，而俄罗斯和捷克、匈牙利等东欧转型经济体国家的广义货币实际上仍然低于经济总量。不仅如此，截至2017年，中国经济货币化率（202.60%）也远超墨西哥（38.79%）、智利（78.52%）、哥伦比亚（48.62%）等拉美地区的发展中国家。

从信贷总量比率来看。与世界主要发达国家相比，2009年，中国信贷总量比率超过了德国（119.53%），2012超过了美国（150.85%），2013年超过了日本（160.85%），2014年超过了英国（170.73%），开始位列世界第一。与俄罗斯和捷克、匈牙利等东欧转型经济体国家相比，中国信贷总量比率明显高出很多。截至2017年，中国信贷总量比率高达206.40%，而俄罗斯仅为64.20%，捷克为88.83%，匈牙利为88.40%。与拉美地区的发展中国家相比，截至2017年，中国信贷总量比率是阿根廷信贷总量比率（19.28%）的10倍，是墨西哥信贷总量比率（41.33%）的5倍，比智利信贷总量比率（141.35%）高出65.05%。

进一步地，为了消除金融发展可能存在的国别差异，我们还选取了世界银行统计的私人部门信贷占GDP比重的全球平均值以及中等、中等偏上、高收入组国家的平均值，与中国私人部门信贷占GDP的比重作了比较。从世界银行统计数据来看（见表2），全球私人部门信贷占GDP的比重呈现不断上升的趋势，并且收入水平越高的国家群体平均来说私人部门信贷占GDP的比重也越高。与此相对应，中国人均收入水平由改革开放初期的低收入水平增长到中等偏上水平，中国私人部门信贷占GDP的比重也呈现出了不断上升的趋势。

表 2　　　　　　　　　　私人部门信贷占 GDP 的比重

年份	中国	全球	中等收入	中等偏上	高收入
1978	50.75	71.28	33.55	39.31	78.07
1985	66.8	81.93	35.95	41.26	91.53
1990	87.15	99.48	39.84	44.85	108.79
1995	84.96	107.58	44.46	49.1	119.71
2000	112.32	130.68	48.16	54.09	154.06
2005	113.28	124.47	52.72	58.46	143.56
2010	126.3	121.23	69.82	78.58	146.02
2015	152.55	125.61	97.18	113.19	141.97
2016	156.82	128.21	99.16	116.18	144.64
2017	155.82	104.71	100.69	117.95	—

资料来源：世界银行统计数据。

改革开放之前，虽然金融的作用比较有限，并且经过了 30 年的计划经济发展以后中国仍处在低收入国家行列，但是中国私人部门信贷占 GDP 的比重已经超过中等偏上收入国家的平均值。1978 年，中国私人部门信贷占 GDP 的比重为 50.75%，低于全球平均值（71.28%）和高收入国家的平均值（78.07%），但高于中等收入国家和中等偏上收入国家的平均值（33.55%；39.31%）。

改革开放以后，中国金融发展的速度有所加快。中国私人部门信贷占 GDP 的比重由 1978 年的 50.75% 上升到 2017 年的 155.82%，年均增速 5.31%。2010 年以后，中国私人部门信贷占 GDP 的比重开始全面超过全球平均值（121.23%），并于 2015 年起，高于高收入国家的平均值（141.97%），位居世界前列。相比之下，全球私人部门信贷占 GDP 比重的平均值由 1978 年的 71.28% 上升到 2017 年的 104.71%，年均增速仅为 1.20%。同期，中等收入国家私人部门信贷占 GDP 比重的平均值年均增速为 5.12%；中等偏上收入国家年均增速为 5.13%；高收入国家年均增速为 2.24%。可以发现，以私人部门信贷占 GDP 比重表示的金融发展水平，中等收入国家的平均增速高于高收入国家的平均增速。而对于正处在中等偏上收入国家行列的中国而言，中国私人部门信贷占 GDP 比重的增速显然符合全球规律。

总的来说，新中国70年金融发展不仅为中国经济高速增长做出了重要贡献，同时中国的金融总量水平也有了极大的提高。从历史的纵向比较和跨国的横向比较来看，中国的金融发展既符合全球金融发展总体上升的趋势，又有着自身特有的高速运行特点。如今，中国的金融总量同经济总量一样已经跃居世界前列，可以说中国已经成为一个世界金融大国。

二、金融改革是金融发展的前提条件

"发展是目的，改革是动力"。中国之所以能够迅速成长为金融大国，关键原因在于立足本国国情，走金融市场化改革道路。正是因为金融改革，中国的金融机构才能由少变多，金融市场才能从无到有，金融体系才能由简入繁，并外化为上述金融相关比率的变化。下面，我们开始对新中国70年金融改革和发展的历程进行回顾和总结。

（一）计划经济体制下的金融改革和发展

新中国成立之初，中国主要效仿苏联实行计划经济，优先支持重工业发展，试图尽快改变旧中国积弱贫困的面貌（吕政，2017）。为了与高度集中的计划经济体制相适应，中国开始对各类金融机构进行社会主义改革，逐步形成了"大一统"的计划金融模式。计划经济体制下，中国金融在经济发展中的作用较弱，主要的金融机构（中国人民银行）只是财政部的一个大"出纳"（李扬等，2018）。

当时，中国人民银行按照国家计划经济指令提供资金支持实体经济发展。经济运行的主体主要是国有企业，国家通过财政拨款直接支持国有企业的投资和发展，而国有企业的经营收益最终又上缴国家。国家既是投资者，又是储蓄者，中国人民银行除了按照财政支出的需要投放货币资金，用作流通手段以外，并未发挥金融中介作用和存贷款派生功能（易纲，1996）。所以计划经济时期，银行未能在经济发展中有效发挥金融杠杆作用。

这种优先支持重工业发展的"大一统"金融模式，虽然实现了较高的资本积累率，但是未能形成经济增长必要的体制条件，即有效率的资源配置和有效的激励机制（蔡昉，2018）。这不仅导致了宏观资源配置的无效率，还导致了微观经济活动的无效率（蔡昉，2018）。国民经济发展主要依靠国有企业，计划外经济部门的发展受到严格限制，整个社会生产力无法挣脱计划经济体制的束缚而得到解放和发展。在这样的背景下，就产生了进行经济体制改革，促进生产关系适应生产力发展的现实需要。也正因如此，1978年党的十一届三中全会正式开启了中国经济体制改革的大幕，开始推动中国计划经济体制向社会主义市场经济体制转型。

（二）由计划经济向市场经济体制过渡期的金融改革

改革开放之初，中国经济处在计划向市场过渡的探索期，实行"计划为主，市场为辅"的经济体制安排[①]。具体的做法是对经济存量部分进行计划调节，对经济增量引入市场机制调节（钟正生、张璐，2017）。于是，政府开始向居民和企业放权让利。家庭联产承包制的推广和普及调动了亿万农民的生产积极性，乡镇企业的兴起和企业制度的改革提高了生产者的经营自主性和积极性，加上价格机制不断市场化，社会主义市场经济体制不断建立和发展，为经济发展提供了强劲的增长动力（李建伟，2018）。在政府放权让利和市场调节机制开始发挥作用的背景下，社会经济主体日益多元化，经济的交易和运行日趋市场化，开始对媒介经济交易的金融货币产生巨大需求。为了与经济体制改革催生的多样化金融需求相适应，中国开始将金融从财政中剥离出来，加快金融市场体系的建设（迟福林，2018），由此便开启了中国金融改革的大门。

1978年，中国人民银行从财政部独立了出来，但同时肩负着中央银行职责和商业银行业务，"大一统"的金融模式没有发生实质性改变。亚当·斯密曾指出，"分工可以提高效率"。而这种"大一统"的金融模式并不具有分工与协作的能力。为了适应和满足经济发展的需要，1979年10月邓小平提出"必须把银行真正办成银行"[②]，中国银行业改革的大幕正式拉开。1979年3月到1984年1月，中国农业银行、中国银行、中国建设银行、中国工商银行相继恢复成立，分别服务于"三农"、外贸、基建和工商业的发展，开始从多方位支持中国经济建设和发展（见表3）。自此，中国金融"大一统"的格局被打破，中国银行业朝着分工明确和专

[①] 1981年6月27日，中国共产党第十一届六中全会通过的《关于建国以来党的若干历史问题的决议》指出："必须在公有制基础上实行计划经济，同时发挥市场调节的辅助作用"。

[②] 邓小平：《关于经济工作的几点意见》，《邓小平文选》（第二卷），人民出版社1994年版，第200页。

业化方向发展。

表3　　　　　四大国有专业银行的定位和任务

日期	银行名称	业务定位	主要任务
1979年3月	中国农业银行	农村存、贷款业务	统一管理支农资金发展农村金融事业
1979年3月	中国银行	国家外汇资金和与之有关的人民币业务	经营一切外汇业务从事国际金融活动
1979年8月	中国建设银行	基本建设贷款业务	办理国家固定资产投资拨款监督、拨款改贷款
1984年1月	中国工商银行	工商信贷和储蓄业务	支持工业生产发展和商品流通扩大

资料来源：和讯银行网站（http：//bank.hexun.com/2008/kaifang1/）。

四大国有专业银行的成立，剥离了中国人民银行曾经承担的政策性和商业性银行业务，国家基本建设投资转而采取"拨改贷"的方式，资金的使用效率得到了提高。不仅如此，为了满足多元化市场经济主体的需求，中国大幅增设银行机构，开始朝着多元化方向发展。1986年7月，中国组建了第一家国有股份制商业银行——交通银行；1987年4月，成立了第一家企业法人持股的股份制商业银行——招商银行。随后，各大股份制商业银行相继成立。除此以外，为了服务农村个体经济和集体经济发展的需要，早在计划经济时期就遍布农村地区的农村信用社数目也开始迅速增多，农村信用社的发展壮大有效地促进了农业和乡镇企业的发展。1986年起，为了服务城市集体经济和个体经济等非国有经济的发展，城市信用社的规模也不断扩大。

这一时期，中国银行业金融机构从中国人民银行一家，衍变为包含国有银行、股份制商业银行、城市和农村信用社等多样化的金融机构体系。并且，在银行业金融机构不断建立和扩大的同时，中国的票据、拆借、国债市场也开始试点建立，逐渐改变了中国金融有机构无市场的局面。1990年，上海证券交易所和深圳证券交易所成立，中国的资本市场也开始发展起来。于是，中国金融市场体系的雏形逐步建立起来，市场在金融资源配置中的作用有了边际改善，金融在经济发展中的作用也有了帕累托改进。

（三） 社会主义市场经济体制建设时期的金融改革

1992年，党的十四大明确了"建立和完善社会主义市场经济体制"的目标。1993年十四届三中全会通过了《中共中央关于建立社会主义市场经济体制若干问题的决定》，明确了建立社会主义市场经济体制的总体规划和基本目标，提出了要让"市场在国家宏观调控下对资源配置起基础性作用"。"为了适应建立社会主义市场经济体制的需要，更好地发挥金融在国民经济中宏观调控和优化资源配置作用"[①]，1993年12月25日发布的《国务院关于金融体制改革的决定》，明确提出"改革现行金融体制"，"建立政策性金融与商业性金融分离，以国有商业银行为主体、多种金融机构并存的金融组织体系"。

彼时，由于国有专业银行同时肩负着政策性金融业务和商业性金融业务，商业性金融业务具有企业的"私人性质"，而政策性金融业务具有国家的"社会性质"，国家的政策性金融不可避免地会抑制国有银行的"私人性质"，限制国有银行的商业化运作能力（张杰，2008）。为了提高国有银行的资源配置效率，需要把国有银行改革成为以营利为目的的企业主体，来进行市场化运作。为了贯彻落实金融体制改革的决定，1994年中国相继成立了三家（国家开发银行、中国进出口银行和中国农业发展银行）政策性银行，用于分离国有银行的政策性贷款业务，推动国有银行朝商业化、市场化方向改革。

1997年爆发了亚洲金融危机，这是新中国遭受的第一次比较严重的外部经济冲击。随即，国有企业经营效益开始下降，国有银行发放的大量贷款变成了不良贷款。国有企业的经营困难以及四大国有银行陷入资本金不足的困境，客观上加速了我国经济和金融改革的进程。在此背景下，1997年，党的十五大和十五届一中全会提出了国有企业3年脱困计划。并且，为了"化解金融危机，稳定金融安全"，1997年底，我国召开了第一次全国金融工作会议。会议决定，"成立四大国有资产管理公司，剥离商业银行不良资产；定向发行特别国债，补充国有银行的资本金；取消贷款规模，实行资产负债比例管理等改革措施"。这些举措有效地化解了国有银行的不良贷款问题，使得国有企业"债转股"计划得以顺利实施，国有企

---

① 1993年11月11日~14日，中共十四届三中全会通过的《中共中央关于建立社会主义市场经济体制若干问题的决定》。

业和国有银行纷纷涅槃重生（钟正生、张璐，2017），可以轻装上阵向现代化治理方向发展。2002年我国召开的第二次全国金融工作会议，决定组建中央汇金投资有限责任公司，主导中国银行业的重组上市。2004年，国务院正式启动国有银行股份制改革，采取市场化方式，按照《公司法》和《商业银行法》章程部署国有银行改革方案，推进建立现代金融企业制度，提高中国银行业的竞争力和市场运作能力。

2001年中国加入世界贸易组织，中国经济的对外交往程度不断加深，净出口对中国经济的拉动作用大幅提高，产生了对汇率体制改革的需求，客观上促进了中国的汇率市场化改革。另外，大幅度的国际收支双顺差，导致外汇占款不断增多，扩充了商业银行的资金来源，这实际上减弱了商业银行的存款竞争和冲破利率管制的诉求，利率市场化的改革进程则相对比较缓慢（钟正生、张璐，2017）。

2008年国际金融的爆发导致全球经济低迷，中国外需导向的经济增长模式受到了巨大挑战。中国政府迅速采取大规模刺激措施，依靠"四万亿"财政刺激计划，采取宽松的货币政策，刺激总需求，经济很快企稳回升。但是，2011年开始中国经济增速持续放缓，经济下行压力持续加大。为了对冲经济下滑的风险，依靠金融数量扩张推动投资上升的惯性做法得以延续。在金融扩张的大背景下，金融监管有所放松，金融创新速度加快，进一步提高了中国信用的创造能力。地方政府设立融资平台，信托业务等开始大力发展，并且信托业务还促进了银行的同业扩张，形成了通道业务下的影子银行模式，银行表外业务也不断扩大（张平，2017）。另外，在传统金融之外，互联网金融等金融创新模式也不断兴起。这些金融新模式极大地促进了中国的信贷扩张，社会融资规模增速一度超过广义货币增速。从统计数据来看，金融危机以来，中国信贷总量比率增速较之前阶段明显加快，年均增速高达8.82%。

（四）社会主义市场经济体制完善时期的金融改革

在经过了30多年的经济改革和发展以后，中国特色社会主义市场经济体制基本建成，中国经济步入完善社会主义市场经济体制的新阶段。2013年党的十八届三中全会通过《中共中央关于全面深化改革若干重大问题的决定》（以下简称《决定》），对中国经济体制改革做了顶层设计和战略部署。《决定》指出，"使市场在资源配置中起决定性作用和更好发挥政府作用"。相应的，为促进市场在金融资源配置中的作用由基础性变为决定性，《决定》对完善我国金融市场体系建设也做了重要部署。其中包括，允许民间资本发起设立银行等金融机构；健全多层次资本市场，提高直接融资比例；深入推进利率市场化改革；落实建立存款保险制度等金融监管措施；大力发展普惠金融，鼓励金融创新等。

为了贯彻执行《决定》内容，中国的金融改革全面推进。2014年3月，国务院批准五家民营银行试点，打开了民间资本进入金融业的大门，丰富和发展了多层次的银行业金融机构体系。截至2018年，我国已有17家民营银行开业，银行业金融机构总数高达4 588家。2015年10月人民银行放开存款利率上限，利率市场化改革迈出了更加坚实的一步。2017年底，大幅放宽银行、证券、保险行业的外资股比限制。金融监管改革方面：2015年5月起，施行《存款保险条例》，保障大众存款安全；2017年设立金融稳定委员会，加强金融监管的协调性；2018年，合并银监会和保监会，进行交叉监管；出台《资管新规》，规范金融机构资产管理业务。在这一系列金融改革措施的推进下，中国的金融体系不断丰富和发展，金融监管能力也得到了显著提高。

总体而言，中国围绕着经济体制改革的需要，不断深化金融改革，逐步形成了以银行业金融机构为主体，多层次资本市场共同发展的现代化金融体系，有力地推动了中国经济快速发展。根据有关测算，1978~2007年中国人均GDP增速年均值高达8.12%，相较于改革开放之前（2.97%）有了显著提高（Zhu，2012）。另外，在金融市场化改革的过程中，党和政府还高度重视金融安全问题，不断加强和改进金融监管，提高了抵御金融风险的免疫能力，牢牢守住了不发生系统性金融风险的底线。

三、金融改革的"中国模式"

事实上，大概从20世纪70年代开始，在世界主流金融发展理论的指导下[①]，世界诸多国家纷纷掀起了金融市场化改革的实践浪潮。已有研究发现，中国与其他转轨经济体国家相比，在金融改革的目标、路径、策略等方面存在着显著的差异（应展宇，2008）。笔者进一步研究发现，中国的金融改革与主要发达经济体以及拉美地区的发展中国家对"金融管制"

---

① 主要指的是麦金农和肖提出的金融深化理论（McKinnon，1973；Shaw，1973）。

的放松相比,也存在显著差异。

(一) 金融改革的背景

中国金融改革的背景与发达国家放松"金融管制"的背景不同。20世纪70年代起,受新自由主义思潮的影响,发达国家开始放松金融管制、鼓励金融创新。以美国为例,70年代,美国经济遭遇"滞胀"困境,凯恩斯主义逐渐衰落,新自由主义开始兴起。另外,"金融脱媒"使得美国银行存款不断流失,为此美国银行部门极力呼吁放开利率管制,提高银行吸储竞争力。在此背景下,美国取消了利率管制,导致存款利率攀升,在此基础上银行信贷大幅扩张,埋下了危机的种子。1994年美国出现了银行倒闭潮。另外,在新自由主义理论的指导下,美国金融监管也开始放松,金融创新层出不穷。资产证券化和次级抵押贷款助推了房地产的繁荣和泡沫,最终引发了次贷危机。与此不同的是,中国金融改革是为了配合经济改革的需要,并且"大一统"的金融模式之下也不存在所谓的"金融脱媒"现象。

从改革的指导理论来看。新自由主义是美国放松"金融管制"的指导理论,凯恩斯主义衰落和新自由主义的兴起实际上意味着政府干预与市场调节的完全对立。但从实践结果来看,完全放任的金融自由发展并不能保证经济增长的可持续性,2007年美国次贷危机引发的全球金融海啸即是最好的警示。而中国金融市场化改革遵循实践理性,以马克思主义经济学为指导,重视理论与实践的统一,依靠实践基础上的理论创新,反过来又指导实践。这也就决定了中国的金融市场化改革采取试点—推广、试错—修复的渐进式方式。通过对金融实施"在线修复",实现螺旋式上升,有效地避免了因改革的力度过大或过度市场化所带来的金融不稳定性。

(二) 金融改革的次序

中国金融改革的次序与俄罗斯以及东欧转型经济体采取的"大爆炸"式不同。20世纪70年代起,实施计划经济的国家开始进行市场化改革,向市场经济体制转轨。在这些转轨经济体中,俄罗斯和东欧国家采取了"大爆炸"式的经济和金融市场化改革方式。以俄罗斯为例,该国在解除产品市场价格管制的同时便放开了银行的贷款利率,打破了国有银行的垄断地位,经济市场化和金融市场化几乎同步进行(应展宇,2008)。这些国家试图通过快速的市场化改革,依靠"休克疗法"过渡到市场经济体制中，结果却引起了爆发式的通货膨胀和产出的急剧下降①。并且时至今日，这些国家的金融相关比率还远远低于中国（见表1和图2）。

麦金农就转轨经济体国家采取"大爆炸"式的市场化改革导致的严重经济后果，提出了经济市场化改革的最优次序，其中第一要务就是先进行财政控制，确保国家财政得以平衡以后，再进行金融市场化改革（McKinnon，1991）。理由是，倘若政府财政支出不受控制，那么大规模的财政赤字则需要由中央银行发行货币来埋单，最终会导致严重的通货膨胀。

然而，中国的金融市场化改革既不同于东欧国家的"大爆炸"式，也不同于麦金农所提出的先控制住国家财政然后进行金融市场化改革的次序。对此，麦金农本人也曾指出，就经济市场化改革的次序而言，在财政控制方面中国是一个例外（McKinnon，1991）。事实上，中国从1978年开始到20世纪90年代初，财政收入也在不断下降，但是中国的物价水平却保持在较低水平。中国财政下降的同时却能保持物价的稳定也被称为"中国之谜"（McKinnon，1991）。

实际上，中国市场化改革的结果与东欧国家迥异的主要原因，不在于改革的方式是"渐进式"还是"爆炸式"，而是在于中国采取的方式是经济改革先于金融改革。也就是说，经济发展需要什么，金融就进行相应的配套改革，而不是简单地放松"金融抑制"（贾春新，2000）。那么为何对于转轨经济体而言，经济改革先于金融改革更优？因为对于从计划经济向市场经济转轨的经济体而言，大量的国有企业存在预算软约束，一旦这些国有企业的预算约束突然变硬，那么它们将很快失去市场竞争力甚至面临破产倒闭的可能。而国有企业竞争力的下降，则会导致国家财政收入进一步减少。在这样的背景下进行金融"爆炸式"改革显然不合时宜。

那么，中国是如何做到兼顾金融市场化改革和经济稳定的呢？首先，中国先进行经济体制改革，家庭承包制极大地提高了农业生产效率，农民的收入水平随之大幅上升，亿万农民的剩余积累不断增多。在此背景下，中国通过金融改革建立起来的金融体系开始从中发挥金融中介作用，将亿万农民的储蓄存款一方面变为支持乡镇企业等非国有企业发展的资金来源；另一方面则作为国有银行体系贷款的来源，从而有效地弥补了国家财政收入下滑的不足（McKinnon，1991）。

---

① 20世纪70年代起，东欧国家的GDP年均增速呈现不断下降的趋势，80年代末期更是出现了断崖式下降，并趋于负增长。

(三) 金融改革的方式

中国金融市场化改革的方式与拉美地区发展中国家放松"金融抑制"的方式也存在差别。20世纪70年代,针对发展中国家普遍面临的资本不足状态,金融深化理论开始兴起,金融深化理论认为发展中国家要促进经济发展,应当解除"金融抑制",放开利率管制,让实际利率上升到均衡状态,从而有利于储蓄向投资转化,进而促进经济增长(McKinnon,1973;Shaw,1973)。在该理论的指导下,拉美地区的众多发展中国家都积极进行放松"金融抑制"的金融改革实践,但是到了20世纪80年代末和90年代初这些放松"金融抑制"的国家基本上都遭遇了通货膨胀和金融不稳定的严重威胁(余静文,2013),并且金融改革的经济绩效并不明显(见图3)。

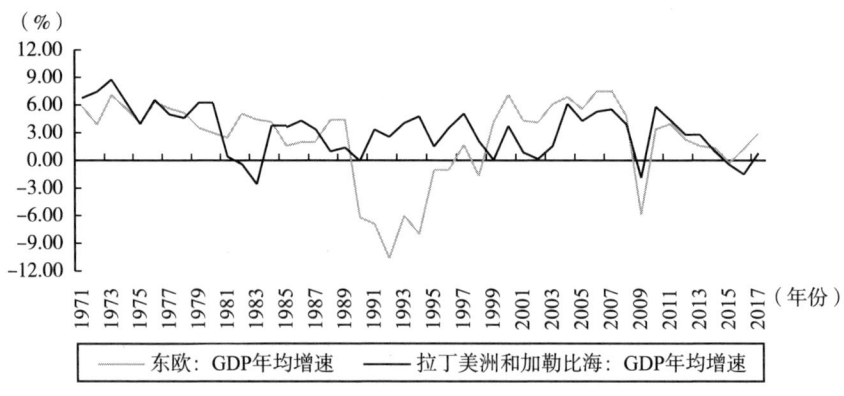

图3 东欧和拉美地区GDP年均增速

资料来源:世界银行统计数据和Wind数据库并经笔者绘制。

相反,主要发达经济体在突破"金融管制",进行利率市场化改革以后,却迎来了长达20多年的经济稳定增长、通胀水平较低的"大稳健"时期。只不过,这些国家最终也还是遭受了全球金融危机的冲击。相比之下,中国金融市场化改革则显得更为成功。改革开放以来,特别是十四届三中全会确立了建设社会主义市场经济体制以后,中国不仅成功经受了亚洲金融危机和世界金融危机的冲击,而且实现了经济高增长和物价基本稳定的良好局面(见图1)。可见,以放松"利率管制"为重点的金融深化理论,在指导不同国家的实践方面会产生截然不同的效果。

实际上,这种改革成果的优劣并不直接取决于市场化改革的模式是

"渐进"抑或是"激进",因为二者的本质并无差别,都是为了放松"利率管制"(胡新智、袁江,2011),其中的关键在于采取的利率市场化改革方式是否符合本国国情(特别是本国经济所处的发展阶段),而不应简单地遵循理论的教条。拉美国家与发达经济体最明显的差别就在于,拉美国家资本匮乏,而发达国家的资本存量充足[①]。这就决定了依靠放松利率管制的"存量改革"方式,在发达国家可以盘活存量资源支持经济增长,而在拉美国家由于资本相对匮乏,实际上并不存在依靠利率市场化来促进储蓄向投资转化的基本条件,并且这种过快的利率市场化改革还会埋下金融不稳定的隐患。

中国先进行经济市场化改革,推动了农业生产步入快车道,乡镇和集体经济快速发展,市场机制的作用不断增强,经济发展活力与日俱增(李健伟,2018),所以整个社会的投资率和储蓄率自然稳步上升。在这样的背景下,中国内生了金融市场化改革的需要。换言之,中国依靠经济体制改革,使经济主体生产有活力,收入有了剩余,产生了储蓄率增长的经济基础。然后,通过金融市场化改革,促进金融机构发展,进而把这些剩余储蓄转化为投资,从而进一步促进经济增长。而不是说金融抑制解除了,储蓄率就会自然而然的增长。可以看到,金融市场化改革因国情的不同而有所差异,一国金融市场化改革的方式应该视经济发展阶段而定。发达国家适合放松金融抑制的"存量改革"方式,而发展中国家由于缺乏改革的基础条件更适合采取配合经济体制改革需要的"增量改革"方式。

总之,与主要发达经济体、转型经济体以及其他发展中国家的金融改革实践不同,中国并未简单地遵循金融深化理念,而是在立足本国国情的基础上,根据经济转型和发展阶段的特定需要来进行金融市场化改革。所以,在金融改革的内容和方式上,中国表现出了不同的特征,并且取得了相对更好的改革绩效,所以中国金融改革的方式理应冠之"中国模式"。

四、中国金融改革的基本经验

新中国成立70年来,中国依靠金融市场化改革,逐步建立起了有效

[①] 以1978年为例,美国人均GDP已经破万,高达1.06万美元,而墨西哥为1 552美元,中国仅为156美元。

动员和分配储蓄的体制机制（李扬等，2018），增强了金融对实体经济的支持力度。并且，相比于拉美和东欧国家的金融改革，中国较好地权衡了金融改革、发展、稳定之间的关系，取得了良好的经济绩效，成为世界少有的未爆发过经济危机、金融危机乃至债务危机的国家。这实际上有力地证明了中国走金融市场化改革道路的正确性，其中的改革经验无疑值得总结。

（一）金融改革的次序应该视经济转型的程度而定

金融是现代经济的核心，金融改革也因此被认为是经济改革的重要方面，并且在经济转型的复杂过程中起着重要作用（王广谦，2008）。实际上，中国金融改革是滞后于经济改革的（贾春新，2000）。但这并不意味着金融改革一定要滞后于经济改革，因为对于已经建立起市场经济体制的发达经济体而言，进行金融改革便能提高经济绩效。例如，20世纪70年代后期，发达经济体放松"金融管制"以后进入了长达20多年的"大稳健"时期。而东欧国家在未能通过经济改革弥补财政收入下降、建立起稳定的宏观经济环境的背景下，同步进行金融改革，反而加剧了经济波动和金融不稳定性。相比之下，中国立足本国经济转型的大背景，正视自身处在经济发展初级阶段的现实，依靠经济改革先于金融改革的方式取得了良好的经济绩效。由此可见，对于转轨经济体而言，在尚未建立起完善的市场经济体制的情况下，先进行经济体制改革，然后配合相应的金融改革应该更为妥当。

另外，对比中国金融改革与主要发达经济体放松"金融管制"的结果可以发现，对于已经顺利实现转轨或者已经建立了相对完善的市场经济体而言，放松金融管制，鼓励金融创新的确有利于促进经济增长。但是，要防止放松"金融管制"可能导致的经济过度金融化问题。因为金融产品创新在提高市场流动性的同时，也使得经济更加虚拟化，这会加剧经济的波动。实际上，从中国金融改革取得良好绩效来看，不论是转轨经济体还是发达国家，在金融改革的过程中平衡好提高金融效率与保障金融稳定关系是必要的。

（二）金融改革的方式应该视经济发展的阶段而定

帕特里克最早提出了金融发展的两种模式：一种是需求跟随型；另一种是供给引导型（Patrick，1966）。需求跟随型假定金融供给具有充分的弹性，能够自动满足实际经济增长的需要。而供给引导型指的是在金融需求未产生之时提前增加金融供给，给企业家提供做大做强的机会，激发那些受到限制的企业家才能。一般认为，在经济发展的初级阶段以供给引导型金融发展模式为主，到了经济发展的后期，较多的是需求跟随型金融发展模式（徐忠等，2018）。换言之，金融发展模式会随着经济发展阶段不同而有所差异。

在经济发展的初级阶段，由于资本存量水平较低，不具备盘活资本存量的初始条件，所以应该通过"增量改革"，依靠信贷规模的数量扩张方式推动经济快速增长。当经济发展到一定阶段以后，随着资本回报率不断递减，信贷增量扩张的经济效应随之降低，而这个时候社会资本存量水平较高，可以通过金融"存量改革"的方式，盘活存量资源。这样既能提高资源的配置效率，又能避免信贷过度扩张导致金融不稳定。也就是说，相比于资本存量资源丰富的发达经济体，发展中国家由于资本相对匮乏，选择金融"增量改革"的方式可能更加有利于推动经济快速增长。这也提示我们，通常将发达国家的金融发展模式看作是最优的，然后通过比较本国与发达国家的金融发展差距来进行金融改革的做法是值得商榷的。实际上，跨国的金融比较能够成立的前提是假设其他条件不变。而事实上，人们在做比较的时候并未做严格的其他条件不变的假设。中国金融改革和发展的实践经验表明，金融市场化改革应该立足于本国经济所处的发展阶段进行针对性改革，而不应盲目照搬发达国家的方案或简单地遵循理论的教条。

（三）处理好政府与市场的关系

20世纪80年后期，拉美地区的发展中国家、苏联和东欧地区的转轨经济体纷纷效仿欧美国家的金融发展模式，遵循"华盛顿共识"[①]，力求迅速实现市场化和私有化。不幸的是，这些遵循"华盛顿共识"进行市场化改革的国家最终付出了惨痛的经济代价。拉美国家进行市场化改革以后，经济增速度几乎腰斩，接踵而至的墨西哥危机、东亚危机、俄罗斯危机以及阿根廷危机，使这些遵循"市场原教旨主义"的国家深陷囹圄。相反，中国并未遵循"华盛顿共识"进行自由化改革，而是采取政府推进和

---

① "华盛顿共识"是指以新自由主义为理论基础，指导拉美国家进行市场化、私有化改革的一系列政策主张。

引导的渐进式市场化改革方式，并且取得了显著的经济成效。中国金融市场化改革的实践表明，政府和市场因素在市场化改革过程中并不是非此即彼的关系。

众所周知，市场是配置资源最有效的方式，但是市场不仅可能存在失灵，还有可能脱缰。特别是在经济发展的初级阶段，市场机制还不完善，市场容易产生内生性扭曲，导致市场失灵，并且这类扭曲很难通过市场自发调节和修复，往往需要借助于适当的政府干预政策来纠正（张晓晶等，2018）。落实到金融领域，也就是说政府必要的金融监管和规则制定是金融市场化良性运转的保障。实际上，金融市场化改革虽然能够推动金融创新发展提高金融服务效率，但这并不能保障金融稳定，政府监管才是保障金融稳定的关键（冯柏、朱太辉，2016）。所以，在金融市场化改革过程中，要处理好金融效率提升和金融稳定的关系，政府因素和市场因素都不可或缺。

一直以来，中国在经济和金融体制改革中，始终把处理好政府与市场的关系当作经济和金融体制改革的核心问题。党的十四大提出"要使市场在国家宏观调控下对资源配置起基础性作用"，十八届三中全会提出"使市场在资源配置中起决定性作用和更好发挥政府作用"。这是因为市场在资源配置中并非发挥全部的作用，政府的法治建设、治安秩序、宏观调控等无不渗透在经济金融的方方面面，这是资源市场化配置的必要条件。另外，中国是社会主义国家，社会主义制度的优越性要求党和政府在经济和金融发展过程中，发挥保障公平竞争、维护安全稳定、促进共同富裕等积极作用。实际上，中国金融市场化改革取得的良好效果，已经说明了在金融改革过程中，只要能够处理好政府和市场的关系，金融的改革创新和政府的金融监管可以并行不悖。

五、当前中国金融存在的问题

2008年金融危机以后，我国经济面临较大的下行压力，迫使宏观政策适度宽松以维持经济增长稳定。在这样的背景下，中国信贷大幅扩张，宏观杠杆率不断攀升。从图1可以看到，2008年以后，信贷占GDP比重变化的斜率大于广义货币占GDP的比重，这说明信贷速度开始大于货币增速。信贷速度大于货币增速，实际上意味银行表外业务的扩张、非正规金融以及直接金融的快速发展。因为"只有银行表内扩张的方式派生的信用才可以创造货币,表外信用投放、债券、股票等直接融资均不直接创造货币"(任泽平等,2019)。这实际上意味着央行通过货币政策推动银行信贷扩张已不能有效满足实体经济的需要,所以催生了非正规金融的发展。另外,银行表外业务以及非正规金融的发展是规避和脱离监管的,这部分信贷扩张在起到补充作用的同时,实际上也蕴含着金融风险。可以看到,当前中国金融已经不能完全适应经济高质量发展阶段的需要,中国金融正面临着诸多新问题和新挑战。

(一)"脱实向虚"问题

如同习近平总书记所言,"经济新常态下,技术变革加快、消费结构升级、国际市场增长放缓同时发生,相当部分生产能力达到峰值,许多生产能力无法在市场实现,加上社会生产成本上升,实体经济边际利润率和平均利润率下滑,导致大量资金流向虚拟经济"①。另外,资产短缺也是诱发资金"脱实向虚"的重要原因(杨胜刚、阳旸,2018)。根据有关测算,中国在 21 世纪初就进入了资产短缺时期(范从来等,2013)。特别是经过长达几十年的中国经济发展以后,中国已经告别了商品短缺的经济时代,进入商品和资本充裕甚至过剩的新时代。在这样的背景下,资本充裕意味着金融需求旺盛,而资产短缺则意味着金融供给不足,这会导致资产价格预期不断上涨,资金在逐利性的驱使下不可避免会"脱实向虚"(杨胜刚、阳旸,2018)。

当前,中国资金"脱实向虚"主要表现在两个方面。第一,企业金融化。全球金融危机以后,中国实业投资率开始持续下降,而中国企业的金融化水平却不断上升,金融渠道而非实业投资愈发成为企业盈利的主导模式(张成思、张步昊,2016)。第二,金融体系内"资金空转"。一方面,随着中国货币发行机制从外汇发行转向依靠各种借贷便利工具发行以后,资金主要投放到大型银行,而中小银行由于相关资质不够而拿不到资金,由此便导致了大型银行与中小银行之间通过同业拆借、同业理财等方式形成资金空转。另一方面,金融机构大量的资金通过资管计划、财务公司、信托机构等变向流入房地产等泛金融部门。从 Wind 资讯的统计数据来看,

---

① 2015 年 12 月 18 日,习近平在中央经济工作会议上的讲话,http://finance.people.com.cn/n1/2015/1222/c1004-27958807.html。

经济新常态下，我国经济增速放缓，但是金融业增加值占 GDP 的比重却持续攀升，由 2012 年的 6.51% 上升至 2016 年的 8.3%，超过英、美等发达国家的水平，2018 年虽有所下降，但是该占比仍高达 7.7%。与此同时，中国社会融资规模增量与金融业增加值之比却不断下降（见图 4），这实际上表明金融业为实体经济发展融通资金所形成的产出（增加值）比例在下降，由此可以推知中国金融业增加值快速增长的很大一部分比例是来自于金融业的自我服务和自我发展。

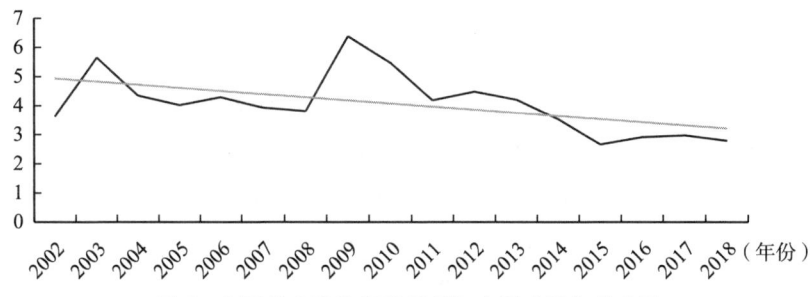

图 4　中国社会融资规模增量与金融业增加值之比

资料来源：Wind 数据库并经笔者绘制。

（二）金融结构尚待优化

当前，中国的金融结构还不能有效适应经济高质量发展阶段的需要，制约了金融服务效率的提升。中国金融体系是以银行为主导，特别是以国有商业银行为主导，这种金融体系具有规模经济效应，并且企业与银行之间通常存在长期合作关系，能够为工业化和产业化提供充足的资金支持（陈云贤，2018）。因此，过去依靠银行主导的金融体系提供的巨量信贷资金，有效地支持了中国经济的高速增长，走出了一条数量扩张型的经济和金融发展道路。但是，在中国经济进入新常态以后，尽管信贷规模还在持续攀升，但是经济增速却明显放缓，依靠金融数量扩张推动经济增长的"规模效应"在递减。并且，从世界范围来看，以信贷率缺口表示的信贷扩张与经济增长率之间已经普遍存在负相关关系，而中国的这种负相关性尤为突出（见图 5）。可见，过去依靠信贷规模扩张推动经济增长的方式已经不能适应经济高质量发展阶段的需要。

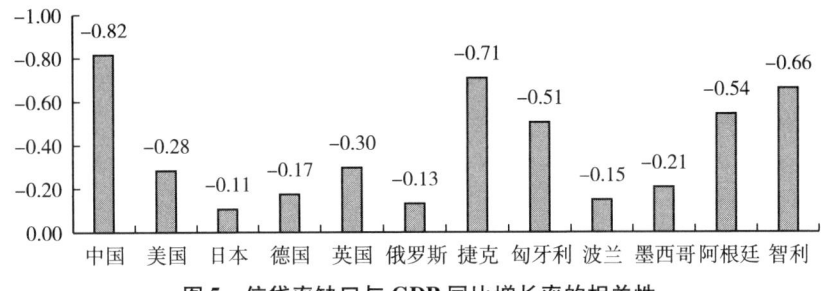

图 5　信贷率缺口与 GDP 同比增长率的相关性

资料来源：国际清算银行（BIS）统计数据和 Wind 数据库并经笔者绘制。

一方面，中国银行业的内部结构与异质性企业的融资结构不匹配，制约着中小企业的发展。长期以来，中国银行主导的金融体系为预算软约束的国有企业部门提供了资金便利，而中小民营企业由于内源性资金不足，长期面临融资难、融资贵等问题的困扰。实际上，国有企业的盈利能力整体上已经稍逊色于民营企业，2016 年国有及国有控股企业的营收利润率比私营企业低了 0.9 个百分点①，并且民营企业对中国经济的贡献度已经超过了 60%。但是，民营企业的贷款大约只占到银行贷款余额的 25%。显然，中国银行业对民营企业的支持力度与民营企业对经济增长所作出的贡献还不匹配，已经制约着民营企业更加快速的发展。

另一方面，中国的权益类融资占比不高，还不适应经济增长方式向创新驱动的转变。从金融发展的总量来看，中国信贷总量比率已经接近甚至超出世界发达国家水平，并且中国股票市场的总市值也已经位列世界第二位，但是中国上市公司总市值占信贷总量的比重并未上升（见表 4）。这一比例不仅低于美国、日本等发达国家，而且低于东欧、拉美地区的发展中国家。换言之，虽然中国金融改革一直在朝着市场化方向迈进，资本市场的重要性也在不断提高，但银行业仍然占据着金融体系的主导地位（刘贯春等，2017）。由于银行体系具有较强的风险规避倾向，而驱动创新的权益类融资比重又不高，所以中国的金融体系已经制约着经济增长方式向创新驱动的转变。

---

① 数据来自大成企业研究院、社会科学文献出版社发布的《2016 年民营经济发展与民间投资重要数据分析报告》。

表 4 上市公司总市值与非金融部门信贷的比重

年份	中国	美国	日本	德国	俄罗斯	匈牙利	波兰	墨西哥	阿根廷	智利	中国排名
1995	0.0679	0.7632	0.3077	0.2049	0.2096	0.1145	0.1525	0.5224	0.4712	1.4519	10
2000	0.4412	1.1051	0.3457	0.5161	0.6987	0.4565	0.4633	0.7064	0.4244	0.7018	9
2005	0.1491	0.8553	0.6034	0.3364	2.1088	0.3369	0.7183	1.1561	0.8019	1.1302	10
2010	0.4466	0.7180	0.4013	0.3573	1.1655	0.1602	0.5518	1.4353	0.8100	1.4741	8
2015	0.3810	0.9307	0.7208	0.4746	0.4185	0.1448	0.3459	0.8966	0.5401	0.5539	8
2016	0.3224	0.9778	0.6470	0.4621	0.7072	0.1897	0.3464	0.7791	0.6324	0.5933	9
2017	0.3449	1.0946	0.8140	0.5735	0.6152	0.2554	0.4601	0.8768	0.8850	0.7524	9

资料来源：世界银行统计数据和国际清算银行（BIS）统计数据并经笔者整理计算。

（三）金融风险问题

为了应对 2008 年金融危机的冲击，中国采取宽松的宏观经济政策实现了经济企稳回升，但也埋下了信贷扩张和高杠杆的风险隐患。2008 年金融危机以后，中国信贷占 GDP 的比重增速有所加快，信贷规模快速扩张，非金融企业的杠杆率位居世界前列。但是信贷扩张并未带来经济的高速增长，中国信贷率缺口与 GDP 增速已经显著负相关，并且中国信贷率缺口还持续超过国际警戒线（10%），从概率上说中国信贷扩张可能引致金融不稳定的隐患依然存在。

近年来，局部金融风险已经在逐渐暴露。2013 年银行业的"钱荒"，2015 年的"股灾"、汇率市场波动，2016 年房价攀升形成的房地产泡沫风险以及债券市场的大幅波动等等，表明中国正在进入风险易发期（国务院发展研究中心"经济转型期的风险防范与应对"课题组，2018）。另外，前期信贷大幅扩张形成的大量债务正在进入清算期，潜在的信用违约风险近在咫尺。其次，为规避金融监管而发展起来的影子银行，其业务的隐蔽性使得金融风险难以被测量和管理，容易导致风险跨行业交叉感染（国务院发展研究中心"经济转型期的风险防范与应对"课题组，2018）。再者，近年来 P2P 违约、违规情况频繁发生，互联网金融等金融创新模式可能潜在的金融风险也不容忽视。

六、深化金融改革的方向

中国经济进入新时代，与经济高速增长时期相适应的金融发展模式，已经不能适应高质量发展阶段的需要。金融与经济的循环不畅、金融结构与经济发展的动力结构不匹配、金融高杠杆等潜在风险问题，正在制约着金融更好地为实体经济发展服务。为此，我国应该基于过去金融改革的基本经验，坚持走金融市场化改革道路，深化金融供给侧结构性改革，推动中国金融朝着对标经济高质量的方向发展。

首先，深化经济和金融改革，增强经济和金融的相互吸引力和协调性。改革开放以来，中国依靠市场化改革，从计划经济转向了社会主义市场经济，这是中国经济实现长达40多年高速发展的动力源。但是，受2008年世界金融危机的影响，中国经济改革的步伐有所放慢，依靠大规模投资刺激经济增长的传统模式得以延续，但是实体经济收益率却每况愈下，资金便有了"脱实向虚"的倾向（钟正生、张璐，2017）。另外，虽然中国的金融总量相对充足，但是金融供给的结构与金融的需求结构不相适应，融资难、融资贵问题长期得不到有效解决，金融与经济的协调性不高。下一步，一方面应该继续深化经济改革，提高实体经济的利润率，引导资金"脱虚向实"。具体而言，最主要的是深化企业改革，增强企业发展活力。要按照《关于2015年深化经济体制改革重点工作的意见》，推进国有企业改革，完善产权保护制度，支持非公有制经济健康发展，增强民间投资活力。另一方面应该继续深化金融改革，增加金融的有效供给，缓解融资约束，为更多的企业创造做大做强的机会（Patrick，1966；李磊等，2014），不断增强金融与经济的协调性，提高金融服务效率，从而推动和引导经济不断转型升级。

其次，深化金融供给侧结构性改革，优化金融结构，让金融供给适应高质量发展阶段的需要。新时代经济高质量发展阶段，经济增长方式正在由要素驱动转向创新驱动。为此，我国应该适度改革银行主导的金融发展模式，提高直接融资比重，通过盘活金融存量，支持经济创新发展。不可否认，我国以银行为主导的金融体系为中国经济的快速发展做出了重要贡献，并且未来银行业仍将在中国经济发展中发挥核心作用，只不过当前我国银行业的内部结构不能完全适应中小、民营科创型企业的发展需要。大量研究表明，大力发展中小银行机构，提高银行业的市场竞争性，有利于提高企业生产效率，降低企业的融资约束，促进高新技术行业发展（林毅夫等，2009；蔡卫星，2019）。为此，我们应该在允许民间资本设立银行机构的基础上，适度放宽银行业的准入条件和牌照限制，鼓励有市场竞争力的区域性中小银行机构发展，加大对科技创新型民营企业的金融服务力度，提高民营企业的银行贷款比重。另外，由于银行体系整体上具有较强的风险规避倾向，而科技创新型企业一般风险程度较高。为此，我国还需要改善权益类融资占比较低的局面，大力发展多层次资本市场，适度提高权益类融资等直接金融的比例，依靠金融的存量改革而非大幅增量扩张，来调动中国经济长期发展所积累起来的资本存量资源，为我国实体经济的创新发展提供更加有效的金融支撑。

最后，深化金融市场化改革的同时，继续坚持社会主义制度的优越性，在维持金融安全和稳定方面不断发挥党和政府的积极作用。2017年4月25日，习近平在中共中央政治局就维护国家金融安全进行的第四十次集体学习上强调，"维护金融安全，是关系我国经济社会发展全局的一件带有战略性、根本性的大事"。中国已经把金融安全作为治国理政的大事，上升到国家安全的高度。这是因为，金融安全是经济平稳健康发展的重要基础，而前期中国金融高速增长、信贷大幅扩张以及经济金融化问题，实际上已经埋下了金融风险的隐患，局部性的风险点已经有所暴露。所以为了守住不发生系统性金融风险的底线，中国未来的金融改革要继续处理好效率和稳定的关系。既要通过深化金融改革提高市场配置金融资源的效率，同时也要更好发挥政府作用，建立起良好的金融监管体系来保障金融稳定。为此，党和政府既要加强对金融工作的领导，做好金融改革发展的顶层设计和战略规划，又要鼓励和推动金融研究工作的开展，加强对金融管理人员的问责机制和教育监督管理，培养金融素质过硬的金融从业人员。落实到具体的实践层面，作为金融研究工作者，要认真总结中国金融改革的经验和规律，并不断探索深化金融改革的新方向；作为金融监管者，要不断学习金融知识、掌握金融规律，改革和创新金融监管模式和理念，做到科学监管、防范金融风险；作为金融从业人员，要提高金融安全意识，以促进实体经济发展为导向推动金融产品和服务的改革创新。通过构建金融研究、学习和实践相互融合的体制机制，不断深化金融改革，推动中国金融稳定健康发展。

七、结　语

从历史和全球的视角来看，在世界各国金融都朝着市场化方向改革的同时，中国也选择了金融市场化改革道路，建立起了有效配置金融资源的体制机制，为中国经济发展做出了重要贡献。不仅如此，中国在金融改革的背景、方式和次序等方面与世界其他国家的金融改革相比存在着显著的差异，可谓走出了一条中国特色金融市场化改革道路。中国金融改革不仅促进了经济高速增长，而且中国政府在维护金融稳定方面也发挥了积极作用，避免了像其他国家那样遭遇金融危机的危害，守住了不发生系统性金融风险的底线，这是中国特色社会主义制度的优越性在金融改革领域中的深刻体现。当然，新中国 70 年金融发展变化可谓包罗万象，还需要经济研究工作者共同努力，总结和分析中国金融改革的经验和规律，推动形成中国特色金融发展理论，增强中国金融改革的道路自信、制度自信和理论自信。

参考文献

1. 蔡昉：《中国改革成功经验的逻辑》，载于《中国社会科学》2018 年第 1 期。
2. 迟福林：《改革开放 40 年建立与完善社会主义市场经济体制的基本实践》，载于《改革》2018 年第 8 期。
3. 蔡卫星：《银行业市场结构对企业生产率的影响——来自工业企业的经验证据》，载于《金融研究》2019 年第 4 期。
4. 陈云贤：《中国金融八论》，中国金融出版社 2018 年版。
5. 冯柏、朱太辉：《金融市场化改革路径：稳定与效率的跨期平衡》，载于《国际经济评论》2016 年第 5 期。
6. 范从来、刘绍保、刘德溯：《中国资产短缺状况研究》，载于《经济理论与经济管理》2013 年第 2 期。
7. 国务院发展研究中心"经济转型期的风险防范与应对"课题组：《打好防范化解重大风险攻坚战：思路与对策》，载于《管理世界》2018 年第 1 期。
8. 胡新智、袁江：《渐进式改革：中国利率市场化的理性选择——利率市场化的国际经验及其对中国的启示》，载于《国际经济评论》2011 年第 6 期。
9. 贾春新：《金融深化：理论与中国的经验》，载于《中国社会科学》2000 年第 3 期。

10. 刘贯春、张军、丰超：《金融体制改革与经济效率提升——来自省级面板数据的经验分析》，载于《管理世界》2017年第6期。

11. 李建伟：《中国经济增长四十年回顾与展望》，载于《管理世界》2018年第10期。

12. 李磊、郑妍妍、刘鹏程：《金融发展、职业选择与企业家精神——来自微观调查的证据》，载于《金融研究》2014年第6期。

13. 李扬、刘世锦、何德旭、黄群慧、金碚：《改革开放40年与中国金融发展》，载于《经济学动态》2018年第11期。

14. 林毅夫、孙希芳、姜烨：《经济发展中的最优金融结构理论初探》，载于《经济研究》2009年第8期。

15. 吕政：《中国经济改革的实践丰富和发展了马克思主义政治经济学》，载于《中国工业经济》2017年第10期。

16. 任泽平、方思元、杨薛融：《宽货币到宽信用的传导效率》，载于《中国金融》2019年第7期。

17. 王广谦：《金融改革："转型"与"定型"的现状与未来》，载于《金融研究》2008年第1期。

18. 徐忠、纪敏、牛慕鸿、李宏瑾：《中国货币政策转型——转轨路径与危机反思》，经济管理出版社2018年版。

19. 易纲：《中国金融资产结构分析及政策含义》，《载于经济研究》1996年第12期。

20. 余静文：《最优金融条件与经济发展——国际经验与中国案例》，载于《经济研究》2013年第12期。

21. 杨胜刚、阳旸：《资产短缺与实体经济发展——基于中国区域视角》，载于《中国社会科学》2018年第7期。

22. 应展宇：《存在金融体制改革的"中国模式"吗》，载于《世界经济》2008年第2期。

23. 张成思、张步昙：《中国实业投资率下降之谜：经济金融化视角》，载于《经济研究》2016年第12期。

24. 张杰：《市场化与金融控制的两难困局：解读新一轮国有银行改革的绩效》，载于《管理世界》2008年第11期。

25. 张平：《货币供给机制变化与经济稳定化政策的选择》，载于《经济学动态》2017年第7期。

26. 张晓晶、李成、李育：《扭曲、赶超与可持续增长——对政府与市场关系的重新审视》，载于《经济研究》2018年第1期。

27. 钟正生、张璐：《中国金融改革：经验、困境与未来》，载于《国际经济评论》2017年第5期。

28. Patrick, H. 1966, "Financial Development and Economic Growth in Underdeveloped Countries", *Economic Development and Cultural Change*, Vol. 14 (2): pp. 174 – 189.

29. McKinnon, R. 1973, "Money and Capital in Economic Development", Washington, DC: Brookings Institution.

30. McKinnon, R. 1991, "The order of economic liberalization: financial control in the transition to a market economy", Johns Hopkins University Press.

31. Shaw, E. 1973, "Financial Deepening in Economic Development", Oxford University Press.

32. Zhu, X. 2012, "Understanding China's Growth: Past, Present, and Future", *The Journal of Economic Perspectives*, Vol. 26 (4): pp. 103 – 124.

高速经济增长会自动消减贫困吗？

——新中国成立70年取得的减贫效果评价

孙咏梅 秦 蒙[*]

新中国成立70年来，我国取得了大规模的扶贫开发成就，使得逾7亿人摆脱了贫困，有人认为，巨大的减贫成就得益于数十年的高增长。但是，高增长在创造财富的同时，是否会完全自动地消减贫困？从扶贫减贫视野看，中国以往的高增长模式是否可以继续复制？为了解决这一疑问，我们将经济增长、收入不平等与贫困减少纳入一个统一的分析框架中，比较分析我国当前经济增长模式的减贫效果、高增长过程中贫困发生率的下降率以及不平等的变化状况，在此基础上，我们对数十年来的经济增长模式是否"利贫"进行理性思索，通过引入"利贫式增长"的理念，考察经济增长带来的减贫效应与不平等效应间的抵消效应（trade-off），进而回答我国的高增长模式是否可以自动消减贫困的疑问。

一、新中国成立70年来我国的减贫优势

新中国成立70年来，中国已经逐渐成为影响世界的高速经济增长国家。尽管新中国成立之初我国经济总量在世界上所占比重较低，但是经济过近30年的发展，到改革开放时我国经济总量已居世界第11位，2007年中国超过德国成为世界第3大经济体，2010年又超过日本，成为世界第二大经济体，中国对世界经济增长的贡献率超过30%，成为推动世界经济增

---

[*] 孙咏梅，中国人民大学中国经济改革与发展研究院副教授；秦蒙，中国人民大学经济学院博士生。本文系国家社会科学基金项目（项目号16BJL112）的阶段性成果。

长的重要力量。70年来,经过大规模的扶贫开发,我国使得逾7亿人口先后摆脱了贫困,为世界减贫贡献了76%的份额①,创造了高速增长推进大幅度扶贫开发的世界性奇迹。我们一直认为,中国的减贫成就主要得益于高增长带来的巨大动力,尤其以劳动密集型为特征的工业产业的崛起,拉开了始于1949年的城镇化进程的序幕,为近7亿农村转移人口进城务工提供大量的就业岗位,进而实现了贫困人口大规模的脱贫②。

自进入新常态以来,尽管我国经济增速下行,但扶贫攻坚的效果并没有减弱,没有出现一些国家经济增速减低,扶贫效果变弱的现象,这表明高增长并不具备天然的自动缓解不平等乃至贫困的动因,经济增长与减贫的相关性很大程度上取决于增长质量的提高,具体包括经济结构变动、政治、经济环境变化等内在因素的提升。中国70年扶贫开发的成就表明,贫困减少的外在动力来自于高增长,内在动力却是来自于制度的优势:社会主义公有制为大规模扶贫开发提供了保障——以公有制为主体的社会主义制度,使生产资料公有代替了私有,从根本上消除了起点的不平等,追求公平与公正的目标,使得社会主义制度在大规模扶贫开发中发挥了较高的动态效率,这是以资本效率为目标的私有制国家所不具备的条件。因此,离开制度的优势,仅仅依靠高增长带来贫困人口的减少,在理论上和实践上都是行不通的。

二、论高速经济增长的减贫效果:几种理论的比较分析

一般经济理论认为,高速经济增长与减贫具有相关性:滴漏经济学的"涓滴效应理论"认为,高速经济增长会自动消减贫困,政府减贫是没有必要的;低水平均衡陷阱理论和恶性循环理论认为,高增长不会自动实现减贫,因为贫困会阻碍经济增长,最终使二者陷入恶性循环;库兹涅茨倒U型假说认为,收入不平等会随着经济发展水平的逐渐提高呈现出先扬后抑的趋势,只要有足够的耐心等待经济增长带来的"拐点"的到来,减贫效果自然显现。

---

① 资料来源于国家统计局2019年初公布的相关数据。
② 数据根据国家统计局历年公布的资料整理。

(一) 经济增长具有自动减贫效果：滴漏经济学的减贫观

滴漏经济学（trickle-down economics）认为，经济增长具有自动减贫效果：经济增长过程中有利于食利者、雇主及其高层职员的政策，更有利于改善宏观经济运行条件，因为工人最终将受益于减薪和更苛刻的工作条件，由此而带来的较高的利润率会使企业家和监督者更加努力地工作，奖励最终会因此"滴漏"下来，从而使低层工人受益，即增加利润导致更高增长的良性循环，最终通过收入与就业的提高，惠及劳动者和穷人。一些自由主义经济学家也认为政府救济不是救助穷人最好的方法，应该通过经济增长使总财富增加，最终使穷人受益，政府只要创造一个有利于经济高速增长的环境就可以自动消减贫困。为此，一些学者做了进一步的实证分析，例如罗默和古格蒂（Roemer & Gugerty, 1997）实证了经济增长是减少贫困的最好的方式之一；[1] 杜拉和凯利（Dollar & Karry, 2002）证实穷人的收入与全社会的平均收入呈现出同比例增加的关系，贫困群体从增长中的受益比例与非贫困群体一样，因此，高增长是有利于穷人的，政府不需要特定针对贫困群体的扶贫政策，只要最大化经济增长就能减少贫困。[2] 也有学者不认同滴漏经济学的主张，例如马丁·拉瓦雷（Martin Ravallion, 1995）认为经济增长不是减少贫困的唯一因素；[3] 西尔瓦和苏玛托（Silva & Sumarto, 2014）认为高增长中的贫困群体获得的好处少于非贫困群体，高增长并没有真正实现减贫脱贫。[4]

(二) 低水平均衡陷阱及恶性循环理论：高增长无法完全消减贫困

一些学者通过对发展中国家贫困的调查发现，所谓的"高速经济增长具有自动消减贫困的效应"的理论是站不住脚的，例如，美国经济学家纳

---

[1] Michael Roemer, Mary Kay Gugerty. 1997, "Does Economic Growth reduce Poverty?", *Journal of Hospice & Palliative Nursing*, 4 (4): 206-207.

[2] David Dollar, Aart Kraay. 2002, "Growth is Good for the Poor", *Journal of Economic Growth*, 7 (3): 195-225.

[3] Martin Ravallion. 1995, "Growth and poverty: Evidence for Developing Countries in the 1980s", *Economic Letters*, 48: 411-417.

[4] Indunil De Silva, Sudarno Sumarto. 2014, "Does Economic Growth Really Benefit the Poor? Income Distribution Dynamics and Pro-poor Growth in Indonesia", *Bulletin of Indonesian Economic Studies*, 50: 227-42.

尔森（Richard R. Nelso, 1956）通过大量实证研究发现，很多欠发达国家人均收入在一个仅能维持生存的均衡水平上，期待以经济增长自动消减贫困在这些国家是行不通的。① 纳尔森认为，如果人口增长率大于收入增长率，国民收入的增长就会被更快的人口增长所抵消，人均收入将在原有水平上有所降低，并被逼回到维持生存的水平上；当收入增长率大于人口增长率，国民收入增长超过人口增长，人均收入将在原有水平之上有所提高，直到国民收入增长率降到人口增长率为止，在这一点上，人口增长率和国民收入增长率达到一个新的均衡。因此，在人口增长率大于收入增长率到人口增长率等于收入增长率的人均收入水平之间，存在着一个"低水平均衡陷阱"，在这个陷阱中，任何超过仅能够维持生活的人均收入水平的增长都将由人口的增长所抵消。如果将经济增长定义为人均收入的提高，那么陷入"低水平均衡陷阱"的国家因不可摆脱的贫困，就不可能实现经济增长。② 美国经济学家拉格纳·纳克斯（Ragnar Narkse, 1953）认为发展中国家之所以贫困，是因为这些国家的经济体中存在着一些互相联系的"恶性循环"：从资本供给看，存在"低收入—低储蓄能力—低资本形成—低生产率—低产出—低收入"的恶性循环；从资本的需求看，存在"低收入—低购买力—低资本形成—低生产率—低产出—低收入"的恶性循环。这两个恶性循环相互作用，使发展中国家长期处于贫困和经济停滞的困境。

（三）库兹涅茨倒 U 型假说：增长带来的"拐点"能缓解贫富分化

针对经济增长中的贫富两极分化，库兹涅茨（Kuznets, 1995）在著名的"库兹涅茨假说"中认为，收入分配与经济增长呈现倒 U 型关系，即收入不平等会随着经济发展水平的逐渐提高呈现出先上升后下降的趋势，并最终稳定在一个可接受的水平上，只要有足够的耐心等待经济增长带来的"拐点"的到来，到那时增长会自动缓解收入分配两极分化的趋势，并使每一个群体受益。即收入不平等最终会随经济增长而自动降低。③

---

① 理查德·纳尔森著，李德娟译：《欠发达经济中的低水平均衡陷阱理论》，载于《中国劳动经济学》2007 年第 3 期。
②③ 王培暄：《全球化背景下对库兹涅茨"倒 U 型假说"之质疑》，载于《南大商学评论》2015 年第 1 期。

但也有学者对"库兹涅茨假说"提出了质疑,例如加利·菲尔兹(Gary Fields, 1984)对7个国家间就业、收入分配和经济增长的关系进行研究时就发现,中国香港、中国台湾及韩国、新加坡四个亚洲新兴经济体在20世纪60年代经济快速发展时期,收入分配差距变小了,这是因为在20世纪60年代这四个经济体都实施了出口导向型战略,重点发展劳动密集型产业,使得本区域内失业率明显下降,人们的实际工资水平大幅度提高,这一现象并不符合"倒U型假说";① 皮凯蒂(Piketty, 2014)认为,库兹涅茨曲线的实证基础过于薄弱,他所观测到的发达国家发生的收入不平等的锐减处于特定的环境下——世界大战和这些国家所遭受的经济政治冲击。②

三、高速经济增长中的不平等与贫困:以中国农村为例

新中国成立70年来,具有中国特色的扶贫开发成就表明,快速且持续的经济增长对于削减贫困(尤其是收入型贫困)效果显著,为世界各国提供了中国经验。但是,伴随着经济高增长和居民收入水平的显著提高,我国经济增长质量不高,低质量增长使我国收入分配的贫富两极分化现象较为严重,尤其是在一些农村,农民没有能够共享改革的成果,严重影响了社会公平。目前,我国80%贫困人口集中在农村,农村地区贫困发生率的下降率正逐年降低,经济增长的收益分配非均衡特征表现突出,扶贫攻坚面临着较大的瓶颈。

(一)高速经济增长与我国农村地区的减贫数量呈正效应

新中国成立初期,我国年均增长率一度高达9.98%(1956~1960年),创造了高速增长的世界性奇迹。改革开放以来,中国GDP占世界比重由1978年的2.25%上升到2018年的16.7%,与美国的差距不断在缩小(美国2018年经济总量占世界比重约为24.17%)③。几十年的高速增长过程中,中国减贫效果显著:以现行贫困标准衡量,我国贫困人口规模从

---

① Gary S. 1984, "Fields. Employment, Income Distribution and Economic Growth in Seven Small Open Economies", *The Economic Journal*, 94: 74 – 83.
② 托马斯·皮凯蒂著,巴曙松等译:《21世纪资本论》,中信出版社2014年版,第32页。
③ 数据来源于联合国统计司公布的资料。

1978年的77 039万人减少到2014年的7 017万人,贫困发生率从1978年的97.5%下降到2017年的3.1%。(见图1和表1)。中国减贫成就表明,高增长为减贫提供了巨大的动力。

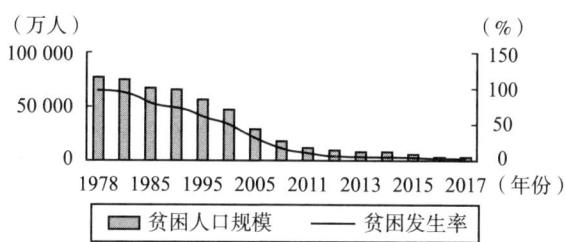

图1　1978~2017年我国农村贫困发生率(2010年贫困标准)

资料来源:根据国家统计局及世界银行公布的数据整理。

表1　　　中国与世界贫困人口比较(贫困标准:1.90美元/天)

年份	中国贫困人口(万人)	世界贫困人口(万人)	中国占世界比重(%)
1981	87 780	189 256	46.38
1984	78 550	185 068	42.44
1987	65 953	173 832	37.94
1990	75 581	184 020	41.07
1993	67 171	184 906	36.33
1996	51 198	166 420	30.76
1999	50 786	169 187	30.02
2002	40 909	158 804	25.76
2005	24 445	133 273	18.34
2008	19 406	120 530	16.10
2010	14 956	107 772	13.88
2011	10 619	94 673	11.22
2012	8 739	88 079	9.92
2013	2 511	76 641	3.28

资料来源:根据世界银行公布的数据整理。

我们以1978年为基期,计算出1980年以来实际人均GDP增长率与贫困发生率变化率①（见图2），从中可以发现，GDP的增长速度与贫困发生率下降速度基本保持同一趋势，经济增长率降低，贫困发生率下降率就会减少。这一结果反映出了我国经济增长与贫困减少呈正相关的关系。我们还从我国贫困人口最为集中的农村选取相关数据，建立关于一个经济增长水平（用人均实际GDP（RPGDP）表示）与农村地区贫困发生率（H）的简单回归方程，回归结果显示，经济增长对贫困发生率的弹性为 -1.039，且该估计系数在统计上效果显著。

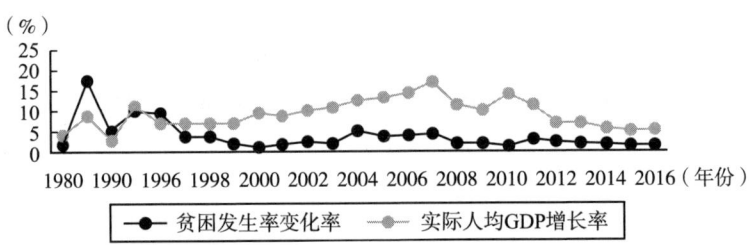

图2　经济增长与贫困发生率变化率的关系（1978=100）

资料来源：根据《2015年中国统计年鉴》数据，按不变价格计算所得。

根据上述回归结果，我们可以得出如下结论：我国高速经济增长，具有显著的减贫效应，尤其对中国农村地区大规模减贫提供了动力。因此，全面建设小康社会，打响扶贫攻坚战，保持一定速度和规模的经济增长是非常必要的。

（二）高速增长与我国农村地区日益增加的不平等

世界银行曾在对世界贫困问题的研究报告中指出，随着各国经济发展水平的提高，平均而言，收入贫困程度降低了，其他福利指标的平均水平也逐渐改善，经济增长是减少贫困的强大力量。研究者们还发现"凡是出现经济增长的地区，增长便成为该地区贫困减少的重要原因；而没有出现增长的地区，贫困问题往往没有进展。"②

"经济增长会减少贫困"，这一点被一些国家经济增长的实践所证实。但是，在经济增长率一定的情况下，各个国家贫困减少的程度却不一样，

---

① 为了更直观地检验经济增长对贫困减少的影响，我们可以先不考虑收入分配的变化。

② 世界银行：《2000/2001年世界发展报告：与贫困作斗争》，中国财政经济出版社2001年版，第35~37页。

因为减贫程度还取决于全社会人口的收入分配如何随增长而变化。同样经济增速的国家，由于增长质量高低的差异，减少贫困的效果不同。收入分配更平等的国家，贫困下降快于收入分配不平等的国家。所以，增长对贫困的影响，既取决于增长带来的平均收入以及其他福利水平的一致性增长，也取决于由增长带来的额外收入在一国内如何分配。

在我国高速增长进程中，我国农业增长质量低于其他产业，与此对应的是收入差距的不断扩大。农村地区的收入分配状况呈现出显著分化的特点：从农村居民内部数据看，农村居民基尼系数由1978年的0.21增加到了2014年的0.37，2014年高低收入组农户的人均可支配收入比达到了8.65∶1，高于2000年的6.47∶1；从城镇居民与农村居民收入对比看，城乡收入差距也呈上升趋势，收入差距由1978年的209.8元增长到了2014年的19 489元，收入差距比也由1978年的2.57∶1上升到了2014年的2.97∶1（见图3）。

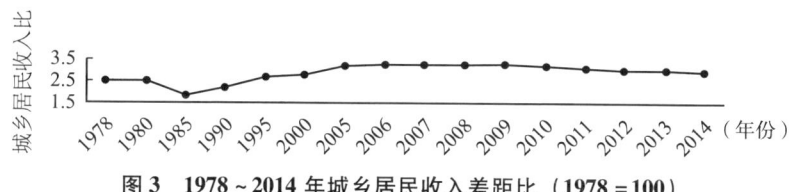

图3　1978～2014年城乡居民收入差距比（1978=100）

资料来源：根据国家统计局各年公布的相关数据整理。

随着贫富差距的扩大，财富分布在农村地区也极其不均衡，主要体现在财产性收入上。2011年农村居民高收入阶层财产性收入为791.71元，而低收入阶层财产性收入仅为84.25元，两者收入差距比达15.9；同时，城乡居民人均财产性收入差距也由1994年的40.24元扩大至2013年的516.88元（见表2）。

表2　　　　　全国农村不同收入阶层人均财产性收入　　　　　单位：元

收入阶层	2005年	2006年	2007年	2008年	2009年	2010年	2011年
高收入户	304.03	359.36	451.60	534.28	629.72	702.09	791.71
中高收入户	80.90	91.07	115.86	132.93	144.10	185.8	212.07
中等收入户	46.41	51.81	65.88	81.53	86.25	120.82	142.42

续表

收入阶层	2005年	2006年	2007年	2008年	2009年	2010年	2011年
中低收入户	32.35	32.63	47.67	45.95	49.57	73.26	84.25
低收入户	21.93	19.9	29.89	30.75	25.81	44.11	49.58

资料来源：冷崇总：《关于居民财产性收入差距的思考》，载于《价格月刊》2013年第3期，第2页。

农村内部收入不平等正在日益加剧表明，经济增长使农村中非贫困群体获得了更多的利益；城乡收入差距不断扩大则表明，城市居民比农村居民在经济增长中分享到更多的好处。城乡之间、农村富裕户与贫困户之间收入不平等，削弱了增长的减贫效应，严重阻碍了我国贫困率的下降。

近年来，由于福利政策等资源分配的不平衡，随着农村基尼系数的增加，农村贫困发生率的下降速度也逐渐放缓，尽管我国相对于许多国家经济增速仍不低，但针对剩余贫困人口的减贫工作难度正在不断加大（见图4）。

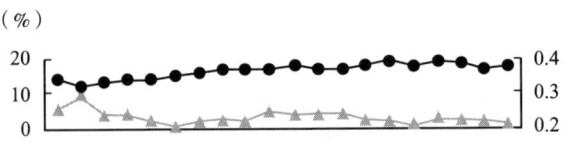

图4　1995~2014年农村基尼系数与农村贫困发生率下降率

资料来源：根据国家统计局各年公布的相关数据整理。

四、我国当前经济增长模式的"利贫性"分析与测度

尽管我国农村地区贫困发生率的下降主要得益于高速经济增长，但高增长中的不平等问题也日益严重，贫富分化在农村表现尤为突出。几十年的高增长中，很多贫困群体并没有真正受益，这是由于我国数十年经济增长更大程度上是"利富"的，应借鉴国外一些学者提出的"利贫式增长"理念，探索科学的中国经济增长模式。

(一)"利贫式"经济增长理念的提出及测度标准

对于经济增长的"利贫性",亚洲开发银行(ADB)在1999年提出的亚洲和太平洋地区减少贫困的战略中指出,"当增长吸收劳动力时,并且伴随着减少不平等和促进就业机会的政策计划时,增长是有利于穷人的"。卡克瓦尼和佩尼亚(Kakwani;Pernia,2000)认为,增长的"利贫"可以被定义为使穷人能够积极参与经济活动并从中显著获益的增长,其结果应是社会上没有人被剥夺最低的基本能力。为了减少贫困和提高穷人的福祉,应实施偏向穷人的战略,以使穷人获得更多的收益。[①]

马丁·拉瓦雷和陈少华(Martin Ravallion;Chaohua Chen,2003)认为,不论减贫的程度如何,能够有利于减少贫困的经济增长就是利贫式的增长,即在收入分配不变的情况下,一国贫困发生率减少,则该国经济增长就是利贫的。利贫式增长的主要目的在于实现减贫和改善收入分配不平等的状况,重点在于扩展穷人的经济机会。[②] 鲍奇和麦卡洛可(Baulch;McCullock,2000)认为,利贫式增长意味着如果所有收入都以相同的速度增长,贫困会减少,即应该使得贫困群体收入比非贫困群体收入增长更快(如果在经济衰退的情况下,贫困群体受损比例小于其他群体,这样的经济模式也是利于穷人的);[③] 卡克瓦尼和炫(Kakwani;Hyun,2004)将"利贫式增长"分为相对利贫增长(relative pro-poor Growth)和绝对利贫增长(absolute pro-poor Growth)——前者指穷人从经济增长中的受益按比例大于非贫困人口,经济增长在减少贫困的同时,也改善了财富分配的相对不平等;后者则是指穷人从经济增长中得到的绝对收益等于或大于非穷人所得,经济增长会改善绝对不平等的状况,这种情况被称为"超级利贫(super Pro-poor)"。[④]

利贫式增长的减贫战略就是要采纳直接有利于贫困人群的政策,消除制度和政策的偏见。《中国农村扶贫开发纲要(2011 – 2020年)》中的规

[①] Nanak Kakwani, Ernesto M Pernia. 2000, "*What is Pro-poor Growth?*", Asian Development Review, pp. 1 – 15.

[②] Martin Ravallion, Chaohua Chen. 2003, "Measuring Pro-poor Growth", *Economics Letters*, vol78 (1): pp. 93 – 99.

[③] Baulch, Robert, Neil McCulloch. 2000, "*Tracking Pro-poor Growth*", Insights, (31): pp. 34 – 35.

[④] Nanak Kakwani, Hyun H. 2004, "Pro-poor Growth: Concepts and Measurement with Country Case Studies", *Pakistan Development Review*, 42 (4): pp. 417 – 444.

定"贫困地区农民人均纯收入增长幅度高于全国平均水平,基本公共服务主要领域指标接近全国平均水平"就是利贫增长在政策上应用的一个典型例子。

根据以上学者对"利贫式增长"的诠释,我们可以给出一个"利贫式增长"的判定标准:设 P(·) 为一个贫困测定标准,z 为贫困线收入,μ 为社会平均收入,L(p) 为洛伦兹曲线,反映不平等状况。则 t 期到 t+1 期的贫困的变动为:

$$\Delta P = P[z, \mu_{t+1}, L_{t+1}(p)] - P[z, \mu_t, L_t(p)] \tag{1}$$

如果 $\Delta P \leq 0$,那么从 t 期到 t+1 期的变化就是利贫的。"利贫式增长"更关注增长过程中收入分配的广泛分布。从"利贫式增长"理论出发,我们可对我国经济增长的利贫性进行一个实证性测度。

(二) 对我国经济增长"利贫性"的测度

"利贫式增长"的测度方法有很多,有从累积分布分函数出发的增长发生曲线(GIC)、有基于洛伦兹曲线的贫困增长曲线(PIC)、也有基于贫困弹性的利贫增长指数(PPI)。考虑到数据的可得性,我们在这里利用贫困增长曲线的测度方法,并借鉴张德亮等(2013)[①]的计算方法,测度了 2000~2014 年我国经济增长的利贫性。

(1) 方法介绍与数据选取。贫困增长曲线是基于洛伦兹曲线确定的测定利贫性的一个方法。假设 L(p) 为洛伦兹曲线,反映收入不平等情况,并假设贫困群体为人口最底层 p% 的群体。于是,我们可以用洛伦兹曲线来表示贫困群体的平均收入份额:

$$L(p) = \frac{1}{\mu}\int_0^x yf(y)dy = \frac{\mu_p p}{\mu} \tag{2}$$

其中,μ 为社会平均收入,μ_p 为最底层 p% 人口的收入。对 (2) 式对数差分化,可得:

$$\Delta \ln(\mu_p) = \Delta \ln\mu + \Delta \ln[L(p)] \tag{3}$$

令 $g(p) = \Delta \ln(\mu_p)$,表示的是贫困群体收入的增长率,令 $g = \Delta \ln(\mu)$,表示社会平均收入增长率。那么贫困增长曲线的判定系数 ρ 就为:

$$\rho = \Delta \ln[L(p)] = g(p) - g \tag{4}$$

如果 ρϕ0,则 g(p)ϕg,即贫困人口收入增长率大于社会平均收入增

---

① 张德亮等:《中国经济增长质量与减贫》,中国财政经济出版社 2013 年版,第 31 页。

长,此时,经济增长就是利贫的。这是因为,ρφ0 意味着 ΔL(p)φ0,因此洛伦兹曲线向上移动,不平等随着经济增长而减少,我们可以称 ρ 为利贫增长率。

(2)由于农村住户数据的不可得性,本文在这里利用农村居民收入五等分的数据来计算全农村的平均收入增长率和农村贫困人口收入增长率,所有数据均来自于各年《中国统计年鉴》。具体计算步骤如下:

①由农村居民收入五等分数据计算收入增长率均值,作为农村平均收入增长率均值 g:

$$g = \frac{1}{N} \sum_{1}^{N} (X_t - X_{t-2})^{1/T} - 1 \qquad (5)$$

其中,N 表示收入组的数量,在这里 N = 5;X_t 表示第 t 年的收入,T 为设定的增长区间。

②参照国家扶贫办的贫困分类,我们将贫困人口定义为收入五等分中的低收入户(20%)和中等偏下收入户(20%),并计算贫困人口收入增长率均值,作为贫困人口收入增长率 g(p):

$$g(p) = \frac{1}{P} \sum_{1}^{P} (X_t - X_{t-2})^{1/T} - 1 \qquad (6)$$

其中,P 表示贫困人口所在的收入组的数量。

③计算判定系数利贫增长率:ρ = g(p) - g。若 ρ 为正值,则表示增长过程中不平等下降,增长是利贫的;若 ρ 为正值,则表示不平等增加,增长是不利贫的。为了科学测度中国经济增长的"利贫性",我们将增长区间定义为 3 年(T = 3),截取经济增长速度较高的 2000 ~ 2014 年这一时间段①,根据上一部分的计算步骤计算出我国经济增长的利贫性(见表3)。

表3 2000 ~ 2014 年中国经济增长利贫性测量结果(1985 = 100)

增长区间	社会平均收入增长率 g	贫困人口收入增长率 g(p)	ρ	是否利贫
2000 ~ 2002	2.99	1.87	-1.12	否
2003 ~ 2005	3.99	2.93	-1.06	否
2006 ~ 2008	4.62	3.19	-1.43	否

---

① 选取这一时间段还考虑到国家统计局公布相关数据的可获得性,以及很多学者对 2000 年之前我国经济增长的利贫性已经用相似的方法测算过,而对于 2000 年后测算较少。

续表

增长区间	社会平均收入增长率 g	贫困人口收入增长率 g(p)	ρ	是否利贫
2009~2011	5.73	4.00	-1.73	否
2012~2014	7.46	4.61	-2.85	否
2000~2014	0.62	0.53	-0.09	否

资料来源：根据 2000~2015 年历年《中国统计年鉴》计算所得。

从表3可看出，在2000~2014年这一区间内，经济增长带来了农村地区贫困人口收入水平的提高，但是贫困人口收入的增长率却始终小于社会平均收入增长率，这说明贫困群体在参与经济增长的过程中获得的好处小于非贫困群体，因此，尽管2000~2014年属于我国高速增长区间，但在此区间内我国经济增长是不利贫的。

五、增加我国经济增长模式的"利贫性"：基于经济结构角度

基于前面的分析，我们发现，我国贫困人口收入的增长率小于社会平均收入增长率的根本原因在于：伴随着高速经济增长，收入分配差距扩大了，但是，经济增长本身并不能直接导致收入差距的扩大，收入差距的扩大在很大程度上受经济结构不均衡的影响。

（一）我国高速经济增长的结构特征

快速的经济增长离不开经济规模的扩大，这里不仅包括经济总量的变化，还包括经济结构的演进。库兹涅茨（1989）在分析一国经济结构时，认为应考虑以下几个方面：（1）生产品和劳动力的产业分布状况；（2）企业类型及劳动力职业分配状况；（3）国民产值在要素之间及不同收入阶层间的分配情况；（4）国民产值在消费和资本投资间的分配以及消费结构状况；（5）对外贸易的参与程度。[①] 近几十年来，伴随着高速经济增长，我国经济结构也在不断变化（见表4）。

---

① 西蒙·库兹涅茨著，戴睿等译：《现代经济增长：速度、结构与扩展》，北京经济学院出版社1989年版，第57页。

第三篇 中国经济的改革与发展

表4 我国经济结构几十年的变迁

经济结构	基本特征	结构变迁过程的统计性描述
（1）产业结构	工农轻重关系严重失调，第三产业发展受阻→三次产业互为促进。第一产业占比持续下降，第二产业稳定在40%~50%，第三产业持续上升	图示：1978—2014年第一产业占比与第二产业占比变化趋势
（2）所有制结构	单一的公有制→"公有制为主体、多种所有制经济共同发展"的基本经济制度。公有制经济占比持续下降	图示：1978—2014年国有企业就业人数占比变化趋势
（3）收入的规模分布	平均主义分配制度→"以按劳分配为主体，多种分配方式并存"的多元化分配格局，劳动报酬占比呈下降趋势	图示：1978—2014年劳动报酬占比变化趋势
（4）消费结构	我国是典型的"投资驱动型"经济，长期以来经济增长主要依靠的是物质资本的投入，其主要特点是"两高一低"，即高储蓄、高投资、低消费	图示：1978—2014年第一产业占比与第二产业占比变化趋势
（5）对外贸易状况	改革开放以来，我国实行"出口导向型"战略，出口贸易额增长较快，出口贸易结构也逐渐改善，对经济增长和促进就业有明显的正向作用	图示：1978—2014年出口总额占比变化趋势

(二) 调整经济结构改变贫富不平等状况

1. 经济结构转型带来贫富差距扩大的实证分析

为了进一步揭示经济结构转型与收入不平等间的关系，我们在这里利用时间序列分析方法对经济结构转型与收入不平等间的关系进行研究。我们选取的描述经济结构的指标分别为：(1) 产业结构用第一产业产值占 GDP 比重表示 (A)；(2) 所有制结构用非公有制经济就业人数占总就业人数比重表示 (USOE)；(3) 分配结构用劳动报酬占比表示 (L)；(4) 消费结构用投资率表示 (I)；(5) 对外贸易状况则用出口总额占比表示 (EX)；(6) 农村地区收入不平等则用农村居民收入的基尼系数表述 (GN)[①]。

在对这一时间序列做回归前，首先要检验系列的平稳性以防止出现伪回归。对这个时间序列进行 ADF 检验，发现该序列是 1 阶单整序列。也就是说在处理这个时间序列时，需要对其进行一阶差分才能得到平稳序列。但是，一阶差分后变量的经济含义与原序列并不相同。为了保证变量原始的经济含义，我们需要去检验这六个单位根变量间是否存在某种"长期均衡关系"，即进行协整检验，检验结果如表5所示。

表 5　　　　　　　　Johansen 协整检验结果

原假设	特征值	迹统计量 (1% 临界值)	$\lambda - \max$ 统计量 (1% 临界值)
None ***	0.9855	230.959 (135.973)	101.607 (52.308)
At most 1 ***	0.8956	129.342 (104.962)	54.224 (45.869)
At most 2	0.7268	75.118 (77.819)	31.146 (39.370)

从表 5 中可以看出，这 6 个变量之间存在协整关系，且协整方程为：

$$\ln GN = -0.0356\ln A + 1.0469\ln USOE - 0.0984\ln USOE2 - 0.3525\ln L + 0.1656\ln I - 0.1326\ln EX$$
$$(0.02456)\quad\quad(0.08624)\quad\quad(0.01071)\quad\quad(0.11628)\ (0.04186)\ \ (0.00746)$$

(7)

[①] 数据来源于《中国统计年鉴》《中国工业统计年鉴》以及《中国居民收入分配年度报告》，统计的时间跨度为 1978～2014 年。

这一协整方程表明这六个变量间存在着长期均衡关系，从中我们也发现，我国经济结构转型是贫富不平等的关键原因。对此，调整经济结构，使经济增长模式更为利贫，是今后我们从根本上减少贫困的着眼点。

2. 改变传统经济增长模式，努力提高经济增长质量

基于经济结构转型带来贫富差距扩大的实证分析，我国今后经济增长模式的选择应改变以往一味单纯追求速度的思路，向更注重增长质量的方向转变，对此，应从几个方面入手：

（1）避免第一产业出现低增长与高贫困的"恶性循环"。我国第一产业的发展与农村基尼系数之间存在负相关性，这说明第一产业对降低农村基尼系数没有什么显著作用，也表明第一产业的发展在降低农村内部不平等程度上并没有起到作用。尽管近年来农民的收入构成发生了变化——主要收入构成由农业收入转变为非农收入，但由于农业劳动生产率低下、农业现代化发展水平低下等原因，农业增长质量较低，农村经济在国民经济中的地位逐渐下降，农民的农业收入增长缓慢，农业收入占农民纯收入比重逐年下降，非农收入占农民纯收入的比重逐渐上升。我们以农民家庭经营性收入中的第一产业收入作为农业收入，以工资性收入和家庭经营性收入中的第二、三产业收入之和作为非农业收入，2002年我国非农业收入占比首次超过农业收入占比，至2014年农民农业收入占比仅为28.5%，非农业收入占比达到了51.4%，农业产业增长对消减农民贫困的成效不大。对此，应重点考虑提高第一产业的增长质量，依靠科技创新等手段缩小第一产业与其他产业之间的差距，提高农业劳动生产率，改变种田收入低的现状，提高农民农业收入比重，使农业收入和非农收入同样成为农民收入的重要来源。

（2）改变投资驱动型经济增长模式"滴漏式"减贫的思路。改革开放以来，为了能够在经济上迅速赶超发达国家，我国选择了粗放型的经济增长模式，即主要依靠物质资本投入实现经济增长。但在经济发展初期，我国的资源状况是劳动力资源丰富，资本稀缺，为了鼓励投资，必须要采取"资本偏向型"的收入分配制度，使资本收益大于劳动者收益。尽管投资率的上升从总体上来说会提高农村收入，但也会导致贫富差距拉大。此外，我国的投资结构也存在很多的不合理之处：首先，以城市为中心的投资制度导致城乡投资差异显著，城镇固定资产投资率显著高于农村固定资产投资率，且农村投资率逐年下降，这种投资率的城乡二元差距显然不利于降低农村收入不平等；其次，投资驱动型经济在增长过程中排

斥了劳动,且这种排斥在第一产业尤为明显。由于土地数量的有限和劳动力价格的提高,资本加速了对土地和农业劳动力的替代,农村出现了大量剩余劳动力,而只有那些年轻力壮或拥有技术的剩余劳动力才能顺利转入第二、三产业就业,那些被剩下的老、弱人口只能面临失业。对此,要改变经济增长"滴漏式"减贫的做法,客观认识资本趋利性对弱势产业的背离,改变投资结构的不均衡状况,使各产业以合理的比例保持均衡增长。

(3)改变所有制结构和收入分配制度,消除农村地区收入不平等。具体来说,非公有制经济占比的提高从总体上来说会提高农村基尼系数,劳动报酬占比下降也会提高农村基尼系数。近年来,我国所有制改革与收入分配制度变革对农村收入不平等的影响主要体现在以下两个方面:一是公有制经济比重不断下降,大量国有和集体企业被私有化,随着大量农村转移人口进城打工,农村非农收入比重过大,贫富差距拉大自然受此影响不断加大;二是所有制结构的改变影响了生产要素的生产效率,我国的所有制改革对资本要素和劳动要素的生产效率都产生了影响,但资本的效率提高程度要远远高于劳动效率,产生了要素收益差距的拉大。因此,在所有制改革中,应该加大国有成分,坚持农村土地集体所有制,在收入分配制度中,通过宏观调节,扭转资本要素所有者收入的增长率远远高于劳动所有者收入的增长率的现状,扩大劳动要素所有者收入的比重。

(4)改变外向型经济增长模式,缩小对外经济依存度。长期以来,我国利用廉价的农村转移劳动力优势发展出口产业,也增加了对国内廉价劳动力的需求,提高了农民工等群体的收入水平,也在一定程度上降低了收入不平等状况。但是为了保持出口优势,必须不提高或者压低劳动力工资水平,这损害了国内劳动者的权益,但是若要提高工资水平,出口企业的竞争优势就会下降,可能会带来失业问题。因此,过度依赖外部的出口导向经济增长模式将面临两难选择,依靠廉价劳动力驱动的经济增长模式难以为继。今后应重点考虑消费拉动,变外向型增长为内向型增长,以经济增长的内生力量减少劳动收益不合理现实。

总之,我国改革开放后的经济增长也在某种程度上呈现出了"涓滴式"增长特征,重速度轻质量的经济增长模式,追求经济效率长期排在了追求公平的前面,财富创造成为高增长的首要目标。尽管高增长使我国成为世界第二大经济体,但经济增长的成果并没有如理论般"滴漏"给贫困弱势群体。为了实现精准扶贫的宏伟目标,我们必须树立"利贫式"增长理念,改变以往单纯追求增长速度轻视增长质量的思路,努力提高经济增长质量,具体地说,在经济运行过程中,经济增长模式要由"利富"更多地转向"利贫",通过经济结构调整等途径,赋予穷人以更多的发展机会,经济增长利益更多地向穷人倾斜,使其真正能够共享改革成果。

缩小收入分配差距视阈下的精准扶贫、精准脱贫及其可持续性研究

刘建华 蔡 强 姜丽媛 李 昕[*]

近些年来,我国收入分配差距扩大与贫困相依相伴。在学界对"收入分配或收入不平等"与"精准扶贫、精准脱贫"的关注度同步提升,故追究为什么"相依相伴""同步增温"? 二者有什么内在逻辑关系? 为什么有这种逻辑联系? 应该怎么办? 就成为本文要探讨的问题,即从理论上探讨精准扶贫、精准脱贫的理论依据与机制机理,为长效扶贫、阻止返贫提供具有学术价值和应用价值的研究成果是本文的主要目标。在缩小收入分配差距视域下,对精准扶贫、精准脱贫及其可持续性进行研究,就是强调我国在2020年如期实现精准扶贫、精准脱贫目标全面建成小康社会之后,还要持续反贫困,关注相对贫困,为下一步开启全面建设社会主义现代化国家奠定夯实基础。

一、收入差距与贫困研究的文献综述

(一) 国外相关研究的学术史梳理及研究动态

贫困是一个普遍存在的社会现象,也是经济研究的永恒主题[①]。在经济理论及经济思想史上,只有马克思能够联系社会经济制度对贫困进行研

---

[*] 刘建华,吉林财经大学马克思主义经济学研究中心、吉林外国语大学国际经济贸易学院教授;蔡强,《当代经济研究》编辑部研究员;姜丽媛,吉林外国语大学国际经济贸易学院副教授;李昕,吉林外国语大学国际经济贸易学院讲师。基金项目:教育部哲学社会科学一般项目(14YJA790002);吉林省科技厅发展计划2018年度软科学研究项目(20180418099FG)。

① 叶普万:《贫困经济学研究》,社会科学出版社2004年版。

究。马克思从资本和雇佣劳动的对立关系上,揭示了资本主义工资的本质,联系资本积累和人口过剩、经济危机阐述了无产阶级贫困化理论,深刻揭示了资本主义社会无产阶级贫困的根源和消灭贫困的途径,即消灭资本主义私有制,把按劳分配作为社会主义分配原则。而西方经济学的不同流派站在资产阶级立场上,分别从不同的方向和领域辩护贫困产生的原因。如阿瑟·奥肯(Arthur Orken,1975)认为,资本主义社会劳动取得工资与资本得到利润一样,是体现公平正义的贫困(收入分配不公)是资本主义追求经济效率的必要代价。西奥多·舒尔茨(Theodore W. Schultz)在20世纪50年代以后逐渐把农业经济学的研究和人力资本理论结合在一起,提出了"穷人经济学"概念,批判以往经济学家没有将贫困理论纳入经济学研究范围。冈纳·缪尔达尔(Karl Gunnar Myrdal,1968)出版了《亚洲的戏剧:对一些国家贫困问题的研究》等著作,展现了发展经济学对贫困问题研究的独特视角。阿马蒂亚·森(Amartya Sen,2002)强调,在关注收入不平等和贫困研究基础上,应更多地关注贫困差距和人们基本能力的丧失。

20世纪90年代以来,贫困内涵和外延研究有了新的进展。[①]从内涵上看,世界银行研究贫困问题的学者迪帕·纳拉扬等(Deepa Narayan et al.,2001)认为,贫困具有多元性,包括物质、心理、基础设施、教育、身体不健康和疾病六方面。联合国开发计划署在1997年《人类发展报告》中提出"人文贫困"新概念,主要包括收入贫困、权利贫困、人力贫困和知识贫困。[②]从外延上看,汤森(Townsend,1993)将贫困划分为三个层次,即维持生存、基本需求和相对遗缺。莫泰基(香港学者,1993)将贫穷分为绝对性贫穷、基本性贫穷和相对性贫穷。另外,近年西方学者还提出了"隐蔽贫困"概念。

上述研究,除马克思经济学贫困理论能够把贫困与社会经济制度联系起来分析外,西方主流经济学和发展经济学及其后继者,并未对贫困进行社会制度的分析,从而对贫困的认识和解决只能停留在治标不治本层面。而这正是本文要从社会经济制度和贫困现象之间的内在联系上进一步研究和探讨的问题。

(二) 国内相关研究的学术史梳理及研究动态

1. 中共中央历代领导集体反贫困的思想和策略

新中国成立以来,从毛泽东、邓小平、江泽民、胡锦涛直到习近平等中央领导人和领导集体,始终致力于反贫困,形成了适合各阶段国情特点的贫困理论。

新中国建立之初,毛泽东在领导人民进行大规模社会主义建设的同时即承认并着力解决贫困问题,立下了要带领中国人民"把贫穷落后的帽子甩到太平洋里去"的誓言。邓小平在总结社会主义建设的经验教训后,得出"贫穷不是社会主义"的历史结论(1987)。江泽民在阐述"三个代表"重要思想时明确指出,我们党要始终代表中国最广大人民的根本利益,坚持把人民的根本利益作为出发点和归宿(2001)。胡锦涛在阐述科学发展观科学内涵时指出,党的一切奋斗和工作都是为了造福人民。要做到发展为了人民、发展依靠人民、发展成果由人民共享(2007)。党的十八大在新的历史条件下强调"必须坚持走共同富裕道路",这是夺取中国特色社会主义新胜利必须牢牢把握的一项基本要求(2012)。习近平自2012年以来,把扶贫脱贫的认识和实践不断推向前进。2012年底在河北省阜平县考察扶贫开发工作时他强调,"没有农村的小康,特别是没有贫困地区的小康,就没有全面建成小康社会";2013年11月在湘西考察时,他首次提出"精准扶贫";2015年以后他相继提出"到二〇二〇年,七千多万贫困人口要全部脱贫""精准扶贫、精准脱贫""坚决打赢脱贫攻坚战",他指出"农村人口脱贫与农民收入增长直接相关",建议"更加注重通过改善二次分配促进社会公平,明确精准扶贫、精准脱贫的政策举措,把更多公共资源用于完善社会保障体系。"①

2. 经济学界相关研究

(1) 1990～2013年:三大维度的理论研究。随着我国经济体制改革的不断深入和居民总体收入水平的不断增长,居民收入差距也在不断扩大,1990～1999年,我国收入分布的基尼系数不断上升,2002年达到0.39。② 据中宣部《理论热点面对面》的理论与实践追踪显示,自2003年以来,收入分配差距不断扩大一直处于热点排名前列。③ 有统计数据显

---

① 中共中央文献研究室:《习近平关于社会主义经济建设论述摘编》,中央文献出版社2017年版。

② 国家发改委宏观经济研究院课题组:《居民收入分配差距与低收入群体问题研究》,载于《经济学动态》2003年第6期。

③ 中宣部理论局:《理论热点面对面系列读本》,学习出版社2011年版。

示,自2003年以来,我国的基尼系数均在0.4以上。① 对于这种基尼系数达到国际警戒线水平的情况,国内学术界给予了极大关注,出现了三大维度的相关理论研究。

一是把发展中国家和转轨中国家收入差距和贫困问题的研究结合起来的维度。蔡昉、万广华(2006)收集了20世纪90年代末以来在收入分配和贫困研究领域有代表性的25篇论文,对中国收入差距和贫困研究做了总体回顾。他们指出,中国收入差距和贫困研究的显著成果,是对于收入差距和贫困的度量、描述和解释,但还有诸多需要更深入研究的问题,如劳动力流动是否减少贫困和地区间的不平等?如何把中国与其他转轨国家的收入差距和贫困问题进行比较研究?如何把研究成果应用于政策制定?研究中的技术方法与思想理论和现实针对性的关系?李实、杨穗(2009)利用"中国收入分配课题组"2007年城市住户调查数据,估计了最低生活保障收入对缩小城市收入分配差距和缓解贫困的影响作用,分别测算了低保户获得低保收入前后城市基尼系数和贫困指数的变化,并进一步分别按省市分组进行了收入差距的分解分析。②

二是城乡一体化反贫困的维度。范小建(2011)从完善国家扶贫战略和政策体系的角度,侧重阐述农村扶贫开发问题。王朝明(2004)对城镇贫困问题进行了经济、社会、人文、历史等多视角的考察和系统研究,创造性地提出将城镇反贫困与农村扶贫相整合,进而建立城乡一体化反贫困战略体系。

三是聚焦缩小贫富差距和改革收入分配制度,探讨收入差距不断扩大的原因和对策的维度。程恩富等(2013)集结了经济学界著名学者的24篇研究收入分配的论文,将这些专家学者的不同观点和主张分为A、B、C三方:A方认为,私有制导致劳资对立是主要原因,必须坚持公有制和按劳分配为主体,从根本上解决收入分配差距问题;B方认为,垄断、腐败、政府不作为是主要原因,主张加强市场分配机制的功能,通过市场化改革解决收入分配问题;C方则主要通过实证检验定量研究,从技术上为制定收入分配政策提供依据。

---

① 国务院新闻办公室:《0.47-0.49 国家统计局首次发布十年基尼系数》,www.scio.gov.cn/2013-02-19;苏宁财富资讯:《中国人的收入差距有多大?居民收入基尼系数已超警戒线》,https://news.pedaily.cn/201807/434092.shtml。

② 李实、杨穗:《中国城市低保政策对收入分配和贫困的影响作用》,载于《中国人口科学》2009年第5期。

(2) 2013 年以来的研究动态。

一是专题研究论文激增。自 2013 年以来,国内经济学界关于贫困问题研究的热点迅速转到"精准扶贫、精准脱贫"方面。通过检索中国知网学术期刊,我们看到,截至 2019 年 6 月底,以精准扶贫、精准脱贫为篇名的论文达 11 785 篇,其中精准扶贫的论文 10 643 篇(2013 年 2 篇,以后逐年增多),精准脱贫的论文 1 142 篇(2015 年 29 篇,以后逐年增多)。再从经济理论及经济思想史学科看,以精准扶贫为篇名的论文 64 篇、以精准脱贫为篇名的论文 10 篇。把收入分配和贫困联系起来为篇名的论文 4 篇(含 2008 年和 2009 年各 1 篇),而把收入分配和精准扶贫、精准脱贫联系起来进行研究的论文无论从篇名上看,还是从关键词看尚未检索到。这就引发了我们研究论题的动议。

二是持续成为经济热点。据《中国经济热点前沿》(黄泰岩,2014~2018)的统计分析,收入分配差距自 2003 年以来一直处于经济研究热点前沿。尤其 2006 年以来其排位一路走高,从第 15 位上升到 2012 年第 4 位、2013 年第 3 位,[①] 2014 年第 4 位、2015 年和 2016 年均居于第 3 位,尽管 2017 年排位下降到第 6 位,但仍与 2009 年持平,高于 2008 年及其以前年份排名;"收入不平等"这一关键词排位,在 2016 年一跃上升 56 位,进入前 20 位。[②] 可见,学界对"收入分配或收入不平等"与"精准扶贫、精准脱贫"的关注度是同步提升或同步增温的。

二、缩小收入差距与"精准扶贫""精准脱贫"关系溯源与对策举措

在收入差距和贫困的原因及对策上,世界上两种社会制度的国家不同,两种基本类型的经济体,即发达经济体与发展中经济体不同、发展中经济体中新兴经济体和转轨经济体国家也不同。中国国家扶贫战略和政策体系演进可分三个阶段:第一阶段,1949 年新中国成立后到 20 世纪 70 年代末,以平均分配加社会福利为特征。第二阶段,80 年代中期到 90 年代末,以发展商品生产,解决温饱为特征。第三阶段,2000 年初到 2012 年,

---

① 黄泰岩:《中国经济热点前沿(第 11 辑)》,经济科学出版社 2014 年版。
② 黄泰岩:《中国经济热点前沿(第 15 辑)》,经济科学出版社 2018 年版。

以解决低收入群体和特殊贫困，构建"大扶贫"新格局为特征。第四阶段，2013年以后，以"精准扶贫""精准脱贫""坚决打赢扶贫攻坚战"为特征。

从上述国家扶贫战略和政策体系演进阶段上，我们可以看到，中国的贫困与收入差距具有关联性，收入差距扩大和贫困现象具有叠加性。我们知道，通过倍数分析法（包括城乡居民收入比，地区收入差距，行业间差距，十等分组法等）、存量财产分析法、基尼系数等衡量收入差距的方法和指标等，可以判定收入差距超过一定限度就会引起两极分化，贫困现象必定发生。所谓收入差距扩大和贫困现象叠加，就是社会生活中收入差距及扩大与贫困相依相伴，与理论界对收入分配或收入不平等以及"精准扶贫、精准脱贫"的关注度同步提升。一般而言，收入差距可导致相对贫困，收入差距扩大至基尼系数0.4以上则相对贫困转化为绝对贫困；绝对贫困主要是农村贫困人口和集中连片贫困地区，近些年城市也出现绝对贫困问题。

新中国成立70年来，国家一直在分配制度完善和扶贫方面做不懈努力。十八大以来，国家扶贫战略对策举措越来越系统，越来越规范。主要有：

第一，中央顶层设计、总体布局与地方政府落实紧密对接。明确市场化是解决不了贫富差距的，必须在中国特色社会主义政治经济学的指导下，走出一条中国特色社会主义的扶贫道路。习近平在十九大报告中指出："履行好政府再分配调节功能，加快推进基本公共服务均等化，缩小收入分配差距"，"要动员全党全国全社会力量，坚持精准扶贫、精准脱贫，坚持中央统筹省负总责市县抓落实的工作机制，强化党政一把手负总责的责任制"。

第二，初次分配和再分配协同减贫。初次分配是建立在市场机制自发起作用基础上的，在微观领域实现的分配，难以实现社会公平，不可避免会造成收入差距，甚至引起两极分化。因此，初次分配完成后还要以国家或政府以及集体组织或社会团体为主体进行再分配。初次分配和再分配在实现领域、实现途径、实现方式和收入形式上均不同，可以协同作用来减贫。

第三，开发式扶贫和保障式扶贫并举防贫。开发式扶贫是解决贫困问题的根本途径。国家和地方政府利用贫困地区的自然资源，在生产、加工、销售等方面给予必要的政策、资金、技术和市场流通方面的支持，帮助贫困人口提高自我积累、自我发展的能力。保障式扶贫是对特殊地区和特殊困难群体救助的常规方式,是用来对因自然灾害、不幸事故、文教卫生条件差、残障人员等提供的防贫救助。

第四,区域性整体脱贫与特殊困难群体救助并举。一是重点攻克深度贫困地区脱贫任务。这是"精准扶贫""精准脱贫"的"面"。重点攻克深度贫困地区脱贫任务,是解决区域性整体贫困的重要方面,包括"老少边贫"地区、集中连片贫困地区需要整体脱贫,农村地区贫困人口需要实现脱贫,贫困县需要全部摘帽等。二是加强特殊困难群体救助体系建设。这是"精准扶贫""精准脱贫"的"点"。城镇"三无"人员、城乡低保人员、临时受灾人员、残障人员、重特大疾病者以及孤寡和失能失智老人等,也是需要扶贫救助的群体。

上述战略对策举措效果明显,扶贫攻坚成效显著。据国家统计局《2018年国民经济和社会发展统计公报》①显示:

其一,收入增加。2018年全年全国居民人均可支配收入28 228元,比上年增长8.7%,扣除价格因素,实际增长6.5%(见图1,若与2014年比则增长40%),农村居民人均可支配收入14 617元,比上年增长8.8%,扣除价格因素,实际增长6.6%。农村居民人均可支配收入中位数13 066元,增长9.2%。

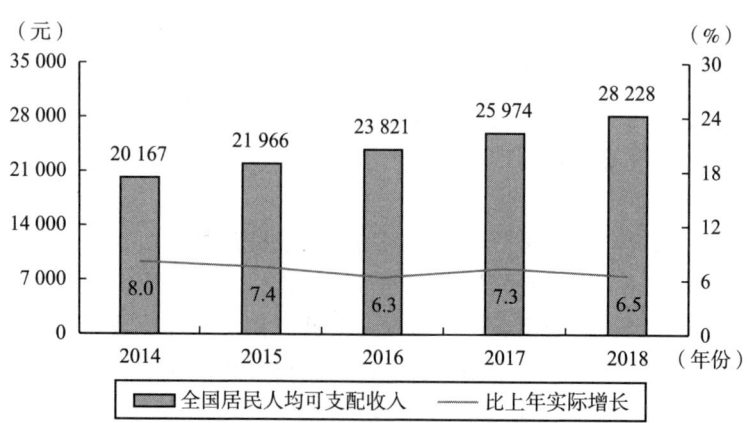

图1 2014~2018年全国居民人均可支配收入及其增长速度

---

① 国家统计局:《2018年国民经济和社会发展统计公报》,http://www.stats.gov.cn/tjsj/zxfb/201902/t20190228_1651265.html。

其二，贫困减少。2018年按照每人每年2 300元（2010年不变价）的农村贫困标准计算，年末农村贫困人口1 660万人，比上年末减少1 386万人；贫困发生率1.7%，比上年下降1.4个百分点（见图2，若与2014年比则减少5 357万人，贫困发生率下降5.5个百分点）。全年贫困地区农村居民人均可支配收入10 371元，比上年增长10.6%，扣除价格因素，实际增长8.3%。

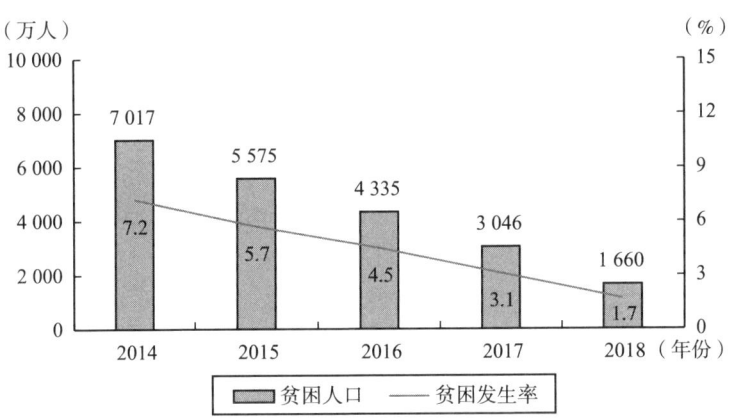

图2　2014～2018年年末全国农村贫困人口和贫困发生率

三、"精准扶贫""精准脱贫"的可持续性与前瞻

（1）"精准扶贫""精准脱贫"成果的持恒巩固。在2020年如期实现精准扶贫、精准脱贫目标全面建成小康社会之后，还要继续巩固和扩大脱贫攻坚成果，形成2020年后反贫困的战略思路。要持续反贫困，坚持长效扶贫，更加关注相对贫困，为开启全面建设社会主义现代化国家奠定夯实基础。

（2）"精准扶贫""精准脱贫"实现后的贫困理论与反贫困实践前瞻。在全世界范围内，贫困始终是一个严重困扰人类社会进步的重大问题。缩小收入分配差距视域下的"精准扶贫""精准脱贫"的可持续性，在理论上表现为收入分配研究和贫困研究结合起来，在实践上表现为改革收入分配制度和缩小贫富差距结合起来，这是一个问题的两个方面。

（3）必须搞清缩小收入差距与精准扶贫、精准脱贫的内在逻辑联系。

牢牢把搞好收入的初次分配和再分配当作缩小收入差距与精准扶贫、精准脱贫的经济基础和经济条件。归根结底，就是坚持社会主义基本经济制度和基本分配制度问题。

（4）必须处理好思想性（理论研究）和技术性（精准操作）的关系。在国内外研究中国收入差距和贫困问题的新理念和新方法诸多的情况下，如何研究借鉴其他国家成功做法，将社会主义初级阶段国情下的贫困与发展经济学家关注的贫困有所区分，使数据、模型的使用不至于缺少理论依据和现实针对性。既要研究技术和方法的可靠性和应用性问题，也不出现中国特色社会主义政治经济学理论依据不足问题。

（5）破除国内学界在研究和对待贫困问题的"两种迷信""两种教条主义"。中国社会主义革命和实践表明，社会主义和马克思主义在中国大地上焕发出勃勃生机，给人民带来更多福祉。但目前我国城乡区域发展差距和居民收入分配差距依然较大、部分群众生活比较困难，受教育机会缺失、健康缺少保障、就业机会不足、居住条件恶化等问题较为突出，统筹兼顾各方面利益难度加大。人民日益增长的美好生活需要和不平衡不充分的发展之间的矛盾已成为我国社会主要矛盾，此时，理论创新显得尤为重要。然而。国内理论研究曾经一度存在着"两种迷信""两种教条主义"，它们是当前进行理论创新的障碍和干扰力量（陈奎元，2004）。在贫困理论的研究上表现为，有的学者不加区分地把马克思贫困理论和缪尔达尔等发展经济学的贫困理论相提并论；还有的学者认为，马克思无产阶级贫困理论不足以涵盖致贫原因的全部，尤其不适用于解释社会主义社会中存在的贫困现象。这样的研究难以探寻马克思主义收入分配理论与贫困理论在中国的创新和发展。

（6）在中国特色社会主义的生产、分配、交换和消费四个环节的统领下，基于缩小收入分配差距的视角，把精准扶贫、精准脱贫上升为较为系统的经济学说，以期为打赢扶贫攻坚战夯实理论基础和对策依据的同时，强调精准扶贫、精准脱贫的可持续性。

（7）从中国实际出发，既坚持马克思主义经济学的基本原理，又根据变化了的经济社会条件探讨社会主义贫困现象，通过对中共中央领导历代集体持续反贫困伟大成就的梳理，区分不同制度国家发生贫困的差异性，找出贫困的共性和特性，完善中国反贫困战略与政策体系，以期消除贫困、改善民生、逐步实现共同富裕。

四、结　论

　　本文在缩小收入分配差距的视域下，研究精准扶贫、精准脱贫的可持续性。主要观点是，中国的贫困与收入差距具有关联性，收入差距扩大和贫困现象具有叠加性。应该通过初次分配和再分配机制的完善缩小收入差距，既解决当下精准扶贫、精准脱贫问题，又要在目标任务完成之后，持续反贫困，从全面建成小康社会向开启全面建设社会主义现代化国家迈进。主要结论如下：

　　1. 缩小收入差距是消除贫困或扶贫脱困的重要经济前提

　　"精准扶贫、精准脱贫"是以习近平同志为核心的党中央，在带领人民持续向贫困宣战过程中所进行的扶贫方式的重大创新。这一创新的经济学基础是马克思主义经济学，即缩小收入差距是消除贫困或扶贫脱困的重要经济前提。因为要"精准扶贫、精准脱贫"，就要找到贫困的根本原因，标本兼治。切入点就是从社会再生产总过程来考察和着手。分配是再生产的一个重要环节，它由生产决定，又对生产有巨大的反作用。如果收入分配出现了差距又得不到及时解决，就会出现与收入分配差距相联系的贫困，如果平均收入低于贫困标准，那么，收入分配差距越大，就越会有更多的人陷入贫困，这样，贫困就成为收入分配差距扩大的经济社会后果，以至影响社会生产的持续发展和经济社会的和谐稳定。

　　2. "精准扶贫、精准脱贫"是收入分配问题，也是社会保障问题，还是民生改善问题

　　首先，收入分配的差距有城乡收入差距、城镇内部收入差距、农村内部收入差距、区域收入差距、行业收入差距等，这些差距产生的贫困主要是相对贫困，主要是初次分配造成的，也主要靠初次分配结构完善来解决。

　　其次，城镇居民中无劳动能力、无收入来源、无法定赡养人的人员、低保人员、失业、工伤人员，农村低保人员、五保对象、未脱贫人员、受灾害人员、残障人员、重特大疾病者以及失能失智老人等等，他们的贫困属于绝对贫困，主要是再分配问题，要靠社会保障体系完善来解决。

　　最后，就业、教育、医疗、住房、公共卫生、基础设施、生态环境等方面的缺失，同收入差距、社会保障项目一道均属于民生改善问题。所有

这些归结到一点：收入分配是社会保障之源、民生之源，是实现发展成果由人民共享最重要最直接的方式。

3. "精准扶贫、精准脱贫"是中国经济社会建设的宝贵经验，是中国共产党人对世界减贫事业的重大贡献

联合国驻华协调员兼联合国开发计划署驻华代表罗世礼赞誉中国"过去40年间，使7亿多人口摆脱贫困，对全球减贫贡献率超过70%"[1] 实践充分证明，经过改革开放40多年来的不懈努力，中国成功走出了一条中国特色扶贫开发道路。当打赢扶贫攻坚战之后，即2020年之后，中国还需要持续反贫困，还要阻止脱贫后返贫，还要解决相对贫困问题，为此，"精准扶贫、精准脱贫"是一条非常宝贵的历史经验，它在今后将以新的理论表达和新的模式在世界减贫事业中再次展现。

参考文献

1. 习近平：《实现共同富裕是社会主义本质要求》，中国新闻网：http://www.chinanews.com。

2. 习近平：《谋划好"十三五"时期扶贫开发工作确保到2020年如期脱贫》，载于《人民日报》2015年6月20日。

3. 习近平：《在深度贫困地区脱贫攻坚座谈会上的讲话》，新华网：http://cpc.people.com.cn/n1/2017/0831/c64094-29507970.html。

4. 中共中央文献研究室：《习近平关于社会主义经济建设论述摘编》，中央文献出版社2017年版。

5. 《国务院批转发展改革委等部门关于深化收入分配制度改革若干意见的通知》，中央政府门户网站，http://www.gov.cn。

6. 蔡昉、万广华：《中国转轨时期收入差距与贫困》，社会科学文献出版社2006年版。

7. 范小建：《完善国家扶贫战略和政策体系研究》，中国财政经济出版社2011年版。

8. 王朝明：《中国转型期城镇反贫困理论与实践研究》，西南财经大学出版社2004年版。

9. 程恩富：《中外热点论争丛书：收入分配之争》，中国社会科学出版社2013年版。

10. 黄泰岩：《中国经济热点前沿》，经济科学出版社2004年版。

---

[1] 中国新闻网：《驻华大使：对全球减贫贡献率超70% 中国是咋做到的》，https://news.sina.com.cn/c/2019-02-03/doc-ihrfqzka3341471.shtml。

第三篇　中国经济的改革与发展

11. 张宇：《中国特色社会主义政治经济学》，中国人民大学出版社2016年版。

12. 郑功成：《社会保障研究2017年第1卷》，中国劳动社会保障出版社2017年版。

13. 谭伟：《中国收入差距》，中国发展出版社2009年版。

14. 于国安、曲永义：《收入分配问题研究》，经济科学出版社2008年版。

15. 董全瑞：《收入分配差距因素论》，中国社会科学出版社2008年版。

16. 杨天宇：《中国的收入分配与总消费——理论和实证研究》，中国经济出版社2009年版。

17. 华正学：《马克思主义反贫困理论中国化的创新实践》，辽宁大学出版社2011年版。

18. 叶普万：《贫困经济学研究》，中国社会科学出版社2004年版。

19. 李军：《中国城市反贫困论纲》，经济科学出版社2004年版。

20. 姚洋：《转轨中国：审视社会公正和平等》，中国人民大学出版社2004年版。

21. 马文武、李中秋：《中国特色减贫实践：1978—2018——基于贫困治理体系和治理能力分析框架视角》，载于《毛泽东思想邓小平理论研究》2018年第12期。

22. 张淑惠、刘敬：《精准扶贫政策缩小了城乡差距吗？——基于空间面板数据的实证研究》，载于《新疆大学学报》2018年第10期。

23. 左停、杨雨鑫、钟玲：《精准扶贫、技术靶向、理论解析和现实挑战》，载于《贵州社会科学》2015年第8期。

24. 汪三贵、刘末：《"六个精准"是精准扶贫的本质要求》，载于《毛泽东思想邓小平理论研究》2016年第1期。

25. 张秀兰、徐晓新：《反贫困要与社会建设同行》，http：//rmfp.people.com.cn/n1/2016/1011/c406725-28767391.html。

26. 刘永富：《中国特色扶贫开发道路的新拓展新成就》，载于《人民日报》，2017年9月4日。

27. 黄承伟：《深化精准扶贫的路径选择——学习贯彻习近平总书记近期关于脱贫攻坚的重要论述》，载于《南京农业大学学报》2017年第7期。

28. 阿瑟·奥肯：《平等与效率——重大的抉择》，华夏出版社1987年版。

29. ［美］西奥多·舒尔茨：《人力资本投资》，商务印书馆1984年版。

30. ［美］马丁·瑞沃林：《贫困的比较》，北京大学出版社2005年版。

31. ［美］戈登·图洛克：《收入再分配的经济学》，上海人民出版社2008年版。

32. ［瑞典］冈纳·缪尔达尔：《亚洲的戏剧：对一些国家贫困问题的研究》，北京经济学院出版社1992年版。

33. ［印］阿马蒂亚·森：《论经济不平等》，中国人民大学出版社2015年版。

34. A Sen, Poverty and Famines, 1981, "An Essay on Entitlements and Deprivation", Clarendon Press.

35. R Azizur and C Riskin. 2001, "Inequality and Poverty in China in the age of Globalization", Oxford University Press.

36. B D Meyer and J X Sullivan. 2011, "Consumption and Income Poverty over the Business Cycle", NBER Working Paper, Vol. 16751.

37. X Meng, R Gregory and G Wan. 2006, "China Urban Poverty and Its Contributing Factors, 1986 – 2000, World Institute for Development Economics Research", United Nations University Research Paper, P. 133.

38. UNDP. "Human Development Report: Overcoming Human Poverty", New York, 2000 – 2016.

39. UNDP. "Poverty Report: Overcoming Human Poverty," UNDP, New York, 2000 – 2016.

40. Word Bank. United Nations Development Program, and the Leading Group for Poverty Reduction, 2001, "China: Overcoming Rural Poverty".

人类命运共同体与国际体系的和平变革

孙景宇　魏雅璇[*]

构建人类命运共同体是以习近平同志为核心的党中央，在综合考虑当今世界大发展大变革大调整的历史形势以及中国特色社会主义进入新阶段的现实国情基础上，所提出的新理念、新思想和新战略之一。自党的十八大以来，有大量文献阐释习近平关于人类命运共同体思想在构建新型国际关系和推动全球治理变革方面的学术内涵和指导意义[①]。但总的来看，其中的学术性研究对国际体系的性质和动力的认知主要是建立在西方国际关系理论和治理理论基础上的。而在西方国际关系理论和治理理论中，所关心的主要是国家行为或者国家利益对国际经济活动的影响，没有注意到国家作为上层建筑，代表的是统治阶级的利益，体现的是统治阶级的意志，因而忽视了经济基础对政治结构和国际体系的决定作用[②]。

按照马克思主义政治经济学的基本逻辑，支配国际体系演变的是资本主义从竞争走向垄断的历史规律，这既是资本主义生产社会化的表现，也进一步加剧了资本主义的基本矛盾，当"生产资料的集中和劳动的社会化，达到了同它们的资本主义外壳不能相容的地步。这个外壳就要炸毁了"[③]。本文将通过分析生产的社会化同生产资料的资本主义私人占有之

---

[*] 孙景宇，南开大学经济学院、中国特色社会主义经济建设协同创新中心副教授；魏雅璇，南开大学经济学院硕士研究生。本文是国家社科基金青年项目（13CJL005）、中央高校基本科研业务费专项资金资助项目和天津市高校习近平新时代中国特色社会主义思想研究联盟的研究成果。

① 其中比较具有代表性的如蔡拓、陈志敏、吴志成等：《人类命运共同体视角下的全球治理与国家治理》，载于《中国社会科学》2016 年第 6 期。

② 孙景宇：《全球治理的困境与出路：〈帝国主义论〉的启示》，载于《经济学家》2018 年第 9 期。

③ 《马克思恩格斯文集》第 5 卷，人民出版社 2009 年版，第 874 页。

间矛盾在殖民主义时代、帝国主义时代和现代霸权主义时代的不同表现，研究资本主义基本矛盾是如何使发展的不平衡和不可持续成为当前人类面临的共同挑战，进而阐述习近平关于人类命运共同体思想对于打破"国强必霸"的历史惯例、建构共建共享的包容性发展逻辑、推动国际体系的和平变革的深刻理论内涵，并在此处基础上分析依托中国国家治理现代化推动构建人类命运共同体的方式和途径。

一、国际体系的历史演变与当代发展

习近平在纪念马克思诞辰200周年大会上的讲话中指出，要站在世界历史的高度审视当今世界的发展趋势和面临的重大问题。从世界历史来看，国际体系是在资本主义的产生和发展过程中形成并不断运动变化的，正是资本主义的基本规律决定了国际体系的性质和动力，因而分析资本主义基本矛盾在殖民主义时代、帝国主义时代和现代霸权主义时代的具体形式和不同表现，有助于揭示国际体系演变的历史逻辑和发展趋势。

虽然不同国家或地区间的远距离贸易的历史可以追溯到公元10世纪，但直到15世纪末地理大发现之后，原来相互隔离的国家或社会才在资本主义的殖民扩张作用下被真正联系在一起，从而形成国际体系。对此马克思指出，"如果说在16世纪，部分地说直到17世纪，商业的突然扩大和新世界市场的形成，对旧生产方式的衰落和资本主义生产方式的勃兴，产生过压倒一切的影响，那么，这种情况反过来是在已经形成的资本主义生产方式的基础上发生的"①。这一时期，现代国家的形成为资本最大限度地追求价值增殖扫清了体制障碍②。在资本主义国家内部，资本主义生产方式的确立一方面使国内原材料的价格不断提高；另一方面也使国内市场日益狭小。因此，资本对价值增殖的追求迫切需要通过经济殖民活动，在外部市场中寻找更为低价丰富的生产资料和更为广阔的商品销售市场。换句话说，宗主国之所以在殖民扩张过程中把殖民地纳入自己的经济体系之

---

① 《马克思恩格斯文集》第7卷，人民出版社2009年版，第371页。
② 综合相关文献，现代国家的特征是：第一，稳定的税收征缴体制，从熊彼特（Joseph Schumpeter）意义上的"领地国家"转变为"税收国家"；第二，中央集权，国王能够对其领土上的民众实施有效的统治；第三，专业化的行政管理体制，从而形成了一支具有内部凝聚力的政治力量。在历史上，地理大发现之后商人资本的兴起，对于现代国家的形成起到了重要的作用。

中，是因为这样可以为资本带来更多的价值增殖。这种增殖的来源包括：第一，资本家将掠夺来的原料在国内高价出售而获取的暴利；第二，资本家通过占有殖民地成为土地所有者或奴役土著，使生产的农产品价格无须包含绝对地租而低于价值出售所获得的超额利润①；第三，宗主国劳动生产率较高的商品与殖民地国家劳动生产率的商品之间相交换所获得的超额剩余价值。这样在殖民主义时代，资本主义国家的殖民扩张促进了国际体系的形成，而当时国际关系的主要内容和矛盾也就表现为宗主国压迫、奴役和剥削殖民地国家，掠夺殖民地国家的资源，打开殖民地国家的市场，"它使地球的一部分转变为主要从事农业的生产地区，以服务于另一部分主要从事工业的生产地区"②。

19世纪后半期，"资本主义最典型的特点之一，就是工业蓬勃发展，生产集中于愈来愈大的企业的过程进行得非常迅速"③。在这一过程中，随着生产集中和资本集中，资本主义逐渐从自由竞争走向垄断，进入到帝国主义阶段。垄断资本既控制着经济生产，通过制定垄断价格剥削国内消费者和其他非垄断企业生产者转移剩余价值，还控制着国家机器从而形成国家垄断资本主义，利用国家政策维系并强化资本主义私有制，使少数垄断资本家可以凭借其对生产资料的垄断占有从各方面压榨劳动创造的剩余价值，这加剧了生产的社会化和生产资料的资本主义私人占有之间的矛盾。从资本主义国家内部来看，资本尤其是垄断资本越是为了获得更多的剩余价值，就越需要最大限度地压榨工人的必要劳动，而由此引致的工人消费能力下降又会制约资本家剩余价值的实现。在这种情况下，外部市场对于保证资本主义再生产的顺利进行，从而使垄断资本获得最大限度的价值增殖就变得尤为必要了。正如列宁所说："只要资本主义还是资本主义，过剩的资本就不会用来提高本国民众的生活水平（因为这样会降低资本家的利润），而会输出国外，输出到落后的国家去，以提高利润"④。因此，当资本主义进入到垄断阶段之后，资本主义国家之间争夺殖民地的斗争变得日趋激烈，而为了更好地服务于资本主义国家对殖民地的控制，殖民地

---

① 马克思说，"这就是小块土地所有制占统治地位的国家的谷物价格所以低于资本主义生产方式的国家的原因之一"。参见《马克思恩格斯文集》第7卷，人民出版社2009年版，第911页。
② 《马克思恩格斯文集》第5卷，人民出版社2009年版，第520页。
③ 《列宁选集》第2卷，人民出版社2012年版，第584页。
④ 《列宁选集》第2卷，人民出版社2012年版，第627页。

在政治上被迫和母国连在了一起。这样，国际体系中的国家被划分为两大基本类型：一方是奴役其他国家的宗主国，另一方是被奴役的、丧失主权的殖民地国家。国际关系的内容除了资本主义强国剥削、压迫和奴役落后国家之外，还包括资本主义国家之间为了重新瓜分殖民地和划分势力范围所展开的竞争、冲突和对抗。后者成为帝国主义时代国际关系的主要矛盾。随着"一些最大的资本主义国家已把世界全部领土瓜分完毕"①，资本主义国家之间的关系逐渐从经济竞争走向政治对抗。也正因为如此，列宁才断言"1917～1918 年的战争，从双方来说，都是帝国主义的（即侵略的、掠夺的、强盗的）战争，都是为了瓜分世界，为了瓜分和重新瓜分殖民地、金融资本的'势力范围'等等而进行的战争"②。

俄国无产阶级革命的胜利，动摇了帝国主义的统治基础，为被压迫的民族和国家实现民族独立和国家自主指引了方向。第二次世界大战结束之后，中国和亚非拉广大第三世界国家纷纷兴起了民族独立解放运动，以摆脱来自资本主义国家的政治压迫和控制，实现国家的独立自主发展。这在很大程度上改变了不合理的国际旧秩序，使国际体系朝着制度化、机制化的方向发展。③ 但是一方面，国际规则的制定依然是强国意志的体现④；另一方面大国凭借军事和经济实力超越国际法干涉他国内政甚至武装占领的情况也屡见不鲜。因此，虽然在这一时期建立在弱肉强食的丛林法则基础上的旧殖民体系在逐步瓦解，但无论是冷战时期的美苏争霸，还是冷战结束之后的美国独霸世界，都是少数国家在经济上、政治上、军事上控制其他国家的霸权主义的体现，因此可以将这一时期称为现代霸权主义时代。⑤

在现代霸权主义时代，少数资本主义国家对其他国家进行控制和掠夺的手段更为隐蔽。比如，把附加苛刻的条件作为进行对外经济援助或者国际技术合作的前提，以帮助国内资本在海外掠夺这些国家的资源、控制其

---

① 《列宁选集》第 2 卷，人民出版社 2012 年版，第 651 页。
② 《列宁选集》第 2 卷，人民出版社 2012 年版，第 577 页。
③ 比如，成立联合国协调国际关系、维护世界和平和安全；成立关税及贸易总协定（GATT）即后来的世界贸易组织（WTO）协调国际经贸关系；成立国际货币基金组织（IMF）促进国际金融合作，成立世界银行集团（World Bank）为欠发达国家提供发展援助。
④ 比如，IMF 规定重大事项需要得到 85% 以上的多数通过，而美国所掌握的投票权一直超过 15%，因而拥有对重大事项的一票否决权。
⑤ 殖民主义时代、帝国主义时代也可以称为霸权主义时代，与之相比，现代霸权主义的最大特点就是国际关系的规则化、制度化和机制化。

经济命脉、剥削其廉价劳动力,以攫取高额利润。在这个过程中最为重要的,就是在金融资本已经取得统治地位的基础上,通过垄断世界货币的发行权操纵金融资本,控制着世界范围内资本积累的节奏和规模。列宁在《帝国主义论》中已经指出,当资本主义从自由竞争走向垄断之后,金融资本将取得对其他一切形式的资本的优势,相应地,食利者和金融寡头也将取得统治地位,少数拥有金融"实力"的国家将处于和其余一切国家不同的特殊地位。从而造成"资本的占有同资本在生产中的运用相分离,货币资本同工业资本或者说生产资本相分离,全靠货币资本的收入为生的食利者同企业家及一切直接参与运用资本的人相分离"[1]。到了现代霸权主义时代,这种分化日益明显地表现为:第一,少数掌握世界货币发行权的资本主义国家可以直接通过增发货币的方式转移实际财富来掠夺全世界,从而造成了世界范围内实际财富的生产者与"食利者"的分离。第二,在资本主义国家内部,过剩的资本没有被用来提高本国民众的生活水平,而是输出国外攫取更高的利润。第三,在广大的第三世界国家,垄断资本用所获得的超额利润来收买工人阶级的上层,培植"工人贵族",分裂工人队伍。这样,现代霸权时代的国际体系所面临的是一个日益分化的整体,其本质是少数国家的少数人凭借对资本的占有支配和剥削多数国家的多数人,这不仅加剧了资本输出国国内资本与劳动的对立,也加剧了资本输入国国内"工人贵族"与其他工人阶级的对立,同时还造成了资本输出国工人阶级与资本输入国工人阶级的竞争[2]。如果说列宁在写作《帝国主义论》时这种对立"已经达到了极大的程度"[3],那么2008年世界金融危机的爆发,则表明这种对立已经达到了难以为继的程度。它是资本主义的基本矛盾——生产的社会化和资本主义私人占有制之间的矛盾进一步发展到突破了主权国家界限,以金融为主导的资本积累方式渗透不同国家内部的结果。

---

[1][3] 《列宁选集》第2卷,人民出版社2012年版,第624页。

[2] 从这个意义上来说,在当前中美经济关系中,并不是中国工人抢了美国工人的工作岗位,而是美国的资本为了追逐更高的利润而选择雇佣中国工人。出现这种情况的真正根源,是美国经济制度放纵资本逐利所导致的资本输出。

二、人类命运共同体与国际体系的变革

国际体系的发展演变是由资本主义的基本规律和基本矛盾决定的,对国际体系进行变革的方式和手段,也就与资本主义的发展阶段或者说资本主义基本矛盾的发展密切相关。

关于社会变革的方式和手段,一般认为马克思主义主张采取暴力革命的方式,比如俄国的无产阶级革命建立了人类历史上第一个社会主义国家。但实际上恩格斯在晚年给《社会民主党人报》读者的告别信中,也曾从当时的情况出发,提到在"对方也在法律范围内活动"的前提下,可以采用和平斗争的方式来开展社会革命,这是"另一种武器,另一种战略和策略"①。在《资本论》英译版的序言中,恩格斯也提到,"至少在欧洲,英国是唯一可以完全通过和平的和合法的手段来实现不可避免的社会革命的国家"②。社会变革究竟是采取暴力革命的方式还是和平斗争的方式,这取决于资本主义发展的实际情况。在历史上,资本主义的发展长期建立在弱肉强食的丛林法则基础上,充斥着不人道的剥削和掠夺。在无产阶级无法得到当时的"合法"保障情况下,无产阶级革命只能采取暴力对抗的方式。这也是列宁在 20 世纪初看到了当时无产阶级进行反抗的斗争手段有限,主张采取无产阶级革命的方式夺取政权,从而建立无产阶级专政的原因所在。而恩格斯所提及的和平斗争,其前提就是无产阶级的斗争会迫使资产阶级调整统治手段,在一定程度上承认无产阶级的基本权利,此时"暂时运用合法的斗争手段来应付局面……这种办法收效最大"③。

具体到国际体系的变革,一方面两次世界大战使人们记住了战争的惨痛教训;另一方面中国和亚非拉广大第三世界国家的民族解放运动已经极大地改变了国际旧秩序,因而国际体系逐渐从原来弱肉强食的丛林法则向着制度化和机制化的方向发展。在这个过程中,国家治理的重心逐渐从实现阶级统治转变为调和阶级矛盾、解决各种社会问题。相应地,全球治理的基本框架逐渐确立,国际组织以及基于双边或多边的对话机制在协调国

---

① 《马克思恩格斯文集》第 4 卷,人民出版社 2009 年版,第 398~402 页。
② 《马克思恩格斯文集》第 5 卷,人民出版社 2009 年版,第 35 页。
③ 《马克思恩格斯文集》第 4 卷,人民出版社 2009 年版,第 401 页。

际事务中作用越来越重要的作用。因此，在当前的国际体系中，虽然劳动和资本的对立关系依然存在，但政治压迫越来越不得人心，和平和发展已经成为时代主题，国家与国家之间通过对话协商解决争端分歧已经获得越来越多的国家的支持和拥护，这就为国际体系的和平变革创造了前提条件。这既是无产阶级不断进行斗争的结果，也是无产阶级的觉悟不断提高、斗争方式更加灵活更加有效的体现。

  国际体系的和平变革是资本主义基本矛盾进一步发展的结果。列宁在《帝国主义论》中所阐述的一个重要论断是，当资本主义发展到一定的、很高的阶段时，资本主义的某些基本特性开始转化为自己的对立面，从资本主义到更高级的社会经济结构的过渡时代的特点也将全面形成和暴露出来①。一方面，在科技进步和经济发展基础上形成的经济全球化潮流席卷世界，进一步提高了生产的社会化程度，使国家与国家之间的相互联系和依存不断加深，任何国家都不能脱离开国际社会而独自发展、独善其身。尤其是，当资本主义基本规律的作用使处于资本积累世界中心的国家的经济增长越来越依赖于金融企业收益、利息和红利，从而成为世界市场上实际财富的"净消费者"②，其国内的消费必然越来越依赖于其他国家的生产性活动，这就产生了限制和改变世界范围的资本积累方式的可能性。另一方面，在资本主义发展的过程中，外部市场对于资本主义国家的资本积累一直具有重要的意义。在殖民主义时代，资本主义生产方式在一国内部刚刚确立，资本主义基本矛盾还没有充分暴露出来，外部市场的作用主要体现在能够为资本带来超额利润。在帝国主义时代，随着资本主义国家内部生产的社会化程度不断提高，资本积累和社会总产品特别是剩余价值的实现之间的矛盾变得越来越尖锐。资本家越是要榨取更多的剩余价值，就越是要挤压工人的必要劳动时间，因而就越会限制工人的消费能力，从而影响社会总产品和剩余价值的实现。在这种情况下，外部市场就成为缓解资本主义基本矛盾、保障资本主义国家社会再生产顺利进行的重要条件。到了现代霸权主义时代，生产的社会化程度进一步提高，资本积累和社会总产品特别是剩余价值的实现之间的矛盾突破了国家的界限从而扩展到世

---

① 《列宁选集》第2卷，人民出版社1995年版，第650页。
② 从统计数据来看，美国自20世纪80年代以来，其经常项目持续逆差，欧元区国家在欧元成立后的10年（1999~2009年），其经常项目也持续逆差。经常项目逆差意味着发达资本主义国家的国内生产不足，需要从国外进口来满足其国内需求。

界范围。在这个过程中,虽然资本主义的积累形式扩大了生产规模,使生产的社会化和商品化程度空前提高,使生产力高度发展,但同时也在世界范围内加剧了生产的社会化和生产资料的资本主义私人占有之间的矛盾,使外部市场的作用从缓解资本主义基本矛盾逐渐转变成为资本主义进一步发展的限制。正像马克思所说,"资本主义生产方式的矛盾正好在于它的这种趋势:使生产力绝对发展,而这种发展和资本在其中运动、并且只能在其中运动的独特的生产条件不断发生冲突"①。2008 年世界金融危机的爆发,就是资本积累与社会总产品实现之间的矛盾在世界范围内累积的结果。2008 年世界金融危机之后,不仅发达资本主义国家再也无法回到危机前的繁荣,而且由资本主义基本矛盾所引致的全球增长动力不足、发展失衡已经成为人类面临的共同问题。在这种情况下,各国利益和命运紧密相连、深度交融,需要携手应对挑战,推动建设持久和平、共同繁荣的和谐世界,为人类的未来寻找出路。

中国的崛起为国际体系的和平变革贡献了最主要的力量。20 世纪 70 年代以来,为了最大限度地追求价值增殖,处于世界资本积累中心的美国经济逐渐"脱实向虚",从而引致了世界范围内虚拟经济和实体经济的失衡。在这个大背景下,中国的改革开放没有像俄罗斯东欧国家那样,通过依附于资本积累中心的国家,分享一部分资本积累的收益实现经济增长。而是充分利用发达资本主义国家经济"脱实向虚"的契机,在继承和发展自有工业体系的基础上,通过承接来自西方国家的产业转移迅速推进工业化进程,从而成功地取代了美国的"世界制造工厂"地位,成为引领全球经济发展的主导力量之一。中国的发展,一方面使国际力量的对比更加平衡,有助于推动国际体系朝着和平与发展的方向变革;另一方面,中国没有走国强必霸的老路,而是主张构建人类命运共同体,寻求一条包容开放而非封闭对抗,合作共赢而非剥削掠夺的更加平衡、更可持续的发展道路,为国际体系的和平变革贡献中国智慧和中国方案。正如习近平所说,"弱肉强食、丛林法则不是人类共存之道。穷兵黩武、强权独霸不是人类和平之策。赢者通吃、零和博弈不是人类发展之路。和平而不是战争,合作而不是对抗,共赢而不是零和,才是人类社会和平、进步、发展的永恒主题"②。

---

① 《马克思恩格斯文集》第 7 卷,人民出版社 2009 年版,第 286 页。
② 习近平:《铭记历史,开创未来》,载于《俄罗斯报》2015 年 5 月 7 日。

可见，在资本主义基本规律的支配下的国际体系无法实现包容性发展，只能把少数国家的少数人的发展建立在对多数国家的多数人的剥削和掠夺基础上，而当资本主义基本矛盾进一步发展，在生产的社会化过程中不断加深国家与国家之间的相互联系和依存的同时，使发展的不平衡和不可持续成为人类面临的共同问题时，以习近平同志为核心的党中央关于人类命运共同体思想对于打破"国强必霸"的历史惯例，探索构建和平繁荣、合作共赢的新世界，进而开创世界历史的新时代具有重要意义。对于广大发展中国家，构建人类命运共同体为其提供了一种国际合作的新模式。这种新模式不是建立在一些国家对另一些国家的剥削和掠夺基础上，而是在相互尊重和平等协商的基础上，以合作共赢和共建共享为根本宗旨，通过寻找各国利益的结合点扩大国际合作，打造新的国际分工体系和全球价值链，有利于推动国际体系朝着更加平衡和更可持续的方向发展。

三、以中国国家治理现代化推动构建人类命运共同体

决定国际体系矛盾运动的根源是劳动和资本的对立，国际体系变革的动力也就来自于实行无产阶级专政的社会主义国家。

历史地看，社会主义国家的国家建设与国际体系的发展演变紧密相关，其国家治理与全球治理之间存在着明显的互动关系。在帝国主义时代，无产阶级的主要任务是建立无产阶级专政的国家，进而帮助被剥削、被压迫的国家实现民族独立和国家自主。而为了摆脱对资本主义国家的依附，应对随之产生的与资本主义国家的政治对抗和军事竞争，就需要把打造一套封闭的自成体系的中央集权计划经济体系作为其国家治理的目标。在这一过程中，为了加强国家对社会的统合和驾驭能力，国有制被作为社会主义公有制的唯一实现形式。随着和平和发展取代了政治对抗和军事竞赛成为时代的主题，社会主义国家的国家治理与发展之间矛盾变得越来越突出，这就要求其改革原来的国家治理体系。在这一过程中，大多数社会主义国家放弃了无产阶级专政，试图通过依附于资本主义国家实现依附式增长。中国则始终坚持党的领导，通过探索公有制的多种实现形式来实现社会主义公有制与市场经济的结合，通过发挥劳动力成本低廉的比较优势构建开放型经济体系，从而在融入世界市场的同时也改造了国际体系。

习近平在十九大报告中指出，中国特色社会主义进入新时代，是我国

日益走近世界舞台中央、不断为人类作出更大贡献的时代。当前，中国已经成为全球治理的最大利益相关者，中国的发展离不开世界，世界的繁荣也需要中国。在当前保护主义、单边主义抬头，经济全球化遭遇波折，多边主义和自由贸易体制受到冲击的情况下，中国提出并推动构建人类命运共同体，其宗旨就是要避免使世界重新回到霸权主义和强权政治的过去，不再把一部分人的发展建立在对另一部分人的剥削和掠夺之上，让更多的国家能够分享和平发展的成果，走上繁荣的道路。

马克思指出："资本主义生产的真正限制是资本自身"①。为了推动国际体系的和平变革，构建人类命运共同体，就需要积极探索消除劳资对立的方式和途径。有许多研究把中国改革开放以来的经济发展归结为刘易斯式的二元经济发展，通过转移农村的剩余劳动力来降低劳动力成本，从而实现工业化。然而从马克思主义政治经济学的理论逻辑来看，刘易斯的二元经济发展模型依然是建立在劳动与资本对立的基础上的。其理论前提是劳动力的无限供给，从而工业部门付给劳动力的只是维持其生计的最低工资，因而工业部门资本积累的结果必然是工人阶级的相对贫困化。这也是绝大多数发展中国家没有在二元经济发展理论的指导下实现经济繁荣的原因所在。改革开放以来，中国在建立和完善社会主义市场经济体制的过程中，经济发展虽然在形式上也表现为农业部门剩余劳动力向工业部门的转移，但却能够在反贫困方面取得举世瞩目的巨大成就，这来自国家治理方面的独特设计：第一，始终坚持土地国有，以农民工为代表的劳动者从未失去全部生产资料；第二，不断提高教育、医疗和养老等方面社会支出的数量和质量，以弥补劳动力价值构成中发展资料不足的部分。党的十八大以来，中国深入贯彻以人民为中心的发展思想，强调发展为了人民、发展依靠人民、发展成果由人民共享，这既体现了马克思主义追求全体社会成员共同富裕的根本目标，也表明中国在探索消除劳资对立、实现全体社会成员共建共享方面已经走在世界的最前列。未来进一步推进国家治理现代化，应该着眼于人的全面发展重构社会再生产方式，在物质生产的意义上平衡资源的节约和劳动力的节约，在劳动者共建共享的意义上推动经济的高质量发展，消除制约生产力发展的体制性和机制性障碍，不断增强经济实力和综合国力，为构建人类命运共同体奠定雄厚的物质基础。

倡导并积极推进"一带一路"国际合作，形成全面开放新格局，是中

---

① 《马克思恩格斯文集》第 7 卷，人民出版社 2009 年版，第 278 页。

国推动构建人类命运共同体的重要手段和载体。在政策沟通、设施联通、贸易畅通、资金融通、民心相通的基础上打造国际合作新平台，有助于推动世界朝着更加开放、包容、普惠、平衡、共赢的方向发展。改革开放以来，虽然我国的经济发展是外向型的，但主要是利用国外的资金、技术和市场，而把生产环节主要留在国内。进行"一带一路"建设，需要在国家与国家之间重新建立起新的分工体系，在这个过程中我国的资金、技术也要走出去，国内的市场也需要向其他国家开放。对外开放格局的变化必然对原来的国家治理体系和治理能力提出新的要求：首先，需要在更高的层次上协调国际和国内两个大局，进一步提高对社会经济活动的统筹驾驭能力，既能充分发挥市场在资源配置过程中的决定性作用，又能发挥政府在引导、调节和监管方面的积极作用，营造良好的营商环境。其次，只有限制资本的作用才能最大限度地释放生产的潜力。要遏制资本的过度扩张和过度逐利，让金融回归本源从而服务于实体经济，按照平等互利、共建共享的原则而不是资本的逻辑开展国际合作，通过提高有效供给形成新的需求，使国际经济往来建立在共商共议、合作共赢的基础上，而不是资本对劳动的剥削、对资源的掠夺基础上。最后，"一带一路"国家间的经贸合作是在法律规则不对接、社会制度多元化、文化传统和价值观念等方面存在较大差异的情况下进行的，既需要政府积极推动不同国家之间规则公议、监管互认和执法互助，构建"一带一路"顶层制度设计；也需要在有条件开展电子商务的国家和地区，打造集信息传递、买卖匹配、通关和物流服务、信用担保和争端解决于一体的国际贸易综合服务平台，提高贸易的信息化、集成化和便利化水平，推动贸易模式的变革；还需要培育商会或行业协会等市场中介组织，有意识地引导其在信息中介和交易仲裁方案发挥作用，鼓励其作为民间组织成为沟通不同国家间政府、市场和社会之间联系的纽带，尤其是在市场制度不完善、信息化程度不高的情况下为贸易畅通提供保障。

总之，中国的崛起已经使中国与世界的关系发生了深刻变化，中国的国家治理与国际体系的全球治理之间的互联互动也更加密切。因此，中国的国家治理现代化必须统筹考虑和综合运用国内国际两个市场、两种资源和两类规则，一方面通过更加积极地参与全球治理变革为中国的发展营造良好的国际环境；另一方面立足于中国的高质量发展推动国际体系朝着和平、发展、合作、共赢的方向变革。这些都需要重新定位政府的角色、规范政府的行为、转变政府的职能，既要发挥市场在资源配置中的基础性作用，又要发挥政府把握方向、统筹协调的作用，从而形成政府、企业和社会组织等多主体共同参与的系统完备、科学规范、运行有效的国家治理体系，提高中国参与全球治理的能力。

参考文献

1. 陈其人：《论外部市场及其在资本主义不同阶段上的作用——兼论世界经济学的研究对象》，载于《世界经济文汇》1984年第3期。

2. 刘骏民：《经济增长、货币中性与资源配置理论的困惑——虚拟经济研究的基础理论框架》，载于《政治经济学评论》2011年第4期。

3. 孙景宇、王永兴：《俄罗斯东欧转型国家经济增长模式的共性特征与形成根源》，引自于郭连成主编：《新兴经济体研究》，中国社会科学出版社2015年版。

4. 孙景宇：《全球治理的困境与出路：〈帝国主义论〉的启示》，载于《经济学家》2018年第9期。

5. 魏埙：《垄断资本主义的过去和现在》，山西人民出版社1992年版。

6. 张俊山：《政治经济学——当代视角》，清华大学出版社2015年版。

第四篇

中国产业结构的优化与升级

新时代我国现代化产业体系构建的工业化逻辑及其实现路径

任保平　张　倩*

现代化产业体系是与新科技革命相适应，并与党的十九大提出的建设现代化经济体系相一致的新型产业体系。在第四次科技革命的推动下，世界产业结构发展的重心正在向信息产业、智能产业、知识产业和生态产业转变。产业的智能化、高新化、高端化的趋势日趋突出。产业结构的发展呈现出了集聚化、集群化、融合化和网络化发展的新特征。新时代我国经济发展必须紧紧抓住世界产业体系发展的趋势和新产业发展的契机，持工业化的逻辑，加快现代化产业体系的构建。本文主要研究新时代我国现代化产业体系构建的工业化逻辑。

一、新时代我国现代化产业体系构建的基本逻辑是工业化

现代化产业体系是具有现代化、高质量和高效益为特征的新型产业体系，是党的十九大提出的现代化经济体系的重要内容。其基本要求是在现代化产业体系的动力特征上体现创新性，在现代化产业体系的效能特征上体现开放性，在现代化产业体系的结构特征上体现融合性，在现代化产业体系的空间特征上体现集聚性，在现代化产业体系的标志性特征上体现社

---

* 任保平，西北大学经济管理学院、教育部人文社会科学重点研究基地——中国西部经济发展中心教授；张倩，西北大学经济管理学院研究生。基金项目：教育部人文社会科学重点研究基地重大项目的阶段性成果（18VXK002）、也是陕西省面向现实重大问题研究课题《陕西高质量发展评价体系研究》的阶段性成果（2019ZDWT05）。

会主义市场经济特征。现代化产业体系构建的目的是为了确保我国国民经济持续、健康、稳定的发展，以高质量发展为目标，促进产业结构升级，实现经济效益、社会效益和经济效益的有机结合。

现代化产业体系具有产业发展的新型化、产业结构的高级化、产业发展的集聚化和产业竞争力的高端化的特征。现代化产业体系构建的标准包括：一是产业发展的新型化。主要判断新产业、新技术、新产品和新业态"四新"经济发展的状态，这是判断经济体系现代化的新指标。新型化是要求新时代伴随着新一次产业革命逐渐发展起来的部门和产业，是新的科研成果和新兴技术发明市场化落地的经济显现，也是新时代经济发展的潮流趋势，成为新时代中国经济发展的重要支撑。构建现代化产业体系，必然绕不开培育并发展新兴产业，并迈向全球价值链高端。二是产业结构的高级化。主要判断经济结构的高级化程度，主要分析我国三次产业结构的协调程度、现代制造业、现代农业和现代服务业的发展水平。通过创新链和产业链的深度融合促进现代化产业体系的构建，培育高质量现代化产业体系的新动能，催生现代化产业转型新业态，释放现代化产业体系的新活力。三是经济发展的集聚化。主要评价产业发展厚度和产业组织企业的集聚程度。四是经济竞争力的高端化。主要评价经济发展的经济效益、社会效益、创新能力和持续发展能力。五是经济支撑能力的现代化。主要评价互联网和人工智能等新型基础设施对现代化产业体系构建的支撑能力。

现代化产业体系是可以理解为产业结构的现代化，现代化产业体系是以促进工业化与信息化相结合，实现工业化进程的不断推进和深化为前提，以技术创新为主要动力，以人力资本为支撑，具有竞争优势的产业新体系。依据发展经济学的一般原理，经济发展的主题是结构性变化，而结构性变化表现为工业化和城市化两个方面，其中工业化引起产业结构变化，城市化引起就业结构变化，城市化是工业化的结果①。因此，从我国新时代经济发展的现实状态来看，工业化是构建现代化产业体系的基本逻辑。强调以工业化的逻辑构建现代产业体系的内在含义包括：一是强调构建以实体经济为核心的现代化产业体系，现代化产业体系的构建需要脱虚向实，而且我国仍然是一个发展中国家，需要加强实体经济的发展。二是强调结构转化在现代化产业体系构建中的重要意义，在现代化产业体系构

---

① 任保平、周志龙：《新常态下以工业化逻辑开发中国经济增长的潜力》，载于《社会科学研究》2015 年第 2 期。

建中要促进我国产业结构要迈向全球价值链的中高端，提高产业竞争力。三是强调创新的作用，世界工业化的每一次重大进步，都是科技革命推动的结果，在我国现代化产业体系构建的过程中，需要运用当代科技的最新成果，以创新引领产业结构升级，从而体现产业体系的现代性。四是强调供给侧与结构性。针对的是提高工业的质量、效率和效益，改革开放40多年来我国产业发展取得了巨大进展，但是质量和效益不高始终是短板。工业化的逻辑主要强调从供给与结构入手提高质量与效益[①]。

工业化是工业产业结构不断提升的过程，是工业产值比重以及工业就业人数在总就业人数中比重不断上升的过程。工业化是现代化的核心内容，是工业生产活动取得主导地位的过程。工业化不是孤立的，是与传统农业社会向现代工业社会转变相伴随的。在工业化过程中，产业结构会发生重大变化。产业结构变化需要技术进步和制度变迁来支撑，而技术进步和制度变迁会导致结构性增长。在工业化进程中伴随着产业结构的不断升级，制造业发展在加快工业化进程中居重要位置。制造业是一个国家工业化的产业主体，是工业化的主导产业，制造业的发展水平不仅是工业现代化的标志，而且也是工业化水平的集中表现。工业化可以通过产业结构变化扩大生产可能性边界，从而促进经济增长。因此我国新时代现代化产业体系构建的基本逻辑是工业化。

二、新时代我国现代化产业体系构建的工业化的逻辑

我国经典的工业化任务还没有完成，而世界主要发达国家已经进入到了以信息化为核心的新型工业化阶段。我国既要完成经典工业化的任务，又要迎接第三次产业革命的冲击；既要加快工业化进程，又要实现工业现代化。因此，新时代我国现代化产业体系构建的逻辑是工业化，工业化逻辑就是防止过度去工业化。我国现代化产业体系构建的工业化逻辑强调把传统产业的改造和新兴产业的发展结合起来，把新型工业化、再工业化、继续工业化和工业现代化结合起来，以制造业的发展和现代化为核心，以回归实体经济为思路来构建我国现代化产业体系。新时代我国现代化产业体系构建的工业化逻辑主要体现在以下几个方面。

---

① 郝全洪：《加快建设现代化的产业园体系》，载于《学习时报》2017年12月4日。

（一）现代产业体系构建的工业化逻辑之一：推进新型工业化进程

现代产业体系是相对于传统产业体系而言的，现代产业体系具有结构优化、技术先进、清洁生产、附加值高、吸纳就业能力强的特征。构建现代产业体系是新型工业化发展的主要任务，也是新型工业化发展的必然要求。其实质就是要建立起具有创新性、集聚性特征的新型产业体系，以工业化与信息化的融合，推进我国新型工业化进程。

以工业化的逻辑来构建现代产业体系，以信息化带动工业化推进新型工业化进程需要做到：一是促进工业化与信息化融合的"两化融合"。以信息化带动工业化，以工业化促进信息化，大力推进信息化与工业化"两化融合"[①]，促进工业由大变强，加速工业化进程。二是加快培育战略性新兴产业。要重点培育和发展节能环保产业、新一代信息技术产业、生物产业、高端装备制造产业、新能源产业、新材料产业、新能源汽车产业等战略性新兴产业和高科技产业，提升产业整体创新能力和发展层次。三是大力发展服务业。以专业化、社会化、产业化、市场化为方向，以智力化、资本化、效率化、国际化为目标，既要重视传统服务业的发展，又要推进现代服务业和高端服务业的发展，不断提高现代服务业的比重和水平。四是加强基础产业基础设施建设。基础产业基础设施建设是促进工业化进程和加速经济增长的基本条件；要加快发展现代能源产业和综合运输体系，实现基础设施建设的转型，大力发展数字基础设施，为数字经济和人工智能经济等新型工业化中的主体经济形态的发展创造基础设施条件。

（二）现代产业体系构建的工业化逻辑之二：推进再工业化进程

传统产业是指在工业化的初级阶段发展起来，已经处于产业生命周期成熟阶段的产业。传统产业具有发展时间长、发展速度减缓、技术成熟稳定、对经济增长贡献度下降、对资源依赖性高而利用率低和环境问题多的特征。改造传统是对传统产业的再工业化过程，通过对传统产业进行技术改造和产业链整合，推动传统产业向产业链中的高技术含量、高附加值环节延伸拓展，激发出传统工业的新活力和培育出新的价值增长点。因此，

---

① 任保平：《我国高质量发展的目标要求和重点》，载于《红旗文稿》2018 年第 12 期。

以工业化的逻辑来构建现代化产业体系，必须重视改造传统产业。

以工业化的逻辑来构建改造我国传统产业，推进再工业化进程需要做到：一是用高新技术改造传统制造业。加速高新技术向传统产业的渗透，使传统制造业适应数字经济和智能化经济时代的新要求，提升传统制造业的技术装备水平，开发生产出科技含量高和附加值高的高新技术产品，推动传统产业向价值链高端迈进。二是用信息技术提升传统产业。围绕产品的研发设计、流程控制、经营管理、市场营销、人力资源开发等环节，强化信息技术的支撑，提升传统产业的自动化、智能化水平。三是将先进的管理理念和方法植入传统产业。坚持制度创新和管理创新相结合，提高传统产业的管理效率和决策水平，使传统产业的企业管理步入现代化管理轨道。四是支持特色优势传统产业的发展。促进产业规模大、集中度高、拥有一定自主知识产权和自有品牌，具有较高的市场占有率和知名度的特色优势传统产业的发展，推动传统产业进一步由生产加工为主向生产加工、品牌直销、研发设计并重的产业集群发展，不断提升特色优势传统产业的持续发展能力。

（三）现代产业体系构建的工业化逻辑之三：推进继续工业化进程

制造业具有产业链条长，关联度大、带动性强、就业弹性高、技术密集的行业特性。制造业以高新技术为引领，处于价值链高端和产业链核心环节，是现代产业体系的脊梁，是推动工业化进程的引擎，集中反映了一国的经济和技术实力。新时代要实现制造业高质量发展和发展高端制造业是提升我国产业核心竞争力的必然要求。制造业高质量发展的实质是要以制造业构造高科技转化为生产力的产业载体，以高技术化、集成化、智能化的发展趋势为方向，以提高生产力的水平为标准，最终为增强综合国力提供基本保证。

以工业化的逻辑来实现制造业高质量发展，推进继续工业化进程需要做到：一是提升制造业的创新能力。提升制造业的自主研发能力，提高制造业在全球价值链中的地位，促进制造业由低端制造向高端价值链延伸，大力提升原始创新、集成创新和再创新能力。二是调整制造业的结构。进行我国制造业产业结构、组织结构的调整与重组，大力培育一批在国际上有竞争力的专业化生产企业，淘汰落后的、过剩的生产能力。三是提高制造业的集聚效应。要打破行业、地区、制度分割的限制，通过政策引导，形成若干产业链完善、创新能力强、特色鲜明的制造业集中地。四是实现制造业核心技术的突破。对结构调整、产业升级有积极带动作用的重点领域,实现核心技术的重大突破。五是加强对制造业高质量发展的政策扶持。完善制造业高质量发展的标准体系和政策体系,营造良好的市场环境,同时在税收和设备进出口等方面给予大力支持,鼓励制造业高质量发展。

(四) 现代产业体系构建的工业化逻辑之四:推进工业现代化的进程

现代制造服务业是从现代制造业内部的生产服务部门逐步分离出来的,是产品的生产过程和使用过程所提供的各种形式专业服务的总称,是现代服务业中生产性服务的重要分支。现代制造服务业以客户需求为中心,以信息技术为载体,以提高制造企业劳动生产率为目标,具有技术知识密集、资源消耗低、附加值高、专业性强、市场前景广阔、发展潜力巨大等特点。工业化进入到一定阶段之后,制造业的服务化和服务业的制造化相互交织,制造业和服务业有机融合、互动发展的趋势进一步增强,表现为制造业投入的服务化和制造业产出的服务化两个方面,服务产品在制造业的全部产出中占据越来越重要的地位。

以工业化的逻辑来构建发展现代制造服务业,推进工业现代化进程需要做到:一是加快引导服务业和制造业的融合发展。引导企业在技术研发、产品设计、人员培训、运营维护、物流运输等环节开展增值服务,不断提升我国现代制造服务的能力和水平。二是加快提升制造业的信息化水平。实现制造业和信息化的融合,借助于信息化手段把服务向附加值高的产业链的上游和下游延伸,扩大服务范围,优化服务内容,改进服务质量。三是促进制造服务企业的业务模式创新。深化专业分工,鼓励制造服务企业改造现有业务流程,以降低成本、提高效率、增强核心竞争力为目标实现制造服务企业的业务模式创新。

三、新时代我国现代化产业体系构建的工业化逻辑实现的路径

构建现代化产业体系是一项系统化工程,需要密切结合全球产业竞争动态和技术创新前沿。现代化产业体系是以工业化进程的不断推进和深化

为前提的，也是工业深化、结构软化相结合的新型产业体系。现代化产业体系的本质是新型工业化。因此，新时代我国现代化产业体系构建的工业化逻辑实现路径有以下几个方面。

（一）发挥现代信息技术对产业发展的渗透作用，以信息化带动传统产业的现代化

以信息技术为标志的第三次科技革命带来的信息产业、数字产业和人工智能产业成为各国的主导产业。通过"互联网+""人工智能+""数字化+"等信息化手段，利用新一代信息技术对现代化产业体系构建的渗透作用，走新型工业化发展道路：一是顺应跨界融合趋势，加快实现产品融合、技术融合及产业融合，实现产业发展潜能提升、产业和技术的协同发展；二是引入新兴技术对传统产业进行生产流程、管理模式和商业模式再造。带动传统产业转型升级，加快"新技术、新产品、新产业、新业态"四新经济的发展，促进制造业结构升级，加快制造业的现代化发展；三是以第四次产业革命为契机，推进信息技术与制造业的深度融合，通过信息技术的优化升级，提高企业的生产效率和生产效益，打造现代化产业体系的新格局。利用信息技术实现产业的持续升级，以带动我国经济的稳速增长，构建全链条产业技术创新体系；四是改变我产业链发展不完善、不平衡和中端产品多且附加值低的现状，把构建和完善区域产业链作为破解产业结构不优、构建现代产业体系的起始点和重要突破口，使我国产业链实现由低端到全球价值链高端的迈进。

（二）推动数字经济与实体经济融合，加快数字产业、人工智能产业等战略性新兴产业的发展

聚焦在智能经济、绿色经济等新经济形态和智慧城市建设、绿色低碳发展等应用场景，推动互联网、大数据、人工智能等数字经济与实体经济深度融合，推动人工智能等战略性新兴产业的发展[1]。一是以信息产业为主导，把握数字化、智能化、网络化融合发展的契机，通过创新驱动培育经济发展新动能、构建创新型特色产业体系。加快发展先进制造业，在信息网络领域培育一批支柱产业和主导产业，积极推进技术应用研究。二是

---

[1] 任保平、宋文月：《新一代人工智能和实体经济深度融合促进高质量发展的效应与路径》，载于《西北大学学报（哲学社会科学版）》2019年第5期。

做强数字经济。学习发达国家经验,通过孕育众多产业链节点,明确分工,协同作战,突出主导产业,再利用其带动相关产业紧密合作,用新技术创造新价值,使产业整体逐步壮大。通过链核的带动作用,构建创新链、产业链、资本链贯通的高新技术产业服务体系。三是以智能制造带头引领产业技术变革和升级,以增量带动存量,培育竞争新优势,构建形成"人工智能+""大数据+""5G+"等高技术含量、高附加值开放型产业体。推动人工智能在智能制造等领域场景应用示范,加快推动企业在科技领域开展自主研制和国产化攻关突破;鼓励研究所等机构联合开展"5G+"技术攻关,大力发展"5G+云制造"等应用,推动我国在"5G+"行业应用走在全国前列。四是深度拓展基于大数据的相关行业应用,在面向大数据应用的操作系统等基础支撑软件领域取得突破,不断推动我国产业结构迈向全球价值链中高端。

(三) 推进供给侧结构性改革,积极培育现代化产业体系的新动能

随着供给侧结构性改革的推进,新旧动能的转换是新时代现代化产业体系构建的重点工程。加快构建现代化产业体系也必然要积极培育新动能,推动各产业的长效发展,强化产业体系的系统化、科学化、现代化。现代化产业体系新动能的培育重点从三个方面展开:一是发展创新型产业。以满足国家经济社会发展重大需求为导向,以成果转化为重点,在现代化产业体系构建中加强创新链与产业链双向互动,通过创新链和产业链的深度融合促进现代化产业体系的新动能培育,催生工业化新业态,释放工业化新活力。优化创新型产业发展的营商环境,消除现代化产业体系构建的体制和机制障碍。建立现代化产业体系构建的风险共担机制和利益共享机制,形成有效的激励机制。在现代化产业体系构建中实现人才资源的合理配置,提高各类人才资源的利用效率,搭建人才在现代化产业体系构建中的作用平台。二是大力发展网络产业和数字产业。加快互联网基础设施建设,持续推进电信基础设施共建共享,统筹云计算基础设施布局。制定出台数字产业扶持政策,支持互联网基础设施提升、公共平台建设等;强化创业扶持,加快构建互联网创新创业服务平台。实现创新和创业的互动。三是加强产业品牌建设。坚持以创新为核心,加强我国工业品牌建设。以传统支柱产业、优势产业为依托加强品牌保护,培育形成工业行业性品牌集群。加快服务业品牌建设,

推动生产性服务业向专业化和价值链高端延伸，培育和发展有较高知名度的服务业品牌。

（四）推动消费结构升级，积极培育未来新产业的发展

随着我国经济进入新常态和高质量发展阶段，消费对经济增长的拉动作用日益增强，面对强大的国内市场和巨大的消费需求，新消费逐渐成为主流发展趋势，消费者对消费的质量、环境、服务等的需求日渐提高，使得消费结构逐渐升级：由生存性消费向享受型消费升级、由物质型消费向服务型消费升级、由传统消费向新型消费升级、由注重消费品量的满足到注重质的提升。因此，需要推动消费升级，积极培育未来产业。一是加大科学技术的融入，精准定位消费群体，提供高品质水平更高的商品，结合线上和线下两种途径，实现产品与消费者的精确对接，满足人民日益增长的美好生活需求和消费新需求，推动消费升级高质量实现。二是提档商品消费，着力增强消费对增长的基础性作用。借助消费结构升级助推经济转型升级、经济结构的服务化进程和新兴产业的加速发展。瞄准当前消费发展趋势，积极改革创新，多措并举增加居民收入、增强消费能力、健全社保体系、改善消费环境，让消费者有钱能消费、有底气敢消费、有意愿想消费，推动消费稳定增长。三是完善消费体制机制，发掘居民消费潜力。打造更加细分的消费市场，培育不同等级的消费市场，形成带动力强、发展潜力大的新的消费增长点。建立覆盖广、层次多、约束强的评级体系和质量标准体系，为消费者提供更加安全的消费环境，提升产品的消费感受。同时完善企业和个人的消费信用体系，提高消费者的维权意识和能力，打造安全高质消费。加速新经济发展、建立完善的消费信贷法规的先进经验，促使实现生产和消费的良性循环，增加消费者的消费能力，更好地发挥消费在经济中的引领作用。四是提升消费产品供给体系质量，挖掘拓展消费新产品、新业态、新模式，推动实物消费不断提档升级。建立多元化、多层次的产品供给体系，增加资源再生产品、环境保护产品等一系列资源友好型消费品的生产。推进服务消费不断提升质量扩大容量，逐步放宽在服务消费领域的市场准入要求，引导鼓励社会力量涉入健康、旅游、文化、养老等消费需求较强的服务消费重点领域，联合市场和社会共同的力量提高服务产品质量、增加服务产品种类。五是引导消费新业态新模式有序发展，促进居民消费升级。积极培育网络消费、智能消费、定制消费等消费新热点，建立健全新业态新模式发展方面的法律法

规，完善相关平台建设，政府通过提供制度政策供给，推动相关新兴产业的快速发展。

(五) 完善支持体系，创造现代化产业体系构建的环境

坚持工业化逻辑构建现代化产业体系需要构建一系列的支持体系，从而为现代化产业体系的构建创造条件。一是加大研发投入，提高现代化产业体系自主创新能力的支持。现代化产业体系构建的关键在于创新，包括技术创新、制度创新和管理创新，核心是技术创新。要瞄准制约我国产业价值链攀升的核心关键技术，整合各类科技创新资源，创新研发投入体制机制。建立以企业为主体产学研深度融合的技术创新体系[①]，建设一批新型产业技术研发机构，集成实施对现代化产业体系构建具有重大影响的战略性创新项目，引导国有企业、民营企业和社会力量等各类资本加大对高新技术产业和传统产业高端环节的投入，提高产业自主创新能力，培育现代化产业体系构建的核心动力。二是大力发展生产性服务业，为现代化产业体系构建提供服务业支持。突出生产性服务业在现代化产业体系构建中的重要地位，从资金、技术、人才配置政策等方面，加大对金融业、物流业、科学研究、技术服务、信息传输、租赁和商务服务业等生产性服务业的扶持力度，使生产性服务业的发展为现代化产业体系构建提供源动力。三是完善制度建设，为现代化产业体系建设提供制度激励。在现代化产业体系构建中，适度的知识技术外溢可以降低创新成本，缩短创新过程，有利于现代化产业体系创新能力的提高。因此，要完善一种创新激励制度，把握知识技术溢出的度，在现代化产业体系构建中使得保护企业创新成果的同时又能兼顾适度的技术外溢，从而实现社会收益的最大化。

参考文献

1. 任保平、周志龙：《新常态下以工业化逻辑开发中国经济增长的潜力》，载于《社会科学研究》2015 年第 2 期。

2. 郝全洪：《加快建设现代化的产业园体系》，载于《学习时报》2017 年 12 月 4 日。

[①] 何立峰：《加快构建支撑高质量发展的现代产业体系》，载于《人民日报》2018 年 8 月 8 日。

3. 任保平:《我国高质量发展的目标要求和重点》,载于《红旗文稿》2018年第12期。

4. 任保平、宋文月:《新一代人工智能和实体经济深度融合促进高质量发展的效应与路径》,载于《西北大学学报(哲学社会科学版)》2019年第5期。

5. 何立峰:《加快构建支撑高质量发展的现代产业体系》,载于《人民日报》2018年8月8日。

产业结构合理性的判断标准

——基于各国发展经验的视角

张培丽[*]

一、引　言

产业结构变迁影响经济增长和经济周期波动，已经被广大学者证实（Baumol，1967；Kuznets，1971；Peneder，2003；刘霞辉，2004；刘伟等，2008；干春晖等，2011；赵旭杰等，2018），而且产业结构演进也是跨越"中等收入陷阱"的重要影响因素（胡卫等，2009；马晓河，2010；李翀，2018），这就意味着合理的产业结构能够促进经济增长，减轻经济波动，寻求产业结构的合理性对于保持经济持续平稳增长非常必要。尤其是像我国这样处于转变发展方式、优化经济结构和转换增长动力攻坚期，产业结构调整既不能"慢"，也不能"急"，慢了无法带动经济转向高质量发展，急了则会由于过早地高级化使经济失去稳固的增长基础，陷入"中等收入陷阱"。2018年，我国三次产业结构为7.2∶40.7∶52.2，这样的产业结构是否与我国当前发展阶段相吻合？是否有利于高质量发展？要回答这些问题，就必须找到不同发展阶段产业结构合理性的标准加以对照，也才能够发现当前我国产业结构存在的问题和产业结构调整的方向。为此，找到和对标当前我国发展阶段产业结构演进的合理标准，对于优化产业结构，跨

---

[*] 张培丽，中国人民大学中国经济改革与发展研究院副教授。基金项目：本文是教育部人文社会科学重点研究基地重大项目《我国经济发展动力转换的理论分析框架及政策选择》（17JJD790021）阶段性成果。

越建设现代化经济体系关口尤为重要。

英国经济学家配第和科林·克拉克观察世界各国经济发展与产业结构的变化发现，随着经济的发展，劳动力在不同产业间的分布不断变化。人均国民收入提高后，劳动力会由第一次产业向第二次产业转移，当人均国民收入进一步提高时，劳动力会由第二次产业向第三次产业转移。二者的观点被合并称作"配第—克拉克定理"。他们从劳动力配置角度说明了产业结构演进的一般趋势，但是并未区分具体的发展阶段，从而也不可能给出不同发展阶段产业结构演进的合理标准。库兹涅茨和钱纳里等以人均 GDP 水平进行了发展阶段区分，根据各国增长的经验，从产值和劳动力份额变动两个角度证明了配第—克拉克定理。为此，国内学者常常用部门和整个经济产值和劳动力比重是否一致来测度产业结构的合理性，只是采取的具体指标有所差异。一是用部门劳动生产率与所有部门劳动生产率是否相同来衡量产业结构的偏离度，比如干春晖等（2011）、靳涛等（2013）和于斌斌等（2014）；二是用产业增加值占 GDP 比重与产业就业人口与总就业人口比重是否一致作为产业结构合理性的根本指标，比如陈曦等（2014）；三是用产业增长速度与地区经济增长速度是否相等作为产业结构合理的判断标准，比如，张乃丽等（2018），她们认为，要素投入结构与产业结构耦合，产业结构才是合理的。这些研究的基本逻辑是，如果产业比重与就业人口比重，或产业增长速度与整体经济增长速度不一致，会引发要素部门间流动，直到达到二者相等的均衡状态，产业结构此时达到合理状态。这些研究很好地描绘了要素尤其是劳动力在产业间配置的规律，但是却无法给出不同经济发展阶段三次产业结构比重的合理标准，因为在一定时期内完全可能会因为投资在某个产业集中，而引发劳动力等资源向该产业集中，这种产业和劳动力匹配的合理性却可能会导致三次产业结构比重超越当时的发展阶段。

但是，当前关于不同发展阶段上三次产业结构比重的合理标准并未得到足够的重视和研究，从而导致三次产业间的结构优化和升级仅有方向性指引，而缺乏明确的数量标准。比如，长期以来，服务业比重的不断提升是我们产业结构优化升级的应有之义，然而在当前发展阶段，是否服务业比重越高越好？服务业比重达到多少是合适的？这些问题都有待于从理论上给予回答，以指导我国产业结构转型升级。因此，本文从库兹涅茨和钱纳里等关于不同发展阶段各国产业结构演进的历史经验，以及跨越和陷入

"中等收入陷阱"典型国家产业结构演进的规律,总结了发展中国家产业结构演进的阶段标准,并以此对我国产业结构现状进行评判,并提出我国产业结构演进的建议。

二、产业结构演进的历史经验

产业结构演进只有在经济增长的框架下才可能得出适合不同发展阶段的产业结构合理性标准。美国经济学家西蒙·库兹涅茨开创了经济发展过程中经济结构变化的经验研究,他从产值和劳动力就业两个维度就当时发达国家的经济结构,分别从截面和长期趋势角度进行了考察。但是,大家往往更多关注他从产值和劳动力就业角度对产业结构的研究,忽视其产业结构与经济发展阶段匹配性的研究。

实际上,在他的研究中,无时无刻不体现着经济发展阶段的变化,他在描述产业比重和劳动力比重变化的过程中均是置于人均产值变化所指代的不同发展水平上的变化。他指出,所有发达国家在发展的过程中,随着人均产值的增长,第一产业部门产值和劳动力显著下降,产值下降幅度达到20~30个百分点,劳动力份额下降达到30~56个百分点,第二产业部门份额上升25~30个百分点,第三产业份额稍有上升或稍有下降,缺乏明显的趋势,但第二、第三产业劳动力份额都明显上升,尤其是在人均产值超过300美元时[①],第二和第三产业产值和劳动力比重上升明显。第一产业和第三产业在经济增长中劳动力的部门份额比产值的部门份额反应更敏感,第二产业二者的敏感度基本相当。对于产业结构变化的总体趋势给予了画像。

同时,他将57个国家和地区按1958年的人均GDP分为8组,总结了这些国家和地区不同收入水平上所呈现的产业结构特征,将产业结构与经济发展水平进行了对应,从横截面角度提供了不同发展阶段发达国家产业结构演进的经验(见表1、图1)。

---

① 按照1958年美元计算。

第四篇　中国产业结构的优化与升级

表1　　　　　库兹涅茨不同人均GDP水平下的产业结构　　　　　单位：%

人均GDP（美元）	51.8	82.6	138	221	360	540	864	1 382
第一产业	53.6	44.6	37.9	32.3	22.5	17.4	11.8	9.2
第二产业*	13.3	16.5	18.8	23.5	28.7	32.5	43.6	42.4
第三产业	33.1	38.9	43.3	44.2	48.8	49.1	44.6	48.4

注：*为与我国产业统计分类相一致，将库兹涅茨工业部门（I）中的运输和通讯剥离出来，合并到服务业部门（S）。

资料来源：西蒙·库兹涅茨：《各国的经济增长》，商务印书馆2011年版，第125~126页。

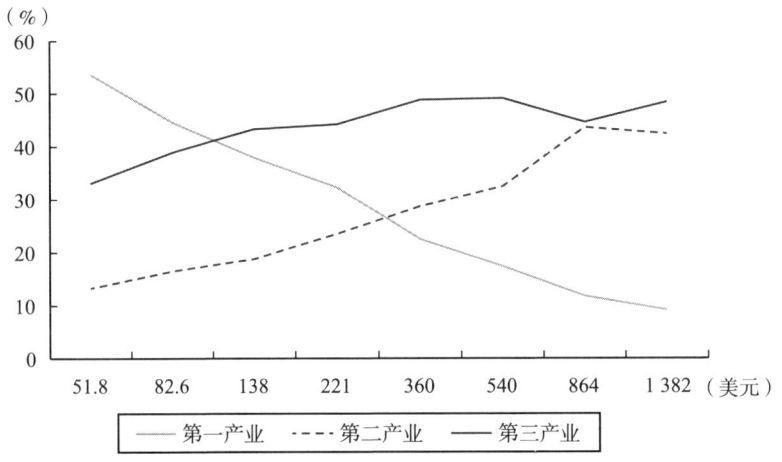

图1　库兹涅茨不同人均GDP水平下的产业结构

资料来源：西蒙·库兹涅茨：《各国的经济增长》，商务印书馆2011年版，第125~126页。

钱纳里等在库兹涅茨研究基础上，将研究范畴拓展至发展中国家，运用发达国家和发展中国家经验数据总结了不同发展水平的产业结构标准，他们以1964年的美元价格区分了不同发展阶段（见表2、图2）。他们发现，随着人均GDP水平提高，第一产业份额不断下降，第二产业和第三产业份额不断上升，达到发达国家水平时[①]，三次产业的状态为15.6%∶33.1%∶50.1%。

---

① 钱纳里等在研究中将人均GDP作为发达国家和欠发达国家的分界线。

表2　　　　　　钱纳里不同发展阶段产业结构变动　　　　　　单位：%

人均GDP	100美元以下	100美元	200美元	300美元	400美元	500美元	800美元	1000美元	1000美元以上
第一产业	52.5	45.2	32.7	26.6	22.8	20.2	15.6	13.8	12.7
第二产业	12.5	14.9	21.5	25.1	27.6	29.4	33.1	34.7	37.9
第三产业*	35.3	39.9	45.7	48.2	49.6	50.4	51.4	50.1	49.5

注：*将公共产业和服务业合并为第三产业。

资料来源：钱纳里、塞尔昆：《发展的格局 1950—1970》，中国财政经济出版社1989年版，第22页。

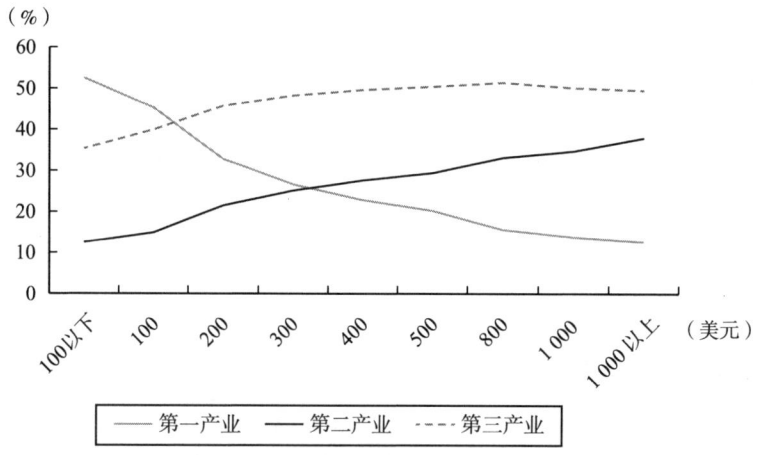

图2　钱纳里不同发展阶段产业结构变动

资料来源：钱纳里、塞尔昆：《发展的格局 1950—1970》，中国财政经济出版社1989年版，第22页。

虽然库兹涅茨和钱纳里等总结的是不同国家产业结构演进的一般经验，但由于不同阶段上这些国家产业结构演进存在明显的共性，这些经验就为不同发展阶段的产业结构演进提供了经验标准，即在整个工业化进程中，第一产业份额明显下降，第二、第三产业份额明显上升，其中第二产业上升趋势比第三产业更为明显。人均GDP在300美元左右，第一产业占比开始低于第二产业，第二产业进入快速增长时期，在进入发达国家前[1]，第二、第三产业基本都表现为上升趋势，达到发达国家水平时[2]，

---

[1] 根据钱纳里等的研究，他们当时将人均GDP 800美元（1964年美元）作为发达国家和欠发达国家的分界线，大于800美元被认为是发达国家，小于800美元被认为是欠发达国家。

[2] 由于库兹涅茨研究中用的是1958年的美元，根据钱纳里的标准，达到发达国家水平，人均GDP应该在540美元到864美元之间。

第二、第三产业份额为 32.5%~43.6% 和 50% 左右。

所不同的是，在库兹涅茨的研究中，达到发达国家水平后，第二产业比重有所下降，第三产业份额继续提高。而钱纳里等的研究中，第二产业份额始终保持上升势头，只是达到发达国家水平（人均 GDP 超过 800 美元）后，第二产业增速略有放缓，第三产业份额略有下降。可见，在包含发展中国家样本中的研究中，第二产业持续上升特征更为明显，即使进入发达国家水平，第二产业仍然不断上升。

另外值得指出的是，在他们二者研究的所有国家发展的整个过程中，第三产业比重基本都高于第二产业，这说明在这些先发达国家中，他们初始的产业结构就表现为第三产业比重高于第二产业的特征。

三、跨越"中等收入陷阱"的产业结构标准

与最早的发达国家相比，日本、韩国等发展相对较晚，属于后发达国家。根据世界银行的数据，20 世纪 60~70 年代，世界上有 101 个中等收入经济体，但到 2008 年，只有 13 个经济体成功跨越"中等收入陷阱"进入发达国家行列，日本、韩国是其中具有代表性的两个，大部分经济体都徘徊在中等收入阶段无法突破，比如阿根廷和巴西。对比跨越"中等收入陷阱"和陷入"中等收入陷阱"典型国家的产业结构演进，可以得出跨越"中等收入陷阱"的产业结构标准。

（一）跨越"中等收入陷阱"典型国家的产业结构演进

1. 日本的产业结构演进

日本"二战"后开始恢复经济增长，1956 年进入快速增长时期，至今经历了高速、中速和低速增长三个阶段。一是从 1956~1973 年的高速增长阶段，年均经济增长达到 9.3%；二是从 1974~1990 年的中速增长阶段，年均经济增长下降至 3.8%；三是从 1991 年至今的低速增长阶段，年均增长为 1.05%。在整个发展进程中，日本农业占比持续下降，到 1970 年已经降至 5.4%，1991 年降到 2% 以下，现在基本维持在 1.05%~1.15%。与此相对应，工业和服务业则表现出阶段性的变动特征（见图 3）。

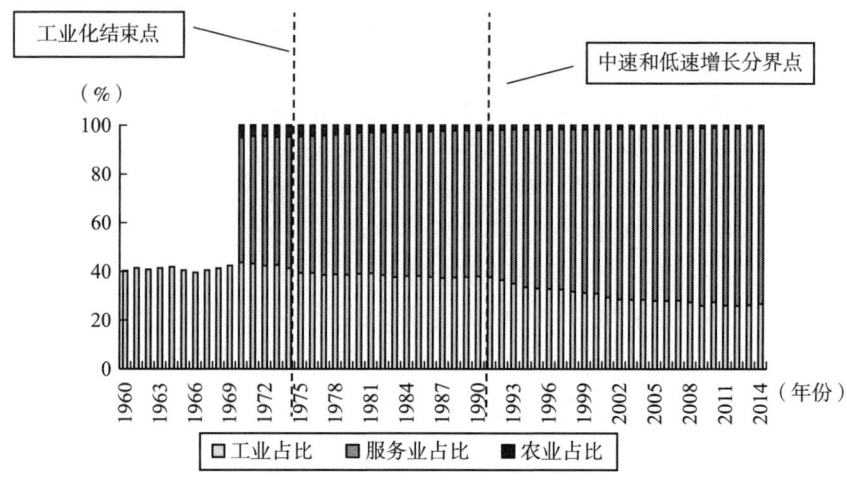

图3 日本产业结构变动情况

资料来源：1970年前数据来自日本统计局；1970年后数据来自世界银行数据库。

日本经济高速增长阶段恰恰是日本加快推进工业化时期，日本工业增加值占比不断上升，从1955年的33%，上升到1960年的40.3%，1970年上升至最高达43.67%，在高速增长阶段结束前后，均保持在41%以上，到日本工业化阶段完成时，1974年的工业占比为41.37%。此后日本工业占比小幅下降，到中速增长阶段结束时，工业占比保持在38%左右。同时，日本服务业占比缓慢上升，1970年左右超过50%，进入工业化后期阶段，到工业化结束时，1974年服务业占比为53.98%，中速增长阶段结束后工业化早期，服务业占比达到60%左右。低速增长阶段是日本的后工业化时期，这一时期日本工业占比缓慢下降，到2014年降至26.86%，服务业占比缓慢上升，完成工业化近20年后的1991年以后，服务业占比上升幅度才有所加大，并一直持续到现在，到2014年，日本服务业占比约为72%。可见，日本在快速工业化进程中，工业占比快速上升，服务业小幅上升，工业化结束以后，服务业占比先是缓慢上升，工业化完成后20年左右才有较快增长（见表3）。

第四篇　中国产业结构的优化与升级

表3　日本不同发展阶段的产业结构变化

时间	工业比重（%）	服务业比重（%）	发展阶段	增长速度
1960	40	—	加速工业化阶段	高速增长
1970	43~44	51（服务业超过50）	工业化后期	
1971~1974	41以上	52~54	工业化完成	
1975~1990	小幅下降，至38	56~60	后工业化早期	中速增长
1991~2014	持续缓慢下降，至27	60~72	后工业化时期	低速增长

资料来源：根据世界银行数据库数据整理。

2. 韩国的产业结构演进

韩国经济在经过短暂的战后恢复之后，从1963年进入快速增长时期，至今也经历了高速、中速和低速三个发展阶段。一是1963~1991年的高速增长时期，年均经济增长率达到9.6%，如果剔除1980年①，该时期韩国平均经济增速高达10.4%；二是1992~2010年的中速增长时期，年均增长5.2%；三是2011年至今，年均增速为3%。与日本一样，在整个发展过程中，农业在国民经济中的份额持续快速下降，从1965年的39.36%下降到2015年的2.31%。工业和服务业占比也表现出阶段性变动特征，但变动幅度小于日本（见图4）。

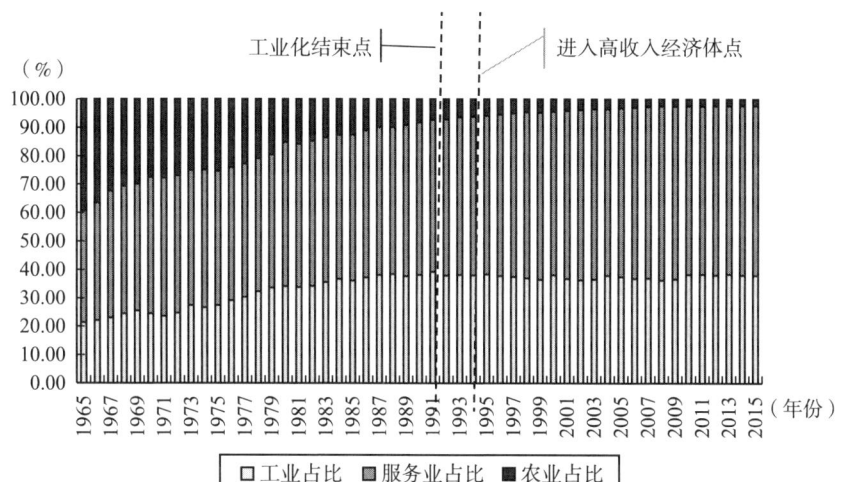

图4　韩国不同发展阶段的产业结构变化

资料来源：世界银行数据库。

---

① 1980年，由于韩国爆发"光州事件"，经济受到严重影响，当年经济增长率为-1.9%。

无独有偶,韩国快速增长时期也是其加速工业化时期,韩国工业占比从1965年的21.31%快速上升至1991年的39.23%,达到历史最高水平,韩国的工业化完成,此后韩国工业占比略有下降,并至今一直维持在38%左右。工业化结束后的1994年韩国人均GDP超过1万美元①,进入发达经济体行列,当时工业占比为38.05%。服务业总体占比不断上升,其发展过程大致可以分为三个阶段(见图4、表4):第一个阶段从1965~1979年,服务业占比先是短暂的快速上升,从1965年的39.33%上升到1971年的48.59%,年均增幅达到2个百分点,但此后的近10年中,韩国加快发展重化工业,服务业占比有所回调,到1979年下降至46.81%。第二个阶段从1980~2003年,服务业占比用20多年的时间从不足50%增长到60%,完成了从工业化到后工业化的转变。1980年,韩国服务业快速增长,占比超过50%,达到50.72%,但随后的8年间,服务业增速相对缓慢,到1988年,仅增长1个百分点,至51.72%,此时工业化基本完成,到1991年,完成工业化时,服务业占比为53.46%,1994年进入高收入经济体时,服务业占比达到55.79%,到2003年增长到59.88%。第三个阶段从2003年至今,韩国服务业占比在60%附近小幅波动,最高达到2008年的61.21%,2015年再次下降至59.71%。工业化结束20年后,服务业占比达到60%左右。

表4　　　　　　　　韩国不同发展阶段的产业结构变化

时间	工业比重		服务业比重(%)	发展阶段	增长速度
	比重(%)	特征			
1965~1979	21.31~33.64	快速增长	39.33~46.81	加速工业化时期	高速增长
1980~1991	34.17~39.23		50.72~53.46	工业化后期	
1992~2003	37.93~36.60	略有下降,相对稳定	54.96~59.88	后工业化时期	中速增长
2004~2010	37.96~38.27		58.51~59.26		
2008	36.28		61.21 历史最高		
2011~2015	38.38~37.98		59.10~59.61	后工业化时期	低速增长

资料来源:世界银行数据库。

---

① 按照当年价格计算。

3. 跨越"中等收入陷阱"典型国家产业结构演进特征

日本、韩国在经济发展过程中,产业结构表现出高度的一致性(见图5),即在整个发展过程中,农业占比持续下降,加速工业化时期,工业占比快速上升,服务业缓慢增长,在工业化尾声阶段,工业占比达到最高,约为40%~44%,服务业占比达到50%左右,并一直持续到工业化完成,进入发达国家行列后,工业占比下降才逐渐开始显著,服务业占比增速有所提升。这与库兹涅茨和钱纳里等的进入发达经济体时期的产业结构标准基本一致。完成工业化后,工业占比开始小幅下降,工业化结束20年左右时,服务业增速加快,达到60%左右。

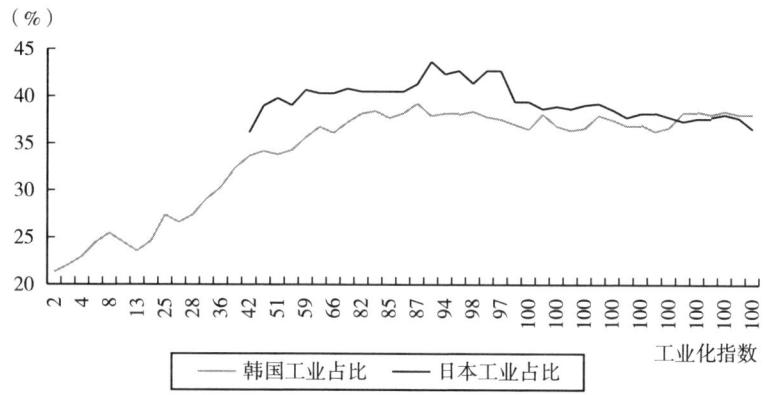

图5 不同工业化阶段日本、韩国工业占比变动情况

注:工业化指数根据陈佳贵等的《工业化蓝皮书:中国工业化进程报告(1995~2005)》方法计算,引自陈佳贵等:《工业化蓝皮书:中国工业化进程报告(1995~2005)》,社会科学文献出版社2007年版。

资料来源:世界银行数据库。

这意味着,日本、韩国跨越"中等收入陷阱"都是在稳固的工业化基础上实现的,符合发达国家产业结构演进的规律。从工业占比绝对值来看,在工业化后期,日本工业占比为40%~44%,高于韩国的38%左右,这可能与工业基础和产业链所处位置有关。

(二)陷入"中等收入陷阱"典型国家的产业结构演进

1. 阿根廷产业结构演进

20世纪60年代,阿根廷人均GDP就超过1 000美元,进入中等收入阶段，但波动非常频繁，1961～2017年的57年间，年均经济增速2.61%，其中有9个年份经济增速超过9%，但有21个年份出现负增长。伴随着经济增长的这种高波动性，阿根廷人均GDP也时有上下，比如1965年阿根廷人均GDP达到1 272美元，到1967年下降至1 058美元，1974年人均GDP曾经达到2 825美元，但到1976年则降至1 933美元，1988年人均GDP达到3 969美元，1989年则迅速下降至2 375美元。正是因为阿根廷经济的这种频繁波动，使阿根廷长期徘徊在中等收入阶段，陷入"中等收入陷阱"。

在经济波动增长的过程中，阿根廷产业结构演进表现出鲜明的特点（见图6）。第一，在整个发展过程中，农业占比波动明显，大致经历了三个周期波动。一是1965～1973年。1965年阿根廷农业占比从12.9%下降到1969年的9.19%后开始上升，到1973年回升到11.95%，接近1965年水平。二是1974～1989年。1974年后农业占比快速下降，1980年下降至6.35后再次回升并维持在8%～9%，1989年又重回到9.62%的较高水平。三是1990年至今。该时段，阿根廷农业占比在波动中下降，到1999年降至4.82%的历史最低水平，此后回升，到2014年恢复到8.31%。第二，工业和服务业表现出明显的此消彼长变化（见图7）。与发达国家工业化时期不同，阿根廷工业占比在整个发展过程中基本表现为不断下降趋

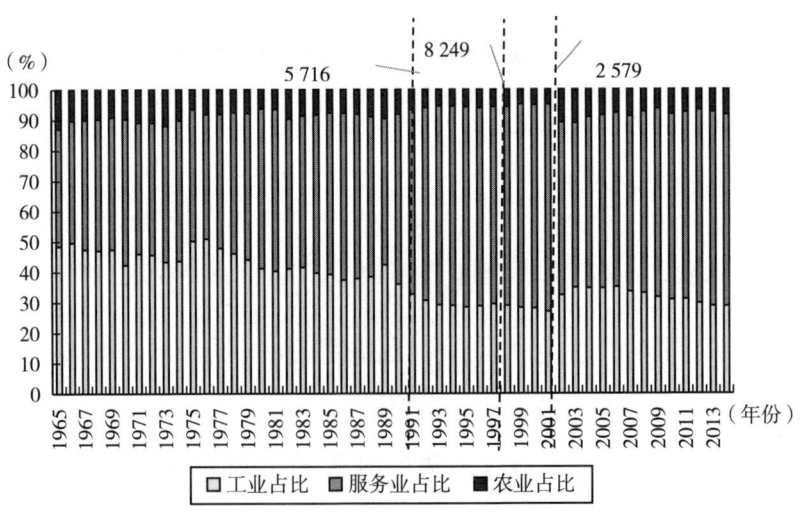

图6 阿根廷产业结构演进

资料来源：世界银行数据库。

第四篇 中国产业结构的优化与升级

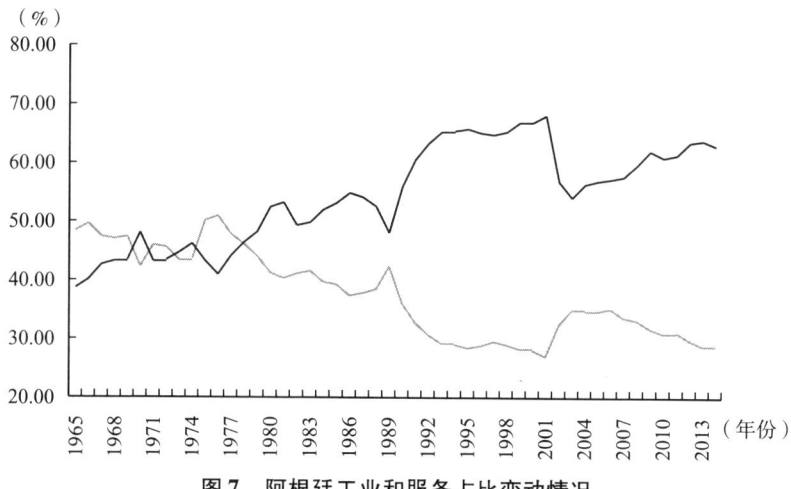

图7 阿根廷工业和服务占比变动情况

资料来源：世界银行数据库。

势，尤其是1975年之后，工业占比下降较快，从1975年的50.14%下降到1986年的37.38%，之后短暂回升至1989年的42.35%，但从1991年开始快速下滑至30%以下，2001年达到27.4%的新低。相反，1975年以后，服务业占比快速上升，从1976年的46.4%上升到1981年的52.43%，超过50%，1991年进一步上升至60.56%，达到很多发达国家服务业占比水平，2001年更是达到68.07%的历史最高值。

对照分析阿根廷人均GDP和产业结构演进可以发现，阿根廷人均GDP下降时期基本都伴随着工业占比的下降，尤其是1991年以后，工业占比快速下降和服务业快速增长时期，更是出现了阿根廷人均GDP增长到8173美元（1997）的历史高点迅速下降至2001年的2579美元的断崖式下降。在阿根廷尚未完成工业化，进入高收入经济体的时候，其产业结构过早地出现了去工业化和经济结构服务化的特征，其服务业的快速发展缺少强有力的工业化支撑，从而难以担负起支撑经济增长和跨越"中等收入陷阱"的历史使命。

2. 巴西的产业结构演进

巴西人均GDP在1974年达到1000美元，进入中等收入阶段，巴西经济增长的波动性较阿根廷小，整个发展历程大致经历了中高速、中低速和低速增长三个阶段。一是1961~1980年的中高速增长时期，年均经济增长7.35%；二是1981~2008年的中低速增长时期，年均经济增长 2.62%；三是 2009 年至今的低速增长时期，年均经济增长 1.20%。由于巴西经济增长的这种阶段性下行，巴西的人均 GDP 也表现出明显的波动性，中高速增长阶段结束时，1982 年巴西人均 GDP 达到 2 219 美元，但随着经济下行，1983 年迅速下降至 1 565 美元，直到 1988 年才又恢复到 1982 年水平。在中低速经济增长时期，巴西人均 GDP 一度达到 1997 年的 5 271 美元的历史最高水平，然而由于 1998 年和 1999 年接近零增长的超低速增长，到 2002 年巴西人均 GDP 迅速下降至 2 820 美元。近年来，巴西经济不断增长，2013 年人均 GDP 曾经一度达到 12 217 美元，接近世界银行划分的高收入经济体水平，但是到 2016 年则再次跌至 8 639 美元，依然徘徊在中等收入阶段。

巴西的产业结构演进也具有明显的特征（见图 8、图 9）：第一，农业占比大致表现出持续下降的态势，与大部分国家工业化进程中农业的变化类似。巴西农业占比从 1960 年的 20.59% 逐步下降到 1981 年的 10.74%，并进一步下降至当前的约 4%~5% 的水平。第二，工业占比总体上表现为先上升后下降的倒 "U" 型变化。但在上升阶段，个别时段也出现工业占比的下降，比如 1961~1966 年巴西工业占比从当时 41.75% 的高位不断下跌，1965 年快速降至 33.85%，随后开始较快回升，到 1980 年上升至 45.16%，并转入缓慢上升，直到 1987 年巴西工业占比达到 45.88% 的历史高位，并成为巴西工业占比变化的分界点。而此时巴西工业化进程仅仅过半，但自此以后巴西工业占比进入下降通道。1993~1995 年，巴西工业占比急速下挫，从 1993 年的 41.61% 迅速跌至 1995 年的 27.53%，并持续缓慢下降，到 2015 年工业占比仅 22.74%。第三，与工业占比变化相对应，巴西服务业占比大致表现为 "U" 型变动趋势。1961~1967 年巴西服务业占比较快上升（从 38.76% 上升到 51.04%），但 1984 年前基本都处于小幅下降阶段，到 1984 年服务业占比降至 42.82%。此后服务业占比进入上升时期，尤其是 1993 年以后的工业化后期阶段巴西服务业占比就进入跨越式发展阶段，从 1993 年的 50.83% 迅速增长至 1999 年的 69.52%，增长近 20 个百分点，服务业占比也达到发达国家水平，到 2015 年，巴西服务业占比达到 72.05%，甚至超过了日本服务业占比。

第四篇 中国产业结构的优化与升级

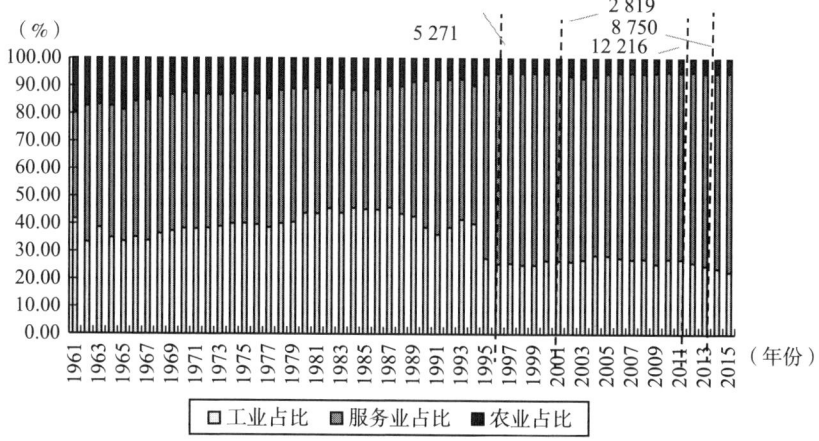

图 8　巴西产业结构演进情况

资料来源：世界银行数据库。

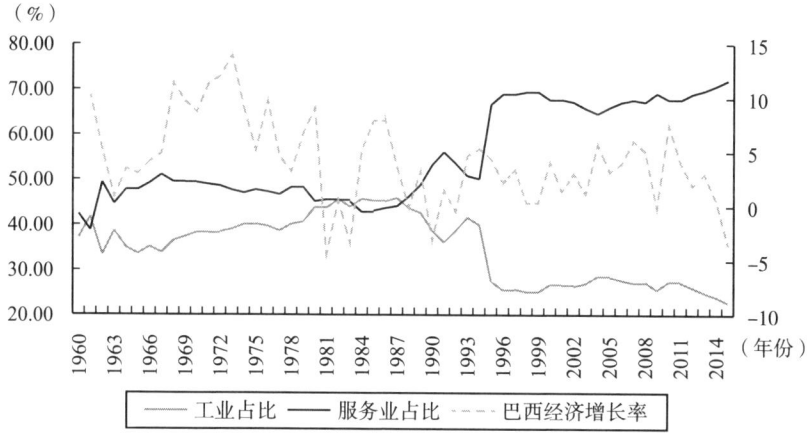

图 9　巴西工业、服务业占比和经济增长率变动情况

资料来源：世界银行数据库。

对照巴西经济增长和产业结构变化可以发现，巴西工业占比快速上升阶段（1961~1980）与经济中高速增长阶段（1961~1980）基本吻合，并带动人均 GDP 不断上升，达到阶段性高位。而巴西中低速增长时期（1981~2008），也恰恰是巴西工业占比缓慢上升、服务业占比缓慢下降（1981~1987）和工业占比快速下降、服务业占比快速上升阶段（1987~2009），其中 1993 年以后工业占比和服务业占比的背离越来越大，1998 年和 1999 年服务业占比高出工业占比 44 个百分点,这一时期也是巴西人均 GDP 下降最多的时期,从 5 271 美元 (1997 年) 跌至 2 820 美元 (2002 年)。2009 年以来的低速增长时期,巴西再次出现工业占比快速下降、服务业占比快速上升情形,工业占比和服务业占比背离进一步扩大,到 2015 年服务业占比高出服务业占比近 50 个百分点,相应地,巴西人均 GDP 从 12 000 多美元下跌到 8 000 多美元。

3. 陷入"中等收入陷阱"典型国家产业结构演进特征

对比阿根廷和巴西的产业结构演进可以发现(见图 10、图 11),两个国家在发展过程中大部分时间都表现为工业占比不断下降,服务业占比不断提升的情况,而且两个国家均自 20 世纪 80 年代末的工业化中期阶段就进入了工业占比快速下降,服务业占比快速上升的变化时期。从两个国家发展阶段来看,根据我们按照陈佳贵等在《中国工业化进程报告》中的方法①测算,阿根廷和巴西到 2014 年工业化指数分别为 75 和 71,处于工业化后期阶段,但两个国家的工业占比全部降至 30% 以下,分别为 28.76% 和 23.97%,其服务业占比却分别高达 62.93% 和 70.81%。在阿根廷和巴西工业化未得到充分发展的情况下,产业结构的去工业化和过度服务业化是他们陷入"中等收入陷阱"的重要原因。

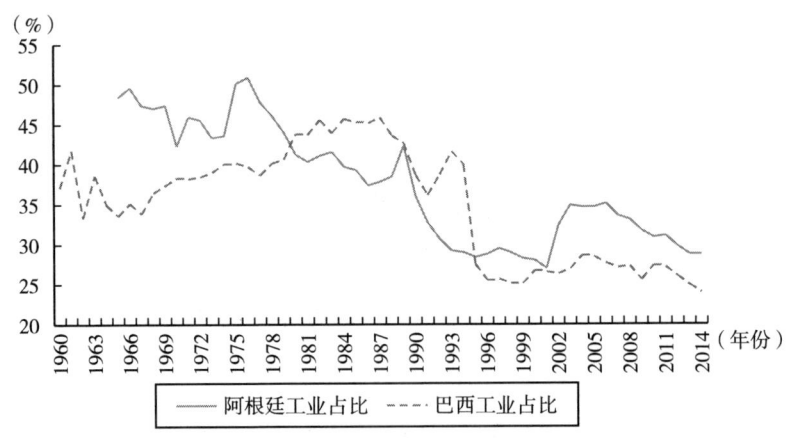

图 10 阿根廷和巴西工业占比变动情况

资料来源:世界银行数据库。

---

① 运用人均 GDP、三次产业比重、制造业增加值在总商品生产部门增加值中的比重、城市化率与第一产业的就业比重五个指标,测算工业化指数。见陈佳贵等:《工业化蓝皮书:中国工业化进程报告 (1995~2005)》,社会科学文献出版社 2007 年版。

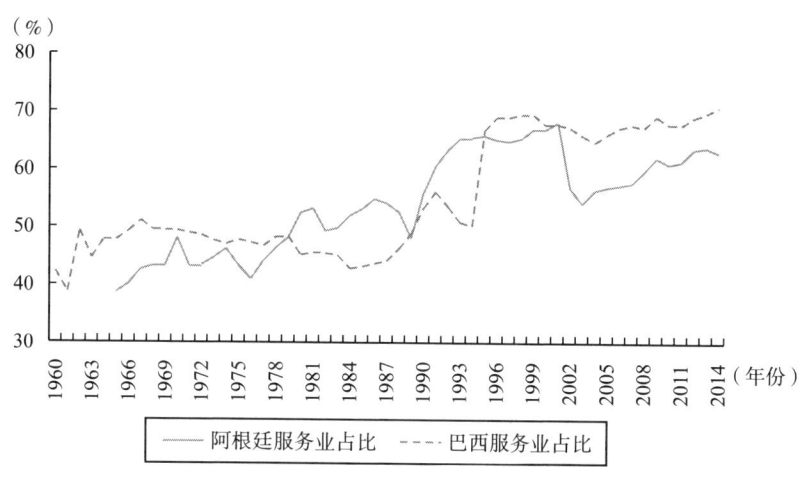

图 11　阿根廷和巴西服务业占比变动情况

资料来源：世界银行数据库。

（三）跨越"中等收入陷阱"的产业结构标准

跨越和陷入"中等收入陷阱"典型国家的产业结构演进经验说明，经济发展必须符合产业演进的一般规律，即经济会从以农业为主过渡到以工业为主，工业化充分发展以后再过渡到以服务业为主。产业结构演进一定要与经济发展的阶段相吻合，产业结构超越发展阶段将会带来巨大的经济增长代价，跨越"中等收入陷阱"必须以稳固、发达的工业化为基础。过早地"去工业化"和过早地"服务业化"都将会造成经济增长的脆弱，从而陷入"中等收入陷阱"。这就意味着，工业化是跨越"中等收入陷阱"不可逾越的重要阶段，在跨越"中等收入陷阱"的过程中，要不断加快推进工业化进程，在工业化后期到完成工业化阶段，工业占比一般维持在40%左右，不能过低，服务业占比维持在50%左右，不能过高，这是跨越"中等收入陷阱"的产业结构标准。也与库兹涅茨等得出的发达国家的产业结构演进规律一致，即在进入发达国家之前，工业占比和服务业占比一般维持在40%和50%左右。

四、我国产业结构演进的阶段判断

改革开放以来，我国产业结构演进表现出明显的工业化和现代化特征

(见图12),主要表现在:第一,第一次产业占比持续下降,从1978年的27.9%下降到2018年的7.2%,下降了20.7个百分点。第二,第二次产业占比经历了三个阶段:一是从1978~1990年的下降阶段,由于新中国成立后特殊的时代条件我国实施了优先发展重工业的发展战略,工业占比水平较高,1978年时第二产业比重高达47.6%,改革开放后,轻工业得到长足发展,我国产业结构不断优化,第二产业占比有所下降,1990年下降到40.9%。二是从1991~2006年工业占比稳步上升阶段。该时期随着社会主义市场经济体制的建立和发展,制造业增长迅速,工业占比逐步提升,到2006年提高到47.4%,形成了完备的工业体系。三是从2007年以来第二产业占比不断下降阶段。2007年以来,我国制造业出现严重的产能过剩,工业发展进入调整时期,第二产业占比下降至2016年的下降至40%以下,2017年和2018年略有上升,分别回升至40.5%和40.7%。第三,第三次产业占比不断上升。改革开放初期,我国第三产业发展滞后,占比仅为20%多一点,改革开放以来,第三次产业不断发展,尤其是2008年以来,第三产业发展加速,2013年超过第二次产业,达到46.7%,2015年超过50%,到2018年第一、二、三次产业结构为7.2∶40.7∶52.2。

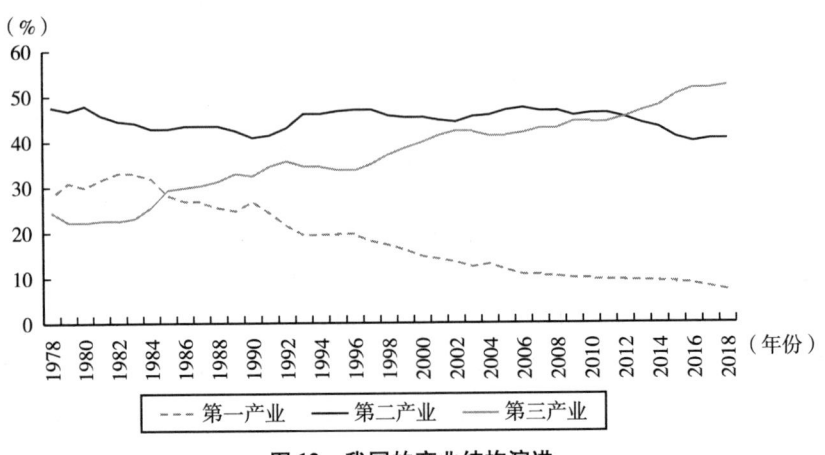

图12 我国的产业结构演进

资料来源:国家统计局。

从整体趋势上,我国产业结构从以农业为主向以工业为主转变,继而向以服务业为主转变的演进路径符合产业结构演进的一般规律。具体来看,我国第一产业和第三产业发展的变动趋势与跨越"中等收入陷阱"的日本和韩国非常类似。不同之处在于,日本、韩国工业化时期工业占比持续上升,服务业占比小幅稳步增长,而我国第二产业相当多年份出现下降,第三产业快速上升。其原因主要在于,我国早期经济发展战略导致的工业占比过高,服务业占比过低,比如1978年我国第二产业占比高达47.6%,第三产业占比仅有24.5%,而工业化早期日本和韩国的第二产业占比仅有40.3%(1960)和21.31%(1965),第三产业占比则达到51.19(1970)和39.33%(1965)。我国第二产业比重下降和第三产业上升是趋近于工业化时期产业结构标准和跨越"中等收入陷阱"产业结构标准的结果。

根据中国社会科学院工业经济研究所的《工业化蓝皮书:中国工业化进程报告》,到2020年,我国将基本实现工业化,到2030年将全面实现工业化。我国仍将较长时间处于工业化时期,按照前面总结得出的工业化完成前工业占比一般维持40%左右,服务业占比一般维持在50%左右的产业结构合理性标准,前两年我国第二产业占比下降过快,甚至一度低于40%,虽然2017年和2018年回升至40%以上,但仍然接近工业化完成阶段40%的临界值。而第三产业比重2018年已经提升到52.2%,对GDP的贡献率为59.7%,第三产业成为经济增长的绝对支撑,我国第三产业占比已经高于工业化时期的第三产业占比50%的产业结构标准。我国产业结构已经表现出超越工业化发展阶段的趋势,经济出现了明显的"脱实向虚"迹象。这一方面显示了近年来我国服务业得到较快发展,但也从另一个侧面说明我国工业发展遇到了问题,必须高度警惕过早地去工业化和过早服务业化的苗头。因此,我国未来的产业结构优化升级将不再主要是三次产业占比量的调整,尤其不应该一味地提高第三产业占比,而是应该加快实体经济发展,增强二、三产业互动发展,切实提升产业结构整体质量,从而实现我国经济的高质量发展,我国产业体系建设进入了新时代。

五、新时代我国产业体系建设的政策选择

顺应产业结构演进进入新时代,对标产业结构演进的阶段标准,我国的产业体系建设应当致力于:

第一,加快实体经济发展,夯实工业基础。实体经济是一国经济的基础和根本,发展壮大实体经济是我们实现从大国到强国,跨越"中等收入

陷阱"的必由之路，这就要求我们：一是立足我国经济发展所处的工业化后期阶段，夯实工业基础。我国工业占比已经达到和接近很多国家工业化完成时期的水平，这意味着从现在到 2030 年全面完成工业化时，我国需要高度重视实体经济发展，稳定甚至小幅提高工业在产业结构中的占比，为强起来奠定坚实的工业化基础。二是提升制造业水平，壮大实体经济。我国经济已经进入高质量发展阶段，稳定和提高工业占比绝不是传统制造业的复燃和发展，而是传统制造业的改造提升和高端制造业的发展。制造业的核心是创新，尤其是关键核心技术、关键材料的突破和掌握，这就要求制造业要以创新为引领，加快传统制造业的改造提升，做实、做强我国实体经济。三是优化产品结构，满足消费升级需要。加快实施品种、品质、品牌"三品"行动计划，为居民提供丰富、安全、健康、绿色的高品质产品，满足人们追求高品质生活的需要。

第二，积极推动现代服务业发展，提升服务业发展水平。服务业占比的不断提高是经济高级化的重要特征，从当前阶段来说，我国服务业占比已经达到较高水平，未来服务业的发展不再是量的提高，而是服务业质量的提高，尤其是现代服务业的发展。一是适应人们对美好生活的需要，加快发展教育培训、医疗卫生、健康养生、文化娱乐、休闲旅游等新兴服务业；二是加快高新技术和现代管理、经营和组织方式运用，不断改造提升传统服务业发展水平；三是鼓励和支持高技术含量、高人力资本水平、高附加值的现代服务业发展，积极发展高端服务业。

第三，加强工业和服务业协调发展，形成产业体系的良性互动。党的十九大报告提出，要着力加快建设实体经济、科技创新、现代金融、人力资源协同发展的产业体系。这就意味着，未来的产业体系发展必须要以协同推进作为行动的指引和原则，形成实体经济、科技创新、现代金融和人力资源的协同发展。一是加快以科技创新、现代金融和人力资源发展改造提升实体经济，大力发展生产性服务业，推动制造业为主体的实体经济高质量发展；二是紧紧围绕服务实体经济的目标，以实体经济的需要为导向，加快发展科技创新、现代金融和人力资源等现代服务业。

参考文献

1. 陈曦、穆怀中：《中国产业结构合理化及其与经济增长关系研究》，载于《经济研究参考》2014 年第 46 期。

2. 干春晖、郑若谷、余典范：《中国产业结构变迁对经济增长和波动的影响》，载于《经济研究》2011 年第 5 期。

3. 胡卫、高桂芳:《日本、韩国发展战略转变的经验与启示》,载于《亚太经济》2009 年第 3 期。

4. 靳涛、陈嘉佳:《转移支付能促进地区产业结构合理化吗——基于中国 1994 – 2011 年面板数据的检验》,载于《财经科学》2013 年第 10 期。

5. 李翀:《论加快推进我国经济发展方式转变的核心发展战略》,载于《中山大学学报》2014 年第 1 期。

6. 刘伟、张辉:《中国经济增长中的产业结构变迁和技术进步》,载于《经济研究》2008 年第 11 期。

7. 刘霞辉:《为什么中国经济不是过冷就是过热?》,载于《经济研究》2004 年第 11 期。

8. 马晓河:《迈过"中等收入陷阱"的需求结构演变与产业结构调整》,载于《迈过"中等收入陷阱"的中国战略》,经济科学出版社 2011 年版。

9. 钱纳里、塞尔昆:《发展的格局 1950—1970》,中国财政经济出版社 1989 年版。

10. 宋建、郑江淮:《产业结构、经济增长与服务业成本病——来自中国的经验证据》,载于《产业经济研究》2017 年第 2 期。

11. 西蒙·库兹涅茨:《各国的经济增长》,商务印书馆 2011 年版。

12. 于斌斌:《产业结构调整与生产率提升的经济增长效应——基于中国城市动态空间面板模型的分析》,载于《中国工业经济》2015 年第 12 期。

13. 张乃丽、欧家瑜:《产业结构、生产率与经济增长"减速":基于日本都道府县面板数据的实证分析》,载于《山东大学学报(哲学社会科学版)》2018 年第 1 期。

14. 张培刚主编:《发展经济学教程》,经济科学出版社 2007 年版。

15. 赵旭杰、郭庆旺:《产业结构变动与经济周期波动——基于劳动力市场视角的分析与检验》,载于《管理世界》2018 年第 3 期。

16. Baumol W J. Macroeconomics of Unbalanced Growth: The Anatomy of Urban Crisis, *American Economic Review*, 1967, 57 (3): 415 – 426.

17. Kuznets, S. 1971, *Economic Growth of Nations: Total Output and Production Structure*, Cambridge, Massachusetts: Harvard University Press, 343 – 354.

18. Pender M. 2003, Industrial Structure and Aggregate Growth, *Structural Change and Economic Dynamics*, 14 (4): 427 – 448.

高技术产业集聚对我国经济高质量发展影响研究

黄繁华 郭卫军[*]

一、引　言

高质量发展是当前我国经济工作的中心任务和努力方向，也是破解制约当前我国经济发展瓶颈的关键所在。与粗放型经济发展模式不同，高质量经济发展强调经济增长效率的提高、经济结构的优化、资源和环境利用的节约，以及经济社会各方面发展的协调与可持续性。科技创新是我国实施创新驱动战略的基础，也是打造经济高质量发展新动能的重要来源。高技术产业不仅产业附加值高、竞争力强，而且呈现集聚发展的基本特征。因此，探讨高技术产业集聚对我国经济高质量发展的作用机制和内在规律，无疑具有重要现实意义。

目前，产业集聚对经济发展的效应，已受到国内外学者的广泛关注，并且形成了众多理论和实证研究成果。成果中比较主流的观点，是认为产业集聚能够有效促进地区经济增长或劳动生产率提升。例如，鲍德温和福斯里德（Baldwin and Forslid, 2000）、蒂斯和藤田（Thisse and Fujita, 2002）经过分析指出，产业集聚有利于经济增长。奥塔维亚诺和马丁（Ottaviano and Martin, 2001）将内生经济增长理论引入新经济地理学理论中，解释了产业空间集聚与经济增长之间的关系，认为产业集聚会降低企业成本而促进该地区实现经济更快增长。鲍纳肯和博格曼（Braunerhjelm and Borgman, 2004）利用瑞典1975~1999年的数据，实证检验发现聚集经济与劳动生产率之间存在显著正相关性。范剑勇（2006）经研究指出，

---

[*] 黄繁华，南京大学经济学院教授；郭卫军，南京大学经济学院博士研究生。

非农产业集聚对经济发展具有较大的促进作用,因为高就业密度产生的规模报酬递增,会大幅提高该地区的劳动生产率,从而扩大地区之间的经济发展差距。另外,布鲁尔哈特和马蒂斯(Brulhart and Mathys,2008)利用欧洲地区面板数据,通过研究也发现,集聚能够显著提高劳动生产率,并且这种效应会随着时间推移不断增强。

与上述观点不同,国内外也有不少学者,认为产业集聚与经济增长之间是呈非线性关系甚至负相关关系。布鲁尔哈特和斯贝加米(Brulhart and Sbergami,2009)的研究表明,产业集聚在经济发展初期阶段,会对经济增长具有显著的积极作用,但超过某一门槛值后,产业集聚对经济增长的影响将不再显著。孙浦阳等(2013)的分析表明,产业集聚在初期因拥塞效应的存在而不利于经济发展,之后便会促进劳动生产率的提高。张云飞(2014)利用山东半岛城市群制造业行业2003~2011年的面板数据,经过实证研究发现,城市群内产业集聚与经济增长之间存在倒"U"型关系,即产业集聚在初期能够推动经济增长,但超过一定程度后,过度集聚所引起的负外部性,将抑制经济增长。包蒂斯塔(Bautista,2005)利用1994~2000年墨西哥32个州的数据进行研究,其结果是发现聚集经济对于经济增长的影响不显著。

由此可见,当前学术界对产业集聚与经济增长之间关系的看法,还存在较大分歧。同时,现有研究都是基于经济增长角度的分析,缺少从产业集聚视角对经济发展质量影响的研究。因此,本文拟围绕探讨高技术产业集聚对经济高质量发展的效应,从以下几个方面开展研究:第一,从理论上分析高技术产业集聚对经济高质量发展的作用机制;第二,构建一个综合评价经济高质量发展的指标体系,并且实证检验高技术产业集聚对经济高质量发展的具体效应;第三,考察在不同地理区位和不同经济发展水平的地区,高技术产业集聚对经济高质量发展影响的异质性;第四,分别采用替换核心解释变量、变换经济高质量发展指数的测算方法、改变计量方法等方式,进行实证分析的稳健性检验,以进一步验证本文的研究结论;第五,分析高技术产业集聚对经济高质量发展不同影响机制的差异性。

二、高技术产业集聚对经济高质量发展影响机制

高新技术产业是指以高新技术为基础,从事一种或多种高新技术及其

产品的研究、开发、生产和技术服务的企业集合。高技术产业是知识密集型和技术密集型产业,这些产业开发出的重大技术创新或技术积累到一定程度和规模往往会产生巨大的经济效益和社会效益。西科尼(Ciccone,2002)的研究结果表明,地方专业化集聚使众多同行业企业聚集在某一地区,可以使该地区的同行业企业共享庞大的熟练劳动力市场和知识外溢所带来的成本降低和技术进步。这种公共知识的正外部性将使整个社会获得规模经济效应(Arrow,1962)。由此可知,高技术产业集聚作为知识密集型和技术密集型产业所产生的知识外溢效应会更明显,技术进步的扩散速度更快,从而会产生更大规模的外部经济效应。而且,高技术产业劳动力市场的共享和知识外溢将吸引更多高技术产业要素的集聚,由此带来的正外部经济效应得到不断增强,影响的范围和领域逐步扩大,从而对整个地区的经济高质量发展发挥积极作用。

经济高质量发展是在经济数量增长基础上数量与质量的协调统一,注重经济增长的后果和前景以及长短期的结合,是效率提高、结构优化、稳定性提高、福利分配改善、生态环境代价降低、创新能力提高的综合体现(任保平,2013)。经济高质量发展是一个复合概念,不局限于经济范畴,还应考虑社会发展、资源分配、生态环境、地区协调、可持续发展等方方面面。鉴于高技术产业的特性和高质量发展的要求,本文认为高技术产业集聚对经济高质量发展的影响机制,主要是通过以下五个作用机制:即提高经济增长效率机制、增加经济增长稳定性机制、优化经济结构机制、提升社会福利机制和推进绿色发展机制。

(一)高技术产业集聚对经济增长效率的影响机制

经济增长效率是指产出与投入的比例,通常通过资本生产率、劳动生产率和全要素生产率等指标来体现。高技术产业集聚首先有利于促进技术进步和创新,从而增加优质要素投入,还可以提高企业管理水平,通过合理组织生产要素,降低生产成本,提高单位资本投入所带来的产出。其次,提高高技术产业集聚程度,会明显提高该行业的劳动生产率(Henderson,2001),而高技术产业劳动生产率的提升,又会进一步提升技术创新和扩散的速度,从而提高全社会的劳动生产率。

(二)高技术产业集聚对经济增长稳定性的影响机制

随着我国进入发展新时代,传统经济增长动能不断减弱,经济增长速度明显放缓。发展高技术产业，能够为我国经济发展注入新动能。一方面，高技术产业集聚会培育出的新技术、新业态、新模式，从而在平抑经济波动、实现经济稳定可持续发展上发挥作用；另一方面，高技术产业集聚带来的技术扩散和边际创新，将会推动传统产业改造升级，通过形成市场竞争新优势，实现经济平稳增长。

（三）高技术产业集聚对经济结构优化的影响机制

经济结构优化的重要标志，是高技术、高附加值产业占比高。与传统产业不同，高技术产业发展离不开集聚水平提升。提高高技术产业集聚水平，将壮大高技术产业，从而直接推动着经济结构的优化。其次，集聚水平必然带动与之有关的物流、信息服务、金融等现代服务业快速增长，从而从另一个角度促进经济结构的转型升级。事实上，从我国目前的实践也可以看到，高技术产业集聚水平越高的地区，经济结构就越是优化，高技术产业集聚水平越低的地区，经济结构就越是落后。

（四）高技术产业集聚对社会福利的影响机制

高技术产业集聚所带来的技术进步，对社会福利影响具有正反两个方面：即一方面，技术进步会增加社会财富，改善公共服务。大规模新技术的创新与应用，会大幅提高经济增长效率，创造更多社会财富和更丰富的生活条件，从而改善教育、医疗、基础设施等公共服务水平。另一方面，技术进步也可能会使财富更加集中，加速贫富分化。因此，高技术产业集聚对社会福利的总体影响效果，关键在于技术进步所创造的额外财富，能否得到第二次合理调节分配。

（五）高技术产业集聚对绿色发展的影响机制

所谓绿色发展，就是指经济发展要走以"低能耗、低排放、低污染"为特征的可持续发展道路（赵昕和郭晶，2011）。高技术产业集聚会带来产业结构转型升级，提高资源利用效率。特别是，高技术产业集聚对技术创新的推动，有助于开放更多可替代能源和清洁能源，从而减少环境污染，缓解经济增长与环境保护之间的矛盾，突破能源供给和环境承载力对经济发展的制约。

三、经济高质量发展综合指标体系的构建与测度方法

（一）经济高质量发展综合指标体系的构建

根据以上理论分析，本文从经济增长效率、经济增长稳定性、经济结构优化、社会福利和绿色发展五个维度，构建经济高质量发展综合指标体系，具体如表1所示。

表1　　　　　　　经济高质量发展指标体系构建

综合指标	一级指标	二级指标	单位	指标属性
经济高质量发展综合指数	经济增长效率	资本生产率	%	正向指标
		劳动生产率	元/人	正向指标
		全要素生产率	%	正向指标
	经济增长稳定性	经济增长波动率	%	逆向指标
		消费者物价指数	%	逆向指标
		城镇登记失业率	%	逆向指标
	经济结构优化	第二产业增加值占GDP比重	%	正向指标
		第三产业增加值占GDP比重	%	正向指标
		高技术产业产值占工业总产值比重	%	正向指标
		非国有经济比重	%	正向指标
	社会福利	城镇居民恩格尔系数	%	逆向指标
		农村居民恩格尔系数	%	逆向指标
		每千人卫生技术人员	人	正向指标
		每万人拥有公共交通车辆	辆/万人	正向指标
		人均公园绿地面积	m^2	正向指标
	绿色发展	单位GDP能耗	吨标准煤/万元	逆向指标
		单位GDP工业废水排放量	吨/万元	逆向指标
		单位GDP工业废气排放量	立方米/万元	逆向指标
		单位GDP工业固体废弃物排放量	吨/万元	逆向指标

（二）经济高质量发展综合指数的测度方法

本文采用熵值法测算经济高质量发展指数，将二级指标生成经济增长效率、经济增长稳定性、经济结构优化、社会福利和绿色发展五个维度的经济增长质量指数，然后，基于这五个维度的指数生成经济高质量发展综合指数。具体测算过程如下。

1. 数据标准化处理

首先进行无量纲化处理。在多指标评价体系中，各指标具有不同的属性、量纲和数量级，无法对原始数据直接进行合成。因此，为了保证结果的合理性与可靠性，需要对原始数据进行去量纲的标准化处理，本文采用规范化方法，即离差标准化法去量纲。

其次进行正向化处理。由于各指标的数据特性不一，有的是数值越大越好，即正向指标，有的是数值越小越好，即逆向指标。因此，需要对正逆向指标数据进行区别处理。此外，在接下来用熵值法计算权重的过程中，可能会出现 ln0 的情况，为了避免对数的无意义，需要对数据进行 1 个单位的平移处理。具体处理方法如下：

对于正向指标：

$$q_{ij} = \frac{X_{ij} - \min(X_{1j}, X_{2j}, L, X_{nj})}{\max(X_{1j}, X_{2j}, L, X_{nj}) - \min(X_{1j}, X_{2j}, L, X_{nj})} + 1 \quad (1)$$

对于逆向指标：

$$q_{ij} = \frac{\max(X_{1j}, X_{2j}, L, X_{nj}) - X_{ij}}{\max(X_{1j}, X_{2j}, L, X_{nj}) - \min(X_{1j}, X_{2j}, L, X_{nj})} + 1 \quad (2)$$

其中，$i = 1, 2, \cdots, n$，分别代表 n 个地区；$j = 1, 2, \cdots, m$，分别代表 m 个指标；q_{ij} 为去量纲后的数据，X_{ij} 为原始数据。

2. 指标权重计算

计算步骤：

（1）将各地区数据进行标准化处理后，用矩阵 $Q = (q_{ij})_{n \times m}$ 表示。其中，$i = 1, 2, \cdots, n$，分别代表 n 个地区；$j = 1, 2, \cdots, m$，分别代表 m 个指标。

（2）计算熵值：

$$e_j = -k \sum_{i=1}^{n} (q_{ij} \times \ln q_{ij}) \quad (3)$$

其中，$k>0$，$e_j>0$，令 $k=1/\ln n$，n 为样本量。

(3) 计算差异系数：
$$g_j = 1 - e_j \tag{4}$$

这里，g_j 越大，指标越重要。

(4) 计算权重：
$$W_j = \frac{g_j}{\sum_{j=1}^{m} g_j} \tag{5}$$

3. 一级指标值计算

对标准化处理后的二级指标值加权求和得到一级指标值，计算公式如下：
$$Q_{it} = \sum_{j=1}^{m} (W_{ijt} \times q_{ijt}) \tag{6}$$

其中，Q_{it} 分别为第 t 年的经济增长效率、经济增长稳定性、经济结构优化、社会福利和绿色发展指标值；W_{ijt} 分别对应第 t 年各二级指标在其所属一级指标中的权重；q_{ijt} 为标准化处理后第 t 年的各二级指标值。

4. 综合指标值计算

根据上述求权重的方法计算出一级指标权重，然后对经过标准化处理后的一级指标值进行加权求和，最后得出综合指标值。计算公式如下：
$$Q_t = \sum_{j=1}^{m} W_{it} \times Q_{it} \tag{7}$$

其中，Q_t 为第 t 年的经济高质量发展指数值；W_{it} 分别对应第 t 年一级指标在综合指标中的权重；Q_{it} 分别为第 t 年的经济增长效率、经济发展稳定性、经济结构、社会福利和绿色发展指标值。

四、模型、变量和数据

(一) 计量模型设定

为实证检验高技术产业集聚对经济高质量发展的影响，本文构建如下回归模型：
$$Quality_{it} = \beta_0 + \beta_1 Haggl_{it} + \lambda Control_{it} + \mu_i + \eta_t + \varepsilon_{it} \tag{8}$$

其中，$Quality_{it}$是 i 地区 t 年的经济高质量发展综合指数；$Haggl_{it}$为 i 地区 t 年的高技术产业集聚度；$Control_{it}$表示一系列的控制变量，主要包括城镇化水平（$Urban_{it}$）、贸易开放水平（$Open_{it}$）、外商直接投资（Fdi_{it}）人口抚养比（Pop_{it}）、政府干预程度（Gov_{it}）和人力资本水平（$Labor_{it}$）；μ_i表示不可观测的地区效应，η_t表示不可观测的时间效应，ε_{it}为随机误差项。

其次，为了克服可能存在的内生性问题，本文利用两阶段系统 GMM 法，进行动态面板模型估计。因此，我们进一步建立如下动态回归模型：

$$Quality_{it} = \beta_0 + \gamma Quality_{i,t-1} + \beta_1 Haggl_{it} + \lambda Control_{it} + \mu_i + \eta_t + \varepsilon_{it} \quad (9)$$

再次，分别以经济增长效率（$Effi_{it}$）、经济增长稳定性（$Stab_{it}$）、经济结构优化（$Stru_{it}$）、社会福利（$Welf_{it}$）和绿色发展（$Green_{it}$）5 个分项指标为因变量，考察高技术产业集聚对经济增长质量影响的作用渠道，模型设定如下：

$$Qua_{it} = \beta_0 + Qua_{i,t-1} + \beta_1 Haggl_{it} + \lambda Control_{it} + \mu_t + \eta_t + \varepsilon_{it} \quad (10)$$

（二）变量和数据说明

1. 被解释变量

经济高质量发展指数。本文的被解释变量为经济高质量发展综合指数（Quality）以及五个维度的经济高质量发展分项指标：经济增长效率指数（Effi）、经济增长稳定性指数（Stab）、经济结构优化指数（Stru）、社会福利指数（Welf）和绿色发展指数（Green）。

2. 核心解释变量

高技术产业集聚度（Haggl）。本文借鉴国外学者基布尔和布赖森（Keeble and Bryson, 1991）、多诺格和格里夫（Donoghue and Gleave, 2004）和国内学者程大中（2005）、孙浦阳等（2012）、杨仁发（2013）的做法，采用区位熵指标来衡量高技术产业的集聚程度，具体计算公式如下：

$$Haggl_{ij} = \frac{E_{ij} / \sum_i E_{ij}}{\sum_j E_{ij} / \sum_j \sum_i E_{ij}}$$

其中，E_{ij}表示 i 地区在产业 j 上的就业人口，$\sum_i E_{ij}$表示 i 地区所有产业的就业人口，$\sum_j E_{ij}$表示全国 j 产业的总就业人口，$\sum_i \sum_j E_{ij}$表示全国所有产业的就业人口之和。区位熵指数代表一个地区某个产业的集聚程度在全国范围内的相对水平（孙浦阳等，2012）。$Haggl_{ij}$值越大，说明该地区的产业集聚程度越高，反之则越低。一般来说，当 $Haggl_{ij} > 1$ 时，该地区的某一产业在全国具有集聚优势；当 $Haggl_{ij} < 1$ 时，该地区的某一产业在全国处于劣势。可以说，区位熵指标能够在一定程度上合理地衡量一个地区的产业集聚水平。

由于篇幅有限，表2仅显示了我国各地区2015年的高技术产业集聚状况。可以看出，广东、江苏两省的高技术产业集聚程度最高，分别达到了2.6633和2.1259；天津、上海紧随其后，高技术产业集聚指数都大于1；西部地区的高技术产业集聚程度普遍都很低，大部分都在0.4以下。这说明2015年我国高技术产业依然主要分布在长三角和珠三角地区，中西部地区的高技术产业发展仍然相对滞后。高技术产业是资本密集型和技术密集型相结合的产业，需要强有力的资本和人才作为支撑，东部地区在金融支持、投资环境、人力资本和基础设施等方面都具有绝对优势，能够为高技术产业的发展提供全方位的保障。因此，可以推断在未来很长一段时期，东部特别是长三角和珠三角地区的高技术产业集聚水平，还将不断提高。

表2　　各地区高技术产业集聚状况（2015年）

地区	高技术产业集聚度	地区	高技术产业集聚度
广东	2.6633	吉林	0.6245
江苏	2.1259	广西	0.4720
天津	1.2479	北京	0.4636
上海	1.1955	河北	0.4414
江西	1.0181	辽宁	0.4205
河南	0.9074	山西	0.4068
重庆	0.8797	贵州	0.3957
四川	0.8631	黑龙江	0.2436
浙江	0.8517	海南	0.2236
山东	0.7892	宁夏	0.2056
福建	0.7578	青海	0.1772
湖南	0.7231	内蒙古	0.1750

续表

地区	高技术产业集聚度	地区	高技术产业集聚度
安徽	0.6931	甘肃	0.1408
湖北	0.6550	云南	0.1402
陕西	0.6293	新疆	0.0466

3. 控制变量

城镇化水平（Urban），用各地区的城镇人口占该地区总人口的比重来衡量，用于控制城市化水平对经济增长质量的影响。贸易开放度（Open），用各地区的进出口贸易总额与该地区 GDP 的比值来衡量，用于控制贸易开放水平对经济增长质量的影响；外商直接投资（Fdi），用各地区的外商直接投资额与该地区 GDP 之比来衡量，用于控制利用外商直接投资规模对于经济增长质量的影响。人口抚养比（Pop），用各地区 14 岁以下和 65 岁以上人口比例之和来衡量，用于控制人口结构因素对经济增长质量的影响。政府干预程度（Gov），用各地区财政支出/该地区 GDP 来衡量，比值越大，说明政府干预程度越高，反之则越低，用于控制政府支出规模对经济增长质量的影响。人力资本水平（Labor），用人均教育年限来衡量，用于控制劳动力素质对经济增长质量的影响，具体计算公式为：$A \times 6 + B \times 9 + C \times 12 + D \times 16$，其中，A、B、C、D 分别是指小学、初中、高中、大专及以上受教育人口占 6 岁及以上人口的比例。表 3 是本章的主要变量说明及描述性统计。

表3　　　　　　　　变量描述性统计

	变量	变量含义	观测值	平均值	标准差	最小值	最大值
被解释变量	Quality	经济高质量发展综合指数	480	1.462	0.174	1.089	1.929
	Effi	经济增长效率指数	480	1.403	0.202	1.028	1.977
	Stab	经济增长稳定性指数	480	1.547	0.149	1.137	2.019
	Stru	经济结构优化指数	480	1.412	0.164	1.101	1.844
	Welf	社会福利指数	480	1.384	0.160	1.075	2
	Green	绿色发展指数	480	1.709	0.193	1.105	2

续表

	变量	变量含义	观测值	平均值	标准差	最小值	最大值
核心解释变量	Haggl	高技术产业集聚度	480	0.746	0.796	0.0160	4.413
控制变量	Urban	城镇化水平	480	0.489	0.153	0.233	0.896
	Open	贸易开放度	480	0.318	0.373	0.0152	1.876
	Fdi	外商直接投资	480	0.0268	0.0232	0.000682	0.154
	Pop	人口抚养比	480	0.362	0.0757	0.173	0.576
	Gov	政府干预程度	480	0.193	0.0882	0.0468	0.627
	Labor	人力资本水平	480	8.358	1.050	5.438	12.28

4. 数据来源

鉴于数据的可得性和完整性，本文的研究对象涵盖了中国大陆除西藏以外的30个省区和直辖市，时间跨度为2000~2015年。本文所使用的原始数据均来源于《中国统计年鉴》《中国工业统计年鉴》《中国环境统计年鉴》《中国高技术产业统计年鉴》、各地区统计年鉴以及国家统计局网站。此外，为了保证面板数据的平衡性，对于极个别缺失的数据采用均值或零值填补。

五、实证分析

（一）基本回归

表4显示了基本回归结果。首先，单独将核心解释变量高技术产业集聚（Haggl）带入模型进行回归，第（1）列和第（2）列是分别采用随机效应模型和固定效应模型的回归结果。结果表明，高技术产业集聚的系数为正，且达到了1%的显著性水平，并且高技术产业集聚水平每提高1%，经济高质量发展指数将分别提升0.0613%和0.0474%。

表4 基本回归结果

变量	Re (1)	Fe (2)	Re (3)	Fe (4)
Maggl	0.0613*** (0.0107)	0.0474*** (0.0114)	0.0334*** (0.0109)	0.0237** (0.0120)
Urban			0.383*** (0.0974)	0.587*** (0.128)
Open			0.0735*** (0.0284)	0.0808*** (0.0311)
Fdi			0.447** (0.223)	0.442* (0.229)
Pop			0.000522 (0.102)	-0.0257 (0.109)
Gov			-0.430*** (0.0786)	-0.385*** (0.0898)
Labor			0.0561*** (0.0130)	0.0680*** (0.0150)
Constant	1.429*** (0.0263)	1.441*** (0.0146)	0.925*** (0.102)	0.766*** (0.124)
地区效应	Yes	Yes	Yes	Yes
时间效应	Yes	Yes	Yes	Yes
样本数	480	480	480	480
R^2	0.115	0.116	0.250	0.258
地区数	30	30	30	30

注：***、**和*分别表示1%、5%和10%的显著性水平；括号内为标准误。

第（3）列和第（4）列分别是在第（1）列和第（2）列的基础上加入其他控制变量后的回归结果。可以看出，在加入了其他控制变量后，高技术产业集聚的系数依然显著为正，只是系数大小有所下降，即高技术产业集聚水平每提高1%，经济高质量发展指数将分别改善0.0334%和0.0237%。这表明，高技术产业集聚水平的提高，确实能够对高质量发展产生显著的正面作用。

在其他控制变量方面，城镇化水平（Urban）对经济高质量发展的影响显著为正，因城镇化的发展能创造出较多的工作机会，吸收大量农村剩余劳动力，并通过资源优化配置、产业结构调整、科技进步，推动整体社会经济迈向更高效率和更高质量的发展阶段。贸易开放度（Open）和外商直接投资（Fdi）的系数同样显著为正，说明经济开放水平的提高，能够改善经济发展质量。贸易开放促进各国互通有无，有利于发挥我国的劳动力和市场优势；而外商直接投资可以拉动投资和就业，吸收国外的高端要素、先进技术和管理经验。人口抚养比（Pop）对经济发展质量的影响不显著，说明人口结构因素对于我国前期经济发展质量的影响，还相对有限。政府干预程度（Gov）对经济发展质量具有显著的负面影响，这可能是由于政府的许多重复投资或垄断，造成了资源浪费或投资效益偏低。人力资本水平（Labor）对经济发展质量具有非常显著的积极影响，提高人力资本水平，能提升我国劳动力素质和劳动效率，并为我国经济结构转型升级提供人才支撑。

（二）地区异质性回归

1. 按地理区位划分

为考察高技术产业集聚对经济高质量发展影响的地区异质性，我们将 30 个省份按地理区位分为东部地区、中部地区和西部地区①三个样本组，分别进行回归后的结果如表 5 所示。

表 5　　　　　　　　　按地理区位分组回归结果

变量	东部		中部		西部	
	Re (1)	Fe (2)	Re (3)	Fe (4)	Re (5)	Fe (6)
Haggl	0.0452*** (0.0116)	0.0476*** (0.0139)	0.0524 (0.0422)	0.0124 (0.0730)	0.0216 (0.0263)	-0.00797 (0.0317)

---

① 东部地区包括北京、天津、河北、辽宁、上海、江苏、浙江、福建、山东、广东和海南 11 个省市；中部地区包括山西、吉林、黑龙江、安徽、江西、河南、湖北和湖南 8 个省；西部地区包括内蒙古、广西、重庆、四川、贵州、云南、山西、甘肃、青海、宁夏和新疆 11 个省市区。

续表

变量	东部		中部		西部	
	Re (1)	Fe (2)	Re (3)	Fe (4)	Re (5)	Fe (6)
Urban	0.0907 (0.131)	-0.00679 (0.182)	0.250 (0.187)	0.915*** (0.256)	0.391* (0.219)	1.585*** (0.412)
Open	0.0652* (0.0350)	0.0889** (0.0376)	-0.156 (0.246)	-0.0765 (0.208)	0.0108 (0.116)	0.0516 (0.128)
Fdi	-0.293 (0.304)	0.285 (0.299)	2.325*** (0.812)	-0.985 (0.812)	1.271* (0.753)	1.153 (0.773)
Pop	0.0186 (0.171)	-0.108 (0.166)	-0.258 (0.217)	-0.0924 (0.217)	0.0395 (0.216)	0.0388 (0.252)
Gov	-0.742*** (0.182)	-0.626*** (0.227)	-1.091*** (0.333)	-0.392 (0.522)	-0.491*** (0.114)	-0.242* (0.143)
Labor	0.0901*** (0.0182)	0.0780*** (0.0236)	-0.0130 (0.0226)	0.0569* (0.0310)	0.0306 (0.0221)	0.0360 (0.0282)
Constant	0.890*** (0.128)	1.012*** (0.220)	1.599*** (0.208)	0.781*** (0.252)	1.083*** (0.189)	0.654*** (0.248)
地区效应	Yes	Yes	Yes	Yes	Yes	Yes
时间效应	Yes	Yes	Yes	Yes	Yes	Yes
样本数	176	176	128	128	176	176
R^2	0.354	0.381	0.139	0.352	0.313	0.361
地区数	11	11	8	8	11	11

注：***、**和*分别表示1%、5%和10%的显著性水平；括号内为标准误。

表5的结果显示，高技术产业集聚对经济高质量发展的影响存在较明显的地区异质性。具体来讲，高技术产业集聚在东部地区对经济高质量发展的影响显著为正，而对于中部地区和西部地区没有产生明显效应。出现这种结果的原因，可能在于中西部地区的高技术产业集聚程度还比较低，无法产生一定的外部经济效应，因而对经济高质量发展的作用有限。东部地区依靠自身的区位优势、人才优势、技术优势和创新环境优势，对高技

术产业有关的各种要素和资源有很强的吸引力和集聚能力,提升高技术产业集聚水平的各方面条件比较具备。当高技术产业集聚到一定程度,由技术创新和技术进步所产生的外部经济效应,必然会显著推动整体经济的高质量发展。

2. 按经济发展水平划分

(1) 按集聚水平划分。为了考察处于不同阶段的高技术产业集聚对经济高质量发展的影响,我们将30个省份划分为高低两个层次的高技术产业集聚区域,划分标准根据所计算的各地区高技术产业平均集聚指数大小来决定,高于0.8为高集聚水平的地区,低于0.8为低集聚水平的地区。表6为按集聚水平分组后的回归结果。

表6 按集聚水平分组回归结果

变量	高集聚水平		低集聚水平	
	Re (1)	Fe (2)	Re (3)	Fe (4)
Haggl	0.0322*** (0.0113)	0.0358*** (0.0130)	0.0212 (0.0284)	0.00510 (0.0313)
Urban	0.239* (0.125)	0.365** (0.178)	0.334** (0.138)	0.813*** (0.187)
Open	0.0541* (0.0316)	0.0770** (0.0360)	-0.0597 (0.0768)	-0.0277 (0.0886)
Fdi	0.491* (0.295)	0.693** (0.311)	0.698* (0.413)	0.508 (0.454)
Pop	0.0902 (0.163)	0.0461 (0.161)	0.00653 (0.138)	-0.0448 (0.155)
Gov	-0.548*** (0.197)	-0.418 (0.274)	-0.395*** (0.0936)	-0.326*** (0.115)
Labor	0.0651*** (0.0183)	0.0610** (0.0234)	0.0478*** (0.0165)	0.0648*** (0.0207)
Constant	0.935*** (0.131)	0.875*** (0.199)	1.004*** (0.143)	0.734*** (0.169)

续表

变量	高集聚水平		低集聚水平	
	Re (1)	Fe (2)	Re (3)	Fe (4)
地区效应	Yes	Yes	Yes	Yes
时间效应	Yes	Yes	Yes	Yes
样本数	176	176	304	304
R^2	0.329	0.345	0.244	0.270
地区数	11	11	19	19

注：***、**和*分别表示1%、5%和10%的显著性水平；括号内为标准误。

表6的回归结果表明，高技术产业集聚在高集聚水平地区的估计系数为正，且在1%的水平上显著，并且高技术产业集聚水平每提高1%，经济发展质量将改善0.035%左右；而在低集聚地区，高技术产业集聚的系数符号虽然为正，但并没有通过显著性检验。这说明，高技术产业集聚在低集聚水平的地区对经济发展质量的提升作用有限，当高技术产业集聚达到一定程度时，才能显著促进经济发展质量的改善。对这种现象的解释，我们认为是因为高集聚水平的地区拥有一定的产业基础和人才市场，再加上在要素禀赋、地理区位、高等教育、资本支持和公共服务等方面的优势，于是在高技术产业竞争中长期保持领先地位，并且借助于强大的"虹吸效应"，会进一步增强其高技术产业集聚程度。这样，由于拥有高集聚水平的地区能够不断强化自身的高技术产业集聚优势，形成良性的循环累积因果效应，因此，提升高技术产业集聚对经济发展质量具有正向作用。对于低集聚水平的地区来说，因为受"马太效应"的影响，高技术产业集聚水平很难在短期内得到明显提升，其结果是对该地区经济发展质量的促进作用，存在不确定性。

（2）按城镇化水平划分。城镇化的发展加快了区域内的要素流动，提高了资源的利用效率。不同程度的城镇化水平在对人才的吸引力、产业集聚能力和资源优化配置能力等方面都存在较大差异，因此，我们以中位数为基准将30个省份分为高城镇化水平地区和低城镇化水平地区，以考察城镇化水平对于高技术产业集聚与经济增长质量关系的影响。

从表7的回归结果可以看到，城镇化水平的作用比较明显，高技术产业集聚的系数在高城镇化水平的地区显著为正,而在低城镇化水平的地区则不显著。其原因,与前面对集聚水平计量结果成因的分析,基本相仿。此外,这和我国当前高技术产业主要集中在城镇化水平较高的发达地区,也是密切有关。

表7　　　　　　　　按城镇化水平分组回归结果

变量	高城镇化水平		低城镇化水平	
	Re (1)	Fe (2)	Re (3)	Fe (4)
Haggl	0.0450*** (0.0129)	0.0414*** (0.0141)	0.00922 (0.0200)	-0.0281 (0.0232)
Urban	0.333** (0.140)	0.567*** (0.165)	-0.0967 (0.203)	0.971*** (0.349)
Open	0.0821** (0.0328)	0.0975*** (0.0358)	-0.237** (0.103)	-0.208* (0.121)
Fdi	0.505* (0.271)	0.699** (0.281)	1.280** (0.540)	0.730 (0.576)
Pop	0.0169 (0.146)	-0.0821 (0.153)	-0.150 (0.164)	0.0404 (0.181)
Gov	-0.560*** (0.165)	-0.486*** (0.185)	-0.549*** (0.0904)	-0.255* (0.130)
Labor	0.0716*** (0.0204)	0.0882*** (0.0230)	0.0404*** (0.0152)	0.0430** (0.0215)
Constant	0.820*** (0.149)	0.578*** (0.188)	1.271*** (0.143)	0.870*** (0.218)
地区效应	Yes	Yes	Yes	Yes
时间效应	Yes	Yes	Yes	Yes
样本数	240	240	240	240
R^2	0.367	0.377	0.233	0.278
地区数	15	15	15	15

注:***、**和*分别表示1%、5%和10%的显著性水平;括号内为标准误。

(3) 按经济开放水平划分。在开放型经济中,要素、商品与服务的跨国流动性强,容易促进资源的优化配置和新知识、新技术的迅速传播。因此,我们用贸易开放度和外商直接投资水平来衡量经济开放水平,以中位数为基准将 30 个省份分为高贸易开放度和低贸易开放度地区、高 FDI 水平和低 FDI 水平地区,进行检验后的结果,如表 8 和表 9 所示。

表 8　　　　　　　　　　按贸易开放度分组回归结果

变量	高贸易开放度		低贸易开放度	
	Re (1)	Fe (2)	Re (3)	Fe (4)
Haggl	0.0473*** (0.0129)	0.0452*** (0.0144)	0.0267 (0.0209)	-0.0263 (0.0236)
Urban	0.164 (0.127)	0.287* (0.161)	0.268* (0.155)	1.285*** (0.256)
Open	0.0769** (0.0336)	0.0841** (0.0366)	-0.307** (0.139)	-0.152 (0.144)
Fdi	0.480* (0.282)	0.607** (0.303)	1.068** (0.539)	0.396 (0.561)
Pop	0.0766 (0.146)	0.0161 (0.158)	-0.0670 (0.158)	-0.0344 (0.179)
Gov	-0.573*** (0.145)	-0.509*** (0.168)	-0.557*** (0.0932)	-0.337*** (0.120)
Labor	0.0877*** (0.0189)	0.101*** (0.0222)	0.0268* (0.0160)	0.0303 (0.0211)
Constant	0.777*** (0.145)	0.616*** (0.190)	1.223*** (0.141)	0.863*** (0.184)
地区效应	Yes	Yes	Yes	Yes
时间效应	Yes	Yes	Yes	Yes
样本数	224	224	256	256
R^2	0.340	0.345	0.199	0.276
地区数	14	14	16	16

注:***、**和*分别表示1%、5%和10%的显著性水平;括号内为标准误。

表9　按 FDI 水平分组回归结果

变量	高 FDI 水平		低 FDI 水平	
	Re (1)	Fe (2)	Re (3)	Fe (4)
Haggl	0.0453*** (0.0117)	0.0415*** (0.0130)	3.04e-05 (0.0232)	-0.0282 (0.0270)
Urban	0.318*** (0.121)	0.510*** (0.158)	0.170 (0.167)	0.614*** (0.236)
Open	0.0780*** (0.0299)	0.100*** (0.0331)	-0.0298 (0.102)	0.00235 (0.112)
Fdi	0.399* (0.242)	0.525** (0.249)	0.921 (0.680)	0.626 (0.700)
Pop	-0.000901 (0.128)	-0.0789 (0.136)	-0.0488 (0.169)	0.00191 (0.188)
Gov	-0.547*** (0.169)	-0.583*** (0.193)	-0.465*** (0.0980)	-0.370*** (0.121)
Labor	0.0579*** (0.0176)	0.0651*** (0.0200)	0.0433** (0.0178)	0.0549** (0.0235)
Constant	0.952*** (0.135)	0.818*** (0.171)	1.115*** (0.158)	0.883*** (0.200)
地区效应	Yes	Yes	Yes	Yes
时间效应	Yes	Yes	Yes	Yes
样本数	240	240	240	240
R^2	0.385	0.391	0.232	0.258
地区数	15	15	15	15

注：***、**和*分别表示1%、5%和10%的显著性水平；括号内为标准误。

结果显示，在高经济开放水平地区，高技术产业集聚的系数显著为正，而在低经济开放水平地区则不显著。这说明高技术产业集聚在高经济开放水平地区对经济发展质量的作用，明显高于低经济开放水平地区。这与理论预期一致，经济开放水平高的地区，能利用贸易进出口和外商直接投资加快人力资本和技术积累,推动国外先进知识和技术在本地区的扩散和吸收,使本地区的科技人员得到培训和激励,从而获取人力资本累积效应。伴随着要素积累和技术进步,产业关联度较高或者有相似人力资本需求的企业就会在该地区集聚。这种集聚效应达到一定程度,将使该地区获得市场优势和成本优势,从而吸引更多企业和要素聚集到该地区,进而促进经济高质量发展。

(三) 稳健性检验

1. 替换核心解释变量

上述用就业人口数据来计算各地区高技术产业的集聚程度,为了确保估计结果的稳健性和可靠性,本文下面进一步采用产值数据来计算。由于GDP是各行业增加值之和,而各地区高技术产业增加值数据又缺失,因此,我们利用高技术产业产值和工业产值数据所计算的结果,来衡量各地区的高技术产业集聚水平。计算公式如下:

$$\text{Haggl}_{ij} = \frac{X_{ij}/\sum_{i}X_{ij}}{\sum_{j}X_{ij}/\sum_{i}\sum_{j}X_{ij}}$$

其中,X_{ij}为i地区j产业的产值,$\sum_{i}X_{ij}$为i地区的工业总产值,$\sum_{j}X_{ij}$为全国j产业产值,$\sum_{i}\sum_{j}X_{ij}$为全国工业总产值。

表10中的第(1)列和第(2)列为替换核心解释变量后的回归结果,与表4相比较,高技术产业集聚(Haggl)的系数符号和显著性均没有发生改变,并且其他控制变量的系数符号和显著性也都基本保持一致,说明本文的研究结果是非常稳健的。

表10 稳健性检验结果

变量	替换核心解释变量		主成分分析法		两阶段系统 GMM
	Re (1)	Fe (2)	Re (3)	Fe (4)	(5)
Haggl	0.0420*** (0.0113)	0.0352*** (0.0121)	0.318*** (0.107)	0.314*** (0.115)	0.0277*** (0.00467)

续表

变量	替换核心解释变量		主成分分析法		两阶段系统GMM
	Re (1)	Fe (2)	Re (3)	Fe (4)	(5)
Urban	0.359*** (0.0922)	0.638*** (0.125)	2.439** (0.983)	2.035* (1.232)	0.256*** (0.0755)
Open	0.0785*** (0.0266)	0.0659** (0.0316)	0.743*** (0.278)	0.641** (0.300)	0.0876*** (0.00944)
Fdi	0.506** (0.223)	0.499** (0.229)	3.801* (2.152)	3.687* (2.204)	-0.255 (0.315)
Pop	0.0367 (0.101)	0.0168 (0.109)	0.0500 (0.997)	0.0841 (1.046)	0.192*** (0.0336)
Gov	-0.494*** (0.0741)	-0.388*** (0.0893)	0.651 (0.781)	1.247 (0.864)	-0.461*** (0.0931)
Labor	0.0477*** (0.0124)	0.0686*** (0.0150)	0.651*** (0.129)	0.565*** (0.145)	0.0182*** (0.00556)
L.Quality					0.115* (0.0607)
Constant	0.985*** (0.0960)	0.724*** (0.124)	-6.321*** (1.018)	-5.604*** (1.192)	0.994*** (0.110)
AR(1)					0.0000
AR(2)					0.9933
Sargan					1.0000
地区效应	Yes	Yes	Yes	Yes	
时间效应	Yes	Yes	Yes	Yes	
样本数	480	480	480	480	450
R^2	0.248	0.265	0.118	0.119	
地区数	30	30	30	30	30

注：***、**和*分别表示1%、5%和10%的显著性水平；括号内为标准误。

2. 采用主成分分析法测算经济高质量发展指数

前文用熵值法测算了经济高质量发展指数，为了保证计算结果的合理性和可靠性，我们进一步采用主成分分析法对经济高质量发展指数进行合成，经过替换测算方法后的回归结果见表10的第（3）列和第（4）列。结果显示，与利用熵值法测算经济高质量发展指数的回归结果作对比，除了政府干预程度的系数符号和显著性发生变化外，核心解释变量和其他控制变量的系数符号和显著性都基本一致。这表明，无论用熵值法还是主成分分析法来测算经济高质量发展指数，最后得出的核心结论保持一致，即提升高技术产业集聚水平，将促进经济高质量发展。

3. 采用两阶段系统 GMM 法进行回归

由于可能存在测量误差或遗漏变量，加上被解释变量与解释变量之间可能存在双向因果关系，因此，会产生潜在的内生性问题，而内生性问题会导致估计结果出现偏误。在本文中，当期的解释变量高技术产业集聚和被解释变量经济发展质量可能存在双向因果关系，即高技术产业集聚会影响经济增长质量，而经济发展质量的变化反过来也会影响高技术产业集聚水平。为克服这种内生性问题，本文进一步采用两阶段系统 GMM 动态面板模型回归方法来进行实证检验。表10的第（5）列显示，在变换计量方法后，除了外商直接投资（Fdi）的系数符号和显著性发生改变外，核心解释变量高技术产业集聚（Haggl）和其他控制变量的系数符号和显著性，依然保持不变，从而进一步验证了本文核心结论的可靠性。

（四）分渠道回归

为了进一步考察高技术产业集聚是通过哪些机制来对经济高质量发展产生影响，并且进行比较分析，本文分别以经济增长效率、经济增长稳定性、经济结构优化、社会福利和绿色发展五个维度的分项指标作为被解释变量，回归结果如表11所示。

从表11中可以看出，经济增长效率、经济增长稳定性、经济结构优化和绿色发展四个渠道的估计系数显著为正，而社会福利渠道的系数不显著。这说明高技术产业集聚水平的提高，是通过提高经济增长效率、增加经济增长稳定性、优化经济结构和促进绿色发展等方面来推动经济高质量发展。进一步观察各渠道的系数值大小，首先可发现高技术产业集聚对经济增长效率的正向影响效果最大，高技术产业集聚水平每提升1%，将会使经济增长效率提升0.05%；其次是对经济增长稳定性和经济结构优化的积极影响,改善作用都在 0.047% 左右;而对于绿色发展的促进作用较小,不过平均也达到了 0.024%。但是,由于我国目前高技术产业地区分布极不平衡,同时与社会福利有关的一些政策机制还不完善,因此,表 11 中显示,搞技术产业集聚对社会福利状况的效应,没有通过显著性检验。

表 11　　　　　　　　　分渠道回归结果

变量	Effi (1)	Stab (2)	Stru (3)	Welf (4)	Green (5)
Haggl	0.0519*** (0.00425)	0.0471** (0.0192)	0.0466*** (0.00243)	-0.00472 (0.00504)	0.0242*** (0.00574)
Urban	0.0604 (0.0573)	0.357 (0.223)	0.353*** (0.0319)	0.282*** (0.0762)	-0.00786 (0.0724)
Open	-0.0730*** (0.00490)	-0.103*** (0.0292)	-0.0396*** (0.00815)	-0.0377*** (0.00850)	-0.0264** (0.0108)
Fdi	-0.0425 (0.203)	0.574 (1.303)	0.755*** (0.0932)	0.403*** (0.147)	0.365** (0.183)
Pop	-0.0628*** (0.0208)	0.440*** (0.0823)	0.0480*** (0.0170)	0.102*** (0.0271)	-0.278*** (0.0255)
Gov	0.0459 (0.0502)	-0.322 (0.268)	-0.00672 (0.0509)	-0.121 (0.0939)	-0.307*** (0.0871)
Labor	0.0116*** (0.00274)	-0.0289* (0.0153)	-0.00358 (0.00232)	0.00885** (0.00434)	0.00539 (0.00423)
L. Effi	0.978*** (0.0118)				
L. Stab		0.0334 (0.0527)			
L. Stru			0.586*** (0.0169)		
L. Welf				0.658*** (0.0495)	

续表

变量	Effi (1)	Stab (2)	Stru (3)	Welf (4)	Green (5)
L. Green					0.642 *** (0.0403)
Constant	-0.0959 *** (0.0253)	1.451 *** (0.104)	0.388 *** (0.0253)	0.251 *** (0.0742)	0.708 *** (0.0863)
AR(1)	0.0004	0.0000	0.0030	0.0000	0.0006
AR(2)	0.2535	0.2363	0.7217	0.9396	0.8868
Sargan	1.0000	1.0000	1.0000	1.0000	1.0000
样本数	450	450	450	450	450
地区数	30	30	30	30	30

注：*** 、** 和 * 分别表示1%、5%和10%的显著性水平；括号内为标准误。

六、主要结论和政策启示

本文首先探讨了高技术产业集聚对经济高质量发展的作用机制和渠道，认为高技术产业集聚通过经济增长效率、经济增长稳定性、经济结构优化、社会福利和绿色发展等途径，对当地经济高质量发展产生影响。然后，通过构建综合评估高质量发展的指标体系，利用 2000~2015 年我国 30 个省份的面板数据，实证检验了高技术产业集聚对经济高质量发展的实际影响。得到以下主要结论：(1) 高技术产业集聚，对经济高质量发展产生显著积极影响，并且本文通过替换核心解释变量和更换计量方法进行稳健性检验，进一步验证了该结论的稳健性。(2) 高技术产业集聚对经济高质量发展的作用机制，分别是来自提高经济增长效率、增加经济增长稳定性、优化经济结构和促进绿色发展等四个方面，其中，高技术产业集聚通过提高经济增长效率而对经济增长质量产生积极影响的效果最大，而通过绿色发展的渠道作用较弱。但是，通过社会福利产生的影响，没有通过显著性检验。(3) 高技术产业集聚对经济高质量发展的影响，在不同地区间具有明显的异质性，或者说高技术产业集聚只有超过一定"门槛"，才能显著改善经济发展质量。(4) 高技术产业集聚对经济高质量发展的影响效果，与经济发展水平密切相关，即经济发展水平越高的地区，高技术产业集聚对该地区经济高质量发展的促进作用，越明显。

鉴于以上研究结论，为了更好地加快我国经济高质量发展，我国应该通过科学规划、产业政策等措施，通过提升我国高技术产业集聚水平，以进一步发挥高技术产业集聚对我国经济高质量发展的促进作用。针对高技术产业集聚影响的"门槛"效应，我国一方面应鼓励已跨越"门槛"的高技术产业，加大对经济高质量发展的推动作用。另外，对尚没达到"门槛"的高技术产业，要通过鼓励要素有序自由流动以及培植、转移或重组等手段，加快高技术产业发展和集聚水平提升。要扩大经济对外开放，提高城镇化和社会福利水平，积极打造世界一流营商环境。各地要根据自身要素禀赋特征和发展阶段特点，加强人力资源开发，实施不同地区协调发展战略，从而形成相互分工协作和共同推动经济高质量发展的良好局面。

参考文献

1. 洪银兴：《创新是新时代现代化的第一动力》，载于《经济理论与经济管理》2018 年第 1 期。

2. 程大中、陈福炯：《中国服务业相对密集度及对其劳动生产率的影响》，载于《管理世界》2005 年第 2 期。

3. 范剑勇：《产业集聚与地区间劳动生产率差异》，载于《经济研究》2006 年第 11 期。

4. 任保平：《经济增长质量：经济增长理论框架的扩展》，载于《经济学动态》2013 年第 11 期。

5. 孙浦阳、韩帅、靳舒晶：《产业集聚对外商直接投资的影响分析——基于服务业与制造业的比较研究》，载于《数量经济技术经济研究》2012 年第 9 期。

6. 孙浦阳、韩帅、许启钦：《产业集聚对劳动生产率的动态影响》，载于《世界经济》2013 年第 3 期。

7. 杨仁发：《产业集聚与地区工资差距——基于我国 269 个城市的实证研究》，载于《管理世界》2013 年第 8 期。

8. 张云飞：《城市群内产业集聚与经济增长关系的实证研究——基于面板数据的分析》，载于《经济地理》2014 年第 1 期。

9. 赵昕、郭晶：《中国低碳经济发展的技术进步因素及其动态效应》，载于《经济学动态》2011 年第 5 期。

10. Arrow K J. 1962, "The Economic Implications of Learning by Doing", *Review of Economic Studies*, Vol. 29（3）：155 – 173.

11. Baldwin R E, Forslid R. 2000, "The Core – Periphery Model and Endogenous

Growth: Stabilizing and Destabilizing Integration", *Economica*, Vol. 67 (267): 307 – 324.

12. Braunerhjelm P, Borgman B. 1975, " Geographical Concentration, Entrepreneurship and Regional Growth: Evidence from Regional Data in Sweden", *Regional Studies*, Vol. 38 (8): 929 – 947.

13. Ciccone A. 2002, " Agglomeration effects in Europe", *European Economic Review*, Vol. 46 (2): 213 – 227.

14. Marius Brülhart, Mathys N A. 2008, "Sectoral agglomeration economies in a panel of European regions", *Regional Science & Urban Economics*, Vol. 38 (4): 348 – 362.

15. Marius Brülhart, Sbergami F. 2009, " Agglomeration and growth: Cross-country evidence", 2009, *Journal of Urban Economics*, Vol. 65 (1): 1 – 63.

16. Ottaviano G I P, Martin P. 2001, "Growth and Agglomeration", *International Economic Review*, Vol. 42 (4): 947 – 968.

17. Thisse J, Fujita M. 2002, " ECONOMICS OF AGGLOMERATION 2ED", Economics of agglomeration, Cambridge University Press.

第五篇

中国区域经济的协调与发展

新中国成立 70 年来中国共产党区域发展思想的历史演进与实践经验

陈伟雄[*]

区域发展问题一直是政府和学术界关注的热点问题。世界范围内普遍存在着区域发展差距问题，缩小区域差距、促进区域协调发展是世界各国共同追求的区域发展目标。中国地域辽阔，国情特殊，区域自然条件、资源禀赋程度、经济社会基础等存在较大的差异，决定了中国区域发展的不平衡特征更为显著。新中国成立 70 年来，中国共产党始终致力于解决区域发展不平衡问题，其区域发展思想经历了初步探索、逐步完善直至制度化的渐进发展过程。在 70 年的历程中，中国共产党坚持以马克思主义有关区域发展的思想为指导，结合我国区域发展的客观实际和中国特色社会主义发展的现实需要，创造性地提出了一系列有利于解决区域发展不平衡问题的政策主张和思想观点，与时俱进地推动区域发展思想的丰富和完善，为促进区域协调发展积累了宝贵的经验。

一、马克思主义经典作家关于解决区域发展不平衡问题的论述

马克思主义经典作家分析了资本主义社会区域发展不平衡的原因，并论述了社会主义社会应如何解决区域发展不平衡问题。他们提出了平衡生产力布局理论，认为各区域有计划地均衡配置生产力是实现区域平衡发展

---

[*] 陈伟雄，福建师范大学经济学院博士。基金项目：2018 年全国中国特色社会主义政治经济学研究中心（福建师范大学）年度项目；福建省社科研究基地重大项目（2016JDZ007）；2018 年度福建师范大学社科高级别课题培育项目

的主要手段,并提出了"按照一个统一的大的计划协调地配置自己的生产力"①、"把农业和工业结合起来,促进城乡对立逐步消失"②等促进区域平衡发展的基本原则,对研究区域发展问题具有重要的指导意义。

(一) 强调要按照统一的计划协调地配置生产力,促进区域平衡发展

马克思主义经典作家在设想未来社会主义社会资源配置主要模式时,提出了平衡生产力布局的思想。这一思想认为,各区域有计划地发展是实现生产力平衡布局的主要手段。地区经济的不平衡发展是资本主义经济不平衡发展规律的空间形式,而社会主义应当和可能由国家有计划地均衡配置生产力,逐步消灭地区差异。③ 因此,根据平衡生产力布局思想,马克思恩格斯提出了按照统一的计划协调地配置生产力的原则。他们认为,在以生产资料私有制为基础的资本主义社会,整个社会生产处于无政府状态,生产力布局难以平衡;而在以生产资料公有制为基础的社会主义社会,整个社会生产联结成一个统一的整体,这就为实现生产力在空间上的合理布局提供了可能。马克思和恩格斯在《共产党宣言》中明确提出:无产阶级夺得国家政权后,应"尽可能快地增加生产力的总量",并"按照总的计划",采取一系列措施对旧的社会经济关系进行改造,包括对生产力布局的协调。④ 在论及"大工业在全国的尽可能平衡的分布"时,恩格斯更是明确指出:"只有按照一个统一的大的计划协调地配置自己的生产力的社会,才能使工业在全国分布最适合于它自身的发展和其他生产要素的保持或发展"。⑤ 恩格斯认为,由于资本主义制度破坏了工业的均衡布局,工业过度集中在城市,势必造成城乡间、地区间的矛盾和利益冲突。而社会主义完全可以通过统一的计划协调地配置生产力,通过工业的均衡布局来克服这些弊端。恩格斯还将均衡布局生产力视为消灭城乡对立的重要条件,他指出:"从大工业在全国的尽可能平衡分布是消灭城市和乡村的分离的条件这方面来说,消灭城市和乡村的分离也不是什么空想。"⑥

---

① 《马克思恩格斯选集》第3卷,人民出版社1995年版,第646页。
② 《马克思恩格斯选集》第1卷,人民出版社1995年版,第294页。
③ 高伯文:《中国共产党区域经济思想研究》,中共党史出版社2004年版,第5页。
④ 《马克思恩格斯选集》第1卷,人民出版社1995年版,第293~294页。
⑤ 《马克思恩格斯选集》第3卷,人民出版社1995年版,第646页。
⑥ 《马克思恩格斯选集》第3卷,人民出版社1995年版,第647页。

列宁通过对俄国和欧美资本主义发展的分析，揭示了"经济和政治发展的不平衡是资本主义的绝对规律"①，指出资本主义发展过程中普遍存在着经济、技术和文化发展极不平衡及区域发展的严重差距，而通过生产力的合理布局，能够尽可能地在更大范围内建立起科学的、合理的地域分工和区际联系，把各地的自然资源、劳动力资源、科学技术等，吸引到全国国民经济发展上来，因此，他在《俄国资本主义的发展》等著作中强调社会主义生产力应平衡布局，提出社会主义经济发展应当"普遍高涨"的观点。由此可见，按照统一的计划协调地配置生产力来促进区域平衡发展是马克思主义区域发展观的重要内容。

（二）强调要通过区域分工协作充分发挥区域比较优势，缩小区域发展差距

马克思和恩格斯一方面坚持生产力的平衡分布原则；另一方面认为地理环境是社会分工和区域发展的自然基础。任何生产及其投入的生产要素都是分布在特定的区域空间里，必然要考虑区域分工协作问题。在区域间广泛分工协作的基础上，不同地区结合自身发展情况，充分发挥区域资源及环境的优势，形成各具特色、凸显优势的区域产业结构，如此才能极大地释放各地区的生产力。马克思恩格斯明确指出："一个民族生产力发展的水平，最明显地表现于该民族分工的发展程度。"② 即使是比较落后的地区，也可以通过分工发挥区域的比较优势，实现区域经济的快速发展，逐步缩小区域发展差距。由此可见，马克思主义经典作家所说的大工业在全国要尽可能的"平衡分布"，不是要求平均分布生产力，而是强调各地区从本地的实际情况出发，最大限度地利用区域优势资源合理地发展生产力，即在分工协作的基础上协调配置生产力。至于各地区由于发展历史、地理环境、资源禀赋等因素造成的差别，将长期存在，这种差别只能尽量缩小，但不可能完全消失。正如恩格斯指出的："省和省、地方和地方之间总会有生活条件方面的某种不平等存在，这种不平等可以减少到最低限度，但永远不可能完全消除"。③

---

① 列宁：《论欧洲联盟口号》，引自《列宁选集》第 2 卷，人民出版社 1995 年版，第 554 页。
② 《马克思恩格斯选集》第 1 卷，人民出版社 1995 年版，第 68 页。
③ 《马克思恩格斯选集》第 3 卷，人民出版社 1995 年版，第 325 页。

(三) 强调要把农业和工业结合起来，促进城乡对立逐步消失

马克思恩格斯还提出了促进工农结合和城乡结合的思想。马克思和恩格斯认为，资本主义工业生产在促进城乡之间、地区之间经济联系更加紧密的同时，也加剧了资本主义城乡差距，造成了城乡对立状态，产生了先进地区和落后地区之间的矛盾。针对这种状况，他们提出无产阶级夺取国家政权后，应"增加国家工厂和生产工具，开垦荒地和改良土壤，……把农业和工业结合起来，促进城乡对立逐步消失"。[1] 在《论住宅问题》中，恩格斯进一步论述了合理的生产力空间布局有助于消灭城乡对立、密切工农业内部联系。他强调指出，应以废除资本主义生产方式为前提，使人口尽可能地在全国平均分布，在工业生产和农业生产内部建立起紧密的联系，并发展与此相适应的交通工具，"才能使农村人口从他们数千年来几乎一成不变地在其中受煎熬的那种与世隔绝的和愚昧无知的状态中挣脱出来"[2]，才能逐渐地消除城乡对立和地区差距。因此，城乡协调发展的思想也是马克思主义关于解决区域发展不平衡问题相关论述的重要组成部分。

综上所述，马克思、恩格斯等经典作家关于区域生产力布局、区域分工与协作、城乡协调发展等方面的论述为社会主义国家解决区域发展不平衡问题、促进区域协调发展提供了重要的理论依据，成为中国共产党区域发展思想的重要理论来源。

二、改革开放前中国共产党的区域发展思想及其实践

新中国成立初期，我国生产力布局严重失衡，区域发展极度不平衡。由于不同历史发展阶段的社会物质生产方式具有历史传承性，新中国区域发展的不平衡是在旧中国生产力畸形分布的基础上演变而来的。而且，这一不平衡又集中体现为沿海和内地发展的极端不平衡。根据国民党政府经济部1947年发表的对全国20个主要城市的调查，上海、天津、青岛和广

---

[1] 《马克思恩格斯选集》第1卷，人民出版社1995年版，第294页。
[2] 《马克思恩格斯选集》第3卷，人民出版社1995年版，第215页。

州四个沿海城市的工厂数和工人数占全国的70%。① 由此可见，新中国成立之前，我国大部分的工业集中在沿海地区，绝大部分地区还处于落后的传统农业社会。正如毛泽东同志所言："我国全部轻工业和重工业，都有约70%在沿海，只有30%在内地。这是历史上形成的一种不合理的状况。"② 这种状况不仅不利于提高落后地区人民的生活水平，而且造成沿海地区的工业制造中心远离内陆的原料、能源产地，不利于全国工业化的推进，同时工业过度集中在沿海地区也不利于国家安全，③ 因此，加快内陆地区工业发展成为这一时期区域发展的战略重点。

新中国成立后，为改变区域发展不平衡的局面，中国共产党基于马克思主义经典作家提出的平衡生产力布局思想，在探索与实践中逐渐形成了重点发展内地、推进区域均衡发展的战略思想。1953年，中共中央开始确立了优先发展重工业的战略思想。但是，随着大规模工业建设的展开，合理布置沿海和内地生产力的布局问题逐渐凸显。"一五"时期，为了适应建设区域经济的需要，国家根据各地区的自然地理位置和原有经济基础，将全国划分为沿海与内地两大经济地带。毛泽东在《论十大关系》中将沿海与内地关系问题也列入其中。针对历史上形成的工业集中在沿海的不合理状况，毛泽东精辟论证了沿海和内地的发展关系，即"沿海的工业基地必须充分利用，但是，为了平衡工业发展的布局，内地工业必须大力发展。"④ 明确指出，在利用沿海工业基础的同时，要把工业建设的重点放在内地，实现平衡工业发展布局的目标。1958年，中央设立七大"经济协作区"，试图建立不同水平、各具特色、工业体系和经济体系比较完整、均衡发展的经济区域。同年8月，中共中央批准的《国家计划委员会党组关于第二个五年计划的意见》提出，必须"把保证速度和合理布局这两个方面正确地结合起来"，加强沿海地区对内陆地区的支持，指出"为了保证速度，某些原来工业基础较好的地区，在工业上进行适当的扩建改建是需要的，但是为了促进全国经济比较均衡的发展，必须积极地建设经济落后地区的工业。经济发达地区应当积极支援经济落后地区，沿海工业基地

---

① 陈真：《中国近代工业史资料》（第四辑），上海三联书店1961年版，第13页。
② 《毛泽东选集》第5卷，人民出版社1977年版，第270页。
③ 肖翔、武力：《毛泽东对区域经济发展的探索与启示》，载于《毛泽东邓小平理论研究》2015年第6期。
④ 《毛泽东文集》第7卷，人民出版社1999年版，第25页。

应当积极支援内地。"① 20 世纪 60 年代，针对国际局势的变化，国家从国防需要出发，根据各个区域国防战略位置的重要性，将全国分为一线、二线和三线等三类区域进行布局。其中，三线地区作为经济建设和工业布局的重点区域。在这一战略布局和政策引导下，国家不仅在内地特别是西部地区投入巨额资金，而且以行政指令方式将沿海地区的重要企业整体或部分向内地迁移，这在相当程度上改善了中国过去极不合理的区域发展布局，初步奠定了内地发展的经济基础，缩小了内地与沿海的差距。

总体而言，改革开放以前中国共产党的区域发展思想是：以平均主义思想为主导，强调各个区域的均衡发展、同步发展，为扭转内陆落后于沿海的区域发展格局，区域发展战略的重心放在内地。从全国基本建设投资在沿海和内地的分配上分析，"一五"时期，内地基本建设投资占沿海和内地投资总和的比重为 47.8%，"二五"时期为 53.9%，调整时期为 58%，"三五"时期达到最高的 66.8%，"四五"时期为 53.5%，综合来看 1952～1975 年为 55%②，到 1973～1978 年为 55.6%③。显然，在这些政策指引下，这一阶段中国区域经济发展的格局主要表现为：内地经济得到了较快的发展，一定程度上缩小了与沿海的差距；各个地区逐渐形成自给自足、独立完整的经济结构和工业体系，为改革开放后的经济腾飞奠定了坚实的物质基础。然而，区域均衡发展战略的实施，虽然对于改善中国区域生产力布局和加强内地经济基础起到积极的作用，但受制于计划经济体制的弊端，区域经济发展的质量和效益不高，导致内地经济发展速度提高但发展水平和效益与沿海地区仍存在较大差距，同时行政干预又人为地抑制了沿海地区的经济发展，使东部沿海地区错失发展机遇，中国的整体发展水平反而不高，由此加剧了与世界发达国家和地区的差距。据统计，1965～1978 年的 13 年间，中国国民收入与美国国内生产总值的差距由 10.1 倍扩大到 16.2 倍；与日本的差距由 0.4 倍扩大到 6.9 倍；与联邦德国的差距由 0.7 倍扩大到 4.2 倍。就是与发展中国家印度相比，中国的地位也相对下降了，1965 年印度国内生产总值相当于中国国民收入的 80%，

---

① 《国家计划委员会党组关于第二个五年计划的意见》，引自《建国以来重要文献选编》第十一册，中央文献出版社 1995 年版，第 436 页。
② 陆大道：《中国工业布局的理论与实践》，科学出版社 1990 年版，第 26 页。
③ 国家统计局：《中国固定资产投资统计资料（1950～1985）》，中国统计出版社 1987 年版，第 104 页。

而 1978 年则上升为 90%。① 因此，新中国成立后至改革开放前，中国共产党区域发展主要遵循马克思主义关于区域生产力均衡布局的思想，这是基于中国当时面临的世情、国情做出的选择，尽管促进了区域发展的平衡，但这种平衡是低水平的，区域平衡发展的效率还有待提高。

三、改革开放后中国共产党的区域发展思想及其实践

在总结改革开放前区域发展经验教训的基础上，改革开放以来，中国共产党的区域发展思想不断丰富和完善，区域发展思想经历了由区域非均衡协调发展向区域协调发展的演变，取得了显著的成效。

（一）实施东部沿海优先发展、先富带动后富的区域非均衡协调发展战略阶段（1978~1990年）

1978 年十一届三中全会召开后，我国正式提出了"改革开放"的总方针和总政策。中国共产党认识到改革开放前实施区域均衡发展战略的弊端，需要根据形势的变化进行调整，因此改革开放后我国区域发展的指导思想发生了根本性转变，结合马克思主义平衡生产力布局思想和区域分工协作思想，既强调要实现区域均衡、协调发展这一区域发展的目标，又强调在区域分工协作的基础上发挥区域优势，由此提出了东部沿海优先发展的区域非均衡协调发展战略。1978 年 12 月，在中央工作会议上，邓小平提出了让部分地区先富起来并带动全国共同富裕的经济政策，强调"这是一个大政策，一个能够影响和带动整个国民经济的政策"。② 邓小平打破了平均主义的禁锢，认识到区域发展的不同步性和阶段性规律，他指出："我们坚持走社会主义道路，根本目标是实现共同富裕，然而平均发展是不可能的。过去搞平均主义，吃大锅饭，实际是共同落后，共同贫穷。"③ 实现区域协调发展、均衡发展应该是分阶段的、渐进的，要鼓励不同区域结合自身优势实现专业化、特色化发展，特别是要鼓励"发达地区继续发展"，并带动和辐射落后地区共同发展，从而"逐步解决沿海同内地贫富

---

① 刘国平：《中国经济与世界经济发展的比较》，湖南人民出版社 2000 年版，第 180 页。
② 《邓小平文选》第二卷，人民出版社 1994 年版，第 152 页。
③ 《邓小平文选》第三卷，人民出版社 1993 年版，第 155 页。

差距的问题"①。由此，在总结改革开放前区域经济发展取得的积极成果的基础上，立足中国区域经济发展实际情况，中国区域经济发展的指导思想由均衡发展向非均衡协调发展转变，区域发展战略的重点也相应地由向内地倾斜转变为优先发展东部沿海地区，通过东部沿海地区优先发展形成辐射示范作用，从而带动中西部地区经济共同发展。在区域非均衡协调发展战略的指导下，1979年党中央决定设立深圳、珠海、汕头、厦门四个经济特区，充分发挥区域优势，率先推动东部沿海地区开放。在此基础上，随着改革开放的不断推进，沿海地区的对外开放区域不断扩展延伸。1984年，14个沿海港口城市和海南岛分别被确定为开放城市和开放地区，使中国沿海地区形成了南北全线布局的对外开放格局；1985年，珠江三角洲、长江三角洲和闽南三角地区被确定为经济开放区，再加上之后的山东、辽东两个半岛，一个沿海开放的地带也基本形成。② 1986年"七五"计划首次明确将中国区域经济发展划分为东、中、西部三大地带，并对三大地带的范围进行了界定，着重突出东部沿海地区的优先发展地位，将国家投资的重点集中于东部沿海地区，明确体现了效率优先、非均衡发展的区域发展战略思想。考虑到实施非均衡发展可能导致"两极分化"，邓小平明确提出要先富带后富，要实现东西部相互促进、共同发展，决不允许出现"两极分化"。1988年9月，邓小平首次提出"两个大局"思想，概括了沿海和内地的发展关系，他指出："沿海地区要加快对外开放，使这个拥有两亿人口的广大地带较快地先发展起来，从而带动内地更好地发展，这是一个事关大局的问题。内地要顾全这个大局。反过来，发展到一定的时候，又要求沿海拿出更多力量来帮助内地发展，这也是个大局。那时沿海也要服从这个大局。"③ "两个大局"思想是共同富裕构想在区域发展战略上的总体阐释，强调了区域经济非均衡中的均衡、协调，体现了社会主义本质和社会主义根本任务的要求，也为中国在20世纪90年代后实施区域协调发展战略奠定了基础。

（二）实施区域协调发展战略阶段（1991年至今）

随着改革开放的不断推进，东部沿海地区受益于区域非均衡协调发展

---

① 《邓小平文选》第三卷，人民出版社1993年版，第374页。
② 高伯文：《中国共产党区域经济思想研究》，中共党史出版社2004年版，第295页。
③ 《邓小平文选》第三卷，新华出版社1993年版，第277~278页。

第五篇 中国区域经济的协调与发展

战略取得了较快发展,也一定程度上带动了中西部地区的发展,区域发展差距较改革开放前有所缩小,但区域发展不平衡问题还是比较突出。从"八五"计划开始,促进区域经济协调发展被提到重要的国家战略高度,直到党的十九大报告提出"实施区域协调发展战略",并且强调要推进乡村振兴战略和城乡融合发展,促进区域协调发展成为中国共产党长期以来指导区域经济发展的基本方针,也是今后较长一段时间我国区域发展的基本方向。具体来看,中国共产党的区域协调发展思想经历了三个发展阶段。

1. 区域协调发展思想的提出与初步形成阶段(1991~2003年)

1991年3月,《关于国民经济和社会发展十年规划和第八个五年计划纲要的报告》首次提出要"促进地区经济的合理分工和协调发展",并指出"生产力的合理布局和地区经济的协调发展,是我国经济建设和社会发展中的一个极为重要的问题"。1992年10月,党的十四大报告提出"充分发挥各地优势,加快地区经济发展,促进全国经济布局合理化"的指导思想,并强调"应当在国家统一规划指导下,按照因地制宜、合理分工、各展所长、优势互补、共同发展的原则,促进地区经济合理布局和健康发展",这是对马克思主义区域发展观的进一步继承和发展,在"区域生产力平衡布局"的基础上强调"合理布局""协调发展",并强调通过区域分工协作和优势互补来促进共同发展。1995年9月,中共十四届五中全会更是明确把"坚持区域经济协调发展,逐步缩小地区发展差距"作为2010年前经济和社会发展必须贯彻的重要方针之一。1997年9月,十五大报告进一步阐述了促进地区经济合理布局和协调发展的战略思想。随着区域战略部署的调整,我国在继续推动东部地区发展的同时,也开始大力推进西部大开发、东北老工业基地振兴等战略,着力解决落后地区的发展问题,以促进区域协调发展。1999年11月,中央经济工作会议部署实施西部地区大开发战略,并于2000年1月成立了西部地区开发领导小组,推动西部大开发战略实施。党的十六大报告进一步明确提出要"积极推进西部大开发,促进区域经济协调发展",并提出"中部地区要加大结构调整力度""东部地区要加快产业结构升级""东北地区等老工业基地加快调整和改造"等有利于区域协调发展的若干思路,同时,为缩小城乡区域差距,首次提出了"统筹城乡发展"的思想,进一步丰富了马克思主义关于消除城乡对立的思想。2003年10月,中共中央、国务院发布《关于实施东北地区等老工业基地振兴战略的若干意见》,东北老工业基地振兴战略正式实施。从区域发展的相关战略规划来看,这一阶段的区域协调发展战略主要针对问题较为突出的西部地区和东北地区，并没有兼顾到中国所有地区，还未能真正对中国区域发展问题进行统筹协调，且西部大开发战略和东北老工业基地振兴战略的政策效应还未显现，东部地区在我国确立社会主义市场经济体制之后的发展活力进一步释放，因此区域协调发展水平还较低，区域发展差距甚至还有所扩大。

2. 区域协调发展思想的全面推进阶段（2004~2012年）

随着西部大开发战略的不断推进和东北老工业基地振兴战略的提出，中部地区经济发展滞后问题日益凸显，面临着"不东不西"的尴尬局面。2004年政府工作报告正式提出"促进中部地区崛起"的战略构想，并指出"加快中部地区发展是区域协调发展的重要方面"。至此，我国形成了"西部开发、东北振兴、中部崛起、东部率先"的区域发展总体战略。"十一五"规划用了专门一章阐述"实施区域发展总体战略"的具体内容，提出要"坚持实施推进西部大开发，振兴东北地区等老工业基地，促进中部地区崛起，鼓励东部地区率先发展的区域发展总体战略，健全区域协调互动机制，形成合理的区域发展格局"，同时还统筹考虑未来我国人口分布、经济布局、国土利用和城镇化格局，将国土空间划分为优化开发、重点开发、限制开发和禁止开发四类主体功能区，突出区域协调发展过程中的生态环境保护，形成我国国土管理模式和区域经济发展理念上的伟大创新，使区域协调发展的战略思想不断完善，进一步深化了对区域发展规律的认识。2007年10月，党的十七大报告再次强调指出"要继续实施区域发展总体战略，深入推进西部大开发，全面振兴东北地区等老工业基地，大力促进中部地区崛起，积极支持东部地区率先发展"，要"按照形成主体功能区的要求，完善区域政策，调整经济布局"，并将生态文明建设与区域发展布局结合起来，推动区域协调发展。由此可见，这一阶段区域协调发展战略包含的内容更加全面、内涵更加丰富，也取得了更加显著的效果，区域发展差距明显缩小，2004年东部、东北、中部、西部四大区域的人均GDP比值为1:0.70:0.44:0.37，到2012年这一比值为1:0.80:0.56:0.54，东北、中部、西部地区的人均GDP相对东部地区有了明显的增加，区域协调发展水平有所提高。

3. 区域协调发展思想的全面深化阶段（2013年至今）

党的十八大以后，区域协调发展战略进一步深化，区域政策不断创新发展，形成了区域经济发展的新格局、新动能、新气象。十八大报告将"促进区域协调发展"作为"推进经济结构战略性调整"的重点之一，强调要"继续实施区域发展总体战略，充分发挥各地区比较优势，加大对革命老区、民族地区、边疆地区、贫困地区扶持力度"。党的十八大以来，以习近平同志为核心的党中央与时俱进、科学决策，对区域协调发展赋予了新的时代内涵并采取了一系列重大的创新性举措，不断增强区域发展协同性，积极拓展区域发展新空间，推动我国区域协调发展呈现更加全面、更加包容、更加开放的良好态势。这一阶段，国家在继续实施区域发展总体战略的基础上，明确提出了实施"一带一路"建设、京津冀协同发展、长江经济带发展、粤港澳大湾区建设四大战略，构筑起"四大板块+四个支撑带"的区域发展新战略，对我国区域发展格局起到总体优化和战略提升的作用，有助于形成内外兼顾、陆海统筹、南北互动、东中西协调的区域发展新格局。党的十八届五中全会提出创新、协调、绿色、开放、共享的五大发展理念，把协调发展放在我国经济社会发展全局十分重要的位置。其中，促进区域协调发展是贯彻落实协调发展理念的重要方面。十九大报告对中国区域发展提出了新要求，将"实施区域协调发展战略"作为"建设现代化经济体系""增强我国经济创新力和竞争力"的一个重要组成部分，要求"建立更加有效的区域协调发展新机制"，并首次提出乡村振兴战略，对未来城乡区域协调发展提出了更高要求，更加明确了实施区域协调发展战略的主要任务和价值取向，必将进一步推动完善我国区域发展的新格局，也将更好地培育和释放我国区域发展的新动能，加快缩小区域发展差距。

四、70年来中国共产党区域发展思想演进的经验总结

纵观新中国成立70年来中国共产党区域发展思想的演进历程，可以看到中国区域发展经历了"区域均衡发展—区域非均衡协调发展—区域协调发展"的演变，是对马克思主义区域发展观不断丰富和完善的过程。在这一演进过程中，中国区域经济发展的战略规划越来越科学，区域格局不断优化，区域差距呈缩小趋势，区域经济发展的协调程度不断提高。梳理和总结70年来中国共产党区域发展思想的演进脉络，对于进一步明确推进新时代中国特色社会主义区域协调发展的道路和方向，具有重要的启示意义。

(一) 始终坚持以马克思主义区域发展观为指导是中国共产党区域发展思想演进的根本遵循

马克思主义区域发展观强调社会主义国家可以通过有计划地均衡配置生产力，逐步消灭地区差异，实现区域均衡发展。社会主义发展的根本目标是实现共同富裕，落实到区域发展这一层面，就是要实现区域的均衡、协调、共同发展。不管是新中国成立后至改革开放前提出的区域均衡发展思想，抑或是改革开放后提出的区域非均衡协调发展思想和区域协调发展思想，其最终的落脚点都是为了消灭地区差异，实现区域共同发展，这是与马克思主义的区域发展观完全一致的。新中国成立初期至改革开放前，东部沿海地区发展面临的国际环境比较恶劣，中国共产党在制定区域发展战略时更多考虑的是战备需要，同时基于沿海与内地发展的极度不平衡，提出重点发展内地，平衡区域发展布局，提高落后地区人民的生活水平。改革开放后，中国共产党的区域发展思想首先经历了由均衡发展向非均衡协调发展的转变，强调通过鼓励东部沿海的优先发展来带动其他地区共同发展，提出了"两个大局"的战略思想，致力于缩小区域差距，实现共同富裕。随着改革开放的不断推进，东部沿海地区取得了快速发展，尽管也拉动了中西部地区的发展，但区域发展不平衡问题依旧突出，在此背景下，中国共产党审时度势提出实施区域协调发展的思想，持续推进区域发展总体战略，并不断创新区域协调发展的思路和做法，取得了积极的成效。由此可见，受不同的经济基础、时代背景、社会环境、思维模式等因素的影响，中国共产党的区域发展思想在不同阶段有不同的特点、不同的表现，但最终的目标都是为了缩小区域差距，实现区域均衡发展，符合马克思主义区域发展观的基本要求。

(二) 坚持以人民为中心的价值取向是中国共产党区域发展思想演进的根本立足点

习近平总书记指出："人民立场是中国共产党的根本政治立场，是马克思主义政党区别于其他政党的显著标志。"中国共产党区域发展思想的演进过程也始终蕴含着"以人民为中心"的价值观。新中国成立初期至改革开放前，我国生产力水平较低，人民群众更多追求的是物质需求的满足，"吃得饱""穿得暖"是广大人民群众的奋斗目标。而当时我国沿海和内地的经济发展不平衡，内地人民群众的生活水平偏低，为了加快内地经济的发展，改善内地人民群众的民生需求，我国实行区域生产力均衡布局战略，重点发展内地经济，沿海与内地的发展差距逐步缩小。改革开放后，随着我国经济发展水平的提升，人民群众的生活水平也得到改善，人民群众不仅追求物质需求的满足，而且还希望有更多精神文化方面的消费，但改革开放前实施的区域均衡发展战略带来的是低水平的共同富裕，为了满足人民群众日益增长的物质文化需求，必须进一步解放和发展生产力，由此中国共产党提出区域非均衡协调发展战略，通过东部优先发展，极大释放发展的活力和效率，进一步带动中西部地区的发展，从而实现更高水平的共同富裕，更好地满足广大人民群众日益增长的物质文化需求，这也是"以人民为中心"的价值观的具体体现。随着改革开放的进一步深入，区域发展的差距有所缩小，但区域发展不平衡、不协调问题还是比较突出，城乡差距依然较大，中西部地区人民群众的生活水平与东部地区还存在较大差距，老少边穷地区人民群众的生活水平更低。此外，区域发展过程中积累的生态资源环境矛盾日益凸显，影响了人民群众生活水平和生活质量的提高。为此，中国共产党提出了实施区域协调发展的战略思想，进一步缩小区域发展差距、城乡发展差距，促进区域协调发展、绿色发展、高质量发展，更好地满足人民日益增长的美好生活需要，保障最广大人民群众的根本利益。

（三）效率与公平的权衡取舍是贯穿于中国共产党区域发展思想演进过程的重要内容

区域发展面临着效率与公平的权衡取舍。新中国成立后至改革开放前，我国照搬生产力均衡布局理论，过度强调区域公平发展，导致区域发展效率缺失，区域经济处于低水平的均衡发展状态。由于认识到区域生产力均衡布局的弊端，改革开放后，党中央逐步提出区域经济发展要坚持"效率优先，兼顾公平"，在追求区域经济发展效率的基础上实现更高水平的区域公平发展，由此提出了支持东部沿海地区优先发展、"两个大局"的战略构想。改革开放前十余年，"效率优先，兼顾公平"的价值取向对于缩小区域发展差距起到了一定的作用，但是在确立社会主义市场经济体制之后，随着东部地区经济发展速度进一步加快，"兼顾公平"越来越被淡化，区域发展差距又呈现扩大的趋势，在此背景下，我国区域发展政策开始更加注重扶持中西部等欠发达地区。党的十六届五中全会强调要"更加注重社会公平"，要"加大国家对欠发达地区的支持力度"，为缩小区域差距,"国家继续在经济政策、资金投入和产业发展等方面,加大对中西部地区的支持"。此后,"更加注重社会公平"成为区域经济发展的价值取向。党的十七大报告指出:"缩小区域发展差距,必须注重实现基本公共服务均等化""重大项目布局要充分考虑支持中西部发展,鼓励东部地区带动和帮助中西部地区发展。"党的十八大报告也强调"继续实施区域发展总体战略,充分发挥各地区比较优势,加大对革命老区、民族地区、边疆地区、贫困地区扶持力度",推动区域经济更加公平、更加协调发展。党的十九大报告则首次明确提出,"我国社会主要矛盾已经转化为人民日益增长的美好生活需要和不平衡不充分的发展之间的矛盾",为了解决"不平衡不充分的发展"问题,必然要求区域经济发展更加注重公平、更加注重协调发展。由此可见,新中国成立 70 年来中国共产党区域发展的价值取向经历了由"公平优先"向"效率优先,兼顾公平"再到"更加注重社会公平"的转变过程。

(四) 追求区域高质量发展是中国共产党区域发展思想演进的基本路向

新中国成立至改革开放前,我国走的是一条高耗能、低效益的不可持续发展道路,片面追求区域经济总量增长,片面追求区域发展的规模和速度,造成了生态破坏、环境污染、人民生活水平较低等诸多的区域发展问题。改革开放初期,中国共产党深刻反思了传统发展道路的严重弊端,提出要统筹规划区域经济发展和社会发展,但由于这一时期我国的区域发展战略思路仍然是强调通过激发地方经济发展活力来推动中国经济快速增长,GDP 等经济指标是考核地方政府政绩的最主要指标,因此地方政府更多的还是盲目追求经济增长速度,大搞"GDP 竞赛"导致区域生态环境恶化、要素资源浪费、发展效率低下等问题依然较为突出。随着区域经济的快速发展,这些负面影响越来越明显,我国开始更加重视经济增长与社会民生、生态环境的协调发展,更加追求区域经济发展质量的提升,更加强调加快转变经济发展方式,推动区域经济转向高质量发展。1990 年《国务院关于进一步加强环境保护工作的决定》指出,"保护和改善生产环境与生态环境、防治污染和其他公害,是我国的一项基本国策",第一次提出将环境保护作为基本国策。此后,"转方式、调结构",走"生产发展、生活富裕、生态良好"的文明发展道路,把生态文明建设放在突出地位、坚持绿色发展等成为区域发展战略的重要内容。党的十九大报告提出建设生态文明是中华民族永续发展的千年大计,要求加快生态文明体制改革,建设美丽中国,并把生态文明建设写入党章。这就进一步突出了区域高质量发展的重要性,全面提升区域经济发展质量已成为中国经济转向高质量发展阶段的必然要求。

创新型城市试点提升城市创新水平了吗?

李 政 杨思莹*

一、引　言

创新型城市试点是政府参与和支持城市创新活动的一项重要探索。以往文献对政府参与和支持创新活动的效果进行了广泛研究，包括政府补贴、产业政策和创新环境建设等方面，主要形成了促进论和抑制论两种不同观点。如在微观层面，窦和基姆（Doh and Kim，2014）、高等（Guo et al.，2016）分别基于韩国中小企业数据和中国工业企业数据研究发现，政府补贴政策与区域内企业专利获取呈显著的正相关关系，政府支持对企业创新具有显著的促进作用。王晓珍、邹鸿辉（2018）研究了产业政策对企业创新活动的影响，发现产业政策会激励企业增加创新投入，促进企业研发和创新产出。曾萍等（2014）研究发现，政府创新环境建设对企业创新具有显著的促进作用；沈敏（2018）也认为，政府应当加强制度与科技创新体系建设，为企业创新创造良好的制度环境。在宏观层面，李政、杨思莹（2018）研究发现，政府参与有利于促进区域创新效率提升，并且政府应当提高对区域内企业创新活动的支持力度；李政等（2018）发现，政府创新环境建设能够促进区域创新效率提升。就其作用机制而言，阿尔茨和施密特（Aerts and Schmidt，2008）、胡辛格（Hussinger，2008）、张杰等（2015）等研究发现，补贴政策会激励企业加大研发支出规模，提高创新活跃度，进而对企业创新产出产生积极作用（巫强、刘蓓，2014）；余

---

* 李政，吉林大学经济学院教授；杨思莹，吉林大学经济学院博士生。

泳泽（2011a）研究发现，政府创新政策有利于区域创新体系的形成与发展；白俊红、卞元超（2015）认为，政府参与会促进产学研协同创新体系的形成。此外，克莱尔（Kleer, 2010）还发现，政府政策会引导私人投资方向，优化投资结构，促进创新活动开展，提高企业乃至于产业与城市创新水平。

然而，也有研究发现，政府参与和支持行为对创新活动的影响并不显著，甚至会抑制创新活动开展，导致创新效率损失（肖文、林高榜，2014；Guerzoni and Raiteri, 2015）。如从微观层面来看，王俊（2010）基于大中型企业面板数据研究发现，补贴政策对企业创新产出的影响并不显著；耿慧芳等（2016）研究发现，政府税收等行业政策对企业创新没有显著促进作用。曾萍等（2014）也发现政府财税政策难以促进企业创新。在宏观层面，洪等（Hong et al., 2016）研究发现，政府补贴政策抑制了行业创新水平提升；肖文、林高榜（2014）发现，政府直接参与或间接支持均不利于行业创新活动开展。之所以政府参与和创新支持政策未能够有效促进创新活动开展，原因包括诸多方面，如高格等（Görg et al., 2008）、热腾洛特（Hottenrott et al., 2017）以及波音（Boeing, 2016）等认为，政府补贴政策会抑制企业创新激励，挤出企业研发支出，抑制企业、行业或区域创新水平提升。张（Zhang, 1997）、唐书林等（2016）认为，政府补贴的公有产权性质使得企业抱着一种有比没有强的心态去获取和使用政府补贴，并产生一种委托代理关系，政府难以有效监督企业对政府补贴的使用效率，导致补贴难以达到理想效果。肖文、林高榜（2014）、余泳泽（2011b）认为，由于逆向选择、信息不对称等原因，政府支持抑制了区域创新效率提升；政府与企业创新偏好不对称也是政府科技政策难以达到理想效果的重要原因。

综合以往研究可见，当前文献对于政府参与创新活动效果仍存在较大争议。之所以如此，原因包括诸多方面，如变量设定差异、样本选择以及样本所处的时间阶段差异、实证分析方法和影响创新活动的诸多混淆因素甄别处理方法的差异等等。中央与地方创新实践的协同互动是中国实施创新驱动发展战略和创新型国家建设的重要经验与特色（李政、杨思莹，2017）。从理论上讲，推进创新型城市试点，既有利于发挥地方创新的能动性和区域特色，又能够强调与中央宏观战略的协调统一。"摸着石头过河"的渐进式改革很大程度上是一种"地方试点—中央总结—地方推广"的过程。然而，对于创新型城市试点政策及其效果,以往文献却鲜有研究。那么在实践中,国家推行创新型城市试点能否真正促进城市创新水平提升?本文将就这一问题展开研究。

二、政策背景与作用机制

2006年全国科学技术大会上,胡锦涛提出建设创新型国家的战略目标和任务。同年,国家出台《国家中长期科学和技术发展规划纲要(2006~2020)》以及《关于实施科技规划纲要、增强自主创新能力的决定》,标志着我国由要素驱动型发展模式向创新驱动型发展模式转变。而我国是一个幅员辽阔的多民族国家,具有地域特征复杂、地区发展阶段差异明显等特征,创新战略的推广不能一概而论。为了探索具有中国特色的区域创新发展道路,寻找创新发展的一般性规律和多样化经验,同时降低创新型国家建设过程中的试错成本,国家在推进创新型城市建设的过程中采取了试点先行、积累经验、逐步推开的方式,由点到面,逐步推动创新型城市建设。

从理论上来讲,政府采取创新型城市试点对试点城市创新水平会产生显著的促进作用,原因主要包括以下四个方面。第一,创新型城市试点是国家创新驱动发展战略和创新型国家建设战略目标的试点性推广,会集国家与地方战略合力,推动城市创新水平提升(李政、杨思莹,2017)。第二,创新型城市试点通过加大政府对试点城市的创新资源投入,提高城市创新要素集聚能力,保障地方创新活动的知识要素供给,提升城市创新水平(李政、杨思莹,2017)。第三,试点政策中包含了一系列强化企业主体地位、激励企业创新投入的政策措施,有利于促进以企业为主体的城市创新体系的形成。第四,创新型城市试点政策能够优化城市创新环境,提高城市创新水平。综上可见,创新型城市建设试点是一个复杂的系统性工程,其对城市创新水平的作用机制如图1所示。在理想状态下,创新型城市试点能够通过多种机制提升城市创新水平,那么其实际效果如何?本文将在后续研究中对这一问题展开实证研究。

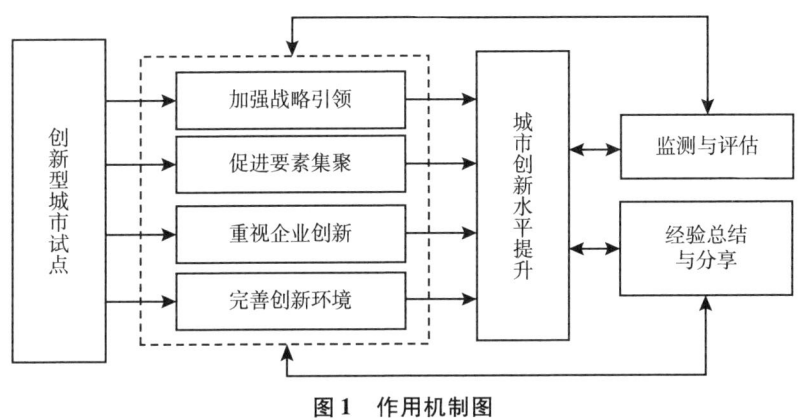

图1 作用机制图

三、研究设计

(一) 模型设定

2008~2013年国家陆续设立了57个创新型城市试点,本文以此作为一次准自然实验,将试点城市作为实验组、非试点城市作为对照组,估计创新型城市试点政策绩效。在估计过程中,传统回归模型难以解决由于遗漏变量等原因所导致的内生性问题。为此,本文运用双重差分方法对试点政策效果进行检验。由于我国创新型城市试点是逐步推进的,传统的双重差分模型仅能观测单一时点所实施政策的效果,为此,本文借鉴奥托(Autor,2003)、伯特兰和穆莱纳桑(Bertrand and Mullainathan,2003)等的做法,构建多时点双重差分模型。首先,设置政策实施时间虚拟变量test,即对于试点城市,试点政策当年及其以后年份为1;其余为0。其次,构建多时点双重差分模型如式(1)所示:

$$\text{lninno}_{it} = \alpha_0 + \alpha_1 \text{test}_{it} + \sum \delta_k \text{year}_k + \sum \gamma_j X_{jit} + \mu_{city} + \varepsilon_{it} \quad (1)$$

式(1)中,lninno表示城市创新水平的对数值,test表示创新型城市试点政策,其回归系数α_1可以反映出创新型城市试点政策效果。X表示所有控制变量的集合,year_k表示一系列时间虚拟变量,μ_{city}为城市个体固定效应,ε为随机误差项。式(1)所示的多时点双重差分模型通过双向固定效应,使得试点城市与非试点城市间个体特征差异、政策实施与否以及随时间变化的城市特征均得到有效控制。

(二) 变量与数据

城市创新水平是本文的因变量。受统计数据可获得性限制，以往文献对我国城市创新活动相关研究较为有限。为数不多的研究中，赵玉林、贺丹（2009）仅以我国少数大城市为样本，研究城市创新资源配置状况，但这类研究包含样本非常有限，并且仅以大城市或副省级城市为样本进行实证分析所得出的结论其规律的一般性和普适性仍存在疑问。高翔（2015）基于中国专利信息网检索出的城市专利数据，研究了城市规模对创新水平的影响，但手工检索专利信息网工作量庞大且烦琐，并且专利数量难以反应不同创新活动的真实价值。寇宗来、刘学悦（2017）基于中国国家知识产权局发布的专利数据，通过专利更新模型估算其价值，并将专利价值加总到城市层面，得到城市创新指数，一定程度上解决了专利质量和价值异质性问题。因此，本文基于此数据检验试点政策对城市创新水平的影响。具体计算方法参见寇宗来、刘学悦（2017）。

创新型城市试点政策是本文的核心解释变量，如前所述，本文以虚拟变量的形式加以设定。此外，借鉴以往研究（高翔，2015），本文还控制了其他影响城市创新水平的因素，主要包括：外商直接投资（fdi），用城市外商直接投资额占地区生产总值比重表示（Girma et al.，2009）；人力资本水平（hum），用高等学校在校生人数占城市总人口比重测度（Earl，2001；钱晓烨等，2010）；金融发展水平（finc），用各城市年末金融机构各项存贷款余额与地方生产总值的比值来测度（祝佳，2015）；产业结构水平（ind），用非农产业产值占地区生产总值比重表示。

本文样本删除了数据缺失较为严重的延边朝鲜族自治州等部分城市；同时，2018 年 4 月国家设立了吉林、徐州 17 个城市为新一批创新型城市试点，为了消除这部分样本对实证结果造成的干扰，本文对这部分样本也予以删除。本文最终样本包含了我国 269 个城市 2003～2016 年的数据，其中，包含试点城市 47 个、非试点城市 222 个；省会城市、直辖市和副省级城市样本共 35 个，一般地级市样本 234 个。城市创新水平数据来源于《中国城市和产业创新力报告 2017》，其他数据皆来源于 EPS 数据平台。各指标统计特征如表 1 所示。

表 1　　　　　　　　　　　描述性统计

变量	样本量	均值	标准差	最小值	最大值
lninno	3 766	-0.371	1.908	-5.272	6.967
test	3 766	0.081	0.273	0.000	1.000
fdi	3 763	0.029	0.032	0.000	0.454
hum	3 765	0.015	0.022	0.000	0.131
finc	3 763	2.053	0.991	0.508	8.877
ind	3 766	0.851	0.094	0.000	0.999

(三) 模型适用性检验

双重差分模型应用的前提条件是政策实施前实验组与对照组具有共同趋势。为了检验两组城市是否满足这一条件，本文绘制了如图 2 所示实验组与对照组城市创新水平演变趋势图。其中，纵轴表示各年份实验组与对照组 lninno 均值，横轴表示年份。从图 2 中可以看出，两组城市创新水平基本具有相同的变动趋势，说明双重差分模型适用于创新型城市试点政策效果的评估。

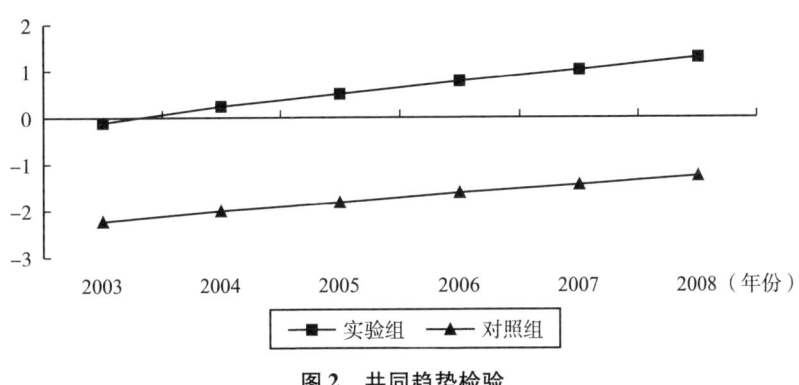

图 2　共同趋势检验

此外，本文还进一步运用回归方法检验双重差分模型的适用性问题，即首先设定如式 (2) 所示回归模型：

$$\text{lninno}_{it} = \alpha_0 + \alpha_1 \text{treat} + \sum_{k=2003}^{2007} \delta_k \text{year}_k + \sum_{j=2003}^{2007} \gamma_j \text{year}_j \times \text{treat} + \varepsilon_{it} \quad (2)$$

其中,treat 为组别虚拟变量,包括试点城市(treat = 1)与非试点城市(treat = 0);year 为年份虚拟变量,时间跨度为 2003 年至 2007 年。year × treat 表示年份虚拟变量与组别虚拟变量的交叉项。若交叉项系数 γ_j 联合不显著,则说明政策实施前实验组与对照组并无显著差异,双重差分模型具有较好的适用性。在对式(2)进行回归的基础上对系数 γ_j 进行联合显著性检验,结果显示 F = 0.48(P_value = 0.753),接受 γ_j 联合为 0 的原假设,即政策实施前实验组和对照组无明显差异,双重差分模型具有适用性。

四、实证分析

(一)初步回归

首先,为了检验试点政策对城市创新水平的影响,本文采取逐渐加入控制变量的方式对式(1)进行估计,结果如表 2 所示。回归(1)中,本文仅仅加入试点政策虚拟变量,并基于双向固定效应模型进行估计,结果显示,试点政策虚拟变量系数在 1% 的置信水平下显著为正,说明创新型城市试点对城市创新水平产生了显著的促进作用。回归(2)~回归(5)中,本文依次加入了影响城市创新水平的控制变量,包括人力资本水平、外商直接投资水平、金融发展规模以及城市产业结构,结果显示,试点政策变量回归系数始终在 1% 的置信水平下显著为正,说明创新型城市试点能够有效提升城市创新水平。

表 2　　　　　　　　　　基准回归

	回归(1)	回归(2)	回归(3)	回归(4)	回归(5)
test	0.345 *** (0.031)	0.339 *** (0.033)	0.319 *** (0.033)	0.320 *** (0.033)	0.357 *** (0.033)
hum		0.736 (1.069)	0.177 (1.071)	-0.631 (1.079)	-0.145 (1.071)
fdi			-1.778 *** (0.335)	-1.703 *** (0.334)	-1.545 *** (0.331)

续表

	回归（1）	回归（2）	回归（3）	回归（4）	回归（5）
finc				0.093*** (0.018)	0.110*** (0.018)
ind					1.935*** (0.244)
constant	-1.903*** (0.022)	-1.911*** (0.024)	-1.844*** (0.027)	-2.032*** (0.046)	-3.645*** (0.208)
时间固定	YES	YES	YES	YES	YES
个体固定	YES	YES	YES	YES	YES
N	3 766	3 765	3 763	3 763	3 763
R^2	0.896	0.896	0.897	0.897	0.899

注：*、**、***分别表示回归系数在10%、5%和1%的置信水平下显著。

从控制变量的回归结果来看，在回归（2）~回归（5）中，人力资本水平的回归系数均不显著，说明城市高等教育发展并未能为城市科技创新提供良好的人力资本基础，这可能是由于当前城市内部高校发展过于注重规模扩充，忽视了教育质量的提升以及高等教育服务实体经济的能力提升。因此，城市要在扩大高校人才培养规模的同时，注重人才质量的提升，为城市创新提供良好的人力资本基础。外商直接投资对城市创新水平的回归系数在回归（3）~回归（5）中均在1%的置信水平下显著为负，说明外商直接投资抑制了城市创新水平提升。这一结果与蒋殿春、夏良科（2005）及李（Lee，2006）等的结论类似。之所以如此，可能是因为一方面，地方政府为了推动经济规模迅速扩张而盲目引进外商投资，忽视了外商投资质量，低质量FDI流入抑制了城市创新水平提升；另一方面，外商直接投资一定程度上对本地区产业产生了竞争效应、挤出效应和掠夺效应，导致地方企业降低研发支出、甚至退出市场，不利于城市创新水平提升。在回归（4）和回归（5）中，金融发展规模的回归系数在1%的置信水平下显著为正，说明金融业发展能够为城市科技创新提供良好的金融服务，缓解创新活动所面临的融资约束，促进城市创新水平提升。产业结构对城市创新水平的回归系数在回归（5）中在1%的置信水平下显著为正，说明提高非农产业比重能够有效促进城市创新，应当在适度扩大非农产业发展规模的同时,提高农业科技创新水平,实现农业创新驱动发展。

(二) 稳健性检验 I:基于 PSM – DID 方法的回归分析

正如《指导意见》中所指出的,为了探索创新型城市建设模式,总结成功经验,国家有目的性地选择一批创新基础条件好、经济社会发展水平高的城市进行试点,在体制机制和创新政策等方面先行先试,推动其率先进入创新型城市行列。可见,创新型城市试点的选择并非是一个随机选择过程,创新水平较高、经济发展较好的城市更容易被设立为试点城市。这一选择机制导致上述模型存在着选择性偏差(selection bias)的问题。相对于非试点城市,试点城市在非试点条件下也可能具有较高的创新水平和创新潜力,因此难以区分试点政策实施后,试点城市创新水平提升的原因是由于试点政策起到作用,还是由于两类城市各自创新水平惯性发展特征所导致的。

为此,本文进一步引入倾向得分匹配双重差分方法进行稳健性检验,该方法能够较好地处理样本选择偏差问题。借鉴赫克曼等(Heckman et al.,1997)的方法,本文选择城市对外开放水平(fdi)、人力资本水平(hum)、经济发展水平(pgdp)、金融发展水平(finc)、产业发展水平(ind)以及政府支持(g_tec)等作为匹配变量,计算城市入选为创新型城市试点的概率,即构建如式(3)所示 Logic 回归模型,其中,p 为倾向得分值。

$$p(treat_i = 1) = f(fdi_{it}, hum_{it}, pgdp_{it}, finc_{it}, ind_{it}, g\_tec_{it}) \quad (3)$$

其中,经济发展水平用人均地区生产总值测度(单位万元/人),政府支持用政府财政支出中国科技支出比重测度。本文利用近邻匹配方法进行匹配,基于 Logit 模型对式(3)进行估计,最终得到匹配后样本容量为 867 个。经过匹配处理后,各变量 t 检验结果接受实验组和对照组无系统差异的原假设。对比匹配前,所有变量的标准化偏差均大幅缩小;除金融发展规模的标准化偏差较高之外,其余变量在匹配后的标准化偏差绝对值均低于 10%;并且金融发展规模的标准化偏差绝对值也小于 13%,因此基本满足平行性假设。基于上述匹配样本,本文进一步对式(1)进行估计,结果如表 3 中回归(1)所示。从中可以看出,test 的回归系数在 1% 的置信水平下显著为正,说明创新型城市试点能够显著提升城市创新水平,上述结论具有稳健性。

表3　　　　　　　　　　　　稳健性检验

选项	(1)多年	(2)2009年	(3)2010年	(4)2011年	(5)2012年	(6)2013年	(7)多年
test	0.373*** (0.043)	0.524*** (0.056)	0.387*** (0.040)	0.276*** (0.038)	0.225*** (0.038)	0.232*** (0.036)	0.135*** (0.008)
constant	-2.782*** (0.505)	-1.788*** (0.253)	1.138*** (0.306)	1.410*** (0.302)	1.463*** (0.300)	1.493*** (0.298)	0.334*** (0.049)
控制变量	YES	YES	YES	YES	YES	YES	YES
个体固定	YES	YES	YES	YES	YES	YES	YES
时间固定	YES	YES	YES	YES	YES	YES	YES
N	867	3 315	3 525	3 581	3 623	3 763	3 414
R^2	0.929	0.961	0.968	0.967	0.967	0.967	0.307

注：*、**、***分别表示回归系数在10%、5%和1%的置信水平下显著。

（三）稳健性检验Ⅱ：改变实验组的定义标准

如前所述，2008年国家将深圳设为创新型城市试点，2009年试点范围扩大至大连、青岛等15个城市。借鉴肖（Shaw，2014）、董艳梅和朱英明（2016）的处理方法，本文将2009年及其之前设立的试点城市作为实验组，2009年前未确定为试点单位的城市作为对照组。同时，2009年之后又有城市陆续被确立为创新型城市试点，为了避免这些样本对实证结果造成干扰，本文在对照组中删除了2009年之后确立为试点城市的样本。依据上述处理方法，进一步将试点年份的断点改为2010年、2011年、2012年和2013年，由此获得5个样本。依据上述设置的不同政策实施年份，本文利用5个样本分别进行双重差分估计，结果如表3中回归（2）~回归（6）所示。从中可以看出，与前述结果类似，试点政策虚拟变量的回归系数在五组回归中均为正，并且均通过了1%的置信水平检验，说明创新型城市试点能够显著提升城市创新水平，再一次证实了前述结果的稳健性。

（四）稳健性检验Ⅲ：改变城市创新的测度方法

专利是研发与创新活动最直接的产出，因此以往研究多运用专利产出作为衡量创新水平的重要指标（Griliches，1990；高翔，2015）。借鉴这一做法，本文用城市每百万人口专利申请授权数作为测度城市创新水平的衡量指标进行回归分析，其中，城市专利申请授权数来源于专利云数据库、总人口数据来源于 EPS 数据平台，估计结果如表 3 中回归（7）所示。从中可以看出，试点政策虚拟变量的回归系数同样在 1% 的置信水平下显著为正，说明创新型城市试点显著提升了城市创新水平，前述结论具有稳健型。

（五）异质性分析

1. 城市等级异质性

不同等级城市在经济规模、创新要素集聚、创新资源配置效率等方面具有较大差异，这些差异可能会进一步导致创新型城市试点政策在不同城市之间存在较大差异。一般来讲，重点城市（为了便于表述，本文简单地将直辖市、省会城市与副省级城市定义为重点城市）往往是国家或区域经济发展战略的中心和先行者。创新驱动发展战略下，相对于一般城市（本文中一般城市特指除直辖市、省会城市以及副省级城市以外的一般地级市），重点城市往往具有较强的创新要素集聚能力，并凭借其经济发展的规模优势、政策优势以及创新要素集聚优势等，打造城市创新竞争力，提高城市创新水平（赵玉林、贺丹，2009）。那么在这样一种差异化背景下，创新型城市试点政策对重点城市和一般城市创新水平的影响是否存在异质性？为了回答这一问题，本文设置城市等级虚拟变量（level），即重点城市赋值为 1、一般城市赋值为 0；设置城市等级虚拟变量与创新型城市试点政策虚拟变量的交乘项，并代入式（1）进行回归，结果如表 4 中回归（1）所示。从中可以看出，试点政策虚拟变量的回归系数在 1% 的置信水平下显著为正，并且试点政策变量与城市等级变量的交乘项回归系数在 5% 的置信水平下显著为负，说明创新型城市试点对重点城市创新水平的提升作用弱于对一般城市创新水平的提升作用。之所以如此，可能是由于当前我国重点城市集聚了大量创新资源，并且在完善的市场机制调节以及政府高效的宏观治理条件下，城市创新走在了全国的前列。此时创新型城市试点政策对城市创新水平的边际提升作用较小；而与此相反，一般城市创新水平普遍低于重点城市，城市科技创新具有后发优势，而创新型城市试点能够较充分地挖掘城市创新潜能，提高城市创新水平。

表 4 城市等级异质性检验

	回归（1）	回归（2）	回归（3）	回归（4）	回归（5）	回归（6）
分析视角	城市等级	城市区位	科教资源	创新水平		
分位点	—	—	—	25%	50%	75%
test	0.430*** (0.047)	0.324*** (0.039)	0.433*** (0.047)	0.362*** (0.054)	0.318*** (0.041)	0.176*** (0.034)
test × level	-0.130** (0.060)					
test × region		0.093 (0.061)				
test × edu			-0.136** (0.060)			
constant	-3.638*** (0.208)	-3.633*** (0.209)	-3.635*** (0.208)	1.480*** (0.460)	1.239*** (0.506)	2.521*** (0.428)
控制变量	YES	YES	YES	YES	YES	YES
个体固定	YES	YES	YES	YES	YES	YES
时间固定	YES	YES	YES	YES	YES	YES
N	3 763	3 763	3 763	3 763		
R^2	0.899	0.899	0.899	0.834	0.834	0.863

注：*、**、***分别表示回归系数在10%、5%和1%的置信水平下显著。

2. 城市区位异质性

东部地区凭借其沿海、交通便利的区位优势，通过贸易等方式引进国外先进技术，加之国家不断加强沿海地区对外开放的政策红利，开放型创新具有一定的区位优势；而囿于交通基础设施相对落后、科技与经济基础较弱等原因，中西部地区创新型经济发展滞后于东部地区。这种区位优势差异可能会导致创新型城市试点政策效果在东部地区和中西部地区产生显著的区域差异。为了验证这一区位异质性存在与否，本文构建了区位特征虚拟变量，即东部地区城市赋值为1、中西部地区城市赋值为0，并与试点政策虚拟变量相乘，代入式（1）进行回归，结果如表4中回归（2）所示。从中可以看出，试点政策虚拟变量的回归系数在1%的置信水平下显著为正,而试点政策与区位特征虚拟变量的交乘项回归系数虽然为证,但并不显著,说明试点政策对城市创新水平提升的促进作用在东部地区与中西部地区并不存在显著差异。之所以如此,可能是由于 2000 年开始,国家制定、实施西部大开发战略,2004 年时任国务院总理温家宝提出中部地区崛起计划,上述战略和政策一定程度上弥补了中西部地区创新驱动发展的区位劣势,并缩小,甚至消除了试点政策效果的区位异质性。

3. 科教资源异质性

高等学校是人才培养和科研活动的重要基地,能够为科技创新提供良好的科教资源,是我国创新型经济发展的关键主体之一。1995 年国家启动 211 工程,是为了提高我国科教水平而在高等教育领域进行的一项重大工程,重点在于支持高校学科建设,提高高校科研水平。经过多年发展,是否入选 211 工程已经成为衡量高校科教发展质量的重要标准。基于此,本文依据城市是否具有 211 工程高校,设置城市科教资源质量虚拟变量,即将城市分为科教发展水平较高的城市和科教发展水平较低的城市,并将前者赋值为 1、后者赋值为 0。将科教资源质量虚拟变量与试点政策虚拟变量相乘,代入式(1)进行回归,结果如表 4 中回归(3)所示。从中可以看出,试点政策虚拟变量回归系数仍旧在 1% 的置信水平下显著为正,并且试点政策与科教资源交乘项回归系数在 5% 的置信水平下显著为负,说明创新型城市试点政策对城市创新水平的提升作用在科教发展水平较高城市要显著弱于科教发展水平较低的城市。这可能是由于,科教发展水平较高的城市,其本身具有较高的创新水平,城市创新潜力得到较为充分的挖掘,此时试点政策对城市创新水平提升的促进作用较小;而科教发展水平较低的城市,其创新型经济发展具有后发优势,创新潜力大,此时创新型城市试点政策以及与之伴生的创新要素投入能够较好地挖掘城市创新潜能,提高城市创新活力,促进城市创新水平提升。

4. 创新水平异质性

上述异质性考察结果表明,创新型城市试点对城市创新水平的影响存在着城市等级异质性和科教资源异质性,之所以如此,很有可能是因为重点城市和科教发展水平较高的城市,其科技创新处于前沿阶段,创新水平高于一般城市和科技发展水平较低的城市,导致创新型城市试点政策对城市创新的边际作用在一般城市和科技发展水平较低的城市要高于重点城市和科教发展水平较高的城市。为了证实这一猜测,本文借鉴邵朝对等(2018)研究方法,选择 25%、50% 和 75% 三个分位点,运用面板分位数回归模型对式（1）进行估计，结果如表4中回归（4）~回归（6）所示。从中可以看出，在三个分位点上，创新型城市试点政策的回归系数始终在1%的置信水平下显著为正，说明在不同创新水平的城市中，创新型城市试点均能够有效促进城市创新水平提升。随着分位点的逐渐提高，试点政策的回归系数逐渐降低；此外，检验三个分位点上系数是否相等，结果显示，P(q25 = q50 = q75) = 0.0013，拒绝了三个分位点上试点政策回归系数相等的原假设。依据上述结果可以初步判断，随着城市创新水平的提升，创新型城市试点对城市创新水平的边际作用呈现出逐渐减弱的趋势。

此外，为了更为直观地观察不同分位点上试点政策对城市创新水平的影响，本文进一步绘制了所有分位点上试点政策回归系数图，结果如图3所示。从中可以看出，随着城市创新水平的提升，创新型城市试点对城市创新水平的促进作用呈现出一种先增强、后减弱的"非对称倒V形"变化特征，即当城市创新水平较低时，试点政策效果随着城市创新水平的提升而逐渐增强，这可能是由于试点政策以及与之伴生的政策优势、资源与要素集聚使得城市创新的规模经济效应逐渐形成，试点政策对城市创新水平的提升作用逐渐增强；而当城市创新水平达到一定程度时，其创新潜力得到较为充分的挖掘，创新活力逐渐增强，城市创新对政府力量的依赖逐渐降低，此时试点政策对城市创新水平的影响逐渐减弱。

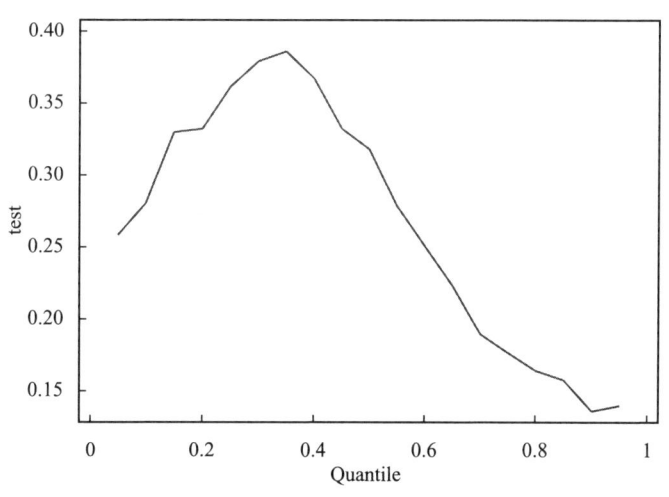

图3　城市等级异质性

五、影响机制分析

前述结果均表明,创新型城市试点能够显著提升试点城市创新水平。那么试点政策如何提升城市创新水平?为了检验试点政策对城市创新水平的作用机制,本文借鉴巴伦和肯尼(Baron and Kenny,1986)等中介效应模型的分析思路,构建如式(4)~式(6)所示中介效应模型:

$$\text{lninno}_{it} = \beta_0 + \beta_1 \text{test}_{it} + \sum \delta_k \text{year}_k + \mu_{city} + \varepsilon_{it} \quad (4)$$

$$M_{it} = \lambda_0 + \lambda_1 \text{test}_{it} + \sum \delta_k \text{year}_k + \mu_{city} + \varepsilon_{it} \quad (5)$$

$$\text{lninno}_{it} = \phi_0 + \phi_1 \text{test}_{it} + \phi_2 M_{it} + \sum \delta_k \text{year}_k + \mu_{city} + \varepsilon_{it} \quad (6)$$

其中,M表示中介变量,本文从政府战略引领、要素集聚、企业创新投资和创新环境等四个方面加以考虑。对于政府战略的测算,李(Lee,2011)、李政等(2018)等研究认为,财政科技支出是政府参与创新活动的基本手段,也是政府实施创新战略的基本载体。因此,本文用政府财政支出中科技支出所占比重来反映政府对城市创新的引领程度。人是科技创新活动中最基础、最活跃的要素,本文用城市人口集聚程度来反映城市创新要素集聚程度,用城市年末总人口数与城市面积的比值加以衡量(单位:万人/平方千米)。企业是创新活动的主体,2017年我国企业研发经费支出占全国研发经费支出的77.6%,遗憾的是,城市层面的企业科技支出占比数据难以获得。固定资产投资是企业进行固定资产再生产的重要方式,对先进技术装备的安装、使用,以及新兴产业部门的出现具有重要的促进作用。为此,本文以全社会固定资产投资集聚程度作为企业创新投资的替代指标,用城市全社会固定资产投资与城市总面积的比值测度(单位:亿元/平方千米)。城市创新环境包括软环境和硬环境,受限于数据可得性,本文仅从地区信息化发展水平这一角度来考察城市创新环境。这是由于当前,依托于互联网建设的信息化发展逐渐成为知识交流和传播最重要的媒介,是城市开展科技创新活动必不可少的环境依托。因此,本文用城市每万人中国际互联网用户数来反映城市信息化发展水平(单位:户/万人)。上述数据皆来源于EPS数据平台。

对上述中介效应模型进行回归,并基于Boostrap方法检验其作用机制显著性。从回归(1)可以看出,试点政策对城市创新水平的总效应为

0.357，且在1%的置信水平下显著为正，可见创新型城市试点政策显著提升了城市创新水平，与前述结论一致。这可能是由于试点政策通过加强创新战略引领、促进城市创新要素集聚、激励企业开展研发创新和培育有利于科技创新的环境等方式，间接促进了城市创新水平提升。

首先，回归（2）和回归（3）分别给出了试点政策对政府财政科技支出的回归结果以及试点政策、政府科技支出对城市创新水平的回归结果。其中，回归（2）显示，创新型城市试点对政府科技支出占比的回归系数在1%的置信水平下显著为正，说明试点政策有利于强化地方政府对城市创新活动的战略性引导；回归（3）中，政府科技支出对城市创新水平的回归系数同样在1%的置信水平下显著为正，说明政府创新战略能够有效促进城市创新水平提升。综合上述结果可见，创新型城市试点能够强化政府对城市创新活动的战略性引导，进而促进城市创新水平提升，其中介效应为0.119，约占总效应的33.27%。Sobel检验以及Bootstrap检验结果均在1%的置信水平下证实了政府科技支出中介效应的存在。

其次，回归（4）和回归（5）分别给出了试点政策对城市人口集聚的回归结果以及试点政策、人口密集度对城市创新水平的回归结果。从回归（4）可以看出，创新型城市试点政策对城市人口密集度的回归系数在1%的置信水平下显著为正，说明试点政策有利于促进人口集聚；回归（5）中，城市人口密集度对城市创新水平的回归系数在1%的置信水平下显著为正，说明人口集聚能够有效促进城市创新水平提升。结合回归（4）中回归结果可见，创新型城市试点能够有效促进城市人口集聚，为城市创新奠定了良好的人力资本基础，促进了城市创新水平提升。人口要素集聚的中介效应为0.031，约占总效应的8.92%。Sobel检验和Bootstrap检验结果均证实，人口集聚的中介效应存在。

再次，回归（6）和回归（7）分别给出了试点政策对城市全社会固定资产投资密集度的回归结果和试点政策、投资密度对城市创新水平的回归结果。从回归（6）可以看出，试点政策对城市投资密集度的回归系数在1%的置信水平下显著为正，说明创新型城市试点有利于促进城市投资集聚；回归（7）中，投资集聚对城市创新水平的回归系数在1%的置信水平下显著为正，说明城市投资密集度的提高带动了城市创新水平提升。结合回归（6）中结果可以看出，创新型城市试点能够激励企业加强投资，促进新技术、新产业的出现，进而推动城市创新水平提升。并且城市投资集聚的中介效应为0.187，约占总效应的52.24%。此外，Sobel检验和

Bootstrap 检验结果均表明投资集聚中介效应显著存在。

最后，回归（8）和回归（9）分别给出了试点政策对城市信息化水平的回归结果以及试点政策、信息化水平对城市创新水平的回归结果。其中，回归（8）显示，试点政策变量对城市信息化水平的回归系数在1%的置信水平下显著为正，说明创新型城市试点带动了城市信息化建设；回归（9）中，城市信息化水平对创新水平的回归系数同样在1%的置信水平下显著为正，说明城市信息发展为城市创新提供了良好的信息环境，促进了城市创新水平提升。结合回归（8）中结果可见，创新型城市试点能够促进城市信息化水平提升，有利于优化城市创新环境，对城市创新水平提升起到了显著的促进作用。城市信息化的中介效应为0.010，约占总效应的2.69%，并且 Sobel 检验和 Bootstrap 检验结果均在较高的置信水平下肯定了城市信息化变量中介效应的存在。

六、简要结论与实践启示

（一）简要结论

创新是经济发展的长期动力，而城市是科技创新的空间载体，是创新活动开展和创新产出商业化的重要基地。提高城市创新水平对我国创新型国家建设具有重要的基础性作用，为此，国家出台了一系列措施，提高了城市创新水平。其中，作为创新型国家建设目标和创新驱动发展战略的推广，创新型城市试点政策是政府推动城市创新、为创新型国家建设提供有效支撑的重要措施。那么在实践中，创新型城市试点能否有效提升城市创新水平？对这一问题的回答，能够在一定程度上澄清当前研究关于政府创新政策效果的争论，为政府制定合理的支持政策提供理论指导与实践指南。

本文在理论分析的基础上，通过双重差分模型等方法，实证检验了创新型城市试点对城市创新水平的影响，主要结论如下：（1）整体来看，试点政策能够有效提升城市创新水平，该结论印证了政府支持有效论的观点，说明应当积极发挥政府在城市科技创新中的引领和保障作用。（2）创新型城市试点对城市创新水平的影响在不同城市之间存在着差异，试点政策对直辖市、省会城市和副省级城市创新水平的提升作用弱于一般城市；

对科教资源质量较高城市创新水平的提升作用弱于科教资源质量较低的城市；并且随着城市创新水平提升，试点政策对城市创新水平的促进作用呈现出一种先增强后减弱的"非对称倒V形"变化特征，但是研究也发现，试点政策效果的区位异质性并不显著。（3）创新型城市试点能够通过加强政府对城市创新活动的战略引领、促进城市人才集聚、激励企业加大投资力度和优化城市创新环境等方式，对城市创新产生间接的促进作用；并且试点政策对企业投资的激励效应是创新型城市试点推动城市创新水平提升的重要原因。

（二）实践启示

基于上述结论，本文主要实践启示有以下三点：

第一，总结创新型城市试点经验，有序扩大创新型城市试点范围，推动城市创新水平的普遍提升。研究发现，创新型城市试点能够有效提升城市创新水平，因此加快完善"地方试点—中央总结—地方推广"试点制度，明晰创新型国家建设中中央与地方政府间的责任关系，加快形成中央向地方提供创新战略指导与制度激励、地方向中央贡献创新实践经验与智慧储备的互动关系。当前，我国创新型城市试点政策取得了阶段性成功，并于2018年4月进一步扩大了试点范围，在未来，应当进一步加快创新型城市试点经验的总结，尽快形成一般性规律与多样化经验，并上升为中央政策，加快在全国范围内推广的步伐。

第二，推动创新型城市试点应当坚持因地制宜、一地一策的原则，提高国家创新体系的包容性与灵活性，并加快建立有效的试点效果跟踪评价与监测机制。由于经济发展水平、资源集聚能力和政策环境等经济制度环境差异，创新型城市试点对不同城市创新水平的影响也存在着差异化特征。因此在创新型城市建设试点经验推广的过程中，应当避免单一化、一概而论的一元化做法，倡导多元化发展战略，因地制宜地借鉴和汲取试点经验，构建具有地方特色的城市创新体系，使得我国创新体系建设更具多元化、包容性。同时，应当加强对试点政策效果的跟踪评价与监测，及时调整试点措施；必要时可以采取退出机制，将试点效果不佳的城市不再纳入试点范围。

第三，探索试点政策推动城市创新水平提升的多维路径，完善城市创新体系。研究发现，试点政策能够通过加强政府对城市创新活动的战略性引导，促进人口集聚、激励企业投资以及优化创新环境等方式间接促进城市创新水平提升。因此，应当进一步强化政府对城市创新的战略引领，加大政府科技支出，提高政府科技支出对城市创新活动的促进作用；制定更加宽松的人才引进政策，为城市创新奠定良好的人力资本基础；激励企业加大研发支出，强化企业在城市创新体系中的主体地位；优化城市软硬件基础设施环境，为城市创新创造良好的环境保障。

参考文献

1. 白俊红、卞元超：《政府支持是否促进了产学研协同创新》，载于《统计研究》2015年第11期。

2. 高翔：《城市规模、人力资本与中国城市创新能力》，载于《社会科学》2015年第3期。

3. 耿慧芳、张杰、杨震宁：《市场环境变迁和政府政策冲击对民营企业创新绩效的影响》，载于《技术经济》2016年第10期。

4. 蒋殿春、夏良科：《外商直接投资对中国高技术产业技术创新作用的经验分析》，载于《世界经济》2005年第8期。

5. 寇宗来、刘学悦：《中国城市和产业创新力报告2017》，复旦大学产业发展研究中心，2017年。

6. 林毅夫：《新结构经济学的理论基础和发展方向》，载于《经济评论》2017年第3期。

7. 李政、杨思莹：《十年创新型国家建设：成就、经验与问题》，载于《学习与探索》2017年第1期。

8. 李政、杨思莹：《创新活动中的政府支持悖论：理论分析与实证检验》，载于《经济科学》2018年第11期。

9. 李政、杨思莹、路京京：《政府参与能否提升区域创新效率?》，载于《经济评论》2018年第6期。

10. 吕薇：《区域创新驱动发展战略：制度与政策》，中国发展出版社2014年版。

11. 钱晓烨、迟巍、黎波：《人力资本对我国区域创新及经济增长的影响——基于空间计量的实证研究》，载于《数量经济技术经济研究》2010年第4期。

12. 邵朝对、苏丹妮、包群：《中国式分权下撤县设区的增长绩效评估》，载于《世界经济》2018年第10期。

13. 沈敏：《现代化经济体系的双擎驱动：技术创新和制度创新》，载于《财经科学》2018年第8期。

14. 沈沁、游士兵：《集聚效应、内生增长与创新型城市建设》，载于《江汉论坛》2017年第4期。

15. 唐书林、肖振红、苑靖婷：《上市公司自主创新的国家激励之困》，载于《科学学研究》2016 年第 5 期。

16. 王俊：《R&D 补贴对企业 R&D 投入及创新产出影响的实证研究》，载于《科学学研究》2010 年第 9 期。

17. 王晓珍、邹鸿辉：《产业政策对风电企业创新绩效的作用机制分析》，载于《研究与发展管理》2018 年第 2 期。

18. 巫强、刘蓓：《政府研发补贴方式对战略性新兴产业创新的影响机制研究》，载于《产业经济研究》2014 年第 6 期。

19. 肖文、林高榜：《政府支持、研发管理与技术创新效率——基于中国工业行业的实证分析》，载于《管理世界》2014 年第 4 期。

20. 余泳泽：《政府支持、制度环境、FDI 与我国区域创新体系建设》，载于《产业经济研究》2011 年第 1 期。

21. 余泳泽：《创新要素集聚、政府支持与科技创新效率——基于省域数据的空间面板计量分析》，载于《经济评论》2011 年第 2 期。

22. 曾萍、邹绮虹、蓝海林：《政府的创新支持政策有效吗？》，载于《科学学与科学技术管理》2014 年第 4 期。

23. 张杰：《中国创新补贴政策的绩效评估：理论与证据》，载于《经济研究》2015 年第 10 期。

24. 赵玉林、贺丹：《智力密集型城市科技创新资源利用效率实证分析》，载于《中国软科学》2009 年第 10 期。

25. 祝佳：《创新驱动与金融支持的区域协同发展研究——基于产业结构差异视角》，载于《中国软科学》2015 年第 9 期。

26. Aerts, K, & T Schmidt. 2008, "Two for the price of one? On additionality effects of R&D Subsidies: A Comparison between Flanders and Germany", *Research Policy*, Vol. 37 (5): pp. 806 – 822.

27. Autor, D H. 2003, "Outsourcing at Will: The Contribution of Unjust Dismissal Doctrine to the Growth of Employment Outsourcing", *Journal of Labor Economics*, Vol. 21 (1): pp. 1 – 23.

28. Baron, R M, & D A Kenny. 1986, "The moderator-mediator variable distinction in social psychological research: Conceptual, strategic, and statistical considerations", *Journal of Personality and Social Psychology*, Vol. 51 (6): pp. 1173 – 1182.

29. Bertrand, M & S Mullainathan, 2003, "Enjoying the Quiet Life? Corporate Governance and Managerial Preferences" *Journal of Political Economy*, Vol. 111 (5): pp. 1043 – 1075.

30. Boeing, P. 2016, "The Allocation and Effectiveness of China's R&D Subsidies: Evidence from Listed Firms", Research Policy: pp. 1774 – 1789.

31. Czarnitzki, D & K Hussinger. 2004, "The Link between R&D Subsidies, R&D

Spending and Technological Performance." ZEW – Centre for European Economic Research Discussion Paper.

32. Doh, S, & B Kim. 2014, "Government support for SME Innovations in the Regional Industries: The Case of Government Financial Support Program in South Korea", *Research Policy*, Vol. 43: pp. 1557 – 1569.

33. Earl, M. 2001, "Knowledge Management Strategies: Toward a Taxonomy", *Journal of Management Information Systems*, Vol. 18（1）: pp. 215 – 242.

34. Görg, H et al. 2008, "Grant Support and Exporting Activity", *Review of Economics and Statistics*, Vol. 91（1）: pp. 168 – 174.

35. Girma, S et al, 2009, "What Determines Innovation Activity in Chinese State-owned Enterprises? The Role of Foreign Direct Investment", *World Development*, Vol. 37（4）: pp. 866 – 873.

36. Griliches, Z. 1990, "Patent Statistics as Economic Indicators: A Survey", *Journal of Economic Literature*, Vol. 12: pp. 16 – 61.

37. Guerzoni, M, & E Raiteri. 2015, "Demand-side vs. Supply-side Technology Policies: Hidden Treatment and New Empirical Evidence on the Policy Mix", *Research Policy*, Vol. 44: pp. 726 – 747.

38. Guo, D et al. 2016, "Government Subsidized R&D and Firm Innovation: Evidence from China", *Research Policy*, Vol. 45: pp. 1129 – 1144.

39. Heckman, et al. 1997, "Matching as an Econometric Evaluation Estimator: Evidence from Evaluating a Job Training Programme", *Review of Economic Studies*, Vol. 64（4）: pp. 605 – 654.

40. Hong, J. et al. 2016, "Do Government Grants Promote Innovation Efficiency in China's High-tech Industries?", *Technovation*, Vol. 57 – 58: pp. 4 – 13.

41. Hottenrott, H et al. 2017, "Direct and Cross – Scheme Effects in a Research and Development Subsidy Program", *Research Policy*, Vol. 46: pp. 1118 – 1132.

42. Hussinger, K. 2008, "R&D and Subsidies at the Firm Level: An Application of Parametric and Semi – Parametric Two-step Selection Models", *Journal of Applied Econometrics*, Vol. 23（6）: pp. 729 – 747.

43. Kahn, K B. 2018, "Understanding Innovation", *Business Horizons*, Vol. 61（3）: pp. 453 – 460.

44. Ke, X, Chen, H, Hong, Y, & Hsiao, C. 2017, "Do China's High-speed-rail Projects Promote Local Economy?: New Evidence from a Panel Data Approach", *China Economic Review*, Vol. 44: pp. 203 – 226.

45. Kleer, R. 2010, "Government R&D Subsidies as a Signal for Private Investors", *Research Policy*, Vol. 39: pp. 1361 – 1374.

46. Lee, G. 2006, "The Effectiveness of International Knowledge Spillover Channels", *European Economic Review* Vol. 50: pp. 2075 – 2088.

47. Liang, X, & Liu, A M. 2018, "The Evolution of Government Sponsored Collaboration Network and Its Impact on Innovation: A Bibliometric Analysis in the Chinese Solar PV Sector", *Research Policy*, Vol. 47: pp. 1295 – 1308.

48. Lin, J, & Monga, C. 2011, "Growth Identification and Facilitation: The Role of the State in the Dynamics of Structural Change", *Development Policy Review*, Vol. 29 (3): pp. 264 – 290.

49. Zhang, W. 1997, "Decision Rights, Residual Claim and Performance: A Theory of How the Chinese State Enterprise Reform Works", *China Economic Review*, Vol. 8: pp. 67 – 82.

不同测度方法下城镇化对能源消费的影响研究

——基于中介效应模型

谢 地 李梓旗[*]

一、引 言

国家能源"十三五"规划指出要"控制能源消费总量,大力发展清洁能源"。我国当前的环境问题以及能源改革还面临着诸多困境,习近平总书记在十九大报告中强调要坚持新发展理念,要以坚持节约资源和环境保护原则,提高能源利用效率,优化能源消费结构,这对控制中国的环境污染问题具有重要意义。近年来,中国能源消费总量呈现出不断上升的趋势。1995年、2005年、2010年和2014年的能源消费总量分别为5 666万吨标准煤、11 148.2万吨标准煤、16 655.3万吨标准煤和19 589.8万吨标准煤,这在一定程度上加重了环境污染。与此同时,中国的城镇化水平也呈现出逐年上升的趋势,上述对应年份的人口城镇化水平分别为41.6%、46.2%、52%和56.6%。城镇化与能源消费之间的关系引起了诸多经济学家的关注,对城镇化如何影响能源消费展开了深入研究,但并没有一致的结论。本文则试图在多层次测度城镇化水平的基础上,研究不同测度方法的城镇化影响能源消费的传导机制,为进一步制定相关的政策提供理论依据。现有文献对城镇化与能源消费之间关系的研究包括以下三类:

---

[*] 谢地,辽宁大学经济学院教授;李梓旗,辽宁大学经济学院博士研究生。基金项目:国家社科基金重大项目(18ZDA036)。

首先，一些学者认为城镇化水平的提高增加能源消费量。张雷、黄园淅[1]认为城镇化水平的提高不仅增加了能源消费总量，还进一步提高了能源消费质量。王蕾、魏后凯[2]认为从全国层面和区域层面来看，城镇化对能源消费的净效应为正，其中中部地区的城镇化对能源消费影响最大。科尔和诺伊迈尔（Cole and Neumayer）[3]发现，较高的城镇化水平和较低的家庭规模会促进能源消费增加。琼斯（Jones）[4]通过1980年59个国家的数据进行实证研究发现，当人均收入和工业化程度保持不变的前提下，人均能源消费和人均GDP弹性值在0.35~0.48之间。其他一些学者分析了城镇化影响消费的途径，其中周等（Zhou et al.）[5]指出城镇化通过影响住宅、交通和建材工业影响能源消费；约克（York）[6]通过14个欧盟国家1996~2000年的数据发现，人口规模和年龄结构对能源消费有显著的影响；郭文、孙涛[7]将城镇化因素引入LMDI模型，并通过2003~2012年30个省份的面板数据进行分析后发现，人口城镇化是影响我国碳排放量的主要因素，其中东部地区的人口规模对碳排放量的影响高于中西部地区。汪泽波[8]通过对1985~2012年的京津冀地区进行研究发现，京津冀三地城镇化水平对能源消费增长的贡献作用有限。

其次，还有一些学者认为城镇化水平对能源消费产生抑制性作用。陈等（Chen et al.）[9]认为通过公共基础设施能够降低能源消费。布朗等

---

[1] 张雷、黄园淅：《中国现代城镇化发育的能源消费》，载于《中国人口.资源与环境》2010年第1期。

[2] 王蕾、魏后凯：《中国城镇化对能源消费影响的实证研究》，载于《资源科学》2014年第6期。

[3] Matthew A Cole, and Eric Neumayer. Examining the impact of demographic factors on air pollution. *Population and Environment*, 2004, 26 (1): 5-21.

[4] Donald W Jones. How urbanization affects energy-use in developing countries. *Energy policy*, 1991, 19 (7): 621-629.

[5] Wenji Zhou, Bing Zhu, Dingjiang Chen. Energy consumption patterns in the process of China's urbanization, *Population and environment*, 2012, 33 (2): 202-220.

[6] Richard York. Demographic trends and energy consumption in European Union nations, 1960-2025. *Social science research*, 2007, 36 (3): 855-872.

[7] 郭文、孙涛：《人口结构变动对中国能源消费碳排放的影响——基于城镇化和居民消费视角》，载于《数理统计与管理》2016年第4期。

[8] 汪泽波：《京津冀地区城镇化对能源消费的动态冲击效应——基于SVAR模型的分析》，载于《干旱区资源与环境》2016年第9期。

[9] Haiyan Chen, Beisi Jia, S. S. Y. Lau. Sustainable urban form for Chinese compact cities: challenges of a rapid urbanized economy. *Habitat International*, 2008, (32): 28-40.

(Brown et al.)① 通过美国大城市的数据研究发现人口密度有利于降低能源消费量。谢利平②认为城镇化并不会导致能源消费总量的上升,工业化升级和科技创新能够降低能源消费总量和强度。

最后,不同城镇化阶段对能源消费的影响呈现出差异性特征。范英等(Ying Fan et al.)③ 在较低城镇化阶段和较高的城镇化阶段的能源消费总量变化不同,这种差异取决于城镇化对能源消费促进与抑制双重作用的净效应的大小,其中促进作用主要来自基础设施建设以及居民家庭生活方式的改变促进了能源消费的增加;而抑制作用主要来自技术水平提高了能源利用效率。关雪凌、周敏④认为在城镇化的初级阶段,城镇化对能源消费的促进作用大于其抑制作用,能源消费量处于较低水平;在城镇化的加速时期,城镇化对能源消费的促进作用仍然大于其对能源消费的抑制作用,能源消费总量大幅增加。在较高的城镇化水平阶段,城镇化则能有效抑制能源消费的增加,其对能源消费的抑制作用大于促进作用,即城镇化会降低能源消费量。

现有文献对城镇化与能源消费进行了全面深入研究,但本文与现有文献有以下两点不同:(1)现有文献更多从人口城镇化角度研究能源消费问题,即采用城镇常住人口与总人口的比例测度城镇化水平,而忽略了"土地城镇化"和"产业城镇化"视角下的能源消费问题的研究;(2)在将城镇化划分为人口城镇化、产业城镇化和土地城镇化的基础上,采用中介效应模型分析不同测度方法下的城镇化影响能源消费总量及结构的传导机制。本文接下来从人口城镇化、产业城镇化和土地城镇化角度讨论其对能源消费的影响;从实证角度验证人口城镇化、产业城镇化和土地城镇化对能源消费的影响;最后为结论及政策建议。

---

① Marilyn A Brown, Frank Southworth, Andrea Sarzynski. The geography of metropolitan carbon footprints. *Policy and society*, 2009, 27 (4): 285 – 304.

② 谢利平:《能源消费与城镇化、工业化》,载于《工业技术经济》2015年第5期。

③ Ying Fan, Lan - CuiLiu, Gang Wu, and Yi - Ming Wei. Analyzing Impact Factors of CO_2 Emissions Using the STIRPAT Model. *Environmental impact assessment review*, 2006, 26 (4): 377 – 395.

④ 关雪凌、周敏:《城镇化进程中经济增长与能源消费的脱钩分析》,载于《经济问题探索》2015年第4期。

二、城镇化影响能源消费的分析框架

黄泰岩、石腾超①将城镇化可划分为人口城镇化、产业城镇化和土地城镇化。人口城镇化、土地城镇化和产业城镇化对能源消费总量和能源消费结构的影响途径存在差异。已有研究将能源消费总量定义为煤炭、石油、天然气、电力等用于生产和生活所消费的能源总和。能源消费结构指不同类别能源消费量与能源消费总量之比。李国璋、霍宗杰②采用煤炭消费总量与一次能源消费总量的比值来衡量能源消费结构。林伯强、姚昕、刘希颖③指出，近几年，我国煤炭消费占能源消费总量的比例呈现下降趋势，但仍超过60%。上述衡量能源消费结构的测度方法并不能很好体现能源消费结构的绿色转型，因此，本文将能源消费结构定义为天然气和电力的消费量与能源消费总量之比，以此体现传统粗放型生产向"绿色制造""清洁生产"的转型（张峰，2016）④。该比值越高，说明能源消费的绿色程度或清洁程度越高。

（一）人口城镇化对能源消费的影响：教育水平视角

人口城镇化一般采用城市人口与总人口的比重来衡量，城市人口有两种统计口径：（1）拥有城市户籍的人口；（2）按居住地衡量城市人口，即在城市居住6个月以上的农村户籍流动人口，以及土地被征收但是具有农村户籍的农民都会被列入到城市人口之中。两种统计口径的人口城镇化水平有较大差别。但基于数据可获得性等原因，本文主要利用居住地统计人口城镇化水平。

从能源消费总量角度来看，人口城镇化水平的提高意味着农村人口向

---

① 黄泰岩、石腾超：《规避城市化厄运的关键与途径》，载于《当代经济研究》2013年第10期。
② 李国璋、霍宗杰：《中国能源消费、能源消费结构与经济增长》，载于《当代经济科学》2010年第3期。
③ 林伯强、姚昕、刘希颖：《节能和碳排放约束下的中国能源结构战略调整》，载于《中国社会科学》2010年第1期。
④ 张峰：《制造业能源消费结构演变、工资上涨会影响国际竞争力吗？——基于信息熵和VAR模型的实证分析》，载于《中央财经大学学报》2016年第2期。

城市的不断集聚，相比于未流向城市的农民而言，受教育水平相对较高的他们能够在城市获得更高的收入水平，进而通过使用更多的电力等能源消费来增加能源消费总量。从世界范围内的经验来看，3/4 的能源消费发生在仅占地球面积 2% 的城市之中（姚昕、潘是英、孙传旺，2017）①。因此，人口城镇化水平的提高可能会进一步增加能源消费总量。从能源消费结构角度来看，农村人口流向城市通过教育能够提高人力资本水平（王蕾、魏后凯，2014），提高他们的收入水平可能又进一步增加了城市的天然气以及电力等能源消费总量。与此同时，据《中国家庭能源消费研究报告（2015）》显示，煤炭支出是农村家庭能源消费支出的重要组成部分。农村人口向城市流动过程中煤炭消费的下降与电力消费的增加，有利于提高能源消费的绿色程度，进而改变能源消费结构。从上述分析可知，教育水平通过改变人们的消费观念以及消费水平来影响能源消费总量与结构，教育水平是人口城镇化影响能源消费总量和能源消费结构的中介变量。

（二）产业城镇化对能源消费的影响：技术进步视角

黄泰岩、石腾超②采用二三产业 GDP 之和与 GDP 总量来衡量产业城镇化水平。事实上，第二产业和第三产业的结构也会发生变化并对能源消费总量和能源消费结构产生差异性的影响，可采用第三产业 GDP 与第二产业 GDP 的比值来衡量产业城镇化水平，这也是产业结构高级化水平的衡量指标（于斌斌，2015）。从能源消费总量角度来看，以产业结构调整所刻画的产业城镇化水平的提高是经济增长的内在需求与推动力（于斌斌，2015）③，而经济增长能够带动技术水平的提高，技术水平的提高又进一步对能源消费产生影响。一方面，产业城镇化水平的提高会促进技术进步，提高能源利用效率，减少能源消费总量；另一方面，技术进步会进一步促进经济增长，而经济增长会带动能源消费总量的增加（王蕾、魏后

---

① 姚昕、潘是英、孙传旺：《城市规模、空间集聚与电力强度》，载于《经济研究》2017 年第 11 期。

② 黄泰岩、石腾超：《规避城市化厄运的关键与途径》，载于《当代经济研究》2013 年第 10 期。

③ 于斌斌：《产业结构调整与生产率提升的经济增长效应——基于中国城市动态空间面板模型的分析》，载于《中国工业经济》2015 年第 12 期。

凯，2014）①。能源消费总量的变化取决于技术进步的净效应。从能源消费结构角度来看，第二产业可能更多产生煤炭、石油等能源消费，而第三产业可能对电力等能源消费产生更大影响。技术进步通过改变能源消费效率来影响第二产业和第三产业的能源消费量，进而改变能源消费结构。因此，从以上的分析来看，技术进步可以被认为是产业城镇化水平影响能源消费总量和能源消费结构的中介变量。

（三）土地城镇化对能源消费的影响：土地出让金视角

现有文献主要采用建成区与土地总面积的比值来衡量土地城镇化水平（黄泰岩、石腾超，2013）②。当一个地区的行政区域面积既定时，建成区面积越大，土地城镇化水平越高，而土地城镇化水平的提高也会进一步影响能源消费总量与能源消费结构。从能源消费总量角度来看，城市郊区的大量农民集体所有土地被地方政府征收，建成区面积的增加势必会提高土地城镇化水平，也为地方政府带来大量的土地出让金收入并拉动经济增长。中国"粗放式、高能耗"的经济增长方式也导致了经济增长促进能源消费总量的增加③④⑤。从能源消费结构来讲，土地财政收入通过影响经济增长而提高能源消费总量的同时，也会通过土地出让金收入的不同行业流向而影响能源消费结构。当土地出让金收入更多流向使用天然气、电力等行业时，可能在一定程度上提高能源消费的清洁程度。相反，土地出让金收入更多流向消费煤炭、石油等行业时，能会在一定程度上降低能源消费的清洁程度。因此，从以上的分析来看，土地出让金收入是土地城镇化影响能源消费总量和能源消费结构的中介变量。

---

① 王蕾、魏后凯：《中国城镇化对能源消费影响的实证研究》，载于《资源科学》2014年第6期。

② 黄泰岩、石腾超：《规避城市化厄运的关键与途径》，载于《当代经济研究》2013年第10期。

③ 杨子晖：《经济增长、能源消费与二氧化碳排放的动态关系研究》，载于《世界经济》2011年第6期。

④ 吕炜、许宏伟：《土地财政的经济影响及其后续风险应对》，载于《经济社会体制比较》2012年第11期。

⑤ 黄飞雪、靳玲：《城市化对中国能源消费的影响机制研究》，载于《产业经济评论》2011年第1期。

三、模型设定与数据说明

（一）模型设定与变量说明

如城镇化影响能源消费的分析框架部分所述，人口城镇化、产业城镇化和土地城镇化分别通过中介变量教育水平、技术水平以及土地财政收入影响能源消费总量与能源消费结构。本文在借鉴林伯强和刘希颖[①]能源消费模型，结合华广敏[②]中介效应模型构建方法，将模型设定如下：

$$\ln E_{it} = a_0 + a_1 \ln Urb_{it} + a_2 X_{it} + \varepsilon_{1it} \quad (1)$$

$$\ln Z_{it} = b_0 + b_1 \ln Urb_{it} + b_2 X_{it} + \varepsilon_{2it} \quad (2)$$

$$\ln E_{it} = c_0 + c_1 \ln Urb_{it} + c_2 \ln Z_{it} + c_3 X_{it} + \varepsilon_{3it} \quad (3)$$

其中，E_{it} 为第 t 年 i 省的能源消费，Urb_{it} 为城镇化水平，Z_{it} 为中介变量，X_{it} 为控制变量，ε_{it} 为随机扰动向。ln 表示对数化处理，一方面将系数赋予经济学弹性含义，另一方面将能源消费指标平稳化处理。方程（1）中的 a_1 衡量城镇化影响能源消费总量及其结构的总效应；方程（2）中的 b_1 衡量的是城镇化对相应中介变量的影响程度；方程（3）中的 c_1 衡量城镇化对能源消费总量和能源消费结构的直接效应。将方程（2）代入方程（3），可得：

$$\ln E_{it} = (c_0 + c_2 b_0) + (c_1 + c_2 b_1) \ln Urb_{it} + (c_2 b_2 + c_3) X_{it} + \varepsilon_{4it} \quad (4)$$

方程（4）中，可观察到 $a_1 = c_1 + c_2 b_1$ 是城镇化对能源消费总量及结构的总效应，其中，$c_2 b_1$ 衡量的是城镇化通过中介变量对能源消费总量及其结构的中介效应。

中介效应估计策略：第一步是检验方程（1）中城镇化水平对能源消费估计系数 a_1 的显著性，若系数 a_1 不显著，则城镇化水平与能源消费总量及其结果不相关性，停止中介效应分析；若系数 a_1 显著，则进一步检验。第二步是检验方程（2）中城镇化水平对于中介变量估计系数 b_1 显著

---

① 林伯强、刘希颖：《中国城市化阶段的碳排放：影响因素和减排策略》，载于《经济研究》2010 年第 8 期。

② 华广敏：《高技术服务业 FDI 对东道国制造业效率影响的研究——基于中介效应分析》，载于《世界经济研究》2012 年第 12 期。

性，若不显著，则停止检验；反之进行第三步检验。第三步是检验方程(3)中城镇化水平和中介变量对于能源消费总量及其结果影响程度 c_1 和 c_2 的显著性，若中介变量估计系数 c_2 显著，则说明存在中介效应，此时再考虑城镇化水平对能源消费总量与能源消费结构估计系数 c_1 显著，则说明是不完全中介效应；若不显著则说明是完全中介效应。

（1）因变量：能源变量 E，E_1 和 E_2 分别表示能源消费总量和能源消费结构。其中，能源消费总量是以煤炭、石油、天然气和电力消费量按折标准煤系数转换成标准煤消耗量（单位：标准煤）来衡量。此外，能源消费种类可划分为传统型能源（煤炭、石油）、绿色或清洁型能源（天然气和电力）（张峰，2016）。能源消费结构定义为清洁能源消费与能源消费总量的比值，其比值越高说明能源消费清洁度越高。

（2）自变量：城镇化水平 Urb。城镇化划分为三类：第一类是人口城镇化（Urb_1），采取城镇人口占总人口比重来衡量。第二类是产业城镇化（Urb_2），采取第三产业产值与第二产业产值比重来衡量（付宏、毛蕴诗，2013），其中涉及到产业增加值均选择以 1995 年为基期运用相应产业增加值指数进行平减。第三类是土地城镇化（Urb_3），采取建城区面积占相应地区行政区域面积比重来衡量。

（3）中介变量：人口城镇化的中介变量是教育水平，教育水平以人均受教育年限（Edu）来衡量（杨奇明和林坚，2014）[1]。产业城镇化的中介变量是技术水平，采用实用新型专利授权量（Pat）来衡量（张杰等，2016）[2]。土地城镇化的中介变量是土地财政收入，采用土地出让金（Land）来衡量（刘琼等，2014）[3]。

（4）控制变量：包括经济增长（Rgdp），选择以地区的人均 GDP 衡量经济增长水平。其中，涉及到不变价格的实际值换算是选择 1995 年为基期运用地区生产总值指数进行平减获得。对外贸易程度（Nx）与多数研究文献一致，采用出口占国内生产总值比重来衡量，对外贸易通过能源

---

[1] 杨奇明、林坚：《教育扩张是否足以实现教育公平？——兼论 20 世纪末高等教育改革对教育公平的影响》，载于《管理世界》2014 年第 8 期。

[2] 张杰、高德步、夏胤磊：《专利能否促进中国经济增长——基于中国专利资助政策视角的一个解释》，载于《中国工业经济》2016 年第 1 期。

[3] 刘琼、欧名豪、盛业旭：《不同类型土地财政收入与城市扩张关系分析——基于省际面板数据的协整分析》，载于《中国人口·资源与环境》2014 年第 12 期。

的直接进出口和间接进出口影响着中国的能源消费（赵晓丽、洪东悦，2009）①。外商直接投资程度（Fdi），采用外商直接投资占国内生产总值来度量。工业发展规模（Ind）。重工业优先发展战略在一定程度上影响能源消费，本文选择规模以上工业企业单位数作为工业发展规模的衡量指标。

（二）数据来源与说明

本文数据主要来源于《中国统计年鉴》（1996~2015）、《能源统计年鉴》（1995~2015），部分补充数据来自《新中国六十年统计资料汇编》和 Wind 资讯。其中，在1996年重庆从四川划分出来成为直辖市，此后重庆单独口径统计，为保持数据连续性和可比性，将重庆列入四川统计口径范围内。此外，西藏因缺省数据严重予以剔除。由于部分数据缺失，土地城镇化部分数据为2002~2014年。

表1中描述了上述主要变量、控制变量以及中介变量的统计学特征。1995~2004年的平均能源消费总量为11 339万吨，能源消费结构指标数值为13.34%。1995年的平均能源消费总量为5 666万吨，能源消费结构数值为9.43%。2014年的相应数据分别为19 590万吨和17.73%，两个指标呈现出逐年上升趋势。此外，能源消费总量与能源消费结构还呈现出区域差异，其中能源消费总量最低的是海南，为1 488万吨；最高的山东，为29 145万吨。能源消费结构最低的为山西（6.01%），最高为青海（31.56%）。

表1　　　　　　　　　数据的统计性描述

变量名	均值	标准差
	N = 580	
E_1（万吨标准煤）	11 339	9 345
E_2（万吨标准煤）	13.33	0.07
Urb_1（%）	46.96	0.17
Urb_2（%）	99.69	0.34

---

① 赵晓丽、洪东悦：《我国国际贸易结构变化对能源消费影响的敏感性分析》，载于《国际贸易问题》2009年第7期。

续表

变量名	均值	标准差
Urb_3(%)	1.62	0.03
Edu(年)	8.11	1.20
Pat(项)	6 427	13 836
Land(万元)	5 005 287	8 313 553
Rgdp(元/人)	5 858	3 295
Nx(%)	31.39	0.40
Fdi(%)	52.22	0.68
Ind(个)	11 137	12 323

四、基本回归结果与分析

(一) 中介效应回归结果

在模型估计前,为了防止伪回归对变量对数做平稳性检验,结果显示数据同阶平稳。同时,对自变量进行相关系数检验,结果表明各变量间相关性较低,可同时作为自变量。为了验证城镇化影响能源消费的传导机制,依据中介效应估计策略的三步方法。第一步是检验方程(1)中人口城镇化、产业城镇化和土地城镇化与能源消费回归方程的系数是否显著,如表2所示。

表2　　　　　　　　　中介效应估计策略第一步

变量	E_1	E_2	E_1	E_2	E_1	E_2
$lnUrb_1$	0.581*** (0.060)	0.234*** (0.040)				
$lnUrb_2$			0.755*** (0.101)	0.531*** (0.063)		
$lnUrb_3$					1.019*** (0.069)	0.520*** (0.065)

续表

变量	E_1	E_2	E_1	E_2	E_1	E_2
样本数	580	580	580	580	377	377
R^2	0.736	0.356	0.720	0.394	0.853	0.372

注：*、**、*** 分别表示在10%、5%和1%的水平上显著。

从表2中不难发现，人口城镇化、产业城镇化和土地城镇化对能源消费和能源消费结构的回归系数都在1%的显著性水平上通过检验。这意味着可以进一步检验中介效应，即实施中介效应估计策略的第二步，对回归方程（2）进行回归，回归结果如表3所示。

表3 中介效应估计策略第二步

变量	lnEdu	lnPat	lnLand
$lnUrb_1$	0.085 *** (0.014)		
$lnUrb_2$		2.977 *** (0.185)	
$lnUrb_3$			3.338 *** (0.35)
样本数	580	580	377
R^2	0.651	0.757	0.719

注：*、**、*** 分别表示在10%、5%和1%的水平上显著。

表3表明人口城镇化、产业城镇化和土地城镇化对相应的中介变量教育水平、实用新型专利申请授权量和土地出让金的回归系数都在1%的显著性水平上通过检验，可进行第三步检验，回归结果如表4所示。

表4 中介效应估计策略第三步

变量	E_1	E_2	E_1	E_2	E_1	E_2
lnEdu	2.577 *** (0.152)	1.608 *** (0.104)				

续表

变量	E_1	E_2	E_1	E_2	E_1	E_2
$\ln Urb_1$	0.362*** (0.050)	0.0978*** (0.035)				
$\ln Pat$			0.297*** (0.020)	0.156*** (0.013)		
$\ln Urb_2$			-0.128 (0.103)	0.067 (0.069)		
$\ln Land$					0.077*** (0.010)	0.024** (0.010)
$\ln Urb_3$					0.763*** (0.072)	0.441*** (0.073)
$\ln Rgdp$	0.877*** (0.096)	-0.199*** (0.066)	1.167*** (0.099)	-0.019 (0.066)	0.630*** (0.100)	-0.411*** (0.103)
$\ln Nx$	0.0243 (0.033)	0.0199 (0.023)	0.033 (0.036)	0.027 (0.024)	-0.100*** (0.031)	0.0161 (0.032)
$\ln Fdi$	-0.154*** (0.027)	-0.0227 (0.018)	-0.074** (0.030)	0.022 (0.020)	0.0355 (0.028)	-0.098*** (0.028)
$\ln Ind$	0.0778*** (0.021)	-0.0106 (0.014)	-0.021 (0.021)	-0.071*** (0.014)	0.073** (0.031)	0.003 (0.032)
样本数	580	580	580	580	377	377
R^2	0.828	0.551	0.804	0.519	0.876	0.382

注：*、**、***分别表示在10%、5%和1%的水平上显著。

表4给出了不同测度方法城镇化水平对能源消费总量及其结构影响的中介效应估计结果。无论何种测算方法衡量城镇化水平，结果显示中介变量均显著，表明城镇化通过中介变量对能源消费总量及其结构产生影响。

（二）回归结果分析

1. 人口城镇化的能源消费效应

从表4中回归结果的第1列和第2列可知，中介变量人均受教育年限估计系数在1%的显著性水平上通过检验,说明存在中介效应。人口城镇化对能源消费总量和能源消费结构的系数也都在1%的显著性水平上通过检验,说明存在不完全中介效应。不完全中介效应意味着人口城镇化部分通过教育水平影响能源消费变量。从回归结果来看,能源消费总量的总效应 a_1 为0.581、直接效应 c_1 为0.362、中介效应 c_2b_1 为0.219,中介效应占总效应的37.69%。能源消费结构的总效应 a_1 是0.234、直接效应 c_1 是0.0978、中介效应 c_2b_1 是0.137,中介效应占总效应的58.35%。

从能源消费总量角度来看,中介变量教育水平在很大程度上促进了能源消费总量的增加。一方面,农村大学生是农村人口流向城市的重要组成部分,《国务院关于高等教育改革与发展工作情况的报告》中指出,2015年的高等教育在学总规模已经超过3 600万人,这其中重点大学有超过60%比例的大学生来自农村,他们大学毕业之后留在城市生活,在城镇生活比在农村生活要有更高的能源消费总量。据中国人民大学国家发展与战略研究院发布的《中国家庭能源消费研究报告(2014)》中的数据显示,2012年城镇居民的家庭能源消费总量是农村居民能源消费总量的1.4倍。另一方面,对于受教育水平相对较高进入城市打工的农民而言,他们的收入水平提高之后也会进一步增加在城市的能源消费总量。此外,外出打工人员中的年轻人比重较高,对于电力等能源消费有更高的需求[①]。

从能源消费结构角度来看,《中国家庭能源消费研究报告(2015)》中指出,蜂窝煤是农村家庭中仅次于电力支出的第二大能源消费种类,这些能源消费主要是用于取暖和炊事。当农村人口流向城市之后,必然减少煤炭的消费量而增加电力消费。无论是有较高教育水平的农村大学生还是进城务工农民,他们也都能够在城市获得相对较高的收入水平,这也进一步使得他们的电力消费更多用于享乐型消费,而非在农村生活的基本生活需求的电力消费。

因此,人口城镇化水平的提高通过增加电力消费量降低煤炭消费量而改变能源消费结构,提高了能源消费的绿色程度。

2. 产业城镇化的能源消费效应

从表4中回归结果的第3列和第4列可知,以实用新型专利授权量(Pat)来衡量的技术水平对能源消费总量和能源消费结构的回归系数都在

---

① 王芳、周兴:《人口结构、城镇化与碳排放——基于跨国面板数据的实证研究》,载于《中国人口科学》2012年第2期。

1% 的显著性水平上通过检验，说明存在技术效应。然而，产业城镇化对能源消费总量及结构的回归系数并不显著，这意味着存在完全中介效应，即产业城镇化是通过技术水平的变化对能源消费总量和能源消费结构产生影响的。

从能源消费总量角度来看，技术进步对能源消费总量的净效应更多体现在增加能源消费总量上，这与王蕾、魏后凯的研究结论是一致的。此外，金培振、张亚斌、彭星[1]通过 1999~2011 年 35 个行业的面板数据研究也发现，技术进步通过提高能源利用效率降低能源消费总量的效应小于经济增长增加能源消费总量的影响。从能源消费结构角度来看，以第三产业与第二产业产值比重衡量的产业城镇化水平的提高有助于推动产业结构的高级化转变，第三产业的比重在逐步加大，可能会促进电力消费的增加并降低煤炭等传统能源的消费，这在一定程度上改变了能源消费结构。技术进步可能会导致更加节约电力消费，也更加提高了第二产业中的传统能源利用效率，但从回归结果来看，产业城镇化水平的提高还是增加了能源消费的绿色清洁程度。

3. 土地城镇化的能源消费效应

从表 4 回顾结果的第 5 列和第 6 列中不难发现，中介变量土地出让金对能源消费总量和能源消费结构的影响显著为正，即存在中介效应。土地城镇化对能源消费总量和能源消费结构的回归系数也显著，这就说明存在不完全中介效应，即土地城镇化通过土地出让金部分影响到能源消费总量及结构。从回归系数来看，土地城镇化对能源消费总量和结构的总效应分别为 1.019 和 0.520，中介效应分别为 0.257 和 0.008，分别占到总效应的 25.20% 和 21.11%。

从能源消费总量角度来看，中介变量土地出让金在一定程度上促进了能源消费总量的增加。土地出让金对经济增长的积极作用得到了学者们的一致验证[2][3][4]，诸多学者也进一步通过实证研究表明，经济增长在一定程

---

[1] 金培振、张亚斌、彭星：《技术进步在二氧化碳减排中的双刃效应——基于中国工业 35 个行业的经验证据》，载于《科学学研究》2014 年第 5 期。

[2] 夏方舟、李洋宇、严金明：《产业结构视角下土地财政对经济增长的作用机制》，载于《经济地理》2014 年第 12 期。

[3] 王玉波：《土地财政推动经济与城市化作用机理及实证研究》，载于《南京农业大学学报》（社会科学版）2013 年第 3 期。

[4] 周彬、周彩：《土地财政、产业结构与经济增长》，载于《经济学家》2018 年第 5 期。

度上促进了能源消费总量的增加①②,这种关系在很大程度上源于我国粗放式的经济发展方式③。从能源消费结构角度来看,土地出让金收入通过地方政府流入不同行业部门,对能源消费结构会产生不同影响。从回归结果来看,土地城镇化通过中介变量土地出让收入提高了能源消费的清洁程度,这意味着土地出让金收入更多流入了天然气、煤炭等行业,并进一步提高了能源消费的清洁程度。

4. 控制变量回归结果分析

从表4中的回归结果来看,无论是人口城镇化、产业城镇化还是土地城镇化,以人均GDP衡量的经济增长对能源消费总量和能源消费结构都有显著影响,即在1%的显著性水平上通过检验,其中人均GDP在很大程度上促进了能源消费总量的增加,这说明经济发展水平越高,能源消费总量越大。而人均GDP对能源消费结构的影响为负,说明经济发展水平越高,清洁能源的使用比例越低,这与中国当前粗放式、高能耗的经济增长方式密切相关。对于对外贸易而言,除其在土地城镇化测度视角下对能源消费总量产生显著负向影响外,其余回归方程均不显著,其中回归结果第5列的显著负向影响的可能原因在于出口商品所在行业的能源消费较低。对于外商直接投资而言,外商直接投资程度在人口城镇化和产业城镇化中对能源消费总量的影响在1%的显著性水平上显著为负,这说明外商投资水平越高,能源消费总量越低,可能的原因在于外商直接投资更多投向能源消费较低的行业。对于工业发展规模而言,人口城镇化和土地城镇化中其对能源消费总量的影响也是在1%的显著性显著为正,这说明工业发展水平越高,能源消费总量越高,同样与中国高能耗的经济增长方式有关。

五、结论与启示

降低能源消费总量与优化能源消费结构是贯彻新发展理念的重要举

---

① 林伯强、吴微:《中国现阶段经济发展中的煤炭需求》,载于《中国社会科学》2018年第2期。

② 张红、李洋、张洋:《中国经济增长对国际能源消费和碳排放的动态影响》,载于《清华大学学报》(哲学社会科学版)2014年第1期。

③ 黄飞雪、靳玲:《城市化对中国能源消费的影响机制研究》,载于《产业经济评论》2011年第1期。

措,本文首先构建人口城镇化、产业城镇化和土地城镇化三种城镇化测度方法,并从理论角度讨论人口城镇化、产业城镇化和土地城镇化分别通过教育水平、技术进步以及土地出让金收入等中介变量影响能源消费与能源消费结果,并进一步利用1995~2014年的省级面板数据建立中介效应模型,从实证角度验证中介效应,最后得到以下一些结论和政策启示。

首先,人口城镇化通过中介变量教育水平对能源消费总量及其结构具有不完全中介效应。人口城镇化通过中介变量促进了能源消费的增加,但优化了能源消费结构,提高了能源清洁程度。人口城镇化与能源消费总量及能源消费结构部分的政策启示在于,在推动农村人口不断向城市转移的背景下,应更多注重提高他们的教育水平。欧盟以及挪威的家庭数据验证了较高的教育水平可能会使得人们更加注重节能,进而减少能源消费总量(Mills and Schleich,2012),进一步改善能源消费结构。

其次,产业城镇化通过中介变量技术进步对能源消费及其结构具有完全中介效应。技术进步通过经济增长对能源消费和能源消费结构产生正反双重影响,从表4中的回归结果来看,技术进步对能源消费的正向影响大于负向影响,这与中国当前所处的经济发展阶段相关。但产生城镇化水平的提高通过技术进步提高了能源消费的清洁程度。这意味着我国应该不断改变粗放式的经济发展方式,并进一步通过提高技术进步来优化能源消费结构。

最后,土地城镇化通过中介变量土地出让金收入对能源消费及其结构具有不完全中介效应。随着农民集体所有土地的不断被征收,地方政府获得了大量的土地出让金收入,并进一步推动了地方经济发展,增加了能源消费总量,这与中国当前高能耗的经济发展方式相关。并进一步通过调整土地出让金收入的流入行业来调整优化能源消费结构。

参考文献

1. 张雷、黄园淅:《中国现代城镇化发育的能源消费》,载于《中国人口·资源与环境》2010年第1期。

2. 王蕾、魏后凯:《中国城镇化对能源消费影响的实证研究》,载于《资源科学》2014年第6期。

3. Matthew A Cole, and Eric Neumayer. Examining the impact of demographic factors on air pollution. *Population and Environment*, 2004, 26 (1): 5-21.

4. Donald W Jones. How urbanization affects energy-use in developing countries. *Energy*

policy,1991,19(7):621-629.

5. Wenji Zhou,Bing Zhu,Dingjiang Chen. Energy consumption patterns in the process of China's urbanization. *Population and environment*,2012,33(2):202-220.

6. Richard York. Demographic trends and energy consumption in European Union nations,1960-2025. *Social science research*,2007,36(3):855-872.

7. 郭文、孙涛:《人口结构变动对中国能源消费碳排放的影响——基于城镇化和居民消费视角》,载于《数理统计与管理》2016年第4期。

8. 汪泽波:《京津冀地区城镇化对能源消费的动态冲击效应——基于SVAR模型的分析》,载于《干旱区资源与环境》2016年第9期。

9. Haiyan Chen,Beisi Jia,S S Y Lau. Sustainable urban form for Chinese compact cities:challenges of a rapid urbanized economy. *Habitat International*,2008,(32):28-40.

10. Marilyn A Brown,Frank Southworth,Andrea Sarzynski. The geography of metropolitan carbon footprints. *Policy and society*,2009,27(4):285-304.

11. 谢利平:《能源消费与城镇化、工业化》,载于《工业技术经济》2015年第5期。

12. Ying Fan,Lan-CuiLiu,Gang Wu,and Yi-Ming Wei. Analyzing Impact Factors of CO_2 Emissions Using the STIRPAT Model. *Environmental impact assessment review*,2006,26(4):377-395.

13. 关雪凌、周敏:《城镇化进程中经济增长与能源消费的脱钩分析》,载于《经济问题探索》2015年第4期。

14. 黄泰岩、石腾超:《规避城市化厄运的关键与途径》,载于《当代经济研究》2013年第10期。

15. 李国璋、霍宗杰:《中国能源消费、能源消费结构与经济增长》,载于《当代经济科学》2010年第3期。

16. 林伯强、姚昕、刘希颖:《节能和碳排放约束下的中国能源结构战略调整》,载于《中国社会科学》2010年第1期。

17. 张峰:《制造业能源消费结构演变、工资上涨会影响国际竞争力吗?——基于信息熵和VAR模型的实证分析》,载于《中央财经大学学报》2016年第2期。

18. 姚昕、潘是英、孙传旺:《城市规模、空间集聚与电力强度》,载于《经济研究》2017年第11期。

19. 于斌斌:《产业结构调整与生产率提升的经济增长效应———基于中国城市动态空间面板模型的分析》,载于《中国工业经济》2015年第12期。

20. 杨子晖:《经济增长、能源消费与二氧化碳排放的动态关系研究》,载于《世界经济》2011年第6期。

21. 吕炜、许宏伟:《土地财政的经济影响及其后续风险应对》,载于《经济社会体制比较》2012年第11期。

22. 黄飞雪、靳玲:《城市化对中国能源消费的影响机制研究》,载于《产业经济评论》2011 年第 1 期。

23. 林伯强、刘希颖:《中国城市化阶段的碳排放:影响因素和减排策略》,载于《经济研究》2010 年第 8 期。

24. 华广敏:《高技术服务业 FDI 对东道国制造业效率影响的研究——基于中介效应分析》,载于《世界经济研究》2012 年第 12 期。

25. 杨奇明、林坚:《教育扩张是否足以实现教育公平?——兼论 20 世纪末高等教育改革对教育公平的影响》,载于《管理世界》2014 年第 8 期。

26. 张杰、高德步、夏胤磊:《专利能否促进中国经济增长——基于中国专利资助政策视角的一个解释》,载于《中国工业经济》2016 年第 1 期。

27. 刘琼、欧名豪、盛业旭:《不同类型土地财政收入与城市扩张关系分析——基于省际面板数据的协整分析》,载于《中国人口·资源与环境》2014 年第 12 期。

28. 赵晓丽、洪东悦:《我国国际贸易结构变化对能源消费影响的敏感性分析》,载于《国际贸易问题》2009 年第 7 期。

29. 王芳、周兴:《人口结构、城镇化与碳排放——基于跨国面板数据的实证研究》,载于《中国人口科学》2012 年第 2 期。

30. 金培振、张亚斌、彭星:《技术进步在二氧化碳减排中的双刃效应——基于中国工业 35 个行业的经验证据》,载于《科学学研究》2014 年第 5 期。

31. 夏方舟、李洋宇、严金明:《产业结构视角下土地财政对经济增长的作用机制》,载于《经济地理》2014 年第 12 期。

32. 王玉波:《土地财政推动经济与城市化作用机理及实证研究》,载于《南京农业大学学报》(社会科学版)2013 年第 3 期。

33. 周彬、周彩:《土地财政、产业结构与经济增长》,载于《经济学家》2018 年第 5 期。

34. 林伯强、吴微:《中国现阶段经济发展中的煤炭需求》,载于《中国社会科学》2018 年第 2 期。

35. 张红、李洋、张洋:《中国经济增长对国际能源消费和碳排放的动态影响》,载于《清华大学学报》(哲学社会科学版)2014 年第 1 期。

36. 黄飞雪、靳玲:《城市化对中国能源消费的影响机制研究》,载于《产业经济评论》2011 年第 1 期。

37. Bradford Mills, and Joachim Schleich. Residentialenergy-efficient technology adoption, energy conservation, knowledge, and attitudes: an analysis of European countries. *Energy Policy*, 2012 (49): 616–628.

东北经济的结构、体制关键障碍与突破路径

和 军[*]

对于20世纪末的"东北现象"及近年来出现的"新东北现象",认为其根源在于结构性问题和体制机制障碍的看法,已成为社会各界广泛共识。结构性问题主要表现在:以资源型和初级产品加工为特征的经济结构不合理(魏后凯,2017)、产业结构单一化现象严重(宋冬林;2016)、科技创新不足、产业发展水平低并与市场脱节(李政、杨思莹,2018),以及投资消费、国际收支和金融结构失衡等(贾占华、谷国锋,2019)。体制机制障碍则主要包括:制度优势固化、产业垄断固化、政策方式固化(赵儒煜、王媛玉,2017)、传统计划经济的制度惯性与改革惰性(李政、杨思莹,2018)、行政权力替代经济权力、市场经济文化缺失(张屹山、张可、辛本禄,2016;褚敏、踪家峰,2018)、国企偏向及央企比重大(梁启东,2016)。据此提出加快产业结构转型升级、完善产业链条、优化需求结构与企业结构、推动两化融合、实施创新驱动、突破金融抑制等结构性问题解决办法,以及简政放权优化服务、打造良好营商环境,建立深化国企改革试验区、加快混合所有制改革,扩大开放、推进市场化,加强人才建设、推进军民融合(胡琦,2005;高国力,2016;和军、张依,2018)等体制机制障碍突破路径。但目前对于上述两方面关键障碍的分析,在基础数据、分析全面性和系统性等方面尚待进一步深入。我们的研究认为,东北结构性问题突出表现在产业结构重型化、创新驱动不足、国企央企比重大、民营经济及第三产业发展不足等方面。体制机制障碍的核心,是政府管的过多过死、市场化严重不足、思维落后与改革动力缺乏。

---

[*] 和军,辽宁大学东北振兴研究中心教授。基金项目:国家社科基金重大项目"振兴东北老工业基地重大体制机制问题与对策研究"(17ZDA060)。

一、东北经济的主要结构性问题

（一）产业结构升级迟缓

这里特选取改革开放以来全国及东部、东北三次产业结构变动情况进行对比分析。1978年，东北第一、第二、第三产业产值之比为20∶64∶16，东部三次产业产值之比为23∶57∶20，全国三次产业产值之比为28∶48∶24。显然，该阶段东北第二产业比重在全国处于领先地位，反映了东北作为"新中国装备部"的工业发展实力。第一、第三产业比重则低于全国和东部地区。①

第一产业比重方面，1994年东北为18.56%，首次超过东部的16.16%，但仍低于全国的19.47%。之后，东北与全国的比重已经非常接近，一直比东部高大约3%~3.5%，全都呈明显下降趋势。2003年之后，东北第一产业比重首次超过全国水平，并且在2010年全国下降趋势的情况下，东北第一产业比重出现了异常的上升趋势，由2010年10.63%上升至2017年的10.99%，远高出全国7.92%和东部4.72%的水平（见图1）。

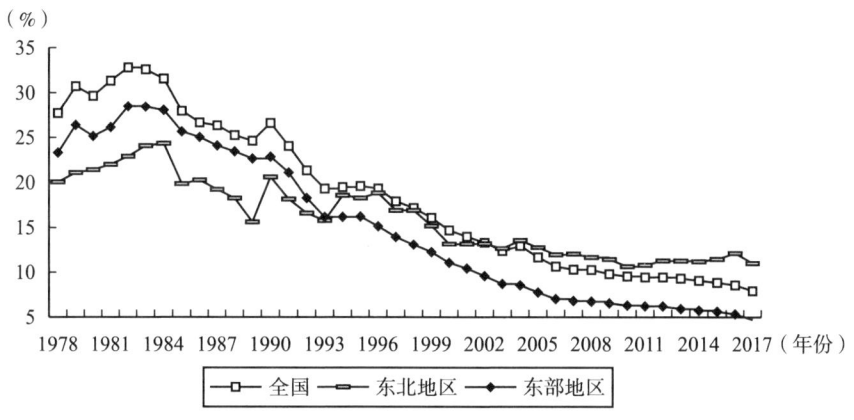

图1　1978~2017年第一产业增加值占GDP的比重

---

① 本文资料如不特别注明，均来源于历年《中国统计年鉴》《中国工业统计年鉴》《中国科技统计年鉴》《中国高新技术统计年鉴》、各省统计年鉴及统计局网站数据库，经整理或计算而成。

第二产业比重方面,总体看,除 2016 年东北低于全国水平外,东北和东部都高于全国平均水平。1995 年之前,东北第二产业比重为全国之首。1995 年东部为 49.79%,首次超过东北的 49.25%,二者都高于全国的 46.72%。1995~2002 年期间,东北和东部比重非常接近。2003~2007 年,东部高于东北,这一方面是由于入世对于轻工业的需求增长更加直接和快速,另一方面是由于东部地区重化工业即装备制造业也开始快速发展。2008 年之后,东北高于东部,这与"四万亿"投资关系密切,也是后期东北重化工业产能过剩、第二产业比重急剧下降的主要原因。2011 年,由于"新东北现象",东北第二产业比重达到极大值 52.29% 之后急剧下滑,2017 年只有 37.34%,既低于东部地区的 41.60%,也低于全国平均水平的 40.56%(见图 2)。

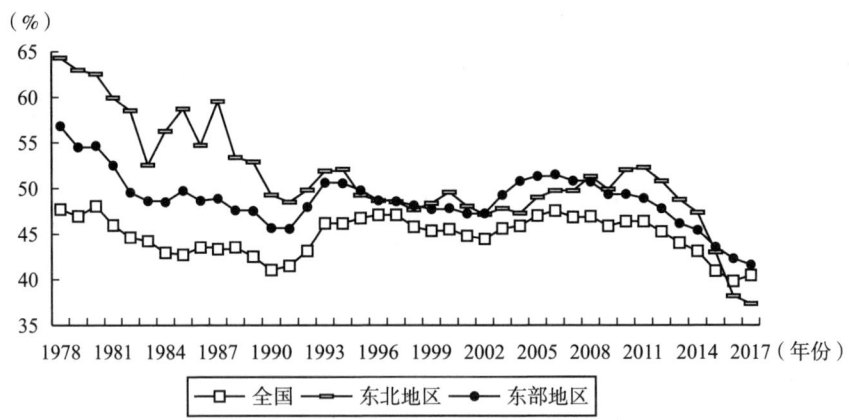

图 2　1978~2017 年第二产业增加值占 GDP 的比重

第三产业方面,1991 年,东北比重为 33.36%,首次略高于东部的 33.32%,但低于全国的 34.48%。之后直到 1994 年,东北、东部与全国第三产业比重水平三者都非常接近。但 1995 年之后,东北第三产业比重低于全国及东部水平,并在 2002 年之后出现了下降趋势;但东部与全国第三产业比重在 1993 年之后就非常接近,并且一直呈不断上升趋势。因而导致 2002 年之后东北与全国及东部第三产业比重差距扩大,到 2012 年东北第三产业比重为 37.94%,远低于东部地区 46% 的水平,之后差距开始缩小(见图 3)。

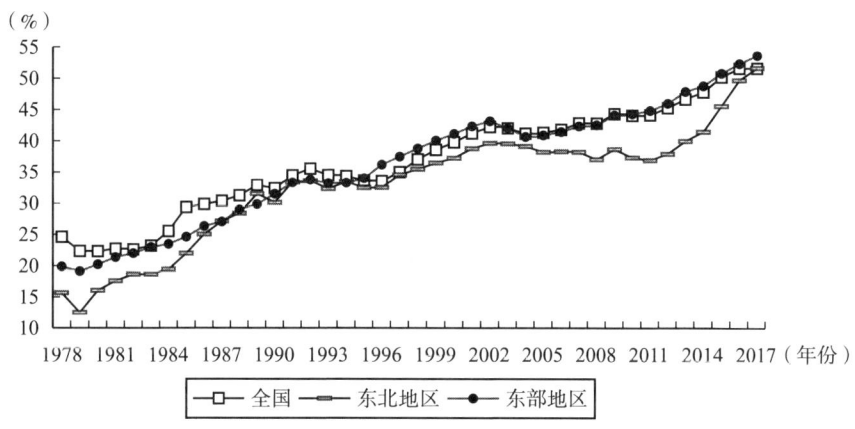

图 3　1978～2017 年第三产业增加值占 GDP 的比重

纵观改革开放以来东北三次产业结构变迁，第一产业比重的特殊之处在于 2010 年之后出现异常上升趋势。第二产业比重在 2002 年入世之后开始提升本属于正常现象，但在 2009 年出现下降之后再提升，则是"四万亿"刺激计划导致的人为扭曲现象，之后由于产能过剩出现急剧下滑也就不难理解了。2009 年全国第二产业比重出现下降，一方面是产业结构升级规律的作用；另一方面是外需疲软及劳动力等成本相对上升导致制造业萎缩的结果。第三产业比重方面的主要问题在于 2002～2012 年出现了下降趋势，反映出东北第三产业创业环境不佳、第二产业投资拉动型增长未能带动生产型服务业等第三产业快速发展的现实。2012 年之后第三产业比重快速上升，则是由于第二产业比重快速下降所致。

作为"共和国的长子""新中国的装备部"，第二产业在东北具有更加重要的作用。但改革开放以来，尽管通过加大投资、技术改造、公司制改革等途径，形成中国一汽、华晨汽车、鞍钢、本钢、哈尔滨电气、中国一重、大庆石化、沈飞、沈阳黎明、沈阳重工、沈阳机床、沈阳鼓风机、大连船舶、大连冰山等一批大型骨干企业，但就地区工业总产值占全国比重而言，却呈现不断下降的态势，由 1978 年的 16.41%一路下降至 2017 年的 4.64%，反映了东北工业总体衰落的事实。同期东部地区工业总产值占全国比重呈现先上升后下降、中西部地区呈现先下降后上升的趋势（见图 4）。

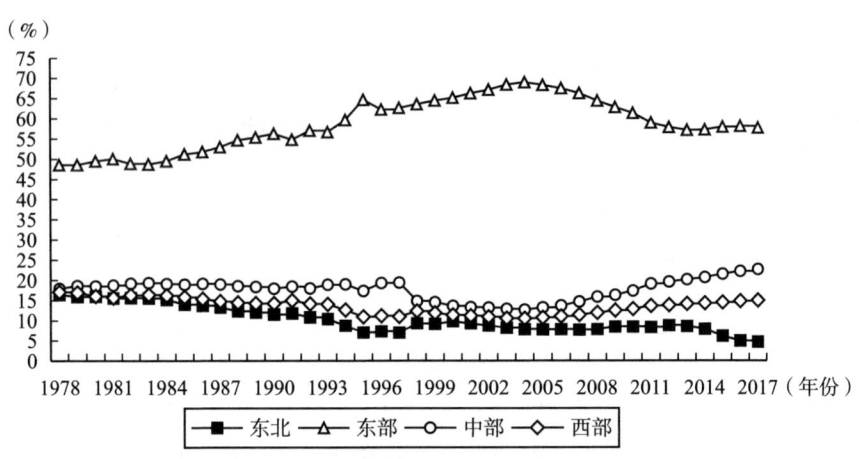

图 4　1978～2017 年全国四大区域工业总产值占全国的比重

究其原因，一是改革开放以来东部率先引进外资，大力发展加工工业和消费品工业使其工业地位不断提升。二是中西部特别是西部地区，在改革开放初期发展相对迟缓，工业产值全国占比相对下降。但后期东部一些省份"腾笼换鸟"，实施工业梯度转移，尤其是 2010 年国家出台《关于中西部地区承接产业转移的指导意见》后，东部向中西部加快进行工业转移，从而导致东部工业占比下降、中西部工业占比上升。同时，东三省的传统优势产业采矿业、装备制造业、化工和金属冶炼等行业实质上是"大而不强"，许多产业存在分工环节低端锁定问题，在全球价值链中分工地位较低，对外贸易表现出明显的比较劣势。此外，东北农业发展仍以传统农业为主，乡村工业化基本处于停滞甚至倒退状态。工业内部仍按照重重—轻轻的轨迹发展，重工业内部结构仍以采掘业和初级加工业为主；服务业质量不高，呈现一种低水平扩张。改革开放后东北地区随着工业化推进，工业劳动力构成却在下降，从工业中转移出的劳动力不是流向第三产业，而是倒流回农业中，导致农业劳动力构成反倒上升的现象[①]。

（二）工业内部结构畸形化与技术创新不足

这里主要从东三省与江浙粤三省对比的角度，考察重工业与轻工业比

---

① 胡琦：《东北产业结构的逆工业化变动特征及转型思路》，载于《上海经济研究》2005 年第 6 期。

例结构、重工业与轻工业中各个细分行业的具体比例关系、新技术新产品比重等结构关系。重工业比重方面,2006年,东北重工业产值占区域工业产值比重达80%左右,高于全国70%左右的平均水平,均高于长三角、珠三角平均水平(2005年江浙粤分别为67.32%、56.39%、56.32%,上海为72.92%)[①]。2014年,黑龙江重化工业占比达80%左右,其中能源工业占比达54%;在长春,汽车制造业占工业增加值达到60%(峰值时的2008年达到67.8%)[②]。辽宁规模以上企业中,重工业的资产占比高达85.3%,主营业务收入占79.3%,利税占79%[③]。

细分行业结构方面,如表1所示,东北地区普遍重工业化明显高于对比省份。以1983年、2002年、2017年三个关键节点年份为例(1983年为有统计数据的起始年),在1983年,纺织还是辽宁、吉林两省排行前五的行业,分别名列第三、第四位,但2002年,纺织已经排名前五之外了,石油和天然气开采业、黑色金属冶炼和压延加工业、化学原料和化学制品制造业、汽车成为东北工业的主导行业。此时,轻工业主要只有食品制造业、农副食品加工业排在前五,且排位靠后;而同期江浙粤排位第一、第二的行业则为纺织业、电子电气、服装、交运设备、普通机械、化学等排在前五位。2011年后,东北重工业化程度有所减轻,酒、饮料和精制茶制造业,家具,造纸、医药、食品等轻工业进入前五位行业。2017年,农副食品加工业在吉林省排第二位,占比10.96%;在黑龙江省居第三位,占比达5.94%。但尽管如此,石油天然气、石油、汽车、电力热力、黑色及非金属等资源、能源型产业仍为东北地区前五位主要行业。而江浙粤三省2017年排位第一、第二的行业则主要为计算机、电气,尽管化学、通用设备、金属、汽车等重工业地位相对提升,纺织、电子产业比重相对下降,显示了即使在黑色金属、装备制造等东北传统优势产业领域,南方发达省份也后来居上,并逐渐取而代之。例如,化学原料和化学制品制造业,传统化工大省吉林2017年产值为1 360.84亿元,只有浙江的24.64%、江苏的8.70%。辽宁排名第二位的黑色金属业,产值尚不及江苏的1/3。

[①] 中国社会科学院工业经济研究所:《中国工业发展报告(2006)》,经济管理出版社2006年版。
[②] 陈鑫:《东北经济:传统产业比重过高结构怎么调?》,载于《经济日报》2015年第8期。
[③] 陈梦阳、王炳坤:《东北振兴要升级到2.0版呼唤体制转型》,载于《经济参考报》2016年第8期。

表1　　对比六省及全国产值前五位的工业行业变动情况　　单位：亿元、%

区域	1983年			2002年			2017年		
	行业	产值	比重	行业	产值	比重	行业	产值	比重
黑龙江	石油天然气	61.1	17.4	石油天然气	864.7	29.7	电力热力	1 001.4	16.9
	机械	36.5	10.4	石油	433.9	14.9	石油天然气	949.6	16.0
	食品	36.4	10.4	电力热力	282.8	9.7	农副	352.7	5.9
	石油	20.5	5.8	汽车	178.3	6.1	食品	325.1	5.5
	电力热力	12.4	3.5	农副	158.8	5.5	汽车	302.9	5.1
吉林	机械	42.2	25.5	汽车	1 012.0	47.2	汽车	7 189.2	35.2
	化学	29.6	17.9	石油	182.2	8.5	农副	2 237.4	11.0
	食品	20.7	12.5	化学	122.6	5.7	化学	1 360.8	6.7
	纺织	11.6	7.0	食品	78.2	3.7	非金属	1 332.4	6.5
	木材	9.6	5.8	黑色	68.6	3.2	电力热力	925.8	4.5
辽宁	机械	122.7	23.7	石油	759.6	15.9	石油	3 562.3	15.5
	黑色	86.4	16.6	黑色	624.5	12.8	黑色	2 973.8	13.0
	纺织	80.8	15.6	汽车	376.3	7.7	汽车	2 909.3	12.7
	石油	61.5	11.9	计算机	307.4	6.3	电力热力	1 743.1	7.6
	化学	52.6	10.1	化学	298.9	6.1	化学	1 465.9	6.4
广东	纺织	168.6	26.7	纺织	1 539.8	11.1	计算机	37 301.9	27.5
	化学	121.5	19.3	电子	1 419.0	10.2	电气	12 931.7	9.5
	食品	91.2	14.5	化学	1 359.7	9.8	汽车	7 853.2	5.8
	机械	78.1	12.4	普通机械	949.7	6.9	电力热力	6 370.0	4.7
	电气	60.8	9.6	电气	928.3	6.7	金属	6 204.0	4.6

续表

区域	1983年			2002年			2017年		
	行业	产值	比重	行业	产值	比重	行业	产值	比重
浙江	机械	20.9	23.1	纺织	1 348.2	13.8	电气	6 526.2	9.8
	纺织	12.8	14.2	电气	840.6	8.6	化学	5 524.0	8.3
	食品	10.3	11.4	普通机械	614.9	6.3	汽车	5 006.2	7.6
	化学	9.7	10.7	服装	595.8	6.1	电力热力	4 882.9	7.4
	建材	6.9	7.6	交通	520.9	5.3	纺织	4 875.0	7.4
江苏	纺织	132.1	25.1	纺织	1 539.8	11.1	计算机	18 530.6	12.4
	普通机械	126.3	24.0	电子	1 419.0	10.2	电气	16 301.9	10.9
	化学	72.3	13.8	化学	1 359.7	9.8	化学	15 640.6	10.5
	食品	61.0	11.6	普通机械	949.7	6.9	黑色	9 560.4	6.4
	建材	32.3	6.2	电气	928.3	6.7	通用设备	8 732.8	5.9
全国	机械	1 440.5	23.8	计算机	11 131.0	10.3	计算机	106 221.7	9.4
	纺织	956.0	15.5	汽车	8 217.9	7.6	汽车	84 637.1	7.5
	食品	794.3	12.9	化学	7 065.8	6.5	化学	81 889.1	7.2
	化学	741.1	12.0	黑色	6 472.6	6.0	电气	71 683.4	6.3
	黑色	523.7	8.5	纺织	6 221.9	5.7	黑色	64 571.8	5.7

新技术新产品方面，改革开放初期，东北地区并不落后于东南沿海地区。如表2所示，1990年前后，东北地区新产品销售收入占比总体高于江浙粤三省。但后来随着东南沿海扩大开放、引进先进设备、推动技术创新，新技术新产品逐渐赶超东北地区，工业重心逐渐南移。2003年的数据显示，除辽宁外，吉黑两省新产品销售收入占比远低于对比省份；2013年

前后则全面落后于对比省份及全国平均水平;2017年该比值尽管有所上升,但数值最高的辽宁也只有浙江的不到一半水平。这与东三省研发投入及研发成果较少直接相关。以R&D经费支出占GDP比重、万人发明专利数为例,1990年前后东三省普遍高于江浙粤三省,2003年总体上大致接近,但之后差距不断拉大。到2017年,东三省R&D经费支出占GDP比重最高的辽宁为1.17%,吉林黑龙江两省均不到1%,而江浙粤三省都在2%左右(见图5)。2017年,辽吉黑三省万人发明专利数分别为4.69、2.86、2.80,而江浙粤三省则分别为23.29、17.50、16.35,最高相差7倍左右;东三省全都未达到全国平均水平8.96(见表3)。

表2 对比省份新产品销售收入占工业产品总销售收入比重 单位:%

区域	1987年	1992年	2003年	2013年	2017年
辽宁	1.62	8.03	10.52	7.94	15.74
吉林	1.25	9.71	2.36	3.17	13.60
黑龙江	0.56	3.11	5.10	4.25	7.89
江苏	4.14	7.69	9.60	14.76	19.18
浙江	1.90	3.98	7.80	24.28	32.16
广东	3.67	4.82	9.31	16.94	26.03
全国	2.45	6.17	9.85	12.37	16.91

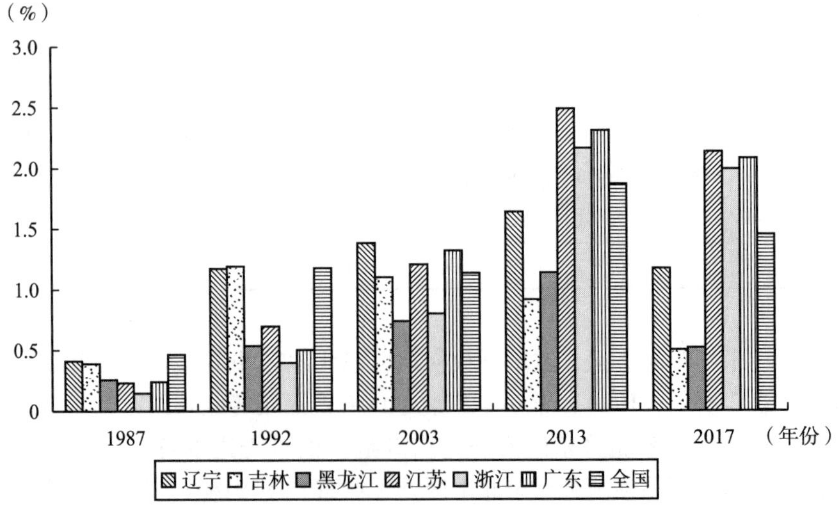

图5 对比省份R&D经费支出占GDP比重

第五篇 中国区域经济的协调与发展

表3　　　　　　　　　对比省份万人发明专利的拥有量　　　　　　单位：件/万人

区域	1987年	1992年	2003年	2013年	2017年
辽宁	0.08	0.21	0.61	5.76	4.69
吉林	0.06	0.11	0.43	1.65	2.86
黑龙江	0.05	0.10	0.30	2.70	2.80
江苏	0.04	0.08	0.44	17.79	23.29
浙江	0.05	0.09	0.59	7.77	17.50
广东	0.02	0.07	0.78	6.48	16.35
全国	0.04	0.09	0.44	5.20	8.96

由于上述原因，东北地区在新能源、新材料、生物技术、航空装备、计算机电子设备、机器人等战略性新兴产业、高新技术产业领域产值不高，竞争力及市场占有率逐年下滑。如图6所示，东三省高技术产业主营业务收入占工业总主营业务收入比重普遍不高，低于全国平均水平；而南方三省除浙江总体高于东北地区的幅度稍小之外，苏粤二省数值远高于东三省。以2016年为例，江苏、广东数值分别为19.61%、29.24%，而辽吉黑分别只为6.62%、8.83%、4.30%，差距显著。2017年辽宁、吉林、黑龙江三省高技术产业新产品销售收入占工业总营业务收入的比重分别为1.90%，0.70%，0.92%，都远低于江苏、浙江、广东的5.94%，5.20%，13.96%和全国平均水平的4.73%。

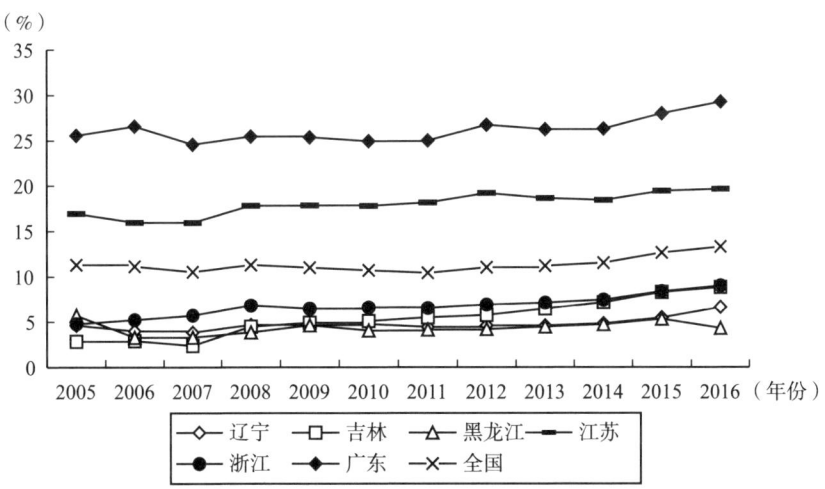

图6　对比省份高技术产业主营业务收入占工业总主营业务收入比重

(三) 所有制结构不合理

长期以来，东北央企与国企比重较高，企业规模大，且存在大而全、小而全的问题，民营企业多依附其上下游发展，发展相对迟缓。据《中国统计年鉴》的数据计算，2003 年，辽宁国有工业产值占比为 58.11%，吉林占比为 76.11%，分别比全国平均水平 37.87% 高出 53.44%、100.98%。2007 年，黑龙江国有工业产值占比 72.61%，东三省大于 50%，而全国平均水平不到 30%，东部地区只有 20% 多一点。东北工业总产值中国有比重一度呈下降趋势，2013 年接近 30%，但之后该比重又呈现上升趋势，到 2017 年该比重接近 40%。而同期全国及东部国有工业比重总体呈下降趋势，到 2017 年东部地区只有 18% 左右，全国只有 23% 左右（见图 7）。

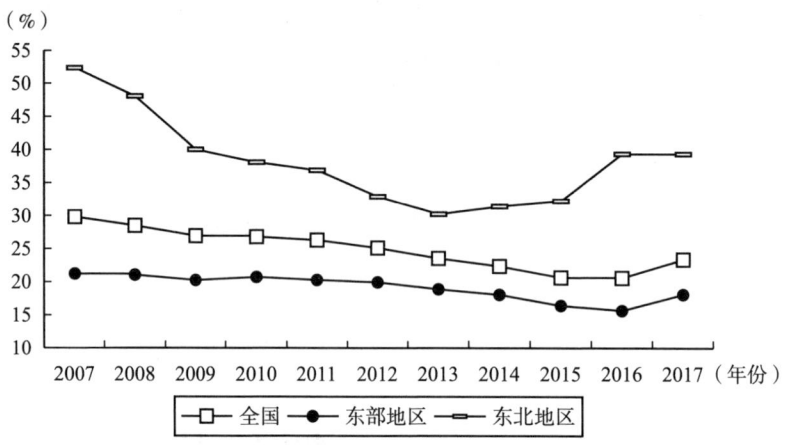

图 7 对比区域国有工业产值占工业总产值的比重

东北国有经济比重大，依附性民企发展迟缓，加之营商环境不佳，导致东北地区私营、个体企业不论在数量上还是比例上都远低于南方发达省份。以万人私企数为例，2015 年，东三省最多的辽宁只有 122.9 户，而江浙粤三省最低的江苏为 228.4 户，高出辽宁近 1 倍。黑龙江万人私企数只有 66.3 户，不到浙江的 1/3。私企就业数占人口数方面差距更大，黑龙江只有 1.2%，而浙江则达高到 30.6%。在个体户方面东北地区与南方对比省份差距相对较小，但黑龙江数值都较低，表明民企在黑龙江发展尤其受限（见表 4）。

表4　　　　　　　2015年对比省份私营、个体分布情况

区域	私营				个体			
	户数（万户）	万人私企数（户）	户均就业（人）	就业数占人口数（%）	户数（万户）	万人个体企业数（户）	户均就业（人）	就业数占人口数（%）
辽宁	35.8	122.9	6.4	7.9	200.6	457.8	2.7	12.5
吉林	25.8	93.8	9.5	8.9	136.7	496.4	2.5	12.2
黑龙江	25.3	66.3	1.9	1.2	126.2	331.0	2.0	6.7
江苏	182.2	228.4	11.5	26.2	387.6	485.5	1.8	8.8
浙江	129.2	233.3	13.1	30.6	317.8	573.7	2.3	13.1
广东	248.1	228.7	7.5	17.2	493.0	454.4	2.3	10.6
全国	1 908.2	138.8	8.6	11.9	5 407.9	393.4	2.2	8.5

资料来源：国务院发展研究中心企业研究所：《中国企业发展报告2017》，中国发展出版社2017年版，第97~99页。

图8为全国四大区域私营、外商及港澳台工业企业主营业务收入占比曲线，反映非国有及外商经济发展情况。图8中显示，2003~2013年，东北地区非国有及外商经济呈现不断提高趋势，总体比重与中部大致相当且大多数年份高于中部及西部地区，低于东部地区。但2013年以来，在全国总体比重上升趋势下，东北居然出现下降趋势，2017年与西部相当，居于全国最低区域。这与东北拥有沿海城市带、港口密集等区位条件极不相称。

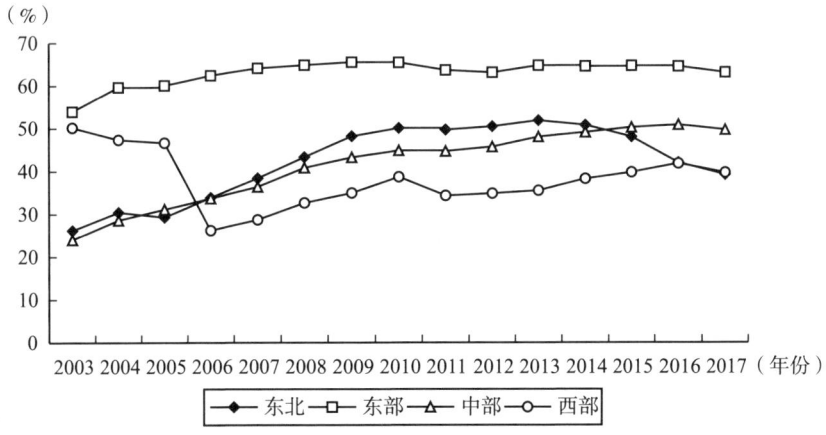

图8　四大区域私营、外商及港澳台工业企业主营业务收入占比

二、东北经济的关键体制机制障碍

东北地区经济结构与体制机制之间存在一种相互适应、相互加强的关系。这种关系可能在经济发展初期有助于集中力量办大事，快速推进工业化进程。不少研究也指出，政府主导的工业化进程，更倾向于发展重化工业，而市场主导的工业化，则倾向于发展轻工业。但这种政府主导的重化工业化，逐步在东北经济发展中形成上述一系列结构性问题，同时导致东北经济发展的严重体制机制障碍。

（一）长期统治经济和计划经济导致政府作用太大、市场作用受限

东北早期资本主义萌芽于营口牛庄开埠，但直到民国初期一直以油坊、烧锅、磨坊三大低端轻工业为主。奉系集团统治以来，相对鼓励民间资本投资经济建设，但奉系官僚资本仍占主导地位。伪满时期，日伪政府出于战争与掠夺资源需要，更是加强了对经济的统治，民族资本受到极大排挤乃至逐渐没落。直到新中国成立前，东北经济大多时期实行统治经济，政府对经济的控制较为严格。在新中国成立前后，经过公私合作、"三反""五反"等运动，私人资本几近消失。东北作为全国最早解放的地区，早期国家对东北的投资最大、接收大型工矿企业并对之进行国有化范围最广、最早进入计划经济体制。尤其是因朝鲜战争爆发，中央层面关于优先发展重工业的思路趋于统一，而东北作为重工业基础最好的地区，理所当然地成为国家重工业投资的最佳区域。之后经过"一五""二五"计划实施，东北重化工业成为为全国"出机器、出干部、出经验"的工业摇篮，为奠定全国工业基础、推动全国发展做出巨大贡献。其间，尽管由于中央放权，东北地方政府大力发展"五小"工厂推动了企业自主经营和一定程度的市场化，但后期整顿期间，这些企业要么已经撤销，要么被并入大型工矿企业体系，未能像南方一些小企业得到市场化发展，并在改革开放后发展壮大。

统治经济和计划经济都需要政府的主导甚至完全控制作用。纵观东北经济发展历程，东北封禁之前更不用论述，即使近代开埠外资进入以来，也由于长期的统治经济和计划经济，导致政府作用一直比较强势，私人资

本大多时期都在政府资本、外国资本的夹缝中艰难生存。计划经济以来，政府更是全面替代市场，并且在改革开放后全国推行市场化的大环境下，由于东北地区计划调配资源较多，价格放开等工作都比其他省市晚好多年，从而使东北成为"进入计划经济最早、退出计划经济最晚"的地区。这样，从经济发展历史传统看，东北就是缺乏商业和市场经济较为发展的先例，这与南宋时期浙江永嘉学派和永康学派提倡"义利并立""农商并重"，南宋以后浙东学派主张"讲求实效、注重功利"、推崇工商，明末思想家黄宗羲提出"工商皆本"、反对歧视商业等思想及经济实践是完全不同的。因而即使在社会主义市场经济体制建立以来，东北地区的计划经济思维和政府倾向于"管理""管制"经济而非服务于经济主体的行为特征也十分明显。政府作用并不必然带来弱市场，但东北抑制市场作用的强政府，显然极大抑制了市场作用的发挥，从而对经济发展形成制约。

（二）央企国企比重大附属性民企发展难

东北国企比重大，国有经济比重远高于全国平均水平，黑龙江国有经济比重更是接近70%。当然，国有企业并非一定没有效率，也并非要将国企都私有化。但理论与实践都证明，国企应主要集中于战略性和非竞争性领域，在一般竞争性领域国企并不具备优势和市场竞争力，应尽早重组或出清。国有经济比重过大导致一系列经济问题：难以发挥市场机制的积极作用、优先占用资源与形成垄断、内生动力不足效率低下、结构调整与转型升级艰难，等等。

东北国有企业问题很大程度上是央企问题。实际上，经过改革，东北地方国企数量已经不多了，且大多分布于市政公用事业等行业。但东北央企数量、比重都比较大。目前，在辽宁的中央企业及所属企业有1 751户，资产达2万亿元，占辽宁规模以上企业资产总额的47%，在岗职工约70万人。在吉林央企销售收入占全省规模以上工业主营收入的90%多；在黑龙江央企占全省规模以上工业比重也在60%以上[①]。

在"巨无霸"央企快速发展的同时，是东北民营企业发展的滞后和营商环境的恶劣。由于重点行业大多被国企尤其是央企垄断，民营企业即使能够进入这些行业，大多也只能为国企或央企作"配套"，它们之间只是生产经营上的依附关系和体制上的"寄生"关系。民企和国企央企之间，

---

① 梁启东：《东北国企改革的核心问题是央企改革》，载于《中国经营报》2016年第10期。

在市场准入、资源获取、政策支持、平等竞争、执法环境等诸多方面都处于弱势地位，极大制约了民营经济的健康发展。同时，与央企国企存在依附关系的民企更可能通过维系"关系"而非提升内在能力获取业绩利润，客观上降低了民企的市场竞争能力，与南方发达省份民营经济的差距进一步拉大。从前文东三省与对比省份私营企业发展情况看，东三省私营企业户数、私营企业就业数占人口数比重等与南方省份差距极大，即是该问题的客观反映。

东北民营企业发展难也与东北经济结构密切相关。东北工业中重化工业、能源、资源型工业占很大比重，高新技术产业发展严重滞后。产能过剩行业规模大、比重高，产业链条较短，加工深度和技术含量不高，抗外部干扰能力较弱。现有工业企业大多集中在制造环节，处于产业链和价值链的中低端，上游关键原材料、核心零部件研发和下游服务环节发展滞后[1]。尤其是一些大型资源型企业，转型升级缓慢，内部大而全、小而全，生产经营自成体系、与外部合理分工与协作生产联系不足、效率低下。央地融合发展不足、大型企业对外围小企业带动不足，阻碍了民企发展步伐。

（三）"官本位"思想和统治经济思维阻碍创新创业

东北是践行计划经济最早、时间最长、贯彻最彻底的地区，既在计划经济时期创造了辉煌，也集中了计划经济体制的所有弊端。计划经济体制很大程度上是一种"官本位"制度安排，在计划经济时期，企业的生产经营、物资调拨、产品分配，都由上级部门决定。在社会主义市场经济条件下，本来应由市场发挥基础性、决定性作用，但由于"官本位"思想和统治经济思维仍在东北地区广泛存在[2]，所以现实中一些政府部门和官员并未按照人民公仆、法治及服务型政府要求，为包括民企在内的市场经济主体服务，而是普遍存在"管理""管制"市场主体，缺乏为市场主体服务的意识，甚至故意设置障碍以便"吃拿卡要"、捞取个人好处，严重阻碍了创新创业和经济健康发展。

"官本位"和统治经济思维是创新创业的最大障碍。一是这种思维与

---

[1] 魏后凯：《东北经济的新困境及重振战略思路》，载于《社会科学辑刊》2017年第1期。
[2] 安树伟、李瑞鹏：《高质量发展背景下东北振兴的战略选择》，载于《改革》2018年第7期。

超前意识和创新精神格格不入。"官本位"和统治经济思维讲求四平八稳、循规蹈矩、高高在上、计划经济，与创新创业所推崇的鼓励冒险、不落俗套、深入实际、市场导向正好背道而驰。二是这种思维不利于人才健康成长与合理配置。这种思维导致即使在学校学习期间也热衷于当官、拉关系，在工作中将主要精力放在与上级搞好关系，而非提升技术能力等真正对经济发展有利的方面。在人才配置方面，毕业生在东北地区往往先优选政府机关、国企、事业单位等体制内工作，甚至出现博士生为了进编制而宁愿竞聘司机岗位的情况，造成人才资源错配与严重浪费。这种情况显然不利于创新创业与经济发展，也不利于吸引人才。东北一些地市领导到南京、杭州等高新区考察，发现在那里创业的"海归"博士中，东北人特别多。"这些政策咱也有啊，为什么不回来？"一问才得知，虽然优惠政策都不缺，真想申请，就得找路子托门子，费周折。三是"官本位"导致权力异化，降低政府服务经济发展的效率。在东北政府中，不少部门将国家为企业发展出台的政策文件扣在手头不下发，因为下发后可能会增加自己为企业服务的工作量，并且有些能"吃拿卡要"的权力可能会丢失。与南方发达地区为企业争取便利条件相反，东北某些部门主要是为本部门争取审批收费权，甚至人为增设办事环节，借加强管理服务之名，行收费或捞取个人好处之实。许多民营企业将主要精力放在与政府搞好关系、争取政府资源与依附国企采购链条生存，缺乏创新动力，逐渐丧失了市场竞争能力，这或许可以解释为什么中国民营企业500强里，东北的数量最少[①]。

创新创业的影响因素，包括政府和政策支持、社会环境氛围、人才、资金投入、知识产权保护等多个方面的良好条件。东北地方政府服务经济主体观点淡薄、社会重官轻商氛围浓厚、人才外流严重、投资不过山海关、技术创新相对迟缓，等等方面，显然都需要下大力气予以克服。

（四）对外开放度低及结构性问题导致缺乏改革动力

东北地区对外开放程度不高，缺乏倒逼改革的外部动力。东北虽然位居东北亚跨国贸易核心区域，但是周边贸易环境较差，东北地区成了事实上的贸易死角。一是朝韩对立使得周边局势处于"准冷战"状态。二是俄罗斯与中国体制差异较大，大规模企业自由贸易障碍较多。三是日本与东北在制造业方面存在潜在竞争，在关键技术方面，日本始终对中国严防死

---

① 鲁平：《官念淡一点 振兴快一点》，载于《人民日报》2016年第10期。

守。对外开放水平低,使得东北地区相对缺乏改革外部动力。

东北结构性问题与体制性障碍相互交织,给市场化改革造成了极大困难。一是由于占支柱地位的重化工业中以国有企业为主导,而这些国企经济体量大、比重高,以至于地方政府对这些企业不敢放手,也不舍得放手。这种情况让地方政府陷入"强化扶持"与"减少干预"的两难境地,让这些没有市场前景,产能过剩企业垂而不死,严重制约着市场化改革的进程。二是大量资源型地区处在"资源陷阱"中,产业结构单一,创新能力不足,吸引外来投资能力弱,市场化改革步履维艰。三是由于近年来东北经济发展迟滞,一些企业发展困难,保障就业、社保支出等压力较大,社会稳定任务较重,改革的环境条件并不完善。四是新兴产业虽然发展较快,但总体上规模小、比重低,尚难以替代传统重化工业的支柱地位,特别是第三产业发展相对不足、创新创业环境较差,都对市场化改革形成了一定障碍。

三、东北经济的突破路径

"新东北现象"出现,表明东北经济发展的关键结构、体制机制障碍未得到根本改变,因此东北振兴的关键仍在于解决上述两大核心问题,其突破路径主要包括以下几个方面:

一是优化政府服务和打造良好营商环境。必须按照党的十九大报告要求,深化放管服改革,提升政府治理能力水平,建设人民满意的服务型政府。进一步推行"互联网+"电子政务、政务公开、"马上就办"、"最多跑一次",打造高效便捷的政务环境,并通过科学绩效考核等来确保实效。降低市场准入门槛,精心打造公平竞争和温暖细致的营商服务环境。进一步落实减税降费政策,切实降低实体经济成本。明确政府公共职能定位,提高公共服务能力水平。二是下大力气改变思维观念。坚决去除"官本位""等靠要""大锅饭"等落后观念,在全社会弘扬创新创业精神,打造"闯改创"东北文化。通过社会监督、绩效评价等途径,逐步去除"人治"观念,树立依法治国和依法行政理念,促进政府治理能力现代化。弘扬契约精神,建立诚信档案,对严重违背契约精神的各类造假行为零容忍,促进社会守信履约。三是加快国企改革和推进市场化,重点做好央地融合、混合所有制、冗员处置三方面工作。应首先支持总部在东北的央企先行先试,以央企主导产业为核心,放开上下游产业,积极开展与地方企业配套生产,共建专业产业园区。积极支持央地企业合理重组、提升配套生产能力,以此为契机优化产业结构,促进产业转型升级。同时,大力推进军民融合发展,进一步提升央地融合深度与广度。通过国企混合所有制改革建立起有效的公司治理结构,激发企业内在动力,提升整体经济效率水平。利用国家奖补政策,通过完善转岗培训、对接新兴产业人力需求、合理分流等有效措施,稳步推进冗员退出或再就业。四是促进科技创新和推动两化融合。发挥财税政策的积极引导作用,通过研发费用扣除等优惠方式鼓励企业加大科技投入力度。充分挖掘东北地区科技资源优势,统筹建立区域性科技创新资源共享平台,尤其是在高端装备制造、新材料、新能源、节能环保、新能源汽车等领域组建产业共性技术创新平台和技术创新综合服务平台。整合资源形成若干专业创新联盟,促进创新资源综合集成,优化形成风险共担、利益共享的产学研用多方协同合作机制。积极践行《中国制造 2025》战略,完善人才政策,构建创新创业人才高地,以人才为基础和保障,推进以互联网平台为核心的工业融合生态建设与应用。加快提升以关键基础材料、核心零部件、先进工艺和产业技术基础等为核心的工业基础能力水平,积极推动物联网、云计算、大数据及移动互联网的广泛应用,全面提高从研发设计、智能制造到营销售后等链条的智能化水平,推动产业转型升级。五是打造优质品牌和提升产业竞争力。应在深入推进两化融合发展基础上,重点提升先进轨道交通、航天航空装备、工业机器人与智能装备、新能源汽车、农机装备、生物医药与高性能医疗器械等战略性产业发展水平,不断提升东北制造的质量与品质。此外,还应充分挖掘农业、冰雪资源等东北特色资源产品的价值,打造这些重点产业和特色产品的"东北品牌"。在科技创新基础上,借助互联网、大数据等技术手段,适应产业升级和消费升级需要,推动产业创新,不断推出适应需求升级的新产品,打造区域知名产品品牌,再创东北产业竞争力,推动东北振兴。

参考文献

1. 胡琦:《东北产业结构的逆工业化变动特征及转型思路》,载于《上海经济研究》2005 年第 6 期。

2. 中国社会科学院工业经济研究所:《中国工业发展报告(2006)》,经济管理出版社 2006 年版。

3. 陈鑫:《东北经济:传统产业比重过高结构怎么调?》,载于《经济日报》2015年第8期。

4. 陈梦阳,王炳坤:《东北振兴要升级到2.0版 呼唤体制转型》,载于《经济参考报》2016年第8期。

5. 梁启东:《东北国企改革的核心问题是央企改革》,载于《中国经营报》2016年第10期。

6. 魏后凯:《东北经济的新困境及重振战略思路》,载于《社会科学辑刊》2017年第1期。

7. 安树伟,李瑞鹏:《高质量发展背景下东北振兴的战略选择》,载于《改革》2018年第7期。

8. 鲁平:《官念淡一点 振兴快一点》,载于《人民日报》2016年第10期。

9. 和军,张依:《改革开放以来东北地区工业竞争力演变、原因及提升路径》,载于《中国特色社会主义研究》2018年第5期。

10. 赵儒煜:《论东北地区产业选择的普遍性与特殊性——理论的沿革与创新》,载于《社会科学辑刊》2018年第1期。

11. 宋冬林:《新型城镇化背景下东北地区单一结构城市转型发展的思路与对策》,载于《当代经济研究》2016年第2期。

12. 李政,杨思莹:《东北地区潜在红利开发与系统性振兴策略》,载于《社会科学辑刊》2018年第1期。

13. 贾占华,谷国锋:《东北地区经济结构失衡水平评价及其对经济增长的影响研究——基于空间计量模型分析》,载于《地理科学》2019年第4期。

14. 赵儒煜,王媛玉:《东北经济频发衰退的原因探析——从"产业缺位"到"体制固化"的嬗变》,载于《社会科学战线》2017年第2期。

15. 张屹山,张可,辛本禄:《化解东北振兴中体制性障碍的路径探究》,载于《经济纵横》2016年第10期。

16. 褚敏,踪家峰:《政府干预、金融深化与经济结构转型——基于"新东北现象"的考察》,载于《中国软科学》2018年第1期。

17. 高国力:《全面振兴东北老工业基地关键在于破除结构性和体制性约束》,载于《中国发展观察》2016年第1期。

外部性、行政区划改革与企业污染排放

——基于"撤县设区"政策的实证研究

陈诗一 金 浩[*]

一、引　言

　　长期以来环境污染的负外部性问题一直是环境经济学领域学者们广泛关注的焦点（Oates，1972；Sigman，2005；Cai et al.，2016；Lipscomb and Mobark，2016），也一直困扰着政府对生态环境的有效治理。这源于生态环境本身的重要性，良好的生态环境不仅关系到当代广大人民群众的福祉和民生改善，也是人类文明存在和发展的基础。然而自改革开放以来，我国在保持经济高速增长的同时，始终面临着严重的环境污染问题。据环境保护部2017年发布的《中国生态环境状况公报》显示，全国338个地级及以上城市中有239个空气质量超标，占比高达70.7%；32.1%的地表水超过国家Ⅲ类标准，地下水评级为较差和极差的比重高达66.6%。此外，在由耶鲁大学和哥伦比亚大学联合发布的《2018全球环境绩效指数》中，中国仅得50.74分，位于全球180个经济体中的第120位。

　　我们所面临的严峻污染现状与环境这种具有不可分割性、非竞争性和非排他性的纯公共品属性密切相关。自1994年分税制改革以来，在以GDP为主要考核目标的官员晋升体制下（周黎安，2007），地方政府官员为争取更多的资源发展经济，并不会完全执行中央政府所制定的环境标

---

[*] 陈诗一，复旦大学经济学院、复旦大学泛海国际金融学院教授；金浩，复旦大学经济学院研究生。基金项目：教育部"长江学者"奖励计划和国家杰出青年科学基金（71525006）。

准,反而以牺牲当地环境为代价引入过多的污染产业(Wang et al.,2003)。这种分权体制下地方政府的"逐底竞争"(race to the bottom),不仅加剧了当地的环境污染水平,而且由于污染的溢出效应,使邻近地区也受到牵连(Oates,1972)。这种污染的负外部性问题在省份边界处尤为严重(Cai et al.,2016)。

面对严峻的环境污染现状以及长期困扰政府治理的污染负外部性问题,党和国家将生态文明建设摆到了前所未有的高度(陈诗一、陈登科,2018)。在党的十九大报告中,习近平总书记指出建设生态文明是中华民族永续发展的千年大计,要加快生态文明体制的改革,建设美丽中国。报告突出强调了要改革生态环境监管体制,加强对生态文明建设的总体设计和组织领导,统一行使全民所有自然资源资产所有者职责,统一行使所有国土空间用途管制和生态保护修复职责,统一行使监管城乡各类污染排放和行政执法职责。2016年,中共中央办公厅和国务院办公厅印发的《关于省以下环保机构监测监察执法垂直管理制度改革试点工作的指导意见》是对原有生态环境监管体制的重大变革,涉及到地方体制、机构和人员的根本性变动。改革后,市级环保局实行以省级环保厅(局)为主的双重管理,县级环保局则不再拥有独立性,调整为市级环保局的派出分局,由市级环保局直接管理。类似于这种针对环境领域的改革对企业的污染排放行为会产生怎样的影响,能否改善之前地方分权所导致的污染外部性问题值得我们去探究。

中国正在推行的撤县设区政策为本文考察环境收权所带来的外部性问题内部化对企业污染排放行为的影响提供了极好的准自然实验。该政策在将县变更为区的同时,原有县辖区内相对独立的行政管辖权一并被上收至地级市。为保证原来县政府职能的履行,受县政府管辖的环保局等机构也变更为所属城市的分支机构,归市级政府所支配。与此同时,撤县设区政策能否顺利推行主要由被撤并县和所属地级市两级政府之间的协调来共同决定,单个企业对该政策的影响几乎可以忽略不计。因此,这一外生性政策冲击能够很好地识别环境收权与企业污染排放之间的因果关系。

具体地,本文将工业企业污染这一独特数据库与工业企业数据库相结合,利用双重差分法来考察撤县设区政策对微观企业污染排放行为的影响。我们的研究发现,撤县设区政策所带来的属地管辖权的上收使得企业的污染排放显著减少,相对于未执行该政策的企业来说,执行该政策的企业污染排放下降了25%。在此基础上,我们进行了一系列的识别检验,具体包括平行趋势检验、预期效应检验、排除其他政策的干扰和安慰剂检验,这些分析均证明了结论的可靠性。此外,我们还进行了一系列的稳健性检验,所得结论依然成立。这一核心结论对 2016 年中央在全国范围内开始推行的环保机构垂直化管理改革提供了有力支持,这一改革能够使得地区之间原有的污染外部性问题内部化,从而有效改善我国的生态环境。

在进一步地分析中,我们按照地级市环境规制强度的中位数将样本分为环境规制相对强和弱的两个组,分别考察撤县设区政策的减排效应。结果表明,撤县设区政策只对环境规制强的组有显著负向影响,环境规制弱的组则没有影响。这意味着单纯的撤县设区政策并不一定能够带来企业污染减排效应,只有在县所属的城市执行了严格的环境规制,撤县设区所带来的环境管辖权上收才能充分发挥作用,使得企业污染排放相应减少。此外,我们还发现主动撤县设区和"弱县"型的县相比被动撤县设区和"强县"型的县,县内部的机构改革会更容易进行,企业污染减排效应也更为明显。最后,撤县设区政策下企业的污染减排效应还存在一定的空间特征,它与企业到市政府的距离之间存在着先降后升的"U"型关系,且对距离市政府 40~50 千米范围内的企业作用最为明显。

与既有研究相比,本文可能存在以下四个方面的贡献:第一,在研究视角上,已有文献主要从分权的角度来探讨环境污染的负外部性问题(Sigman,2005;Lipscomb and Mobarak,2016;Cai et al.,2016),而本文则基于环境收权的视角来考察外部性问题内部化后的污染减排效应,在一定程度上丰富和拓展了外部性与环境污染这一支文献。第二,在数据使用上,已有文献由于数据可得性等原因,更多的基于监测站或卫星栅格等加总数据。本文则将研究对象转向更为微观的企业,在将工业企业污染数据库和工业企业数据库进行精确匹配的基础上,探究企业的污染减排行为。微观企业是经济活动的主体,也是政府环境管制主要针对的目标,企业对该政策的反应是衡量该政策有效性的关键。此外,微观企业数据还能够避免宏观监测站数据的聚集性偏倚问题,使政策的评估结果更为精确(盛丹和李蕾蕾,2018)。第三,在研究方法上,本文以撤县设区后新区环境管辖权的上收作为外生的政策冲击,在准自然实验的框架下采用双重差分法来考察撤县设区后环境收权对企业污染排放行为的影响,这一方法有效地解决了潜在的内生性问题,保证了估计结果的可靠性。第四,在现有研究行政区划改革的文献中（唐为和王媛，2015；邵朝对等，2018），学者们更多地关注城市化移民、经济发展等社会问题，本文则进一步考察行政区划调整与环境污染的关系，是对该领域文献的有益补充和拓展。

本文余下部分的结构安排如下：第二部分为制度背景与文献综述；第三部分是本文的模型设定和数据说明；第四部分展示本文的基准回归结果、识别检验和稳健性检验；第五部分则对撤县设区政策进一步进行了讨论；第六部分为本文的结论与政策建议。

二、制度背景与文献综述

（一）分权与环境污染

以蒂布特（Tiebout，1956）为代表的经典分权理论认为，在辖区内居民可以自由流动的情况下，他们可以通过"用脚投票"的方式来反应自己的真实偏好，为避免居民迁移到其他地区，地方政府必须提供能够满足居民需求的公共物品和服务，所以分权能够激励地方政府提高辖区内公共物品的提供效率。但该理论的一些假设在中国却并不能够得到满足。首先，在户籍制度的限制下，居民并不能够完全自由流动或平等地享受各地的公共服务。其次，在信息不对称的情况下，居民对于地方政府提供的公共物品的质量并不能够完全辨别。再次，在官员晋升竞标赛的模式下，地方官员并不一定以辖区居民的福利最大化为目标，反而更加注重经济增长和税收（周黎安，2007）。最后，如环境这种公共物品在辖区之间存在外部性，在协调不足的情况下，分权会因污染物的溢出效应，使邻近辖区也受到牵连。并且，治理污染的过程中也存在严重的"搭便车"现象（Oates，1972）。

由于上述问题的存在，基于此发展出来的"环境联邦主义"理论认为，在辖区间竞争流动性资源以发展经济的背景下，地方政府会放松当地的环境管制，致使当地的环境污染水平急剧上升（Oates and Schwab，1988；Esty，1996；Kunce and Shogren，2007）。换而言之，分权会导致地方政府在环境问题上产生"竞次"现象。这一理论在实证研究中得到了广泛证实。西格曼（Sigman，2005）基于美国水清洁法案（Clean Water Act）赋予州政府自由治理水域污染权利这一准自然实验，发现有污染自主治理权的州的下游水质污染程度上升了4%，导致的经济损失每年高达1 700万美元。利普斯科姆和莫巴拉克（Lipscomb and Mobarak，2016）则将这一研究拓展到发展中国家，他们利用巴西重新划定县界这一行政区划改革政策冲击来研究水污染的溢出效应，结果发现随着水流流向下游县边界处，水污染变得越为严重，且水质恶化程度急剧上升，即水污染函数的斜率递增。蔡等（Cai et al.，2016）采用三重差分法来研究中国省份边界处污染产业产值状况，他们发现自2001年中央设立减排目标后，省政府通过将污染产业转移到邻近下游的省份边界处这样的策略性行为，来减少本辖区内的污染排放，总体而言，下游的县污染产业相比其他县高出20%。梳理现有文献不难发现，现有研究主要基于分权的视角来探讨环境污染问题，且更多的关注于加总层面的监测站污染水平或县污染产出状况。本文基于微观企业污染数据来考察环境收权对企业污染排放行为的影响，是对现有文献的有益补充。

（二）"撤县设区"行政区划改革

撤县设区，又称为"撤县建区""县改区"，它是指撤销原来隶属于地级市、直辖市的县或者县级市，同时在原县（市）的基础上设立市辖区，由所在地级市政府直接管辖的行政区划变更行为。其实早在1960年，国务院就已批准沈阳市撤销沈阳县，设立沈阳市新城子区，但撤县设区作为政府推动城市发展的重要手段，在全国范围内普遍开展则是在1983年之后。图1展示了自1998~2016年我国撤县设区政策的时间演进特征。从图1中可以看出，在考察时间段内，撤县设区的案例数增加了236个，且总体上可以分为三个阶段①。在1998~2004年，撤县设区案例数迅猛增加，总数达到119个，占整个时期的50%；在此之后的2005~2010年，撤县设区数量急剧减少，总共只发生了8例；到了2011年，撤县设区批准案例数又迅猛增加，在2011~2016年，发生了109例，占样本总数的46%。民政部有关官员表示，相比已经批准的数目，等待撤县设区的县市则更多。

---

① 这里的撤县设区不仅包括主动撤县设区，也包括被动撤县设区。

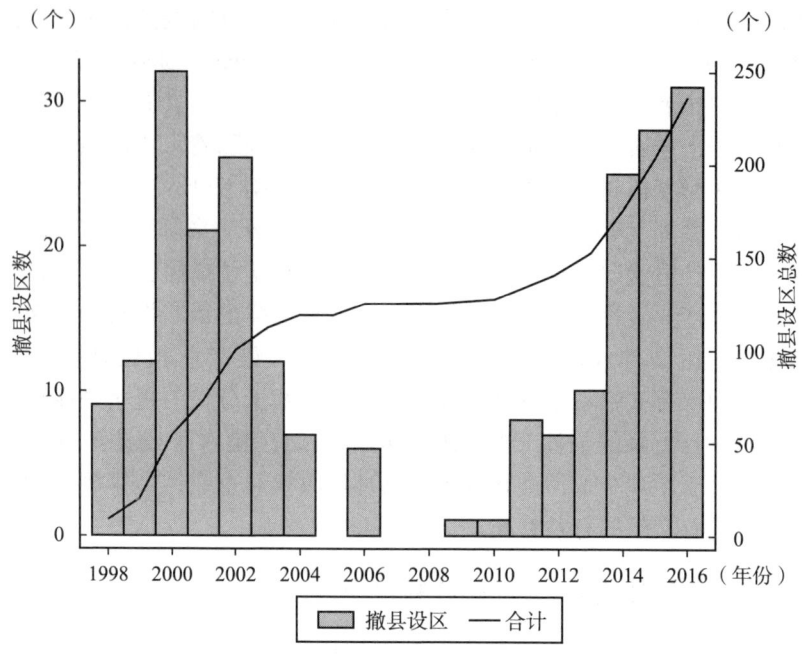

图1 撤县设区改革

撤县设区政策在拓展城市发展空间,适应城市化发展进程,促进区域协调发展的同时,对原有县政府的体制和职能也带来了重大变革。该变革主要分为以下三个方面:(1)事权发生变化。撤县设区前,县市政府相比较市辖区政府而言有更大的行政自主权限,政府职能相对全面,涉及到县域发展的各个方面,在审批、规划和土地管理上有相对独立性。但变更为区后,则成为地级市的一种内部结构,由所在地级市直接领导,职能范围缩小,承担市政府的有限职能,如为市政府分摊辖区内城市建设、社会管理和公共服务的职责。市辖区与地级市行政体制互联互动,不再具有原来县行政单位那样的独立性。(2)财权发生变化。政府由原来的一级财政降为半级财政,不再具有完整独立的预算体系,财政收入属市级支出,由市级财政进行预算。(3)环保、公安、国土等体制发生变化。原先,为保证县政府各项职能的履行,县级政府会设置相应的环保局、公安局和国土局等相对独立的机构,管理权限在县政府。而撤县设区后,这些部门成为所属城市的分支机构,由市级政府所支配。这种变革降低了行政协调成本,提高了城市管理的灵活性,促进了资源的优化配置。

现有关于撤县设区政策的研究相对较少,且文献普遍关注撤县设区对城市化、社会经济发展的影响。其中唐为和王媛(2015)的研究具有代表性,他们利用2000~2004年发生的撤县设区的政策探究了撤并政策对于人口集聚的影响,研究发现撤县设区改革显著提高了撤并城市市辖区城镇常住人口的增长率,且这一变化主要来自本县(区)内和外省的人口迁入。邵朝对等(2018)则对撤县设区的增长绩效进行了评估,他们发现撤并政策虽然在一定程度上促进了城市经济的增长,但呈现出先升后降的倒"U"型增长轨迹。这背后的原因在于撤县设区政策主要通过政府土地经营、吸引低生产率企业进入而引起企业的数量扩张这样的方式来带动短期经济的增长,这种生产率下降和资源错配加剧的现象长期并不利于城市经济的增长。本文将撤县设区的研究拓展到环境经济学领域,以撤县设区过程中所带来的环境管辖权的上收来探究它对企业污染排放行为的影响。

三、模型设定与数据说明

(一) 识别策略与模型

本文研究的主要目的在于考察环境收权对工业企业污染排放行为的影响。为有效识别这两者之间的因果关系,我们利用中国县(市)撤县设区过程中所带来的原有县的环境管辖权的上收来作为准自然实验,采用双重差分法(DID)来进行经验研究。本文的样本研究区间为1998~2009年,因此,我们将该样本区间内发生撤县设区的县作为处理组,将样本区间之外(2010~2016年)发生撤县设区的县作为控制组。不同于以往研究该类政策的文献(郑新业等,2011;卢盛峰和陈思霞,2017;邵朝对等,2018)通常采用样本区间外所有未发生该政策的县作为控制组的做法,我们采用新的方式选取控制组的好处在于,同样具有撤县设区背景的控制组和对照组会更加具有可比性,能够更好地满足共同趋势假设,下文识别假设及检验部分我们会进行更加细致的说明。我们的基准双重差分模型可以表示为:

$$Y_{it} = \alpha + \beta Treated_c \times Post_{ct} + X_{it}'\gamma + \theta_i + \mu_{jt} + \varepsilon_{it} \qquad (1)$$

其中,被解释变量Y_{it}表示企业在时期化学需氧量(COD,水中最主要的一种污染物)的排放量的对数。$Treated_c$为虚拟变量,当企业所在的县c

在1998~2009年期间发生撤县设区时取值为1,否则为0。$Post_{ct}$为另一虚拟变量,撤县设区政策发生前取值为0,发生及发生后取值为1。这里需要注意的是,由于撤县设区政策从国务院批准到县正式按照区的行政架构运行存在一定的时滞,按照现有文献的常用做法(才国伟等,2011),我们将当年9月之后批准撤县设区的县算作下一年。后文稳健性部分,我们也将当年9月之后执行撤县设区的县算作当年来进行稳健性检验。我们最为感兴趣的是交互项$Treated_c \times Post_{ct}$,它的系数β刻画了撤县设区后县政府环境管权的上收行为对企业污染排放的影响。如果估计出来的系数$\hat{\beta}<0$,则表明发生撤县设区的县相对于未发生撤县设区的县,企业污染排放更少,即环境管辖权的上收行为对企业的污染排放有抑制作用,反之则相反。X_{it}为影响企业污染排放的其他因素,主要包括:企业规模(Output),采用企业产出的自然对数来表示;企业年龄(Age)及其平方项(Age square),企业年龄以调查年份与企业开业年份的差值来表示;企业资本劳动比(Capital labor ratio),采用企业资本投入与雇佣劳动比值的对数来衡量;资产负债率(Debt assert ratio),使用企业总资产占总负债的比重来度量;产出劳动比(Output labor ratio),代表企业的劳动生产率,采用企业总产出与雇佣劳动比值的对数来表示;出口交货值(Export),使用企业出口额占总营收的比重来衡量。此外,我们还在模型中加入了企业固定效应(θ_i)和行业—年份固定效应(μ_{jt}),它们分别用来控制企业不随时间而变化的个体特征以及两位数行业层面随年份而变化的不可观测因素,这些无法观测的特征均可能因为遗漏变量问题而导致估计结果的不一致性。ε_{it}为随机扰动项。

(二)识别假设及检验

双重差分法估计的有效性依赖于共同趋势假设得到满足,即如果在没有推行撤县设区政策的情况下,控制组和对照组企业的COD排放应具有一致的时间变化趋势。如果撤县设区政策的执行在各县之间不是随机的,则这一识别假设将会受到威胁,从而该政策实施后处理组和对照组污染物排放的差异可能来源于其他无法观测因素的影响。因此,我们首先对影响该政策推行的潜在因素进行讨论。民政部在2014年发布的《市辖区设置标准(征求意见稿)》中,明确提出市辖区以及所撤并县的人口规模与密度、经济发展水平和市辖区的空间局限等因素是撤县设区能否实施的重要参照指标。为此我们通过《城市统计年鉴》和《中国县(市)社会经济

第五篇 中国区域经济的协调与发展

统计年鉴》，搜集到县所属地级市的市辖区以及该县两个层面，可能与撤县设区政策决定因素相关的变量，并比较在样本研究区间前一年，即 1997 年，处理组和对照组在统计意义上是否具有显著差异。详细的比较结果如表 1 所示。

表 1 的第一部分对样本研究区间前一年，即控制组和对照组都未实施撤县设区政策的情况下，两组县所属地级市市辖区的特征进行了平衡性检验。结果发现市辖区层面的土地面积、辖区个数、城市等级、人口密度、GDP 以及人均 GDP 等所有变量，处理组和对照组都没有显著性差异。表 1 的第二部分则对比了两组在县层面特征上的差异，发现对照组的县除了在到市中心距离这一指标上显著小于处理组之外，其他县域经济特征、人口特征、辖区面积等变量均不显著。两组在县到市中心这一指标上存在显著差异的原因在于，地级市在推行撤县设区政策时，往往先将市辖区邻近的县撤并为区，离得远的县撤并得更晚。我们的对照组的县发生撤县设区的年份在 2010~2016 年，处理组的县发生年份则处于 1998~2009 年，早于对照组。表 1 的第三部分则对县和市辖区关系特征进行了比较，发现县人口占市区人口比重、县 GDP 占城区 GDP 比重和县面积占市区面积比重这三个变量在处理组和对照组之间均不具有显著性差异。总结而言，除了县到市政府距离这一指标在两组之间存在差异外，检验结果基本符合我们的识别假设。

表 1　　　　　　　　　平衡性检验

	变量	处理组	对照组	两组之差
市辖区特征	市辖区面积	1 791.21 (234.97)	1 447.23 (248.89)	343.98 (346.36)
	市辖区 GDP	341.82 (54.97)	264.31 (37.38)	77.51 (79.69)
	市辖区个数	3.26 (0.39)	3.97 (0.5)	-0.71 (0.65)
	是否副省级以上城市	0.32 (0.09)	0.23 (0.05)	0.09 (0.13)
	市辖区人均 GDP	1.73 (0.11)	1.52 (0.08)	0.21 (0.14)
	市辖区人口密度	0.22 (0.02)	0.2 (0.02)	0.02 (0.03)

续表

	变量	处理组	对照组	两组之差
县的特征	县面积	2 069.08 (161.39)	2 101.16 (316.41)	-32.08 (353.56)
	县GDP	53.74 (6.26)	41.47 (4.49)	12.27 (7.71)
	县第二产业产值	24.64 (3.61)	18.12 (2.67)	6.51 (4.51)
	县人均GDP	0.8 (0.06)	0.7 (0.06)	0.1 (0.09)
	县人口密度	0.044 (0.005)	0.046 (0.003)	-0.002 (0.006)
	县中心到市中心距离	16.1 (2.23)	31.1 (3.94)	-15*** (4.2)
县和市辖区关系特征	县人口占市区人口比重	0.4 (0.04)	0.33 (0.03)	0.07 (0.05)
	县GDP占城区GDP比重	0.78 (0.11)	0.83 (0.11)	-0.05 (0.15)
	县面积占市区面积比重	3.67 (0.69)	3.33 (0.49)	0.34 (0.82)

注：括号中为标准误，***、**、*分别表示在1%、5%、10%的水平下显著。

为了进一步减少处理组和对照组之间预先存在的差异特征对两组企业COD排放产生异质性影响，从而对撤县设区政策的政策估计结果产生干扰的可能性，我们参照根茨科（Gentzkow，2006）的建议，将县到市政府距离这一变量和年份虚拟变量的交互项（$Z_c \times \kappa_t$）放入回归方程，从而模型（1）拓展为：

$$Y_{it} = \alpha + \beta Treated_c \times Post_{ct} + X'_{it}\gamma + (Z_c \times \kappa_t)'\pi + \theta_i + \mu_{jt} + \varepsilon_{it} \quad (2)$$

为了进一步验证上述双重差分模型回归结果的可靠性,我们还进行了一系列识别检验和稳健性检验,它们包括采用事件分析法的平行趋势检验、预期效应检验、排除其他政策的干扰和安慰剂检验等,详细分析过程见实证结果部分。

(三) 数据说明

本文研究所使用的数据主要来源于四个方面:首先是 1998~2009 年中国工业企业数据库,该数据库涵盖了全部国有工业企业以及规模以上(主营业务收入大于 500 万元)非国有工业企业。这一数据库包含了非常丰富的企业层面信息,如企业名称、法人代码、具体地址、所有制类型等企业基本特征及就业人数、产出利润、资产费用等公司财务指标。我们利用该数据库来收集一些控制变量。其次是 1998~2009 年中国工业企业污染数据库。该数据库的统计对象为全国各地区污染排放类企业,所囊括的信息包括企业能源消耗和污染物排放及处理两大类信息。本文我们重点关注于水类污染物的排放,如化学需氧量 (COD)、氨氮排放量 (NH) 和废水排放量 (Waste Water)。据我们了解,这一数据集还尚未被学术研究广泛使用,它所提供的数据信息为本文科学考察工业企业污染排放行为提供了坚实的微观基础。由于工业企业污染数据库并未包含企业生产及财务等数据,所以我们需要将它和工业企业数据进行合并。参照布兰特等 (Brandt et al., 2012) 的方法,我们首先利用企业法人代码和企业名称构建污染面板数据库,然后再利用这两个信息所形成的唯一识别码将污染面板数据与工业企业面板数据相匹配,最终形成了工企—污染面板数据。再次是核心解释变量——撤县设区。行政区划网详细记录了每年县级以上行政区划的调整信息,我们收集整理了 1998~2016 年所有发生撤县设区改革的县的数据。最后,为排除与撤县设区政策同时发生的其他政策的影响,我们收集整理了每个县是否发生强县扩权和财政省直管县的信息,这些信息主要来源于各省市的相关文件,例如《中共浙江省委办公厅、浙江省人民政府办公厅关于扩大部分县(市)经济管理权限的通知》和《安徽省人民政府关于实行省直管县财政体制改革的通知》等。表 2 给出了主要变量的描述性统计结果。我们可以看出,在企业层面,有 68% 的企业受到了撤县设区改革政策的影响。

表2 变量描述性统计

Variable	定义	样本量	均值	标准差	最小值	最大值
lnCOD	化学需氧量排放量对数	62 938	6.640	4.320	0	17.26
Treated	样本期间是否发生撤县设区	62 959	0.680	0.470	0	1
Post	撤县设区前后虚拟变量	62 959	0.675	0.468	0	1
Capital labor ratio	资本劳动比对数	61 795	4.300	1.170	-4.490	13.70
Debt assert ratio	负债率	62 747	0.630	0.300	0	3
Output labor ratio	产出劳动比对数	62 551	5.450	1.150	-5.750	12.71
Age	企业年龄	62 734	12.75	12.16	0	80
Age square	企业年龄的平方	62 734	310.4	610.4	0	6 400
Export	出口交货值	61 717	2.830	4.610	0	18.37
Output	企业总产值对数	62 264	8.060	1.590	-2.300	16.52
Distance	企业到市政府距离	62 959	23.22	22.40	0	165
lnWWater	废水排放量对数	58 718	9.660	3.930	0	18.83
lnNH	氨氮排放量	41 165	3.240	3.510	0	16.66

四、实证结果

在这一节，我们汇报了撤县设区政策对企业污染排放影响的回归结果，分为三个部分：首先是基于模型（2）的基准回归结果；其次，对双重差分法有效性进行了一系列有效识别检验；最后，为进一步保证结果的可靠性，进行了相应的稳健性检验。

（一）基准回归结果

表3基于模型（2）汇报了撤县设区所带来的环境管辖权的上收对企业污染排放行为影响的基准估计结果。为了解决潜在的异方差和序列相关问题（Bertrand et al., 2004），我们参照 Cameron et al.（2011）和 Miglioretti & Heagerty（2006）的建议，通过在县—年份和企业两个层面进行双向聚类，获得稳健标准误。该方法允许企业内 COD 排放的时间序列相关性以及同一年每个城市内部企业间的空间相关性。

表3　　　　　　　　撤县设区对企业污染排放的影响

	(1) lnCOD	(2) lnCOD	(3) lnCOD	(4) lnCOD
Treated × Post	-0.5339*** (0.1476)	-0.5143*** (0.1410)	-0.2014* (0.1102)	-0.2531** (0.1121)
Capital labor ratio	—	0.1973*** (0.0344)	-0.0456 (0.0295)	-0.0464 (0.0296)
Debt assert ratio	—	0.0926 (0.0957)	0.1443** (0.0727)	0.1454** (0.0730)
Output labor ratio	—	-0.3062*** (0.0376)	0.0760** (0.0311)	0.0750** (0.0312)
Age	—	-0.0372*** (0.0075)	0.0187** (0.0080)	0.0208*** (0.0080)
Age square	—	0.0007*** (0.0002)	-0.0004** (0.0002)	-0.0004** (0.0002)
Export	—	0.0732*** (0.0075)	0.0124** (0.0057)	0.0114** (0.0057)
Output	—	0.5892*** (0.0256)	0.2078*** (0.0215)	0.2084*** (0.0216)
Constant	6.9127*** (0.0922)	2.9639*** (0.2569)	4.6933*** (0.2461)	5.0934*** (0.4667)
县固定效应	是	是	否	否
年份固定效应	是	是	否	否
企业固定效应	否	否	是	是
行业—年份固定效应	否	否	是	是
县中心到市中心距离*	否	否	否	是
年份固定效应				
样本数	62 938	59 572	54 506	54 190
R^2	0.1851	0.2425	0.8139	0.8143

注：括号中为以县—年份和企业双重聚类的稳健标准误，***、**、*分别表示在1%、5%、10%的水平下显著。

在表3的第（1）列中，我们只控制了县固定效应和年份固定效应，估计结果显示关注的核心解释变量 Treated×Post 的系数显著为负，表明经历了撤县设区改革的企业 COD 污染排放相比样本研究时间范围内未经历该政策的企业 COD 污染排放呈现出更大幅度的下降。第（2）列中进一步加入了企业层面的控制变量，我们发现交互项的系数依然显著为负，系数绝对值大小相比第（2）列稍有变小。第（3）列中，我们除了控制住企业层面的变量外，进一步控制了企业固定效应和行业—年份固定效应，回归结果依然显著。在第（4）列中，我们加入了县中心到所属地级市市中心的距离与年份固定效应的交互项，控制住处理组和对照组之间预先存在的差异特征对两组企业 COD 排放的异质性影响，从而消除它对撤县设区政策评估结果的干扰。估计结果表明，撤县设区政策所带来的环境管辖权的上收，使得企业的 COD 污染排放减少了25%，且这一结果在统计意义上非常显著。

（二）模型识别检验

虽然表3中的基准回归结果较为稳健地表明了撤县设区所带来的环境管辖权的上收显著降低了工业企业 COD 排放量，但依然没有办法完全排除因遗漏变量、反向因果和企业"自选择"所导致的内生性问题。为进一步确保双重差分估计结果的可靠性，我们从多个方面对双重差分模型设定的有效性进行检验。

1. 平行趋势检验

双重差分法有效的一个重要前提是处理组和对照组的结果变量在没有政策干预的条件下满足共同的时间趋势。因为县执行撤县设区政策在全国是逐步推进的，所以我们遵循雅各布森（Jacobson，1993）的方法，采用事件分析的研究框架来评估该政策的动态效应。具体地，我们构建如下回归方程：

$$Y_{it} = \alpha + \sum_{k \geq -4}^{6} \beta_k \text{Treated}_c \times D^k + X'_{it}\gamma + (z_c \times \kappa_t)'\pi + \theta_i + \mu_{jt} + \varepsilon_{it} \tag{3}$$

其中，D^k 表示政策推行前后若干年份的虚拟变量，如果是第 k 年则取值为1，否则取值为0。与沈坤荣和金刚（2018）的做法类似，我们将政策推行四年前的样本定义为基准组，β_k 是我们所关心的估计参数。采用事件分析法对模型（3）进行估计的好处在于，首先我们可以检验政策发生前年份，处理组和对照组企业的污染排放是否存在显著差异，若不存在则说明平行趋势假设条件得到满足。此外，我们还可以考察政策实施后，该政策对企业污染排放的动态影响效应。

为了能够更加形象地展示撤县设区政策的动态影响，我们将模型（3）中 β_k 所对应的点估计参数以及90%的置信区间画在了图2中。观察图2，我们可以发现在撤县设区政策实施前，β_k 的估计系数都不显著，这表明处理组和对照组企业污染物排放并没有显著差异，即平行趋势假设得到了满足。有意思的是，从撤县设区政策执行的当年开始，β_k 的估计系数变得显著为负，并且估计系数绝对值随着时间的推移，呈现出逐渐增大的趋势，这表明撤县设区政策所带来的环境管辖权的上收显著抑制了企业的污染排放，且该效应在时间上呈现出逐渐增强的态势。这一分析结果对我们下文基于双重差分法所做的进一步经验研究起到了坚实的支撑作用。

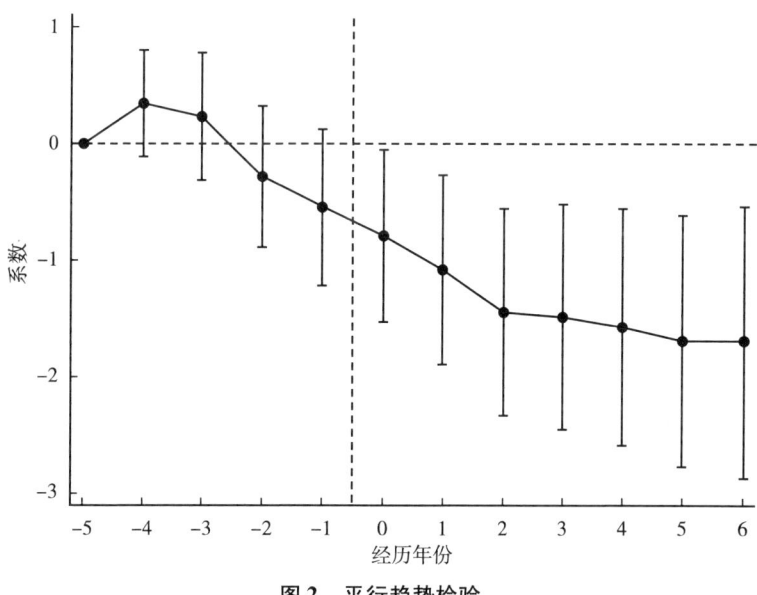

图2　平行趋势检验

2. 预期效应检验

某一个县是否能够顺利实施撤县设区政策，是各级政府共同作用的结果。从提出意向到最终执行之间往往会经历较长时间的谈判博弈以及等待国务院的批复结果。这可能会使得一些企业对所在县撤县设区形成预期，并根据预期调整其污染排放行为,进而导致估计结果出现偏误。为检验企业是否真的存在预期效应,我们在模型(2)的基础上添加政策虚拟变量 Treated 和撤县设区前一年虚拟变量 OneYearBefore 的交互项,相应的回归结果呈现在表 4 的第(1)列。可以看出我们的核心解释变量 Treated × Post 的回归系数依然显著为负,而交互项 Treated × OneYearBefore 的回归系数虽然为负但并不显著,表明企业并未产生在撤县设区政策执行前进行污染物排放调整的预期。

表 4　　　　　　　　双重差分设定的有效性检验

	(1) lnCOD	(2) lnCOD	(3) lnCOD
Treated × Post	-0.3409 ** (0.1460)	-0.2136 * (0.1238)	-0.2500 ** (0.1147)
Treated × OneYearBefore	-0.1629 (0.1265)		
Capital labor ratio	-0.0462 (0.0296)	-0.0604 (0.1652)	-0.0448 (0.0332)
Debt assert ratio	0.1445 ** (0.0731)	0.1295 (0.2938)	0.1246 (0.0815)
Output labor ratio	0.0748 ** (0.0312)	0.0528 (0.0486)	0.0668 ** (0.0339)
Age	0.0210 *** (0.0080)	0.0253 *** (0.0094)	0.0188 ** (0.0084)
Age square	-0.0004 ** (0.0002)	-0.0005 *** (0.0002)	-0.0003 * (0.0002)
Export	0.0116 ** (0.0057)	0.0127 (0.0147)	0.0104 * (0.0062)
Output	0.2083 *** (0.0216)	0.2029 *** (0.0241)	0.1919 *** (0.0232)
Constant	5.1352 *** (0.4890)	327.3412 (9 342 689.8964)	4.8621 *** (0.2760)

续表

	（1） lnCOD	（2） lnCOD	（3） lnCOD
企业固定效应	是	是	是
行业—年份固定效应	是	是	是
县中心到市中心距离*	是	是	是
年份固定效应			
年份×县固定效应	否	是	否
样本数	54 190	54 190	46 623
R^2	0.8143	0.8220	0.8119

注：括号中为以县—年份和企业双重聚类的稳健标准误，***、**、*分别表示在1%、5%、10%的水平下显著。

3. 控制县随时间变化的线性趋势

在现实中，企业污染物排放的变化可能还受到其所在县的其他未观察到的政策或者法规的影响，从而导致处理组和对照组的污染排放呈现出不同的时间变化趋势。这也就意味着，即使控制了相关的控制变量以及企业和行业-年份固定效应的情况下，随机扰动项 ε_{it} 仍可能和交互项 Treated × Post 存在相关性，从而导致双重差分估计结果存在偏误。根据安尔吉斯特和皮施克（Anrgist and Pischke，2008）的建议，我们将县固定效应和时间连续变量的交互项 $\lambda_c \times Year_t$ 放入模型（2），从而可以控制住县层面随着时间线性变化的无法观测因素，回归结果显示在表4的第（2）列。交互项 Treated × Post 的系数依然显著为负，且大小和基准组的回归结果［表3第（4）列］相比较为接近，表明部分未观测到的县的其他因素特征并不会对基准模型的识别产生实质性的影响。

4. 考虑企业的迁移行为

撤县设区所带来的环境管辖权的上收，会导致辖区内的企业相比较以前面临更为严格的环境监察力度。而环境规制程度的加强会提高企业的污染治理成本，这会导致企业搬迁到环境规制更弱的地区，即环境经济学文献中通常所提到的"污染避难所效应"（Copeland and Taylor，2004）。为排除企业迁移问题对本文结果所造成的干扰，我们参照傅等（Fu et al.，2017）的做法，将撤县设区后在县级层面发生搬迁的企业样本进行了剔除。此外，考虑到新建企业的地址选择也会受到当地环境规制强度的影响，所以我们将政策发生后的新建企业样本也一并进行了剔除。表4的第（3）列是剔除相应样本后的回归结果，核心解释变量的系数依然显著为负，表明企业的迁移行为并未对本文的估计结果产生实质性影响。

5. 考虑其他干扰政策

在中国撤县设区政策改革推行的整个过程中，存在另外两项在县层面同步推行的政策，即经济管理上的强县扩权政策和财政上的省直管县政策。该类政策的最终目标是"市县并立"，市级政府只负责管理市辖区，县由所在地省政府统一领导。需要注意的是，这两项旨在扩大县级政府权限的改革政策同样可能会对企业的污染排放行为产生影响。为排除这两项政策对估计结果的干扰，我们首先在表5的第（1）列加入企业所在县是否推行强县扩权政策虚拟变量和政策推行前后时间虚拟变量的交互项，估计结果显示强县扩权政策并未对企业的污染排放行为产生影响，核心解释变量 Treated × Post 的系数依然显著为负。第（2）列则控制住了财政省直管县政策的影响，发现该政策对企业污染排放有显著的负向作用。我们所关心的撤县设区政策作用依然显著。表5的第（3）列则同时考虑了强县扩权政策和财政省直管县政策的影响，Treated × Post 的估计系数依然显著为负，且系数大小和基准结果相比基本不变。这表明同期推行的其他政策并未对本文的估计结果产生实质性的干扰，进一步验证了本文估计结果的可靠性。

表5　　　　　　　　　　控制其他事件的影响

	（1） lnCOD	（2） lnCOD	（3） lnCOD
Treated × Post	-0.2560** (0.1124)	-0.2250** (0.1110)	-0.2240** (0.1113)
QXKQ × Post	-0.0316 (0.1088)		0.0099 (0.1140)
CZSZGX × Post		-0.2290** (0.0893)	-0.2302** (0.0919)

续表

	(1) lnCOD	(2) lnCOD	(3) lnCOD
Capital labor ratio	-0.0472 (0.0296)	-0.0462 (0.0296)	-0.0473 (0.0296)
Debt assert ratio	0.1450** (0.0730)	0.1403* (0.0728)	0.1404* (0.0728)
Output labor ratio	0.0750** (0.0312)	0.0746** (0.0312)	0.0746** (0.0312)
Age	0.0208*** (0.0080)	0.0217*** (0.0080)	0.0217*** (0.0080)
Age square	-0.0004** (0.0002)	-0.0004** (0.0002)	-0.0004** (0.0002)
Export	0.0116** (0.0057)	0.0120** (0.0057)	0.0119** (0.0057)
Output	0.2083*** (0.0216)	0.2069*** (0.0215)	0.2069*** (0.0215)
Constant	5.1008*** (0.4676)	5.1593*** (0.4680)	5.1574*** (0.4683)
企业固定效应	是	是	是
行业—年份固定效应	是	是	是
县中心到市中心距离*	是	是	是
年份固定效应			
样本数	54 190	54 190	54 190
R^2	0.8143	0.8144	0.8144

注：括号中为以县—年份和企业双重聚类的稳健标准误，***、**、*分别表示在1%、5%、10%的水平下显著。

6. 安慰剂检验

我们采用企业所在县进行撤县设区政策改革之前的样本进行安慰剂检验。在撤县设区政策正式起作用之前，处理组和对照组应该并没有太大的差异，由此进行回归得到是否撤县设区虚拟变量 Treated 的估计系数应该不显著，若显著则说明存在其他无法观测的因素对结果变量产生影响，从而导致前文双重差分估计的结果产生偏误。从表6第（1）列的估计结果可以看出，Treated 的估计系数的确不显著，从而间接验证了本文估计结果的可靠性。

在我们的样本研究时间范围内（1998~2009年），我国政府关于水污染治理着重关注于化学需氧量（COD）指标，如中央政府在"十一五"规划期间（2006~2010），明确提出全国化学需氧量下降10%的目标。而对于水类其他污染物，如废水和氨氮，则并未有明确的规制减排目标。我们可以推测，撤县设区政策推行所带来的环境管辖权的上收，并不会对这类不受政府管制的水类污染物排放产生影响。表6的第（2）列和第（3）列分别展示了撤县设区政策对企业废水排放和氨氮排放的影响，回归结果与我们的预期相符，该政策并未对这两类污染物排放产生显著性影响，再一次间接验证了回归结果的可靠性。

表6 安慰剂检验

	(1) lnCOD	(2) lnWWater	(3) lnNH
Treated	1.8845 (1.4396)		
Treated × Post		-0.1520 (0.1148)	-0.2699 (0.1747)
Capital labor ratio	-0.0464 (0.0435)	-0.0357 (0.0330)	-0.0758** (0.0315)
Debt assert ratio	0.2858*** (0.1033)	0.0536 (0.0770)	0.0792 (0.0745)
Output labor ratio	0.0451 (0.0437)	0.0768** (0.0345)	0.0126 (0.0336)
Age	0.0245** (0.0113)	0.0212** (0.0084)	-0.0016 (0.0088)

续表

	(1) lnCOD	(2) lnWWater	(3) lnNH
Age square	-0.0004* (0.0003)	-0.0003* (0.0002)	-0.0000 (0.0002)
Export	-0.0004 (0.0082)	0.0137** (0.0058)	0.0027 (0.0078)
Output	0.1910*** (0.0342)	0.2273*** (0.0241)	0.1672*** (0.0229)
Constant	4.4070*** (1.2848)	7.2882*** (0.4896)	7.6329** (3.3172)
企业固定效应	是	是	是
行业—年份固定效应	是	是	是
县中心到市中心距离*	是	是	是
年份固定效应			
样本数	24 603	54 190	45 308
R^2	0.8431	0.8096	0.7306

注：括号中为以县—年份和企业双重聚类的稳健标准误，***、**、*分别表示在1%、5%、10%的水平下显著。

（三）稳健性检验

为进一步确保研究结果的可靠性，除上述双重差分模型的识别检验外，我们还从以下三个方面进行了稳健性检验。

1. 剔除四大直辖市样本

直辖市所管辖的县在行政级别上与其他地级市存在较大的差别，且其内部管理也存在一定的特殊性，基于此，我们剔除了归属北京、上海、天津和重庆四大直辖市的企业样本，重新对模型（2）进行回归。表7的第（1）列汇报了剔除相应样本后的回归结果，我们发现政策改革的效果依然很稳健。换句话说，剔除这些相对比较特殊的直辖市样本并未影响到前文撤县设区显著降低中国企业COD排放的结论。

表7　其他稳健性检验

	(1) lnCOD	(2) lnCOD	(3) lnCOD	(4) lnCOD
Treated × Post	-0.2049* (0.1207)	-0.3067*** (0.0988)	-0.3924*** (0.1111)	-0.3522*** (0.1174)
Capital labor ratio	-0.0270 (0.0324)	-0.3684 (0.0238)	-0.2505 (0.3104)	-0.0394 (0.0293)
Debt assert ratio	0.1561** (0.0788)	0.0951 (0.0581)	0.0821 (0.0779)	0.1376* (0.0730)
Output labor ratio	0.0665** (0.0331)	0.0824*** (0.0254)	0.1003*** (0.0337)	0.0700** (0.0310)
Age	0.0258*** (0.0086)	0.0117* (0.0060)	0.1234 (0.0082)	0.0203** (0.0079)
Age square	-0.0005*** (0.0002)	-0.0003** (0.0014)	-0.0003 (0.0002)	-0.0004** (0.0002)
Export	0.0104* (0.0062)	0.0068 (0.0046)	0.0119* (0.0064)	0.0111** (0.0056)
Output	0.2146*** (0.0244)	0.2179*** (0.0162)	0.2251*** (0.0217)	0.2110*** (0.0211)
Constant	5.5494*** (0.5937)	6.5434*** (0.0898)	6.2318*** (0.0845)	5.1580*** (0.4699)
企业固定效应	是	是	是	是
行业—年份固定效应	是	是	是	是
县中心到市中心距离*	是	是	是	是
年份固定效应				
样本数	45 817	239 649	52 262	55 580
R^2	0.8211	0.8020	0.7985	0.8129

注：括号中为以县—年份和企业双重聚类的稳健标准误，***、**、*分别表示在1%、5%、10%的水平下显著。

2. 采用倾向得分匹配方法筛选对照组

除上文所使用的选取控制组的方法外,我们还采用 Logit 方法估计出倾向得分,采用 Kernel 匹配和最近邻匹配得到相应的处理组和对照组样本。将匹配成功的样本再次使用双重差分法进行估计,具体结果见表 7 的第(2)和第(3)列,交互项系数依然显著为负,再次验证了基准回归结果的稳健性。

3. 重新定义撤县设区年份

本文的基准回归部分关于撤县设区年份的定义是以当年 9 月之后设立的县算作下一年。本部分,我们将当年发生撤县设区,无论在 9 月之前还是之后,都定义为该政策是在当年发生。表 7 的第(4)列展示了相应的回归结果,我们可以发现撤县设区政策对企业 COD 污染排放的影响依然显著为负,且在 1% 的显著性水平上显著。

五、进一步地讨论

通过丰富的识别检验以及一系列的稳健性回归表明,在我国广泛推行的撤县设区政策显著降低了企业的 COD 污染排放。本节则在此基础上进一步讨论撤县设区政策在不同情形下对企业的差异性影响。

(一) 地区环境规制程度的异质性影响

已有研究环境规制的文献指出,地区强有力的环境规制是污染减排的重要推动力(包群等,2014;沈坤荣等,2017;Shapiro and Walker,2018)。撤县设区政策所带来的县环境管辖权的上收,能否对所有的县都带来污染减排效应,还取决于撤并后所属地级市的环境规制程度。若所属地级市具有严格的环境法规和强有力的环保执法力度,则经历撤县设区的企业将面临比原来更为严格的环境规制,企业减排效应明显;但若所属的地级市环境规制松弛,则撤县设区并不会对企业面临的环境监管环境带来太大的变化,企业减排不显著。

为验证该推断是否正确,我们以"十一五"规划中针对 COD 污染减排的指标作为环境规制的度量,并参照陈等(Chen et al., 2018)的方法,按照之前年份地级市 COD 排放占所在省份的比重,进一步将省份目标减排量分解到地级市,从而得到地级市层面的环境规制强度。我们以地级市环境规制强度的中位数,将样本分为环境规制相对强和弱的两组,并分别对其进行回归。表8的第(1)和第(2)列分别展示了撤县设区政策对环境规制弱的组企业COD排放的回归结果,交互项的系数并不显著;相应的第(3)列和第(4)列的结果则表明,撤县设区政策对环境规制强的组企业COD排放有显著的负向影响。总结而言,单纯的撤县设区改革并不能够保证企业COD排放的减少。只有县所属的城市本身拥有严格的环境规制,撤县设区改革才能起到明显的污染减排效果。

表8　　　　　不同环境规制强度下撤县设区的异质性影响

	(1)	(2)	(3)	(4)
	弱环境规制		强环境规制	
	lnCOD	lnCOD	lnCOD	lnCOD
Treated × Post	-0.4137 (0.2816)	-0.2127 (0.1591)	-0.8168*** (0.1978)	-0.3474** (0.1763)
Capital labor ratio		-0.0669 (0.0432)		-0.0433 (0.0410)
Debt assert ratio		0.2349** (0.1085)		0.0549 (0.1015)
Output labor ratio		0.0645 (0.0416)		0.0859* (0.0467)
Age		0.0236** (0.0109)		0.0194* (0.0117)
Age square		-0.0004* (0.0003)		-0.0003 (0.0002)
Export		0.0092 (0.0088)		0.0170** (0.0074)
Output		0.2612*** (0.0311)		0.1535*** (0.0295)
Constant	6.7132*** (0.1376)	7.0172*** (0.8528)	7.2607*** (0.1373)	4.9325*** (1.5877)

续表

	(1)	(2)	(3)	(4)
	弱环境规制		强环境规制	
	lnCOD	lnCOD	lnCOD	lnCOD
县固定效应	是	否	是	否
年份固定效应	是	否	是	否
企业固定效应	否	是	否	是
行业-年份固定效应	否	是	否	是
县中心到市中心距离*	否	是	否	是
年份固定效应	否	是	否	是
样本数	30 803	26 752	30 880	26 381
R^2	0.1900	0.8124	0.1874	0.8271

注：括号中为以县-年份和企业双重聚类的稳健标准误，***、**、*分别表示在1%、5%、10%的水平下显著。

（二）市县关系的异质性影响

撤县设区后原来的县政府会失去大部分的行政自主权，容易受到县政府官员的抵制。因此为了成功撤县设区，市政府有时候必须在和县政府的谈判过程中做出妥协，如在一定的时期内保证新区原有的部分或全部管理权限。已有研究撤县设区的文献指出，经济实力强的下辖县在谈判过程中具有更多的筹码，撤县设区政策推行后更能保持自身的相对独立性（罗小龙等，2010；卢盛峰和陈思霞，2017）。我们以样本研究前一年（1997年），在所关注的县都未实施撤县设区政策的情况下，计算出该年县GDP占所属市辖区GDP的比重。并进一步按照其中位数将县分为强县和弱县两类，分别研究撤县设区政策对企业COD排放所带来的异质性影响。表9的（1）~（2）列分别展示了该政策对强县组企业污染排放的影响，可以发现核心解释变量并不显著。这一结果表明，归属于强县组的县在成立新区后，依然有较大的独立性，环境管辖权也未全部上收至地级市，企业面临的环保监管环境未发生显著变化，COD排放也未显著下降。表9的（3）~（4）列的结果表明环境规制政策对弱县组企业COD排放有显著的负向影响，这背后的原因在于弱县在经历撤县设区后，权利上收非常明显，企业相比较以前面临更为严格的监管环境。

表9　　不同市县关系下撤县设区的异质性影响

	(1)	(2)	(3)	(4)
	强县		弱县	
	lnCOD	lnCOD	lnCOD	lnCOD
Treated × Post	-0.3277 (0.2117)	-0.0936 (0.1520)	-0.5321*** (0.1870)	-0.3902** (0.1662)
Capital labor ratio		0.0040 (0.0474)		-0.0870** (0.0377)
Debt assert ratio		0.2352** (0.1164)		0.1345 (0.0947)
Output labor ratio		0.0316 (0.0448)		0.0894** (0.0429)
Age		0.0167 (0.0111)		0.0193* (0.0112)
Age square		-0.0003 (0.0003)		-0.0003 (0.0003)
Export		0.0065 (0.0081)		0.0159* (0.0083)
Output		0.2374*** (0.0319)		0.1810*** (0.0300)
Constant	7.0170*** (0.1310)	4.6816*** (0.3545)	6.7814*** (0.1054)	2.1509 (2.5606)
县固定效应	是	否	是	否
年份固定效应	是	否	是	否
企业固定效应	否	是	否	是
行业—年份固定效应	否	是	否	是
县中心到市中心距离*	否	是	否	是
年份固定效应	否	是	否	是
样本数	27 595	23 997	31 924	27 919
R^2	0.1775	0.8078	0.2025	0.8282

注：括号中为以县—年份和企业双重聚类的稳健标准误，***、**、* 分别表示在1％、5％、10％的水平下显著。

(三) 主动型与被动型撤县设区的异质性影响

中国的撤县设区改革可以按照主动性程度的不同分为主动适应型和被动调整型两类。其中,主动适应型撤县设区是指原来隶属于直辖市或者地级市的县调整为区,这种情况更多的是因为直辖市或地级市为了城市发展和整体规划的需要,主动推进行政区划调整以适应城市发展。这种类型的县行政体制改革往往进行的较为彻底,环境管辖权的上收和集中也更为明显。相反,被动调整型撤县设区改革往往伴随着撤地(包括地区和盟)设市(地级市)一同发生,将地区调整为地级市更多的是为了符合行政区划设置的国际规范,并非该地区为了城市发展而主动推进,因而这一过程中的撤县设区具有明显的被动适应特征。表10分别考察了主动适应和被动调整两种改革类型对企业污染排放的影响。回归结果表明,被动实施的撤县设区改革政策对企业COD排放并未带来显著性影响,而政府主动推进的撤县设区改革则对企业污染排放有非常显著的负向作用。

表10 被动撤县设区与主动撤县设区的异质性影响

	(1)	(2)	(3)	(4)
	被动撤县设区		主动撤县设区	
	lnCOD	lnCOD	lnCOD	lnCOD
Treated × Post	0.4363 (0.2705)	-0.0578 (0.2371)	-0.6649*** (0.1620)	-0.2174* (0.1234)
Capital labor ratio		-0.0894 (0.0813)		-0.0394 (0.0314)
Debt assert ratio		0.2314 (0.2097)		0.1228 (0.0770)
Output labor ratio		0.0329 (0.0839)		0.0668** (0.0328)

续表

	(1)	(2)	(3)	(4)
	被动撤县设区		主动撤县设区	
	lnCOD	lnCOD	lnCOD	lnCOD
Age		0.0441** (0.0211)		0.0226*** (0.0085)
Age square		−0.0010** (0.0005)		−0.0004** (0.0002)
Export		0.0288 (0.0258)		0.0114** (0.0056)
Output		0.2382*** (0.0773)		0.2026*** (0.0219)
Constant	5.8412*** (0.2340)	4.4218*** (0.7615)	7.0246*** (0.0944)	4.8927*** (1.2364)
县固定效应	是	否	是	否
年份固定效应	是	否	是	否
企业固定效应	否	是	否	是
行业—年份固定效应	否	是	否	是
县中心到市中心距离*	否	是	否	是
年份固定效应	否	是	否	是
样本数	8 830	7 352	54 108	46 762
R^2	0.1785	0.8240	0.1881	0.8175

注：括号中为以县—年份和企业双重聚类的稳健标准误，***、**、*分别表示在1%、5%、10%的水平下显著。

（四）企业污染减排的空间特征

经济地理学的理论指出，监督交易成本存在"距离衰减"效应，同一个城市内部，那些距离政府更远的企业，政府的监督成本会更高（Acemoglu et al.，2007；Giroud，2013；Huang et al.，2017）。本部分我们研究政府到企业距离存在异质性的情况下，撤县设区政策对企业污染排放会呈现出怎样的特征。

为计算出政府到企业的距离，首先我们需要知道政府以及每家企业的位置信息。工业企业数据和工业企业污染数据虽然有企业的地址信息这一指标，但很多企业存在样本缺失的情况。值得庆幸的是工业企业数据公布了每家企业对应到村委会或者居委会的12位数行政区划代码信息，国家民政部的官网则公布了12位数的行政区划代码和详细的村委会或者居委会名称。我们参照吕等（Lu et al., 2018）和张等（Zheng et al., 2017）的方法，将这两个数据匹配从而获得了每家企业所在村委会或者居委会的详细名称，再利用百度地图的地址定位功能获得相应的村委会或居委会经度和纬度坐标，企业的地址正是以这一经纬度来表示的。关于直辖市或者地级市政府的位置信息，我们根据政府官方网站进行了手工搜集，利用百度地图解析出政府的经度和纬度，然后利用这两个经纬度信息计算出企业到政府的距离。

我们将各企业到政府的距离分成0~10千米、10~20千米、20~30千米、30~40千米、40~50千米以及50千米以上6组。将这6组所对应的距离虚拟变量$DistanceBand_k$和$Treated \times Post$再进行交互，研究不同距离下，撤县设区政策对企业污染排放的异质性影响。相应的回归模型如下：

$$Y_{it} = \alpha + \sum_{k=1}^{6} \beta_k DistanceBand_k \times Treated_c \times Post_{ct} + X'_{it}\gamma + (Z_c \times \kappa_t)'\pi + \theta_i + \mu_{jt} + \varepsilon_{it} \tag{4}$$

图3展示了$DistanceBand_k \times Treated_c \times Post_{ct}$的估计系数及相应的90%置信区间。观察图3，我们可以发现不同距离处，撤县设区政策对企业污染排放的影响存在先降后升的"U"型特征。对于距离政府50千米以内的企业，政策的推行显著降低了企业的污染排放，且随着企业到政府距离变得越来越远，政策作用越来越大。这背后的原因在于，撤县设区前，那些离政府近的企业相比较于离得远的企业监管成本更低，企业的污染减排做得相对更好。撤县设区完成后，环境管辖权的上收导致那些离得远、减排不明显的企业污染物下降更多。对于50千米以外的企业，撤县设区政策的作用虽然为负，但并不再显著。

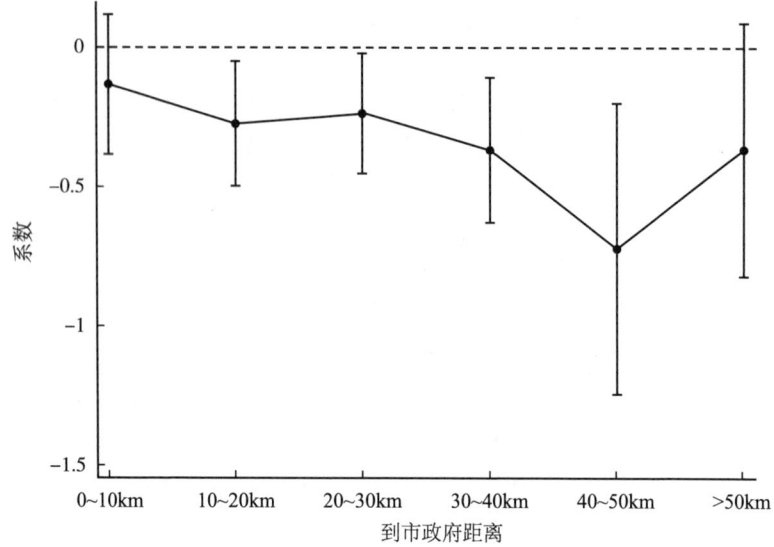

图3 企业污染减排的空间特征

六、结论与政策建议

环境污染的负外部性问题一直以来困扰着中国政府对生态环境的有效治理,如何更好地解决该问题是新时代加快生态文明体制改革,建设美丽中国的重要环节。本文结合1998~2009年工业企业污染数据库和工业企业数据库,在准自然实验的框架下,利用双重差分法研究了撤县设区过程中所带来的原有县的环境管辖权的上收,对微观企业污染排放行为的影响。

我们的研究发现撤县设区政策的实施有利于地级市政府的环境统筹协调治理,企业污染排放显著下降了25%,环境污染的负外部性问题得到切实缓解。且这一结论在多种识别检验和稳健性检验后依然成立。进一步的分析表明,单纯的撤县设区改革并不能够保证企业污染排放的减少,只有在县所属的城市本身拥有严格的环境规制时,撤县设区改革才能起到明显的污染减排效果。此外,主动撤县设区和"弱县"型的县相较于被动撤县设区和"强县"型的县,改革在这些地区会更容易推行,因而企业的污染减排效果也更为明显。最后,企业污染减排效应存在一定的空间特征,它与企业到市政府距离之间呈现出先下降后上升的"U"型关系,对40~50

千米范围内的企业作用最为显著。

基于本文的结论,我们对新时代背景下中国环境治理的深入推进提出以下两点政策建议:第一,有效解决环境污染的负外部性问题需要从环保机构的管理改革入手。环境管辖权的集中上收能够将环境污染这一外部性问题内部化,有利于地级市政府对环境污染的统筹协调治理。这一建议与现阶段中央所推行的环保机构垂直化管理改革相呼应,此项改革对我国生态环境的改善大有裨益,应坚定不移地持续推进。第二,环境收权或环保机构垂直化管理改革应和更加积极的环境规制政策同步推行。单纯严格的环境规制政策无法解决广泛存在行政边界情况下,污染溢出效应所带来的负外部性问题(Cai et al., 2016)。而单纯的环境收权行为,在环境规制较弱的地区也并不会起到污染减排效果。只有将这两项政策有机地结合在一起才能够更为有效地治理中国的环境污染问题。

参考文献

1. 包群、邵敏、杨大利:《环境管制抑制了污染排放吗?》,载于《经济研究》2013 年第 12 期。

2. 才国伟、张学志、邓卫广:《"省直管县"改革会损害地级市的利益吗?》,载于《经济研究》2011 年第 7 期。

3. 陈诗一、陈登科:《雾霾污染、政府治理与经济高质量发展》,载于《经济研究》2018 年第 2 期。

4. 卢盛峰、陈思霞:《政府偏袒缓解了企业融资约束吗?——采自中国的准自然实验》,载于《管理世界》2017 年第 5 期。

5. 罗小龙、殷洁、田冬:《不完全的再领域化与大都市区行政区划重组——以南京市江宁撤县设区为例》,载于《地理研究》2010 年第 10 期。

6. 邵朝对、苏丹妮、包群:《中国式分权下撤县设区的增长绩效评估》,载于《世界经济》2018 年第 10 期。

7. 沈坤荣、金刚、方娴:《环境规制引起了污染就近转移吗?》,载于《经济研究》2017 年第 5 期。

8. 盛丹、李蕾蕾:《地区环境立法是否会促进企业出口》,载于《世界经济》2018 年第 11 期。

9. 唐为、王媛:《行政区划调整与人口城市化:来自撤县设区的经验证据》,载于《经济研究》2015 年第 9 期。

10. 郑新业、王晗、赵益卓:《"省直管县"能促进经济增长吗?——双重差分方法》,载于《管理世界》2011 年第 8 期。

11. 周黎安:《中国地方官员的晋升锦标赛模式研究》,载于《经济研究》2007 年第 7 期。

12. Acemoglu D, Reenen J M V, Zilibotti F. Technology, Information, and the Decentralization of the Firm [J]. *Quarterly Journal of Economics*, 2007, 122 (4): 1759 – 1799.

13. Angrist J D, Pischke J S. Mostly harmless econometrics: An empiricist's companion [M]. Princeton University Press, 2008.

14. Bertrand M, Duflo E, Mullainathan S. How Much Should We Trust Differences-in-Differences Estimates? [J]. *The Quarterly Journal of Economics*, 2004, 119 (1): 249 – 275.

15. Brandt L, Biesebroeck J V, Zhang Y. Creative accounting or creative destruction? Firm-level productivity growth in Chinese manufacturing [J]. *Journal of Development Economics*, 2012, 97 (2): 0 – 351.

16. Cai H, Chen Y, Gong Q. Polluting thy neighbor: Unintended consequences of China's pollution reduction mandates [J]. *Journal of Environmental Economics and Management*, 2016, 76: 86 – 104.

17. Cameron A C, Gelbach J B, Miller D L. Robust Inference with Multiway Clustering [J]. *Journal of Business & Economic Statistics*, 2011, 29 (2): 238 – 249.

18. Chen Z, Kahn M E, Liu Y, Wang Z. The consequences of spatially differentiated water pollution regulation in China [J]. *Journal of Environmental Economics and Management*, 2018, 88: 468 – 485.

19. Copeland B R, Taylor M S. Trade, Growth and the Environment [J]. *NBER Working Papers*, 2003, 42 (1): 7 – 71.

20. Esty D C. Revitalizing Environmental Federalism [J]. *Michigan Law Review*, 1996, 95 (3): 570 – 653.

21. Fu S, Viard V B, Zhang P. Air pollution and manufacturing firm productivity: Nationwide Estimates for China [J]. *Working Paper*, 2018.

22. Giroud, X. Proximity and Investment: Evidence from Plant – Level Data [J]. *The Quarterly Journal of Economics*, 2013, 128 (2): 861 – 915.

23. Huang Z, Li L, Ma G, et al. Hayek, local information, and commanding heights: Decentralizing state-owned enterprises in China [J]. *American Economic Review*, 2017, 107 (8): 2455 – 2478.

24. Jacobson L S, Lalonde R J, Sullivan D G. Earnings Losses of Displaced Workers [J]. *American Economic Review*, 1993, 83.

25. Kunce M, Shogren J F. Destructive interjurisdictional competition: firm, capital and labor mobility in a model of direct emission control [J]. *Ecological Economics*, 2007, 60 (3): 543 – 549.

26. Lipscomb M, Mobarak A M. Decentralization and pollution spillovers: evidence

from the re-drawing of county borders in Brazil [J]. *The Review of Economic Studies*, 2016, 84 (1): 464-502.

27. Lu Y, Wang J, Zhu L. Place-Based Policies, Creation, and Agglomeration Economies: Evidence from China's Economic Zone Program [J]. *American Economic Journal: Economic Policy*, 2018.

28. Miglioretti D L, Heagerty P J. Marginal Modeling of Nonnested Multilevel Data using Standard Software [J]. *American Journal of Epidemiology*, 2007, 165 (4): 453.

29. Oates W E. Fiscal Federalism [J]. Books, 1972.

30. Oates W E, Schwab R M. Economic competition among jurisdictions: efficiency enhancing or distortion inducing? [J]. *Journal of Public Economics*, 1988, 35 (3): 333-354.

31. Shapiro J S, Walker R. Why is pollution from US manufacturing declining? The roles of trade, regulation, productivity, and preferences [J]. *American Economic Review*, 2018, 108 (12): 3814-3854.

32. Sigman H. Transboundary spillovers and decentralization of environmental policies [J]. *Journal of Environmental Economics and Management*, 2005, 50 (1): 82-101.

33. Tiebout C M. A Pure Theory of Local Expenditures [J]. *Journal of Political Economy*, 1956, 64 (5): 416-424.

34. Wang, Hua; Mamingi, Nlandu; Laplante, Benoit and Dasgupta, Susmita. "Incomplete Enforcement of Pollution Regulation: Bargaining Power of Chinese Factories." *Environmental and Resource Economics*, 2003, 24 (3): 245-62.

35. Zheng S, Sun W, Wu J, et al. The birth of edge cities in China: Measuring the effects of industrial parks policy [J]. *Journal of Urban Economics*, 2017, 100: 80-103.

经济集聚与环境污染的交互影响

——来自长江经济带的实证

李雪松　汪成鹏　曹婉吟[*]

长江经济带是我国新一轮改革开放、生态文明建设的先行示范带。其横跨东中西三大区域，基本涵盖了我国所有类型的地形地貌。高速的经济发展也造成了严峻的生态环境形势，基本代表着我国生态环境基本状况。一方面，地区间经济发展极不平衡，2016年长江三角洲城市群的经济总量和人均收入分别是滇中城市群的约20倍和15倍；另一方面，环境污染差异同样突出，2016年长江三角洲城市群的工业二氧化硫排放量和工业烟尘排放量分别是滇中城市群的5倍和11倍以上，废水排放量则达到30倍以上。由此来看，区域经济发展的不平衡与环境污染差异之间是否存在着某种交互作用机制，如果能够厘清这两者之间的内在机理，将有助于寻求一条经济与环境相得益彰的和谐性发展道路。[①]

一、文献综述

在环境污染的区际差异研究方面，国内已有非常多学者的研究证实了区域经济差异导致环境污染也存在区域差异性。在省际差异层面，耿强、杨蔚（2010）基于中国省级面板数据分析了经济发展水平、工业化水平、教育水平、外商投资和工业集聚水平对工业污染排放强度的影响程度在东

---

[*] 李雪松，武汉大学经济管理学院、武汉大学水研究院副教授；汪成鹏，武汉大学经济管理学院研究生；曹婉吟，武汉大学经济管理学院研究生。

部和中西部之间的差异①。彭觅等（2010）研究了我国 30 个省份 1998~2007 年碳排放总量和单位 GDP 碳排放量的空间差异和变动情况，高于全国平均单位 GDP 碳排放量的省份影响因素以工业行业结构为主，低于全国平均单位 GDP 碳排放量的省份影响因素以交通和生活为主②。李国志、李宗植（2010）测算了我国 30 个省份 CO_2 排放量，结果表明 CO_2 排放存在明显的区域差异，并且差异性不断扩大，此外，人口、经济和技术对不同区域 CO_2 排放量的弹性系数不同，其中经济快速增长是各区域 CO_2 排放增加最重要的驱动因素③。龚健健、沈可挺（2011）分析了我国 30 个省份高耗能产业的区域分布及污染排放状况，用动态面板模型研究了高耗能产业污染排放的影响因素，结果显示污染排放情况具有省际强异质性④。白永亮等（2014）从规模效应、结构效应和技术效应三方面解释了长江中游城市群经济增长的环境效应，并比较分析了湖北、湖南、江西、安徽省的环境省际差异⑤。在省内差异层面，曲福田等（2006）发现江苏省苏南地区的污染排放强度与苏中、苏北的差异相当大，并分别从经济规模区间差异、产业结构区间差异、制度的非均衡和环保科技区间差异 4 个方面讨论了地区间环境不平等的影响因素⑥。单瑞峰等（2008）简要分析了山东省鲁东、鲁中和鲁西三大地区间的工业污染排放差异，并运用灰色关联法验证了各地区污染排放的主要影响因素有明显区别，且同一因素对不同地区的污染影响程度也不相同⑦。王丽萍（2011）选取极差、加权变异系数、锡尔熵 3 个指标评价了河南省 18 个省辖市 2006~2009 年的环境污染

---

① 耿强、杨蔚：《中国工业污染的区域差异及其影响因素——基于省级面板数据的 GMM 实证分析》，载于《中国地质大学学报》（社会科学版）2010 年第 5 期。
② 彭觅、吕斌、张纯，黄斌：《中国能源碳排放的区域差异及其影响因素分析》，载于《城市发展研究》2010 年第 7 期。
③ 李国志、李宗植：《中国二氧化碳排放的区域差异和影响因素研究》，载于《中国人口·资源与环境》2010 年第 5 期。
④ 龚健健、沈可挺：《中国高耗能产业及其环境污染的区域分布——基于省际动态面板数据的分析》，载于《数量经济技术经济研究》2011 年第 2 期。
⑤ 白永亮、党彦龙、杨树旺：《长江中游城市群生态文明建设合作研究——基于鄂湘赣皖四省经济增长与环境污染差异的比较分析》，载于《甘肃社会科学》2014 年第 1 期。
⑥ 曲福田、赵海霞、朱德明、张效军：《江苏省环境污染及影响因素区域差异比较研究》，载于《长江流域资源与环境》2006 年第 1 期。
⑦ 单瑞锋、孙小银：《环境污染区域差异及影响因素灰色关联法分析——以山东省为例》，载于《环境科学与管理》2008 年第 10 期。

差异程度及变化趋势，证明了污染减排效果的地区差异性广泛存在①。

在经济发展与环境污染的关系研究方面，一些学者利用物理学中的"耦合"概念，将经济与环境视作一个大系统研究了社会经济与生态环境的协调度。例如：左其亭等（2001）运用系统动力学建立了经济系统与生态环境系统相耦合的动力学模型②；刘耀彬等（2005）构建城市化与生态环境交互作用的评价体系，运用灰色关联度法从时空角度分析了中国城市化与生态环境耦合度的空间分布及演变规律③；马丽等（2012）以地级单元为研究对象建立经济环境耦合度评价指标体系，分析了中国 350 个地级市经济与环境污染耦合度的空间格局与差异④。耦合度的研究将经济与环境视为一个综合系统，衡量经济与环境两个子系统在互动的过程中整体的协同程度，有效弥补了 EKC 曲线内生性的缺陷。但是，耦合度仍然是对现象级的经验指标进行简单对比计算，没有蕴含清晰的内在经济机理，以至于即便计算出耦合度较低，也无从知晓经济与环境不协调的症结出在何处。有不少学者采用联立方程组的方法研究经济与环境的互动关系，联立方程组模型较好地解释了经济与环境之间的交互作用机制，同时也解决了内生性的问题。包群和彭水军（2006）、贺彩霞和冉茂盛（2009）构建了产出方程和污染方程的联立方程组不仅验证了 EKC 倒 U 型曲线是否存在，还证实了经济增长与污染排放的双向作用，同时还分析了资本存量、人力资本、环保政策、产业结构、对外贸易等外生变量对均衡产出、均衡排污量的影响⑤⑥。邓玉萍、许和连（2013）构建了 3 个方程，利用全国 278 个地级城市数据研究了 GDP、FDI 和环境三者之间的关系⑦；谢波、项成（2016）基于财政分权视角构建联立方程，探讨了 112 个环保重点城市的

---

① 王丽萍：《河南省环境污染的区域差异研究》，载于《地域研究与开发》2011 年第 6 期。
② 左其亭、陈曦：《社会经济——生态环境耦合系统动力学模型》，载于《上海环境科学》2001 年第 12 期。
③ 刘耀彬、李仁东、宋学锋：《中国区域城市化与生态环境耦合的关联分析》，载于《地理学报》2005 年第 2 期。
④ 马丽、金凤君、刘毅：《中国经济与环境污染耦合度格局及工业结构解析》，载于《地理学报》2012 年第 10 期。
⑤ 包群、彭水军：《经济增长与环境污染——基于面板数据的联立方程估计》，载于《世界经济》2006 年第 11 期。
⑥ 贺彩霞、冉茂盛：《环境污染与经济增长——基于省际面板数据的区域差异研究》，载于《中国人口·资源与环境》2009 年第 2 期。
⑦ 邓玉萍、许和连：《外商直接投资、地方政府竞争与环境污染——基于财政分权视角的经验研究》，载于《中国人口·资源与环境》2013 年第 7 期。

经济增长与环境污染的关系[①]。联立方程组估计方法已被更多领域选用，以解决内生性问题，考察2个或2个以上研究标的的交互影响，厘清它们之间的内在反馈机制。不仅如此，还便于根据实证结果更加有条理地考察外生变量的影响效应。因此本文拟采用联立方程的估计方法研究经济不平衡与环境污染的交互关系。

国内外学者对区域经济发展与环境污染区域差异以及两者之间的关系相当关注，已取得丰富的研究成果。从研究层面上来看，目前对环境污染差异的研究大多偏向省际层面和省内地级市层面，尚没有跨省的城市层面和城市群层面的污染差异比较。从研究方法上来看，目前对经济与环境之间的关系研究偏重于实证研究，无论是 EKC 曲线、耦合度，还是联立方程组，都鲜少能够将经济与环境互相影响的理论机制阐释清楚。

本文在借鉴前述研究的基础上，选取长江经济带 105 个地市级及以上的城市，首先对长江经济带经济发展和环境污染差异程度进行总体评价，通过对长江经济带不同城市群之间的经济发展不平衡与环境污染差异进行比较分析，直观呈现经济发展与环境污染差异的时空趋同性。随后基于产出密度理论模型的推导，阐释经济发展与环境污染差异之间的交互作用机制，完善现有研究在理论阐释方面的不足。最后在理论模型的基础上设计联立方程组实证模型，实证检验经济发展和环境污染的关系，并根据实证结果有针对性地提出城市群协调发展与环境联合治理的建议。

二、经济密度与环境污染的测度与空间相关性分析

本部分将对长江经济带地级及以上单元 2003～2016 年的经济发展和环境污染做一个全局性的测度，考察经济发展和环境污染的协同度，直观上展现经济发展与环境污染的空间趋同。考虑到长江经济带部分地级市（恩施土家族苗族自治州、神农架林区、湘西土家族苗族自治州、阿坝藏族羌族自治州、甘孜藏族自治州、凉山彝族自治州）的经济和环境数据不齐全，且为偏远地区，对长江经济带的经济发展影响较小，因此剔除上述地区；而巢湖、毕节、铜仁、丽江、普洱和临沧等市在 2003～2016 年发

[①] 谢波、项成：《财政分权、环境污染与地区经济增长——基于 112 个地级市面板数据的实证计量》，载于《软科学》2016 年第 11 期。

生了行政区划的变动,出于统计口径一致性、连续性的考量,也将这些地市剔除,最后本文研究范围为 105 个城市。本数据来源于各年《中国城市统计年鉴》和《中国区域经济统计年鉴》。

(一) 区域经济密度和空间相关性

经济密度剔除了人口数量的作用,体现的是单位面积上的产出水平,也可以用来衡量城市间的经济发展不平衡 (Ciccone and Hall, 1996)[①]。

长江经济带 105 个城市的经济密度相差巨大,经济密度最大的地区是长江三角洲,其中个别城市以及长江中游城市群的武汉市和成渝城市群的成都市的经济密度都超过 8 000 万元/平方千米,上海最高达到 37 000 万元/平方千米以上,而其他大部分城市的经济密度在 0～3 000 万元/平方千米。

(二) 区域环境污染不平衡和空间相关性

与经济发展不平衡的现状类似,长江经济带的环境污染也呈现出全局的不平衡特征。翰楠 (2016)[②] 利用 Moran's I 指数证实了我国省域环境污染存在显著的空间自相关性。研究利用长江经济带地市级的数据检验长江经济带地域环境污染是否存在空间自相关性,表 1 报告了长江经济带 2003～2016 年工业废水、SO_2 和烟(粉)尘三种污染物排放量的全局 Moran 指数及其 p 值。

表 1　长江经济带 2003～2016 年污染排放的全局 Moran 指数

年份	工业废水		工业 SO_2		工业烟(粉)尘	
	Moran's I	p 值	Moran's I	p 值	Moran's I	p 值
2003	0.1100	0.0000	0.0438	0.0289	0.0231	0.2082
2004	0.1194	0.0000	0.0344	0.0739	0.0338	0.0975
2005	0.1349	0.0000	0.0423	0.0339	0.0155	0.3507

---

① Ciccone A, Hall R. 1996, "Productivity and the Density of Economic Activity", American Economic Review.

② 翰楠:《中国经济增长、产业结构与环境污染的空间计量研究》,载于《环境工程》2016 年第 7 期。

续表

年份	工业废水		工业 SO$_2$		工业烟（粉）尘	
	Moran's I	p 值	Moran's I	p 值	Moran's I	p 值
2006	0.1667	0.0000	0.0338	0.0697	0.0281	0.1699
2007	0.1920	0.0000	0.0331	0.0678	0.0302	0.1447
2008	0.1873	0.0000	0.0202	0.1894	0.0111	0.4497
2009	0.1951	0.0000	0.0246	0.1238	0.0083	0.5016
2010	0.2397	0.0000	0.0395	0.0441	0.0183	0.2879
2011	0.2715	0.0000	0.0492	0.0241	-0.0079	0.8832
2012	0.2568	0.0000	0.0432	0.0324	0.0144	0.3489
2013	0.2817	0.0000	0.0332	0.0752	0.0274	0.1457
2014	0.2487	0.0000	0.0316	0.0833	0.0955	0.0001
2015	0.2378	0.0000	0.0324	0.0783	0.0782	0.0021
2016	0.2317	0.0000	0.0312	0.0462	0.0732	0.0034

工业废水排放量的 Moran 值全为正数且都通过了 1% 的显著性检验，说明工业废水的排放在空间上存在显著的空间自相关性，即与工业废水排放量大的城市邻近的也是工业废水排放量大的城市，工业废水排放量小的城市附近同样是工业废水排放量小的城市。工业 SO$_2$ 排放量的 Moran 指数也为正数，除了 2008 年和 2009 年之外都在 10% 的显著性水平下呈现正的自相关。工业烟（粉）尘的 Moran 指数基本不显著，说明长江经济带的工业烟（粉）尘排放量没有表现出明显的空间相关性，但 2016 年却存在显著的空间正自相关性。

综上所述，长江经济带的经济发展和环境污染都呈现出一定程度的不平衡，且两者在时间趋势上和空间分布上的不平衡状况有相契合的特点。其中，工业废水排放差异与经济发展不平衡的契合度最高（工业废水排放的 Theil 指数 T 与人均收入的 Theil 指数 L 在时间趋势上都呈现小幅下降的特点）。

不可否认的是，污染排放总量与经济总量是呈正相关的，经济总量越高，污染排放量越大。那么，各地区每单位经济产出所带来的污染排放是否都一样呢？我们引入污染排放强度指标来衡量各地经济发展过程中的环境利用效率，计算公式为污染排放强度 = 污染物排放总量/地区生产总值。

2016年3种污染物在长江经济带105个城市的排放强度与经济密度的分布相比,可以看出,污染排放强度高的区域,并不完全是经济密度大的区域,且同一城市的不同污染物排放强度的等级也并不完全相同。这意味着经济活动的集中并不是一味地加重环境污染,例如上海、无锡、常州、南京、赣州、武汉、成都等地,虽然经济密度很高,但污染排放强度控制在相对较低水平。相反,一些经济密度不高的城市,环境污染强度却很高,例如宜宾、六盘水、安顺、怀化、新余、宜春、黄石、宣城等市。这未尝不是经济发展不平衡与环境污染不平衡的另一种体现。

三、理论模型构建

根据上文对长江经济带经济发展和环境污染区域差异性的分析,可以初步观察到区域经济密度的不平衡与污染排放强度的差异呈现相反的趋势。显然,我们无法单从现象上探知两者之间的关联性。因此,研究将进一步从理论模型的角度解释经济发展不平衡与环境污染差异之间的交互关系。

(一)生产密度基础模型

研究拟采用经济密度来衡量一个城市的经济集聚水平,进而体现整个区域的经济不平衡,用污染排放强度来衡量环境污染的区域差异。因此,理论模型采用乌希福斯和富原(Ushifusa and Tomohara,2013)的生产密度函数为基础模型,考虑环境资源利用效率,将污染排放强度纳入模型中进行论述。

$$q_i = \frac{Q_i}{A_i} = \Omega_i (n_i^{\beta} k_i^{1-\beta})^{\alpha} \left(\frac{Q_i}{A_i}\right)^{(\lambda-1)/\lambda} \quad (1)$$

其中,Q_i 表示城市 i 的总产出,A_i 表示城市 i 的总土地面积,q_i 即为城市 i 的经济发展不平衡分布的密度状况。Ω_i 表示城市 i 的全要素生产率,n_i 表示城市 i 的人力资本密度 $\left(n_i = \frac{N_i}{A_i}\right)$,$k_i$ 表示城市 i 的物质资本密度 $\left(k_i = \frac{K_i}{A_i}\right)$,系数 β 为劳动力在投入要素中的份额,且 $0 < \beta \leq 1$,$(1-\beta)$ 为资本在投入要素中的份额,系数 α 为劳动力和资本在单位面积上的回报

份额，且 $0 < \alpha \leq 1$，表示由于城市拥挤带来递减的边际报酬率，$(\lambda-1)/\lambda$ 为经济密度的外部性弹性系数，当 $\lambda > 1$ 时，表示经济集聚产生了正的外部性，将促进进一步的经济集聚。

（二）经济密度对环境污染的影响

由于经济活动会带来环境污染，从产出的角度看，环境污染的排放可以看作是一种经济生产的副产品，因此可将环境污染纳入生产密度模型，即总产出 Q 包含正常产出 Q_0 和污染产出 W 两类，则基础模型改写为：

$$\frac{Q}{A} = \frac{Q_0 + W}{A} = \frac{Q_0}{A}\left(1 + \frac{W}{Q_0}\right) = \Omega(n^\beta k^{1-\beta})^\alpha \left(\frac{Q_0}{A}\right)^{(\lambda-1)/\lambda}\left(1 + \frac{W}{Q_0}\right)^{(\lambda-1)/\lambda} \quad (2)$$

上式中 $\frac{W}{Q_0}$ 为单位产出的污染排放，即污染排放强度。借鉴范建勇（2006）[①] 的做法，假设单位面积物质资本的需求表达式为：

$$k_i = \alpha(1-\beta)(Q_0 + W)/\gamma_i \quad (3)$$

其中，γ_i 为城市 i 的物质资本价格，将物质资本的表达式（3）代入（2）式整理可得：

$$1 + \frac{W}{Q_0} = \Omega^{\frac{\lambda}{1-\alpha(1-\beta)\lambda}} \left(\frac{Q_0}{N}\right)^{\frac{-\alpha\beta\lambda}{1-\alpha(1-\beta)\lambda}} \left(\frac{Q_0}{A}\right)^{\frac{\alpha\lambda-1}{1-\alpha(1-\beta)\lambda}} \left[\frac{\alpha(1-\beta)A}{\gamma}\right]^{\frac{\alpha(1-\beta)\lambda}{1-\alpha(1-\beta)\lambda}} \quad (4)$$

上式右边包含劳动生产率 $\frac{Q_0}{N}$ 和正常产出密度 $\frac{Q_0}{A}$，（4）式表明污染强度 $\frac{W}{Q_0}$ 受到劳动生产率和产出密度的影响。对（4）式两边同时取对数：

$$\ln\left(1 + \frac{W}{Q_0}\right) = \frac{\lambda}{1-\alpha(1-\beta)\lambda}\ln\Omega - \frac{\alpha\beta\lambda}{1-\alpha(1-\beta)\lambda}\ln\frac{Q_0}{N} +$$

$$\frac{\alpha\lambda-1}{1-\alpha(1-\beta)\lambda}\ln\frac{Q_0}{A} + \frac{\alpha(1-\beta)\lambda}{1-\alpha(1-\beta)\lambda}[\ln\alpha(1-\beta)A - \ln\gamma] \quad (5)$$

由于 $\ln\left(1+\frac{W}{Q_0}\right) \approx \frac{W}{Q_0}$，因此系数 $(\alpha\lambda-1)/[1-\alpha(1-\beta)\lambda]$ 代表正常产出密度对污染强度的影响系数。当 $(\alpha\lambda-1)/[1-\alpha(1-\beta)\lambda] > 0$ 时，产出密度的增加会伴随着污染强度的增加，即经济集聚对环境污染具有负的外部性，经济发展不平衡会在同一方向上加剧环境污染的不均衡；当 $(\alpha\lambda-1)/[1-\alpha(1-\beta)\lambda] < 0$ 时，产出密度的增加会伴随着污染强度的

[①] 范建勇：《产业集聚与地区间劳动生产率差异》，载于《经济研究》2006 年第 11 期。

下降,即经济集聚对环境污染具有正向的外部性,经济发展不平衡有利于改善环境污染的不均衡。

经济密度对污染强度的影响作用取决于参数 α、β、λ 的大小,而这些参数的大小与地区经济发展情况密切相关,因此在地区经济发展的不同阶段,$(\alpha\lambda-1)/[1-\alpha(1-\beta)\lambda]$ 有不同的符号。

(1) 污染治理成本分摊机制。在污染处理设备成本固定的条件下,企业选择地理集中的区域进行生产有利于降低污染治理成本。经济集聚的一个重要表现是企业在空间上不断聚集。在集聚过程初期,企业数量较少,而污染处理设备成本高,企业难以支付一套公用的污染处理设备。此时企业选择各自对污染进行处理,从而加大了企业在污染治理上的投入,挤占了企业用于扩大再生产的资源。因此在集聚的初期,环境污染程度会随着单位产出的增加而增加。随着企业集聚数量的增加,企业会选择共同建造一套污染处理设备,并分摊费用。这种污染处理模式下,企业分摊的污染处理成本要小于企业各自处理污染时的成本,使企业有更多的资源用于扩大再生产或者进行技术更新。因此随着集聚规模的扩大,污染程度随着单位产出的增加而下降。由此看出,治理污染具有一定的规模经济特征。

(2) 节能减排技术溢出机制。环境治理的节能减排技术具有溢出效应。在集聚初期,聚集的企业数量少,企业间的关联度不高,不利于节能减排新技术的推广与应用,导致新的节能减排技术的溢出效应较小。伴随着企业大量的集聚,企业之间的联系越来越紧密,在技术等领域的共享、学习和交流增多,新的节能减排技术能够迅速在各个企业之间传播并应用,从而使得环境污染程度降低,单位产出的污染排放也降低。

(3) 环境的集中监管机制。企业的大量集聚有利于环保部门的统一监管和执法。在企业聚集的工业区内,环保部门可以设立专门的监测点,以加强对园区内企业环保标准执行情况的监督,尽可能地避免企业的偷排行为,把企业对环境的污染降到最低。同时,企业集聚有利于环保部门宣传最新的环保标准和环保政策,也有利于企业之间形成相互监督。当企业聚集程度低时,环保部门则难以有效的监督每个企业对环保标准的执行情况,企业可能会出现偷排行为,加大对环境的污染程度。因此,集中监管对环境污染程度的影响会随着企业聚集规模的增加而扩大。

(4) 污染治理专业化分工机制。马歇尔的外部经济理论认为企业的集聚对单个企业的生产活动具有外部影响,外部影响分为正外部性和负外部性。正外部性是指企业集聚有利于各个企业专业化程度的提高,提高企业的生产效率,降低企业的生产成本,对企业的生产活动产生了正向的、有利的影响。同样,对于环境污染治理而言,企业的集聚也会带来专业化的分工,在企业聚集的园区内形成专业化的环境污染治理企业。当专业化的污染治理企业形成后,各个企业则可以专注于自身的生产活动,将污染治理交给专业化企业处理。当企业数量较少时,则难以形成专业化的污染治理企业,各企业为了降低环境治理的成本,只对环境污染进行简单的处理,这一过程会伴随着污染排放的增加。以上四种机制是系数$(\alpha\lambda-1)/[1-\alpha(1-\beta)\lambda]$符号变换的微观基础,讨论了经济密度水平对环境污染强度的影响方向,因此,经济密度对污染排放强度的影响有一个由正转负的过程。

(三) 环境污染对经济密度的影响

由于经济活动在一定程度上也消费了环境要素,从投入的角度,可以将环境看作是一种经济生产的投入要素而纳入生产密度模型。令 P_i 为城市 i 的污染排放总量,p_i 代表单位面积的污染排放量,即污染排放密度,$p_i = P_i/A_i$,将 p_i 作为要素投入写进生产密度模型,那么基础模型可以重新写为:

$$q_i = \frac{Q_i}{A_i} = \Omega_i (n_i^\beta k_i^\theta p_i^{1-\beta-\theta})^\alpha \left(\frac{Q_i}{A_i}\right)^{(\lambda-1)/\lambda} \tag{6}$$

其中 θ 代表物质资本密度在投入要素中的份额,$0 < \theta \leq 1$。同样地,物质资本密度的需求表达式(3)可以重新写为:$k_i = \alpha\theta Q_i/\gamma_i$,将其代入(6)式可得:

$$\frac{Q}{A} = \Omega^{\frac{\lambda}{1-\alpha\lambda}} \left(\frac{Q}{N}\right)^{\frac{\alpha\beta\lambda}{\alpha\lambda-1}} \left(\frac{P}{Q}\right)^{\frac{\alpha(1-\beta-\theta)\lambda}{1-\alpha\lambda}} \left(\frac{\alpha\theta A}{\gamma}\right)^{\frac{\alpha\theta\lambda}{1-\alpha\lambda}} \tag{7}$$

上式右边包含劳动生产率 $\frac{Q}{N}$ 和污染强度 $\frac{P}{Q}$,(7)式表明经济密度受到劳动生产率和污染强度的影响,对(7)式两边同时取对数可以得到:

$$\ln\frac{Q}{A} = \frac{\lambda}{1-\alpha\lambda}\ln\Omega + \frac{\alpha\beta\lambda}{\alpha\lambda-1}\ln\frac{Q}{N} + \frac{\alpha(1-\beta-\theta)\lambda}{1-\alpha\lambda}\ln\frac{P}{Q} + \frac{\alpha\theta\lambda}{1-\alpha\lambda}(\ln\alpha\theta A - \ln\gamma) \tag{8}$$

由(8)式可知,系数 $\alpha(1-\beta-\theta)\lambda/(1-\alpha\lambda)$ 代表污染强度对产出密度的影响程度。当 $\alpha(1-\beta-\theta)\lambda/(1-\alpha\lambda) > 0$ 时,污染强度增加的同时产出密度会继续加大,即污染排放强度对经济集聚有促进作用;当

$\alpha(1-\beta-\theta)\lambda/(1-\alpha\lambda)<0$ 时，污染强度的上升会抑制产出密度的升高，即环境污染对经济集聚有反向的抑制作用。

由于 $1-\beta-\theta>0$，因此系数 $\alpha(1-\beta-\theta)\lambda/(1-\alpha\lambda)$ 的符号仅取决于参数 α、λ 的大小。上文提到参数 α 为劳动力和资本等生产要素在单位面积上的回报份额，且 $0<\alpha\leqslant 1$，表示由于城市拥挤带来递减的边际报酬率；$(\lambda-1)/\lambda$ 为经济密度的外部性弹性系数，$\lambda>1$ 表示经济集聚产生了正的外部性，将促进进一步的经济集聚。参数 α、λ 的大小影响系数 $\alpha(1-\beta-\theta)\lambda/(1-\alpha\lambda)$ 的符号共有三种情况：

(1) 当 $1<\alpha^{-1}<\lambda$ 时，$\alpha(1-\beta-\theta)\lambda/(1-\alpha\lambda)<0$，即经济集聚正外部性会促进经济密度进一步提高，但高污染强度对经济集聚会产生抑制作用。当经济密度过高时，高产值的工业生产必然带来污染物排放增加，环境质量持续下降，一方面，集聚区内的劳动者受到环境污染的影响，可能选择离开中心区，而外围地区的流动劳动者也会考虑中心地区恶劣的环境而减少中心区的劳动力补充，从而降低了集聚区的劳动生产率和市场活力；另一方面，集聚区内的企业由于受到环境监管部门的审查管制，环境要素价格提高，而此时生产要素投入的边际报酬率 α 还很高，关键要素的成本增加会极大地影响企业的生产决策，企业会选择其他要素来替代环境要素或考虑重新选址离开集聚区，逐渐降低当地的经济密度。所以环境污染增加对经济密度在一定程度上产生抑制作用。

(2) 当 $1<\lambda<\alpha^{-1}$ 时，$\alpha(1-\beta-\theta)\lambda/(1-\alpha\lambda)>0$，即经济集聚自身的正外部性能够弥补由于环境成本增加而导致的要素回报损失，从而继续促进经济集聚，提高经济密度。根据新经济地理学可知经济集聚会通过规模报酬递增、不完全竞争、较低的运输成本、溢出效应等获得集聚的正外部性，企业受到正外部性的向心力作用不断向中心地区集聚，使中心地区经济密度不断提高。越来越多的企业集聚于此，使边际报酬率 α 由于拥挤而下降到很低的水平，环境成本的增加对企业生产决策的影响程度下降，相反，企业更加注重由经济集聚带来的规模报酬递增、技术溢出等效应，而忽略环境成本增加的问题，因此环境污染不会抑制经济密度的升高。

(3) 当 $0<\lambda<1<\alpha^{-1}$ 时，$\alpha(1-\beta-\theta)\lambda/(1-\alpha\lambda)>0$，即经济集聚的外部性由正转负后，环境污染仍然会刺激经济集聚的形成。经济密度达到一定高度以后，生产要素资源变得更加稀缺，环境质量显著下降，从而导致土地价格、厂房租金、水电费用、人员工资、治理污染费用等生产运营成本增加，经济集聚的外部性变为负向的，中心区域的分散力大于向心力,大量企业会外迁到外围区域。尽管此时经济密度在一个相对较高的水平,环境污染程度居高不下,但中心区内企业在生产时的环境效率仍然很低,这时在中心区出现大量的治污技术研发和环境管控制度创新,新式治污技术溢出效应和开放友好的环境治理政策又重新成为中心区吸引企业集聚的驱动力,大量环境服务型的企业由于中心区域新形成的环境市场以及环境治理政策红利而涌入,因此环境污染促成了新一轮的经济集聚。

四、计量模型与变量说明

由上文可知,无论是经济密度对污染强度的影响,还是污染强度对经济密度的影响,都存在一个临界点,影响作用在临界点前后的方向相反。我们根据理论模型的分析设计计量模型,实证研究经济密度与环境污染强度的交互影响,同时考虑使用空间计量模型,探讨经济集聚和环境污染的空间溢出效应。

(一) 计量模型设定

根据理论模型可知,经济密度和污染强度之间存在互相影响的交互作用机制,构建经济密度与污染强度的联立方程组实证模型可以解决两者之间的内生性问题。

$$p_{it} = \alpha_0 + \alpha_1 y_{it} + \alpha_2 y_{it}^2 + \alpha \sum X_{it} + \mu_i + \varepsilon_{it} \tag{9}$$

$$y_{it} = \beta_0 + \beta_1 p_{it} + \beta \sum T_{it} + \eta_i + \upsilon_{it} \tag{10}$$

(9) 式和 (10) 式分别是环境污染方程和经济密度方程,p_{it} 和 y_{it} 分别代表污染强度和经济密度。为了考察经济集聚对污染强度的非线性影响,环境污染方程中加入经济密度的平方项,当 $\alpha_1 < 0$,$\alpha_2 > 0$ 时,污染强度与经济集聚的关系呈"U"型;当 $\alpha_1 > 0$,$\alpha_2 < 0$ 时,污染强度与经济集聚的关系呈倒"U"型。X 和 T 是其他解释变量的集合。除了经济集聚之外,污染强度还受到经济发展水平、外商投资、产业结构、污染治理技术水平、环境规制等因素的影响,因此 X 包括人均收入 (rgdp)、FDI 占比 (fdi)、第二产业占比 (ind)、科学技术财政支出 (tech)、污染去除率 (regul),同时还在方程中加入人均收入 (rgdp) 的平方项,考察 EKC

曲线的存在性。除了污染强度之外，经济集聚还受到交通便利程度、对外开放程度、人口规模、市场规模的影响，因此 T 包括人均道路面积（tran）、进出口总额（open）、常住人口（pop）、消费品零售总额（mar）。μ_i 和 η_i 为地区个体效应，ε_{it} 和 υ_{it} 为随机误差项。

由前文的分析可知长江经济带的经济发展和污染排放具有显著的空间相关性，因此考虑环境污染和经济集聚的空间溢出，在环境污染方程和经济密度方程加入污染强度和经济密度的空间滞后项，即

$$p_{it} = \alpha_0 + \alpha_1 w_{it} p_{it} + \alpha_2 w_{it} y_{it} + \alpha_3 y_{it} + \alpha_4 y_{it}^2 + \alpha \sum X_{it} + \mu_i + \varepsilon_{it} \tag{11}$$

$$y_{it} = \beta_0 + \beta_1 w_{it} p_{it} + \beta_2 w_{it} y_{it} + \beta_3 p_{it} + \beta \sum T_{it} + \eta_i + \upsilon_{it} \tag{12}$$

w_{ij} 表示城市 i 和城市 j 的二进制空间关系，当城市 i 和城市 j 相邻时，$w_{ij} = 1$，否则，$w_{ij} = 0$。α_1、α_2 代表相邻城市污染强度和经济密度对城市 i 污染强度的影响系数，β_1、β_2 代表相邻城市污染强度和经济密度对城市 i 经济密度的影响系数。

（二）变量说明及数据来源

1. 环境污染方程变量说明

环境污染强度（p_{it}）采用单位产出的污染排放量来测度：污染强度 = 污染物排放量/地区生产总值。在污染物的选取上上文的选择，同时考虑工业废水、工业二氧化硫和工业烟（粉）尘三种物理形态的污染物，兼顾了污染的多样性及不同污染物排放强度对经济集聚可能存在不同程度的影响。而且工业废水、工业二氧化硫、工业粉尘相比二氧化碳等全球性气体能更好地反映当地的污染情况（Crado，Valente，2011）[①]。

经济发展水平采用人均 GDP（rgdp）测度。污染排放强度与经济发展水平密切相关，经济发展水平较低时，追求经济增长和经济总量的目标会导致更多的污染排放；经济发展水平较高时，居民对环境质量的要求更高，污染治理资金更充裕，环境质量会得到一定的改善（许和连，邓玉

---

① Crado C，Valente S. 2011,"Growth and Pollution Convergence: Theory and Evidence", *Journal of Environmental Economics and Management*, Vol. (62), p. 63 – 81.

萍，2012；吴玉鸣，2012）①②。外商投资水平采用当年实际使用外资金额占 GDP 比重（fdi）测度。一方面，"污染天堂"假说指出污染密集型外资企业倾向于在环境标准相对较低的发展中国家或地区安排生产活动，从而加重这些地区的环境污染程度。根据 2013 中国贸易外经统计年鉴的数据，对外商直接投资的数据分析发现，外商对污染密集产业的直接投资占到整体直接投资的 20.52%，而且这其中 91% 分布在制造业中（卓凡超，2016）③。另一方面，外资企业具有相对较高的环保理念和环保技术，目前我国专业的第三方环境污染治理企业大部分有外资参与，因此外商投资可能有利于环境改善。

产业结构采用第二产业增长量占地区 GDP 比重（ind）测度。环境污染大多由第二产业产生，少量由第一产业产生，第二产业占比越大，环境污染排放强度自然就越高。

污染治理技术水平采用科学技术财政支出（tech）间接测度。更环保、高效的生产和环保技术能有效降低污染物的排放。技术进步也有可能仅仅提高了生产效率和扩大了生产规模，而并未使生产过程更加环保，技术进步则会加重环境污染（宋马林，王舒鸿，2013）④。

环境规制采用污染去除率或排放达标率（regul）间接测度。环境规制会增加企业的环境成本从而抑制企业的污染排放。环境规制可以刺激企业加快技术创新，减少低效设备使用，更加积极使用清洁能源等，从长期来看是有利于提高要素效率的（王兵等，2008）⑤。对于环境规制指标的度量，国内外研究尚无统一的选择，主要包括两大类：一类是投入指标，例如污染治理投资占产值的比重；另一类是产出指标，例如排放达标率、污染物排放消减量等。考虑到数据的可得性和连续性，本文选用第二类指标。对于工业废水的环境污染方程，环境规制变量（regul）为废水排放达

---

① 许和连、邓玉萍：《外商直接投资导致了中国的环境污染吗？——基于中国省际面板数据的空间计量研究》，载于《管理世界》2012 年第 2 期。

② 吴玉鸣、田斌：《省域环境污染的库兹涅茨曲线的拓展及其决定因素——空间计量经济学模型实证》，载于《地理研究》2012 年第 4 期。

③ 卓凡超、常志有：《外商直接投资与中国环境污染区域差异》，载于《经营管理者》2016 年第 7 期。

④ 宋马林、王舒鸿：《环境规制、技术进步与经济增长》，载于《经济研究》2013 年第 3 期。

⑤ 王兵、吴延瑞、颜鹏飞：《环境管制与全要素生产率增长：APEC 的实证研究》，载于《经济研究》2008 年第 5 期。

标率；对于工业二氧化硫和工业烟（粉）尘的环境污染方程，环境规制变量（regul）为二氧化硫或工业烟（粉）尘去除率：去除率＝去除量／（去除量＋排放量）。

2. 经济密度方程变量说明

经济密度（y）采用单位面积的经济产出来测度：经济密度＝地区生产总值／行政区域土地面积。密度是经济地理变迁的三大特征之一，地区间密度的差异表现为地区经济不平衡（World Bank，2009），因此用经济密度间接代表经济发展不平衡。

交通便利程度采用人均城市道路面积（tran）测度。便利的交通为城市之间的经济互动和招商引资提供便利，有利于要素的流通和经济活动的集中；交通发达的城市可以缩小劳动者的心理距离，有利于劳动力的涌入，提高经济集聚水平。人口规模采用常住人口数（pop）测度。人口的扩张和集中是导致经济集聚的原因之一。

市场规模采用社会消费品零售总额（mar）间接测度。市场潜力是企业选址的重要考虑因素，市场规模越大代表消费需求越大，对企业的吸引力也越大，企业不断地集聚于中心市场以节约交通运输成本和提高市场占有率。

3. 数据来源及数据描述

本文数据来源于《中国区域经济统计年鉴》和《中国城市统计年鉴》，考虑到行政区划的一致性以及数据的连续性、完整性，最终选择了长江经济带105个地级及以上城市，数据时间区间为2003～2016年。其中，产出指标均为实际产出，依据GDP平减指数计算以2002年为基期的不变价格。表2为变量的统计性描述，分别报告了每个变量的样本数据在5个城市群中的均值、最大值和最小值，以及每个变量在模型中的预期符号。

表2　　　　　　　　　　样本数据变量的统计性描述

		工业废水 p1	工业SO_2 p2	工业烟（粉）尘 p3	经济密度 y	人均GDP rgdp	FDI占比 fdi	第二产业占比 ind
长三角	均值	91 039.84	47.27	23.44	4 111.99	47 726.14	4.31	53.09
	最大值	682 201.72	407.24	490.54	37 173.03	129 925.00	17.00	74.73
	最小值	9 685.41	6.59	2.41	91.28	4 876.00	0.29	26.38

第五篇　中国区域经济的协调与发展

续表

		工业废水 p1	工业 SO_2 p2	工业烟（粉）尘 p3	经济密度 y	人均 GDP rgdp	FDI 占比 fdi	第二产业占比 ind
长中游	均值	124 124.71	92.43	40.67	1 140.34	25 242.97	2.57	49.48
	最大值	777 560.50	430.19	239.65	11 751.06	107 683.00	7.70	66.99
	最小值	5 619.31	1.91	1.82	81.76	4 048.00	0.15	25.14
成渝	均值	107 735.42	101.49	64.87	947.75	18 064.35	1.44	49.39
	最大值	530 637.71	643.82	2 991.82	8 296.83	77 150.00	8.62	70.34
	最小值	2 043.22	4.95	1.85	66.73	3 496.00	0.01	20.63
黔中	均值	43 324.58	259.91	37.91	632.33	16 623.54	0.69	42.33
	最大值	153 444.66	1 123.69	126.66	3 104.89	55 018.00	2.14	57.74
	最小值	10 846.72	28.24	0.00	84.98	3 146.00	0.02	34.19
滇中	均值	42 035.20	79.45	33.90	561.98	25 779.03	0.96	52.56
	最大值	103 478.75	179.90	179.82	1 767.08	62 437.00	4.22	65.39
	最小值	10 091.59	12.58	2.34	97.43	5 041.00	0.05	41.44
单位		吨/亿元	吨/亿元	吨/亿元	万元/平方千米	元/人	%	%
预期符号		不确定	不确定	不确定	不确定	不确定	不确定	正
样本量		1 260	1 260	1 260	1 260	1 260	1 260	1 260
		科技支出 tech	废水排放达标率 regul1	SO_2 去除率 regul2	烟（粉）尘去除率 regul3	人均城市道路面积 tran	常住人口规模 pop	消费品零售总额 mar
长三角	均值	125 575.95	97.25	48.40	95.09	13.36	515.16	9 366 046.54
	最大值	2 622 913.00	100.00	98.48	99.65	33.17	2 425.68	93 034 907.00
	最小值	48.00	72.92	0.64	26.00	1.92	70.04	248 366.00
长中游	均值	19 644.74	93.31	42.72	90.31	10.05	422.23	4 011 243.29
	最大值	568 956.00	100.00	98.71	99.69	30.42	1 027.50	43 693 155.00
	最小值	186.00	1.00	0.56	13.09	1.91	102.85	248 605.00

续表

		科技支出 tech	废水排放达标率 regul1	SO_2 去除率 regul2	烟（粉）尘去除率 regul3	人均城市道路面积 tran	常住人口规模 pop	消费品零售总额 mar
成渝	均值	21 268.84	92.32	37.37	86.22	5.42	611.36	4 934 526.08
	最大值	386 529.00	100.00	89.50	99.85	13.43	3 137.01	57 106 660.00
	最小值	200.00	31.59	0.32	0.82	1.00	150.79	341 866.00
黔中	均值	17 891.23	90.36	51.20	97.91	4.99	434.52	2 522 901.72
	最大值	123 754.00	100.00	81.06	99.59	12.22	811.58	8 885 848.00
	最小值	0.13	53.00	5.64	88.74	1.65	228.17	280 210.00
滇中	均值	19 834.19	93.43	69.43	92.26	9.29	468.19	4 131 308.97
	最大值	125 716.00	100.00	89.17	99.64	25.58	660.25	19 058 927.00
	最小值	619.00	48.68	10.15	46.69	3.25	206.12	407 429.00
单位		万元	%	%	%	平方米	万人	万元
预期符号		不确定	负	负	负	正	正	正
样本量		1 260	1 260	1 260	1 260	1 260	1 260	1 260

由表 2 知，就污染强度（p）而言，长江中游城市群和成渝城市群的 3 种污染物排放强度都处于中高水平，相比而言，长三角城市群仅在工业废水排放强度（p1）上处于较高水平，黔中城市群的工业 SO_2 排放强度（p2）在 5 个城市群中的水平最高。就经济密度（y）而言，长三角的经济密度远远高于其他 4 个城市群的经济密度。人均 GDP（rgdp）、FDI 占比（fdi）、科技支出（tech）、消费品零售总额（mar）的情况类似于经济密度（y），都是长三角远远超过其他 4 个城市群。第二产业占比（ind）、废水排放达标率（regul1）、SO_2 和烟（粉）尘的去除率（regul2、regul3）在 5 个城市群的水平相对比较均衡，没有显著的差异。人均城市道路面积（tran）在长三角、长中游和滇中的配置较高，而成渝和黔中的人均城市道路面积相对较小。常住人口规模（pop）的均值在 5 个城市群中没有明显的不平衡现象，但长三角和成渝城市群的常住人口最大值显著高于其他 3 个城市群的常住人口最大值，说明人口在长三角和成渝城市群中更加倾向于集中在城市群的中心城市。

五、实证结果与分析

(一) 估计方法与实证结果

在对方程组模型进行参数估计之前,首先要考察模型的参数是否可识别。由于本文设定的联立方程组模型的外生变量个数大于内生解释变量个数,因此确定该模型为过度识别模型,可以对其进行总体参数估计。

本文借鉴邓玉萍(2013)[①]、张可(2014)[②]的做法,使用三阶段最小二乘法(3SLS)这一系统估计法进行联立方程组的参数估计。3SLS 是在完成了 2SLS 的步骤之后,得到方程组系统的误差项协方差矩阵的估计值,并依此对方程组整体进行广义最小二乘法(GLS)估计,从而得到方程组整体所有参数的一致有效估计值。为了检验估计结果的稳健性,本文同时报告 2SLS 的估计结果以对 3SLS 的估计结果进行敏感性分析。

在方程组可识别的前提下,一般是将所有的外生变量作为有效工具变量来进行二阶段的参数估计。本文的方程组中还含有经济密度的平方项(y^2),借鉴王菁(2010)的做法,我们同样选用人均收入、FDI 占比、第二产业占比、科学技术财政支出、环境规制、人均道路面积、常住人口、市场规模等作为经济密度的平方项的工具变量对其进行二阶段估计。参数的估计过程由 stata 12.0 统计软件操作完成。

本文的样本数据是一个包含 105 个城市 14 年的面板数据,每一个城市的变量在时间序列上有其自身的发展规律,即同一个城市在不同时间的误差项之间存在自相关,因此不能直接进行混合回归。考虑到面板数据在截面维度上表现出的个体差异,对面板数据的联立方程采用个体固定效应模型。由于 stata 软件不能直接实现针对面板模型的三阶段最小二乘法,在原方程中引入个体虚拟变量来代表不同的个体,实现对面板数据中个体固定效应的考量,即采用"最小二乘虚拟变量模型"(LSDV),其结果与

[①] 邓玉萍、许和连:《外商直接投资、地方政府竞争与环境污染——基于财政分权视角的经验研究》,载于《中国人口·资源与环境》2013 年第 7 期。

[②] 张可、汪东芳:《经济集聚与环境污染的交互影响及空间溢出》,载于《中国工业经济》2014 年第 6 期。

固定效应模型（FE）的结果是一样的。

为了进一步考察内生变量的空间相关性，借鉴张可（2014）的方法，在原方程中加入内生变量的空间滞后项，使用广义空间三阶段最小二乘法（GS3SLS）对联立方程组（11）、（12）式再一次进行整体参数估计，并与不含空间滞后项的模型的参数估计值做对比分析。

为了避免量纲不一致和可能存在的异方差带来的问题，在回归前对所有变量进行对数化处理。表3、表4、表5分别给出了三阶段最二乘法、二阶段最小二乘法和广义空间三阶段最小二乘法的估计结果，由于城市数量过多，此处不报告城市虚拟变量的估计结果。

表3　　　　　　　　　　3SLS 估计结果

变量	环境污染方程			经济密度方程		
	工业废水	工业二氧化硫	工业烟（粉）尘	工业废水	工业二氧化硫	工业烟（粉）尘
lny	12.91*** (1.483)	23.55*** (2.955)	2.466 (2.506)			
lny^2	-0.955*** (0.106)	-1.717*** (0.212)	-0.148 (0.179)			
$lnrgdp$	26.79*** (3.250)	51.92*** (6.592)	4.029 (5.528)			
$lnrgdp^2$	-1.370*** (0.162)	-2.625*** (0.329)	-0.197 (0.276)			
$lnfdi$	0.147*** (0.0169)	-0.0288 (0.0342)	0.118*** (0.0284)			
$lnind$	1.694*** (0.147)	2.692*** (0.299)	0.550** (0.249)			
$lntech$	-0.344*** (0.0198)	-0.464*** (0.0422)	-0.228*** (0.0331)			
$lnregul$	0.150 (0.116)	0.154*** (0.0405)	-0.198* (0.113)			

续表

变量	环境污染方程			经济密度方程		
	工业废水	工业二氧化硫	工业烟（粉）尘	工业废水	工业二氧化硫	工业烟（粉）尘
lnp				0.427*** (0.0607)	0.970*** (0.0917)	-0.0222 (0.0742)
lntran				0.0576 (0.0386)	0.149*** (0.0525)	0.100*** (0.0349)
lnpop				-1.078*** (0.0466)	-1.126*** (0.0600)	-0.877*** (0.0425)
lnmar				1.374*** (0.0457)	1.728*** (0.0664)	1.136*** (0.0584)
Constant	-80.47*** (11.79)	-179.6*** (23.64)	-6.812 (19.97)	-12.10*** (1.074)	-16.25*** (1.128)	-5.029*** (0.916)
Observations	1 252	1 249	1 250	1 252	1 249	1 250
R-squared	-1.331	-4.115	0.363	0.694	0.404	0.743

注：***、**、*分别表示1%、5%、10%的显著性水平，括号内为标准差。

表4　　　　　　　　　　2SLS 估计结果

变量	环境污染方程			经济密度方程		
	工业废水	工业二氧化硫	工业烟（粉）尘	工业废水	工业二氧化硫	工业烟（粉）尘
lny	0.555 (1.651)	12.41*** (3.170)	8.116*** (2.537)			
lny^2	-0.0419 (0.118)	-0.893*** (0.227)	-0.569*** (0.181)			
lnrgdp	-0.286 (3.619)	28.04*** (7.075)	16.41*** (5.596)			

续表

变量	环境污染方程			经济密度方程		
	工业废水	工业二氧化硫	工业烟（粉）尘	工业废水	工业二氧化硫	工业烟（粉）尘
lnrgdp^2	0.000414 (0.181)	-1.417*** (0.353)	-0.825*** (0.279)			
lnfdi	0.209*** (0.0180)	0.0248 (0.0364)	0.108*** (0.0286)			
lnind	0.551*** (0.165)	1.969*** (0.319)	1.107*** (0.252)			
lntech	-0.215*** (0.0217)	-0.364*** (0.0445)	-0.307*** (0.0335)			
lnregul	-0.369*** (0.130)	0.0864** (0.0436)	-0.0451 (0.115)			
lnp				0.497*** (0.0617)	1.013*** (0.0927)	-0.0271 (0.0745)
lntran				-0.0518 (0.0435)	0.162*** (0.0555)	0.0944*** (0.0353)
lnpop				-1.094*** (0.0497)	-1.059*** (0.0622)	-0.890*** (0.0428)
lnmar				1.460*** (0.0484)	1.743*** (0.0683)	1.136*** (0.0587)
Constant	17.54 (13.13)	-96.75*** (25.38)	-51.19** (20.21)	-13.84*** (1.104)	-17.08*** (1.151)	-4.929*** (0.920)
Observations	1 252	1 249	1 250	1 252	1 249	1 250
R-squared	0.390	-0.822	-0.061	0.675	0.369	0.743

注：***、**、* 分别表示1%、5%、10%的显著性水平，括号内为标准差。

表 5　　　　　　　　　　　GS3SLS 估计结果

变量	环境污染方程			经济密度方程		
	工业废水	工业二氧化硫	工业烟（粉）尘	工业废水	工业二氧化硫	工业烟（粉）尘
wlny	0.0476 *** (0.00545)	0.0268 *** (0.00608)	0.0137 *** (0.00416)	0.0934 *** (0.0118)	0.0689 *** (0.00718)	0.0295 *** (0.00797)
wlnp	0.0406 *** (0.00316)	0.0557 *** (0.00905)	0.0591 *** (0.00726)	-0.0615 *** (0.00791)	-0.106 *** (0.0119)	-0.0537 *** (0.0197)
lny	12.65 *** (1.184)	15.55 *** (2.558)	13.06 *** (1.514)			
lny^2	-0.937 *** (0.0846)	-1.141 *** (0.183)	-0.977 *** (0.110)			
lnrgdp	26.92 *** (2.573)	34.40 *** (5.689)	28.46 *** (3.371)			
lnrgdp^2	-1.365 *** (0.128)	-1.736 *** (0.284)	-1.462 *** (0.170)			
lnfdi	0.0112 (0.0156)	-0.0568 * (0.0301)	-0.0156 (0.0216)			
lnind	1.398 *** (0.108)	1.802 *** (0.247)	1.298 *** (0.128)			
lntech	-0.274 *** (0.0182)	-0.367 *** (0.0401)	-0.326 *** (0.0240)			
lnregul	0.262 *** (0.0783)	0.0927 *** (0.0310)	0.328 *** (0.0750)			
lnp				1.096 *** (0.144)	1.365 *** (0.121)	0.571 ** (0.248)

续表

变量	环境污染方程			经济密度方程		
	工业废水	工业二氧化硫	工业烟（粉）尘	工业废水	工业二氧化硫	工业烟（粉）尘
lntran				0.101** (0.0472)	0.0946 (0.0597)	-0.00483 (0.0614)
lnpop				-1.079*** (0.0681)	-0.829*** (0.0834)	-1.361*** (0.0889)
lnmar				1.220*** (0.0670)	1.468*** (0.0685)	1.358*** (0.118)
Constant	-84.00*** (9.278)	-118.3*** (20.42)	-96.26*** (12.13)	-17.10*** (2.117)	-15.86*** (1.202)	-7.151*** (2.346)
Observations	1 252	1 249	1 043	1 252	1 249	1 043
R-squared	-1.182	-1.549	-0.903	0.381	0.137	0.544

注：***、**、*分别表示1%、5%、10%的显著性水平，括号内为标准差。wlny、wlnp分别表示经济密度和污染强度的空间滞后项。

（二）环境污染方程估计结果分析

由表3的环境污染方程估计结果可知，工业废水污染方程和工业SO_2污染方程的大部分系数估计值都通过了1%的显著性水平检验，而工业烟（粉）尘污染方程的关键变量估计结果不显著，说明了不同污染物的选取影响着实证检验的结果。

1. 经济密度对污染强度的影响

从工业废水污染方程和工业SO_2污染方程的估计结果来看，经济密度（y）及其平方项（y^2）的系数满足$\alpha_1 > 0$，$\alpha_2 < 0$，且都通过了1%水平的显著性检验，说明污染强度与经济密度的关系呈倒"U"型，得到了与师博（2013）、豆建民（2015）一致的结论，即环境污染排放强度随着经济密度的升高而先增后减。在经济集聚初期，主要是一些工业企业的地理集中，资源能源消耗和污染排放强度很大。根据生产密度模型，产出密度系数$\lambda > 1$时，经济集聚的正外部性促使区域经济的向心力大于离心力，大量的工业企业受到中心市场的驱动不断集中，导致环境污染随着经济密度的提高而更加严重，此时经济密度对污染强度的影响系数为正。

随着经济密度的不断提高，工业产能和人口密度也不断提高，人们日益丰富的消费需求促使集聚区也吸引了一批上下游服务企业参与劳动力、资本要素分配，这里还包括环境资源要素。由于人们的环境意识日渐高涨，在政府主导的环境保护理念下，各企业迫于减排的压力，一方面提高自身的生产技术水平，或减少废气废水的排放，或注重节约提高废物利用水平；另一方面寻找合作伙伴分担治理环境污染的成本，或共享治污设备和技术，或直接将治污任务外包给专业的环境服务公司。一旦企业生产自觉地将环境要素的消耗也考虑其中，市场机制将重新处于主导地位，在产业逐渐多元化的经济集聚区内，环境要素会逐渐得到合理有效的最优分配。一些排污强度高、污染治理困难的企业在市场机制下被迫淘汰或迁址，同时，那些通过自主研发而降低了污染排放的企业不仅生存下来，而且还开辟了新的商机，与专业的环境治理服务企业一起在市场内提供环境产品，形成"排污权"交易市场或环境服务市场，"环境"从资源要素的身份转变为商品的身份，从公共物品转变为私人物品，解决了经济发展的环境负外部性和环境治理的"搭便车"问题。在市场机制和政府调控的双重作用下，此时经济密度对污染强度的影响系数为负。

2. 其他解释变量对污染强度的影响

再观察其他解释变量的系数估计值，人均 GDP（rgdp）及其平方项（$rgdp^2$）的系数符号分别为"+"和"−"，且都在 1% 的统计水平上显著，说明环境污染与经济发展水平之间存在着倒"U"型的关系，污染排放先是随着经济的发展而逐渐增加，当经济发展到一定程度后，环境随着经济发展逐渐改善，进一步验证了 EKC 曲线的存在。随着人均收入水平的提高，人们对城市环境质量的要求也越来越高，科技进步和财政支持为节能减排和环境治理提供条件，是形成 EKC 拐点的重要原因。

外商投资水平（fdi）在工业废水排放方程和工业烟（粉）尘排放方程中的影响都是正向的，且在 1% 的统计水平上显著；而在工业 SO_2 排放方程中的系数是负的，不过没有通过显著性检验，因此我们认为外商投资对污染强度的影响是正向的，即外商直接投资会加大长江经济带城市的污染排放，不利于经济的绿色发展，这一结论与包群（2006）①、王菁（2010）②、邓玉萍（2013）③、张可（2014）④、豆建民（2015）⑤等利用全国的省份或城市数据的研究结论相反，原因可能在于长江经济带的一些城市在引进外资时对环境标准不高，环保审查不严，导致外商投资多是一些污染密集型的企业，提高了当地的污染排放强度。

第二产业占比（ind）对污染排放强度的影响系数显著为正，这与预期一致，工业是制造污染的罪魁祸首，工业产值占地区经济总产值的比重越高，污染强度越高，就系数估计值来看，第二产业占比每增加1%，工业废水、工业二氧化硫和工业烟（粉）尘的排放强度分别增加1.694%、2.692%和0.55%。

科技支出（tech）的估计系数为负，且在3个污染方程中均通过了显著性检验，科技支出每增加1%，工业废水、工业二氧化硫和工业烟（粉）尘的排放强度分别降低0.344%、0.464%和0.228%，说明对科学技术的资金投入能够明显控制环境污染的排放。

污染去除率（regul）的估计系数在工业二氧化硫方程中显著为正，在工业烟（粉）尘方程中显著为负，而在工业废水方程中不显著，3个方程的估计结果各不相同，污染强度并没有随着环境规制要求的提高而有明显的降低，这与我们的预期不一致。用2SLS的方法得出的估计结果中，3个方程仍然没有一致的污染去除率（regul）系数，本文猜测原因可能出在原始数据身上。《中国城市统计年鉴》中地级及以上城市污染物去除量的数据缺失值较多，且有些城市的数据出现明显的错误，本文对缺失值采用线性趋势法进行了处理，仍然不能改变污染去除率数据没有明显趋势的特点。

3. 稳健性检验

将2SLS的估计结果与3SLS的估计结果对比，可以看出，凡是通过了

---

① 包群、彭水军：《经济增长与环境污染——基于面板数据的联立方程估计》，载于《世界经济》2006年第11期。

② 王菁：《外商直接投资与环境污染——基于联立方程的实证检验》，载于《世界经济研究》2010年第2期。

③ 邓玉萍、许和连：《外商直接投资、地方政府竞争与环境污染——基于财政分权视角的经验研究》，载于《中国人口·资源与环境》2013年第7期。

④ 张可、汪东芳：《经济集聚与环境污染的交互影响及空间溢出》，载于《中国工业经济》2014年第6期。

⑤ 豆建民、张可：《空间依赖性、经济集聚与城市环境污染》，载于《经济管理》2015年第10期。

显著性检验的估计值,其符号与 3SLS 估计结果没有差异,证明估计结果是稳健的。另外,2SLS 的估计结果显示工业废水排放方程的关键变量不显著,而工业烟(粉)尘排放方程的变量却通过了显著性检验,这与 3SLS 估计结果相反,而根据前文的分析我们认为工业废水排放的趋势特点与经济不平衡发展的趋势特点更契合,这说明 3SLS 的估计结果较 2SLS 的估计结果更有效率。

(三) 经济密度方程估计结果分析

由经济密度方程估计结果可知,工业废水污染和工业 SO_2 污染对应的经济密度方程大部分系数估计值都通过了 1% 的显著性水平检验,而工业烟(粉)尘污染对应的经济密度方程关键变量估计结果不显著,这一结果与环境污染方程的类似。

1. 污染强度对经济密度的影响

污染排放强度(p)的系数估计值显著为正,环境污染增加对经济密度的升高有促进作用,工业废水排放强度和工业 SO_2 排放强度每增加 1 个百分点,经济密度分别提高 0.427 个和 0.97 个百分点,这与张可(2014)的研究结论相反。张可(2014)认为污染会对经济集聚产生抑制作用:一方面,企业面临越来越高的排污费用和治污成本会重新选址,从而降低地区集聚度;另一方面,越来越差的环境影响着居民的健康生活,人们选择搬迁至经济欠发达而环境优良的地区工作,从而降低了人口密度,失去了人口活力的城市集聚度随之下降。本文认为这仅是经济集聚造成环境污染加剧后,生态环境通过人口驱逐、资本争夺和政府干预对经济集聚进行约束的短期结果;从长期来看,经济集聚地区环境污染会通过新市场和新政策进一步促进经济集聚。

根据理论模型推导分析,不论是当 $\lambda > 1$ 还是 $\lambda < 1$ 时,污染强度对产出密度的回报率 $\alpha(1-\beta-\theta)\lambda/(1-\alpha\lambda)$ 都有可能大于 0,即不论经济集聚的外部性是正还是负,环境污染都有促进经济集聚的可能性,而本文的实证检验证实了这种可能性。当 $\lambda > 1$,经济集聚有着正的外部性时,其回波效应远大于扩散效应,中心区内的规模经济、低运输成本、知识溢出等不断吸引企业集聚于此。尽管政府对污染排放提出硬性要求,使企业在生产时还需额外支付排污费用,或花费资金在购买治污设备上,但这些由于环境规制而上涨的生产成本并不是非常高,由经济集聚带来的正外部性——低交易成本、中间产品共享、服务支持配套等——足够弥补这部分额外费用，通过集聚区内治污成本分摊、治污技术溢出等集聚福利，企业能够控制环境成本在可接受范围，因此环境污染约束经济集聚的反作用并不会一直持续下去。当 $\lambda < 1$，经济集聚的外部性变为负的时，不论是经济密度、人口密度还是污染强度都已经达到很高的水平，此时主导中心区域经济地理的是涓滴效应，污染密集型企业基于越来越大的减排压力和越来越饱和的拥挤市场纷纷迁址至外围区域，一些工业企业的简单劳动力也随之一同重新选择居住地。但经济高速发展带来的环境污染是不可逆的，环境质量不会因为污染密集型企业的离开、经济密度的下降而自发地好转。人们要求政府治理环境的呼声日益高涨，政府对环境的重视程度也空前高涨，出台了一系列环境治理的优惠政策，而并不是一味地对环境污染收费。于是那些拥有先进治污技术而幸存于中心地区的企业不仅享受到政府的环境优惠政策，还吸引着其他拥有环境治理技术的公司涌入中心市场。"环境"成为一种商品，在中心区形成了一个隐形的不完全竞争市场，根据新经济地理学理论，这一不完全竞争市场将促成新一轮的企业集中行为，集聚区不再是工业产业的集聚区，而是由环境污染治理目标驱动而形成的多元产业集聚区。政府逐渐将治理环境的任务交给市场，所有企业在市场机制下自觉地将降低环境要素成本作为生产决策时需要考虑的重要因素，积极参与环境要素的市场分配，最初的"排污权"交易市场逐渐发展成熟，最终经济集聚区内的企业全是环境友好型的工业企业和环境污染第三方治理服务企业，经济密度呈现良性的升高。因此，从长期看，环境污染还会促进经济集聚。

2. 其他解释变量对经济密度的影响

经济密度除了受污染强度的影响外，还受到交通便利程度、人口密度、市场潜力等因素的影响。人均城市道路面积（tran）和社会消费品零售总额（mar）对经济密度的回归系数估计值均显著为正，与预期一致。人均城市道路面积每增大 1%，经济密度提高 0.1% 左右。近年来，城市群内的交通基础设施日益丰富，例如，长三角地区以上海为综合运输枢纽，形成了覆盖长江三角洲的"半日交通圈"，为城市之间的经济互动和招商引资提供便利，有利于经济活动的集中。另外，交通发达的城市缩小了人们的心理距离，有利于吸引劳动力的涌入，为城市的经济发展持续输血。社会消费品零售总额每增加 1%，经济密度提高 1.5% 左右。市场规模是企业选址的重要考虑因素，市场规模越大代表消费需求越大,城市的市场规模越大,对企业的吸引力也越大,越有利于促进经济集聚。

常住人口(pop)对经济密度的回归系数估计值为负,且在1%的统计水平上显著,与预期符号相反,也与张可[29](2014)的研究结果相反。大量人口向城市集聚有利于城市化的形成,人口的集聚是经济集聚的成因之一,但在中国这样一个人口大国,人口的集中对经济发展的益处较少,而过度的人口集中反而会降低资源的人均配置,从而抑制经济集聚。经济密度最高的上海市已制定了相当严格的户籍制度来控制人口的流入,过高的人口密度也会在一定程度上阻止人口的继续流入,从而抑制经济集聚。

3. 稳健性检验

对比表6-2的2SLS估计结果发现,经济密度方程的3SLS系数估计值与2SLS系数估计值很接近,据此认为联立方程的估计结果是稳健的。

(四) 交互影响的空间溢出

1. 经济集聚的空间溢出

由GS3SLS估计结果可知,经济密度空间滞后项在经济密度方程中的系数估计值在1%的统计水平上显著为正,说明经济集聚可以产生空间溢出效应,即相邻城市经济集聚将促进本地的经济集聚,相邻城市经济密度每上升1%,本地的经济密度将提高0.02%~0.1%。长江经济带发展过程中同城化特征明显,城市群内部的城市间经济关联日益紧密,例如长三角城市群内部明确的产业分工使得上海与周围城市形成了较为完整的产业梯度,城市与城市之间相互依赖程度很高,当上海的经济密度上升时,周围城市的经济密度在一定程度上受上海经济密度上升的刺激,也会有所提高。

同时,由于经济集聚在短期内会加剧污染排放的增加,因此周围城市的经济集聚也会间接影响本地的环境质量水平。经济密度空间滞后项在环境污染方程中的系数估计值显著为正,表明周围城市的经济集聚对本地的环境污染有正向的恶化趋势,周围城市的经济密度每增加1%,本地的环境污染强度则增加0.01%~0.05%。周围城市的经济密度增大表明其市场潜力增大,经济辐射能力提高,为了不断汲取中心市场的经济资源,本地区在经济生产和产品多样性上尽可能向周边地区的需求靠拢,即本地区的产品生产主要供给周边地区的消费,因此本地环境污染排放与周围地区的经济密度密切相关。

2. 环境污染的空间溢出

污染强度空间滞后项在环境污染方程中的系数估计值为正，且通过了1%水平的显著性检验，即本地的环境受到周围城市环境的显著影响。以工业废水为例，周围城市污染排放强度增加1%，本地的污染排放强度随之增加0.0406%。

由于环境污染对经济密度在短期内有抑制作用，因此周围城市的环境污染也会间接地影响本地的经济集聚程度。污染强度空间滞后项在经济密度方程中的系数估计值显著为负，即本地的经济集聚受到周围城市环境污染的影响而有所下降。仍以工业废水为例，周围城市污染排放强度增加1%，本地经济密度下降0.0476%。当周围城市遭受严重的环境污染时，本地的环境质量必然受到影响，从而对本地的经济活动在短期内会产生抑制作用；同时，周围城市的经济密度因环境污染而在短期内有所降低，同样会因经济集聚的空间溢出效应而传导至本地，致使本地经济密度一同下降。

六、结论与政策启示

（一）主要结论

（1）长江经济带的经济密度与污染排放强度呈现近似相反的特征。大部分经济密度低的城市，其污染排放强度较高；而经济密度很高的城市，其污染排放强度控制在较低水平。也即是说，在经济发展不平衡程度和环境污染不平衡程度逐渐减轻的背后，是小城市环境资源消耗的增大和大城市环境利用效率的提高。

（2）经济发展的差异在初期会加剧环境污染的不平衡，但由于污染治理成本分摊、节能减排技术溢出、环境集中监管和污染治理专业化分工等机制的作用，污染强度转而随着经济密度的升高而降低，有望实现经济发展与环境和谐性发展共存的双赢局面。

（3）环境污染对经济密度的反作用随着经济发展差异程度的变化而有着不同的方向。环境污染强度增大会对经济集聚产生抑制作用；当生产要素的边际报酬率由于市场拥挤而下降到一定水平后，环境污染不再抑制经济集聚，甚至促进包含环境市场的经济集聚形成，环境商品的最优配置依赖于经济非均衡发展而实现。

（4）经济集聚与环境污染都能通过空间溢出效应对周边城市产生影响。周围城市环境污染强度高会增大本地的污染强度，进而抑制本地的经济集聚；周围城市经济密度高也会带动本地的经济发展，提升本地的经济密度，同时也加大了本地的污染强度。

（二）政策启示

1. 完善城市群协调发展机制，促进城市群一体化发展

目前长江三角洲已经形成了较合理的产业梯度，通过产业转移和结构升级基本实现了协同发展，并有效控制了污染排放强度。而长江中游城市群和成渝城市群的经济发展不平衡程度仍然较高，武汉、长沙和成都的经济密度远高于其他城市，需加强体制机制创新，破除行政壁垒，推动城市间产业分工和要素流动。加快市场一体化建设，为武汉、长沙、成都等市的扩散效应搭建渠道，促进生产要素和产品在城市间的优化配置，实现产业布局、人口流动、公共服务配置在区域空间上的相对均衡。加快建设以高铁、城铁、高速公路和长江黄金水道为主通道的多层次综合交通网络，优化高速公路和城际铁路布局，加快打造都市圈交通网，提升中心城市的辐射能力。逐步建立跨区域物流标准、商品标准、管理规范等制度的共享互认，搭建公共信息服务平台，完善市场一体化建设。

2. 设立区域环境联合治理组织，提高环境管制效率

综合考虑城市群内环境污染治理、跨区域生态补偿、产业技术创新共享等各个方面构建符合实际的管控体系。建立专门的环境联合治理组织，负责全局的环境污染指标分配和生态补偿标准制定。鉴于长江中游城市群环境污染不平衡程度居高不下，且污染排放强度也较高，应尽快建立环境联合治理组织，建立经济活动与污染的空间分布联动监控系统，综合管理城市群环境污染，宏观调控区域环境污染的治理措施，提高环境规制的效率。

3. 继续推进环境治理政策创新，切实落实环境治理优惠政策

经实证检验，对科学技术的资金投入能够明显控制环境污染的排放。应鼓励企业积极技术创新来实现环境要素替代。加大对环保科技的财政支出，并针对污染治理技术创新制定免税、低息或贴息贷款等优惠政策，鼓励各种社会资本投入环境污染治理和生态保护项目，提高对污染治理技术

专利的奖励扶持。在引入外资时，要格外注意环保审查，加强外商投资建设项目环境保护管理。切实完善第三方环境治理模式，既要支持专业的第三方污染治理公司，又要对设立合理的技术准入门槛，促进第三方治污市场的健康发展。

4. 加快构建环境交易市场，发挥市场在环境治理中的作用

科学设置交易体系，统一交易规则，活跃二级交易市场，提升区域联动管理效能。设立长三角排污交易管理中心，统一排污权登记账户管理，形成长三角数据共享平台，各省市主管部门作为省级管理分中心负责本行政区域内的排污权及配额交易的协调管理。其他城市群根据自身实际情况，借鉴长三角排污权市场建立的先行经验，逐步建立城市群内统一的环境交易市场，最终联合各城市群的污染排放权交易市场，建成长江经济带全域统一的环境交易市场，形成市场和政府联合治理污染的整体格局。

参考文献

1. 耿强、杨蔚：《中国工业污染的区域差异及其影响因素——基于省级面板数据的 GMM 实证分析》，载于《中国地质大学学报》（社会科学版）2010 年第 5 期。

2. 彭觅、吕斌、张纯、黄斌：《中国能源碳排放的区域差异及其影响因素分析》，载于《城市发展研究》2010 年第 7 期。

3. 李国志、李宗植：《中国二氧化碳排放的区域差异和影响因素研究》，载于《中国人口·资源与环境》2010 年第 5 期。

4. 龚健健、沈可挺：《中国高耗能产业及其环境污染的区域分布——基于省际动态面板数据的分析》，载于《数量经济技术经济研究》2011 年第 2 期。

5. 白永亮、党彦龙、杨树旺：《长江中游城市群生态文明建设合作研究——基于鄂湘赣皖四省经济增长与环境污染差异的比较分析》，载于《甘肃社会科学》2014 年第 1 期。

6. 曲福田、赵海霞、朱德明、张效军：《江苏省环境污染及影响因素区域差异比较研究》，载于《长江流域资源与环境》2006 年第 1 期。

7. 单瑞锋、孙小银：《环境污染区域差异及其影响因素灰色关联法分析——以山东省为例》，载于《环境科学与管理》2008 年第 10 期。

8. 王丽萍：《河南省环境污染的区域差异研究》，载于《地域研究与开发》2011 年第 6 期。

9. 左其亭、陈曦：《社会经济—生态环境耦合系统动力学模型》，载于《上海环境科学》2001 年第 12 期。

10. 刘耀彬、李仁东、宋学锋：《中国区域城市化与生态环境耦合的关联分析》，

第五篇 中国区域经济的协调与发展

载于《地理学报》2005 年第 2 期。

11. 马丽、金凤君、刘毅：《中国经济与环境污染耦合度格局及工业结构解析》，载于《地理学报》2012 年第 10 期。

12. 包群、彭水军：《经济增长与环境污染——基于面板数据的联立方程估计》，载于《世界经济》2006 年第 11 期。

13. 邓玉萍、许和连：《外商直接投资、地方政府竞争与环境污染——基于财政分权视角的经验研究》，载于《中国人口·资源与环境》2013 年第 7 期。

14. 谢波、项成：《财政分权、环境污染与地区经济增长——基于 112 个地级市面板数据的实证计量》，载于《软科学》2016 年第 11 期。

15. Ciccone A，Hall R. 1996，"Productivity and the Density of Economic Activity"，American Economic Review.

16. 翰楠：《中国经济增长、产业结构与环境污染的空间计量研究》，载于《环境工程》2016 年第 7 期。

17. 范建勇：《产业集聚与地区间劳动生产率差异》，载于《经济研究》2006 年第 11 期。

18. Crado C，Valente S. 2011，"Growth and Pollution Convergence：Theory and Evidence"，*Journal of Environmental Economics and Management*，Vol. （62）：63 – 81.

19. 许和连、邓玉萍：《外商直接投资导致了中国的环境污染吗？——基于中国省际面板数据的空间计量研究》，载于《管理世界》2012 年第 2 期。

20. 吴玉鸣、田斌：《省域环境污染的库兹涅茨曲线的拓展及其决定因素——空间计量经济学模型实证》，载于《地理研究》2012 年第 4 期。

21. 卓凡超、常志有：《外商直接投资与中国环境污染区域差异》，载于《经营管理者》2016 年第 7 期。

22. 宋马林、王舒鸿：《环境规制、技术进步与经济增长》，载于《经济研究》2013 年第 3 期。

23. 王兵、吴延瑞、颜鹏飞：《环境管制与全要素生产率增长：APEC 的实证研究》，载于《经济研究》2008 年第 5 期。

24. 世界银行：《2009 年世界发展报告：重塑世界经济地理》，清华大学出版社 2009 年版。

25. 张艳、刘亮：《经济集聚与经济增长——基于中国城市数据的实证分析》，载于《世界经济文汇》2007 年第 1 期。

26. 王菁：《外商直接投资与环境污染——基于联立方程的实证检验》，载于《世界经济研究》2010 年第 2 期。

27. 师博、沈坤荣：《政府干预、经济集聚与能源效率》，载于《管理世界》2013 年第 10 期。

28. 豆建民、张可：《空间依赖性、经济集聚与城市环境污染》，载于《经济管理》2015 年第 10 期。

29. 张可、汪东芳：《经济集聚与环境污染的交互影响及空间溢出》，载于《中国工业经济》2014 年第 6 期。

30. 贺彩霞、冉茂盛：《环境污染与经济增长——基于省际面板数据的区域差异研究》，载于《中国人口·资源与环境》2009 年第 2 期。

附录一：

第33次会议（2019）入选论文目录

作者姓名	第二作者	第一作者单位	文章标题
钞小静	薛志欣	西北大学经济管理学院	高质量发展背景下中国经济的新动能培育
陈瑾玫		辽宁大学经济学院	我国省际生产性服务业与制造业互动关系差异分析——基于三部门投入产出结构分解模型
陈乐一	石磊	湖南大学经济与贸易学院	新中国70年经济周期波动的周期划分、特征和影响因素研究
陈少晖	陈平花	福建师范大学经济学院	税收优惠政策促进企业创新有效性的实证研究
陈诗一	金浩	复旦大学经济学院	外部性、行政区划改革与企业污染排放——基于撤县设区政策的实证研究
陈伟雄		福建师范大学经济学院	新中国成立70年来中国共产党区域发展思想的历史演进与实践经验
崔绍忠		外交学院国际经济学院	论国民财富增进动因理论的中国特色社会主义市场经济实践——马尔萨斯政治经济学的视角
崔向阳		南京财经大学经济学院	马克思的节约时间理论与当代产业组织创新
戴双兴		福建师范大学经济学院	我国财政体制变革与地方政府土地利用行为——建国70年的回顾及启示
丁任重	徐志向	西南财经大学经济学院	习近平新时代创新驱动发展思想研究
丁长发	林燚琳	厦门大学经济学系	战后台湾第一次农地制度变迁与经济绩效研究
范从来	彭明生	南京大学经济学院	新时代中国金融改革的道路和方向选择
范欣	尹秋舒	吉林大学经济学院	资本市场一体化有利于产业结构优化升级吗？
盖凯程	周永昇 刘璐	西南财经大学经济学院	"国进民进"：中国所有制结构演进的历时性特征
高帆		复旦大学经济学院	农村经济体制变革与改革开放再出发的触发机制

续表

作者姓名	第二作者	第一作者单位	文章标题
高煜	赵培雅	西北大学经济管理学院	产业分工、城市群与西部地区新动能培育
葛扬		南京大学经济学院	新时代基本经济制度理论的发展与完善
郭金兴	包彤 曹亚明	南开大学中国特色社会主义经济协同创新中心	中等收入陷阱有关争论及其对中国经济的启示
韩文龙	陈航	西南财经大学经济学院	政府收入再分配调节职能的履行——基于不同市场经济模式的经验解读及启示
何爱平	安梦天	西北大学经济管理学院	新中国70年区域发展政策的历史演进、现实挑战与未来展望
和军		辽宁大学经济学院	东北经济的结构、体制关键障碍与突破路径
侯威	伍旭中	安徽师范大学经济管理学院	全球化对中国劳动收入份额的影响——基于2005~2015年省际面板数据的实证检验
胡华		南开大学经济学院	中国个人所得税的排序效应研究
黄繁华	郭卫军	南京大学经济学院	高技术产业集聚对我国经济高质量发展影响研究
黄婷婷	高波 李言	南京大学经济学院	金融发展、融资约束与企业创新——基于中国上市企业的实证研究
纪韶	李小亮	首都经贸大学劳动经济学院	建国70年来我国农村居民收入变化研究——体制改革、制度创新视角
姜伟	惠炜	中央民族大学经济学院	消费降级还是消费升级?
蒋南平	徐明	西南财经大学经济学院	马克思产业融合思想溯源与农村产业融合
荆克迪	王永兴	南开大学经济学院	国家治理现代化的经济学基础探析
景玉琴	吴金燕	吉林财经大学经济学院	中国特色社会主义是跨越"卡夫丁峡谷"之路
孔晓		辽宁大学经济学院	基于社会必要劳动时间错配视角下产能过剩问题根源分析
李标	齐子豪 丁任重	西南财经大学经济学院	中国的潜在经济增长:影响因素甄别与趋势再估计
李玲娥	石磊	山西财经大学经济学院	资源型地区转型规划决策体制机制的演变——一个国际比较分析的视角

附录一：第33次会议（2019）入选论文目录

续表

作者姓名	第二作者	第一作者单位	文章标题
李尚	范欣 宋冬林	吉林大学经济学院	上游企业产能利用率对下游企业绩效的影响
李思沛	高岭 杜巨澜 李雯	中国人民大学经济学院	金融化研究的微观转向
李雯		辽宁大学经济学院	中国金融发展对产业结构的影响——基于271个城市面板数据的实证分析
李雪松	汪成鹏 曹婉吟	武汉大学经济与管理学院	城市经济集聚与环境污染的交互影响——来自长江经济带的实证——基于省际面板数据的实证分析
李政	杨思莹	吉林大学经济学院	创新型城市试单提升城市创新水平了吗？
梁洪学		吉林财经大学马克思主义经济学研究中心	在批判重商主义中诞生的优势原理学说——亚当·斯密国际贸易思想的启示
刘灿		西南财经大学马克思主义经济学研究院	农村土地产权制度改革的理论逻辑与实践经验：新中国70年
刘凤义		南开大学经济学院	论中国特色社会主义政治经济学中"需要"和"需求"关系
刘刚		河北师范大学商学院	建国70年农地制度变迁的基本经验与当代启示——基于农民主体的视角
刘建华	蔡强 姜丽媛 李昕	吉林财经大学经济学院	缩小收入分配差距视域下的精准扶贫、精准脱贫及其可持续性研究
刘美平		上海海事大学马克思主义学院	新中国70年经济发展理论的逻辑建构
刘元胜		吉林财经大学经济学院	农业供给侧结构性改革：政治经济学阐释、典型事实与政策建议
卢江	张晨	浙江大学马克思主义学院	论中国特色社会主义开放型经济体制改革的理论来源

续表

作者姓名	第二作者	第一作者单位	文章标题
卢江	李萌萌	浙江大学马克思主义学院	论中国特色社会主义员工持股制改革：1978~2019年
栾彦		辽宁大学经济学院	"一带一路"战略的机遇、挑战与亚洲金融支持新动力
吕守军	代政	上海交通大学国际与公共事务学院	新时代高质量发展的理论意涵和实现路径
孟宸立		北京外国语大学亚非学院	中国崛起的马克思主义政治经济学分析
乔晓楠		南开大学经济学院	马克思主义劳动配置理论研究
乔榛		黑龙江大学经济与工商管理学院	不确定性下的经济体制演进逻辑——兼论社会主义市场经济体制选择
任保平	张倩	西北大学经济管理学院	新时代我国现代化产业体系构建的工业化逻辑及其实现路径
任志安	刘柏阳	安徽财经大学皖北经济发展研究中心	淮河生态经济带经济发展质量的动态评价以及更高质量发展的路径研究——基于新发展理念的实证分析
师博	叶蔚然	西北大学经济管理学院	经济高质量发展的财富驱动研究：路径与机理阐释
石高宏	曹恬心	西北大学经济管理学院	马克思主义视阈下新加坡资本主义改良问题研究
宋冬林	高星阳 范欣	吉林大学经济学院	农业供给侧结构性改革有利于包容性增长吗？
宋宇	孙雪	西北大学经济管理学院	新中国七十年农村集体经济实现方式的阶段性发展与理论总结
孙景宇	魏雅璇	南开大学经济学院	人类命运共同体与国际体系的和平变革
孙亚南	张桂文 张荣	吉林财经大学经济学院	农业劳动力转移、人力资本投资与农村减贫：中介效应解释

附录一：第33次会议（2019）入选论文目录

续表

作者姓名	第二作者	第一作者单位	文章标题
孙咏梅	秦蒙	中国人民大学中国经济改革与发展研究院	高速经济增长会自动消减贫困吗？——新中国成立70年取得的减贫效果评价
汤向俊	魏婕	江苏科技大学经济社会发展研究所	人口老龄化、城镇化与居民消费
田柠		吉林大学经济学院	新中国成立70年来中国国有资产管理体制的变迁与经验研究
汪立鑫	王赠华	复旦大学经济学院	省直管县改革、县市二元经济与地市官员晋升
王聪		西北大学经济管理学院	新时代中国特色社会主义现代金融的内涵转换、实施逻辑与路径阐释
王军	钟凯扬	西南财经大学经济学院	数字金融能促进环境改善吗？——来自中国的证据
王婷	李政	吉林大学经济学院	张维达先生国有企业改革思想及其当代启示
王永兴	宋玉峰	南开大学经济学院	国家治理现代化评价体系的构建——基于马克思主义国家理论发展的视角
王永兴		南开大学经济学院	所有制变革、理论探索和中国特色社会主义基本经济制度形成和发展
王中保		中国社会科学院经济社会发展研究中心	马克思主义宏观经济学的微观基础
魏建		山东大学经济研究院	要素大规模再配置的公有产权润滑作用与中国四十年的经济增长
吴杨伟	李晓丹 王胜	武汉大学经济与管理学院	当代比较优势理论：贸易优势理论的理论基准
吴云勇		辽宁大学经济学院	我国高校产权结构安排的均衡性分析——基于宏观视角
吴云勇	葛林芳	辽宁大学经济学院	新时代东北老工业基地全面振兴：理论内核、科学特质与建构方略
武志		山西财经大学经济学院	论中国特色社会主义政治经济学的逻辑主线

续表

作者姓名	第二作者	第一作者单位	文章标题
夏勇	刘磊 周梦天	中共浙江省委党校经济学教研部	省域经济增长与雾霾的脱钩状态及影响因素研究
谢地	李梓旗	辽宁大学经济学院	不同测度方法下城镇化对能源消费的影响研究——基于中介效应模型
谢地	李雪松	辽宁大学经济学院	我国农村集体经济存在形式、载体形式、实现形式"耦合"研究
谢富胜	高岭 谢佩瑜	中国人民大学经济学院	全球生产网络视角的供给侧结构性改革——基于政治经济学的理论逻辑和经验证据
徐志向	张敏	西南财经大学经济学院	新中国70年经济周期的演变机制研究
许彩玲	游志杰	福建师范大学经济学院	我国深度贫困地区的致贫原因及扶贫长效机制的构建
杨德才		南京大学经济学院	新中国经济发展各阶段典型性特征分析
杨蕙馨	高新焱	山东大学管理学院	中国制造业融入垂直专业化分工全球价值链的研究评述与展望
杨静	周钊宇	中国社科院马克思主义研究院	马克思恩格斯民生思想及其在当代中国的运用发展
姚常成	宋冬林	西南财经大学经济学院	多中心空间结构促进了城市群协调发展吗？——基于形态与知识多中心视角的再审视
叶琪		福建师范大学经济学院	建国70年来我国农村经济发展的逻辑规律与启示
叶李伟	林钰金	福建师范大学经济学院	新中国70年马克思货币理论在中国践行的成就与经验
易小丽		福建师范大学经济学院	高质量发展视阈下金融资源配置效率对民营经济创新转型的影响分析
于金富		辽宁大学经济学院	中国特色社会主义政治经济学的科学属性探析
袁冬梅	申志轩	湖南师范大学商学院	FDI有利于我国产业结构升级吗？——来自金融市场门槛效应的证据
臧旭恒	陈浩	山东大学经济学院	习惯形成对我国居民消费的动态影响机制研究

附录一：第33次会议（2019）入选论文目录

续表

作者姓名	第二作者	第一作者单位	文章标题
张广辉	叶子祺	辽宁大学经济学院	乡村振兴视角下不同类型村庄发展困境与实现路径研究
张海鹏		南开大学经济研究所	我国精准扶贫实践特征的政治经济学分析
张晖明	任瑞敏	复旦大学经济学院	方法论的格式化与社会主义政治经济学的发展境遇——新中国成立70周年对政治经济学发展的回顾与展望
张明龙	张琼妮	浙江师范大学经济研究所	促进我国制造业高质量发展的研究
张培丽		中国人民大学中国经济改革与发展研究院	产业结构合理性的判断标准——基于各国发展经验的视角
张期陈	胡志平	上海商学院商务经济学院	所有权局限与政府作用：英美两国土地资本化流转经验
赵倩	沈坤荣	南京大学经济学院	中国70年来的经济增长与波动
赵德起	沈秋彤	辽宁大学经济学院	改革开放以来农民核心主体视角下农地权利配置效率研究
赵新宇	郑国强	吉林大学经济学院	经济增长目标、保增长压力与要素市场扭曲
郑江淮	戴玮	南京大学经济学院	技术邻近性、技术空间变迁与地区经济增长
周健		辽宁大学经济学院	教育红利是第二"次"人口红利吗？——基于日本的历史考察与中国的现实分析
周绍东	陈艺丹	武汉大学马克思主义理论与中国实践协同创新中心	新科技革命复兴了计划经济吗？——基于信息与激励的双重视角研究
朱康凤		安徽财经大学经济学院	我国构建现代化经济体系的着力点在哪？——基于重振全要素生产率的视角

附录二：

第四届"兴华优秀论文奖"（2019）获奖名单

编号	第一作者	其他作者	作者单位	论文标题	论文入选会议时间
1	白永秀	宁启	西北大学经济管理学院	易地扶贫搬迁：问题提出与机制体系构建	2018年会议入选论文
2	葛扬		南京大学经济学院	新时代金融安全及其防化研究	2018年会议入选论文
3	宋冬林	李尚　范欣	吉林大学经济学院	混合所有制改革与国有企业创新	2018年会议入选论文
4	张晖明	任瑞敏	复旦大学经济学院	马克思主义政治经济学方法论：现实体现与发展路向	2018年会议入选论文
5	蒋永穆	赵苏丹	四川大学经济学院	坚持与完善农村基本经营制度：现实挑战与基本路径	2017年会议入选论文
6	李建建	许彩玲	福建师范大学经济学院	城乡融合发展的科学内涵与实现路径——基于马克思主义城乡关系理论的思考	2018年会议入选论文